徐珂編撰

# 清稗類鈔

第六册

中華書局

# 第六册目録

## 忠藎類

## 敬信類

## 義俠類

## 技勇類

# 清稗類鈔

## 忠藎類

### 洛翰削指衛上

太祖創業之初，有洛翰者，本劉姓，以傭至遼，初給事建州，頗勤儉，有勇力，拔爲侍衛。覺羅某叛夜懷刃入太祖寢帳，洛覺，以手格之，四指皆落，卒衛上出。後猶能執鋭禦敵，太祖嘉之，倚如左右手卒於起義之前，故不得預五大臣之列，其裔後隸内務府。

### 揚武勳王因公致命

揚古利以開國功封武勳王，尚主，爲異姓臣冠。晚年從太宗征朝鮮，大捷。後巡視山谷，大霧，中伏弩，遂致命焉。

### 費英東額亦都世篤忠貞

異姓勳臣以滿洲信勇公費英東、宏毅公額亦都爲最著。信勇公子昭勳公圖賴、宏毅公子忠義公圖爾格，又能世篤忠貞，兩世皆侑食太廟。

范忠貞不屈於耿精忠

康熙初年，撤藩議起，吴三桂反於滇，閩藩耿精忠遥應之，巡撫劉秉政降。精忠環兵刃脅總督范忠貞公，范挺身前嚼齒大罵，精忠執之，復使秉政往説。秉政時已爲僞樞密使，范蹴之仆地，笑曰：「逆賊分即死，予先褫其魄矣。」精忠見范無屈意，乃使人問曰：「聞公昔與水月和尚遊，和尚何言屬公邪？」范叱之曰：「吾家世讀孔孟書，忠孝大節，豈死生所能奪？即彼緇流，稍有識，亦必以忠孝勸人，豈肯妄言禍福？歸語爾主，善自爲計，無自取族滅也。」

耿精忠母責子受僞命

耿精忠母周氏，賢母也。當滇氛初起，精忠密受僞命，周氏屢責不悛，即憤鬱絶食而死，范忠貞公往唁之。

甘忠果殉藩亂

甘文焜，遼東人，康熙壬子爲雲貴總督。吴三桂反，致書貴州提督李本深，慷慨數千言，約共勦禦，而本深以安順應賊。甘知貴陽不可守，時總督駐貴陽。遂馳下鎮遠，殺其妾以饗士，冀招楚兵扼隘，而副將姜義先已從賊，甘知事不可爲，乃自縊於吉羊寺。事聞，贈兵部尚書，謚忠果。

## 葉映榴駡賊自刎

康熙乙丑，裁湖北總督缺及其標兵。楚兵故剽悍，有夏逢龍者，尤桀黠。裁檄下，向巡撫索月餉，不得，則聚衆謀山中，將爲亂。武昌同知某倡議勦捕，衆益怒，露刃入轅門。糧道葉映榴急入，白巡撫，請撫之。巡撫出，衆語不遜，駡曰：「若欲反耶？」衆揮刃曰：「反也，將奈何？」蜂湧上，巡撫遁。映榴冒刃前，諭以朝廷威德，不應。擁歸，逼從逆，瞋目叱之，乘閒，欲奪刃自刎。衆大呼曰：「殺好官，不祥。」遂以兵環之。巡撫既遁，餘或亡或降，賊勢大振。映榴困孤城中，誓一死全志，獨念老母無所託，未卽引決，後謂其妻陳氏曰：「以付若。」陳慨然曰：「夫盡忠，婦盡孝，分也，敢不如命？」遂奉姑易服遁。映榴計母妻已出險，迺曰：「吾今可以死矣。」立繕遺疏，北向九拜，升公座，駡賊自刎，瞋目良久乃瞑。賊大驚，羅拜而去。

## 臣民爲聖祖禳疾

康熙癸酉，聖祖有疾，諭諸王大臣修齋禱禳，初僅宗室及滿大臣行之，繼而上自漢六部九卿，下至富商大賈，亦莫不效之。或三晝夜，或七晝夜，或九晝夜，各於就近寺觀設壇以禱。皇城內外，黃冠絡繹，月餘乃止。

## 顧天成輓聖祖詩

世宗以蔡嵩依附年羹堯，籍其家，得顧天成《詠星星草》詩稿。疑語涉譏諷，命蔡索全集進呈，則見有恭輓聖祖詩，詩有「已過虞舜巡方日，尚少唐堯在位年」之句。上淚下曰：「草莽之間，乃有此臣耶！」因召入，特賜編修，使直上書房。

## 朱軾不以疾引去

朱軾以晚歲多病，恩重不得乞身。時方望谿侍郎苞方困於憂虞，屢欲告歸，朱固止之曰：「譬如巨室虛無人，雖老疾者偃卧其中，盜賊猶有戒焉。吾輩三數人，尚可以疾自引去乎？」言罷欷歔。

## 李恭勤忠愛

李恭勤公世傑，貴州黔西州人。初爲江南某司巡檢。高宗南巡，司船跳木，時雨後泥滑，上登舟偶失足，遽起扶之，督撫縛之以請命。上笑曰：「此彼忠愛之意也。」命立擢知州。後官四川、江南總督，以廉能稱。上屢欲以爲閣臣，尼之者言其不由科目，例不可，乃止。

## 顏希深母爲國爲民

乾隆時，顏中丞希深官平度知州，于役省垣。州遭大水，城不没者數版，災民嗷嗷，流冗載道。太夫人聞而惻然，命發倉粟盡數賑饑，民賴以甦。大吏以擅動倉穀劾罷中丞官，上覽疏，大怒曰：「有此賢母好官，爲國爲民，宜保。反劾，何以示勸？」立擢知府，並賜其母三品，封爲淑人。

## 拉傅以誅朱爾墨特扎布而自死

乾隆戊辰，拉忠襄公布敦奉命與傅襄烈公清同爲駐藏大臣。傅爲孝賢后兄，性忠鯁，其弟文忠公貴，尚於人前呵叱之。西藏達賴喇嘛頗羅鼐新故，子朱爾墨特扎布性兇悍，與準夷勾通謀逆，計日舉事。拉、傅密劾之，上命岳襄勤公鍾琪率兵討之，未至，而逆謀日熾。拉、傅計曰：「語云『千里裹糧，士有饑色』，況萬里乎？今賊謀日甚，若不矯詔誅之，使羽翼已成，吾二人亦必爲屠害，而岳公不獲進討，非惟徒死無益，是棄二藏地也。不若先發制人，雖死猶生，繼之者亦易爲力。」因矯詔，召朱至樓上，宣詔，豫去其梯，朱跪拜，傅自後斷其首。賊圍樓數重，傅遂自刎死。拉揮淚挾刃，跳樓下，殺數十人，自剖腸死。事聞，上震悼，均追封一等伯，勅建雙忠祠。

## 策凌世篤忠貞

雍正壬子，有光顯寺之戰，超勇親王策凌威名鎮漠北，虜騎震懾，不敢南牧。及高宗即位，授王定邊左副將軍，鎮烏里雅蘇台。傅閣峯尚書歸定和議，上命王會議。虜使哈柳，辯士也，謁王於京邸，誚王曰：「聞王漠北有營帳，奚必居京邸？」王曰：「皇帝都於此，我隨皇帝而居，卽爲吾土。喀爾喀乃藩部，何足道？」柳又言幼子思歸，欲傳致之。王曰：「公主所育，爲吾嫡長，其餘孽何足齒及？汝部縱放歸，吾請於皇上，必戮於宗也。」哈嗒然退。王復面奏高宗曰：「今北虜挾臣子以爲重，臣若許之，適足以長其驕心，恐無益於國事，況此子不肖，不卽隕滅，赧顏偷生，無足存也。」上詔奬之，比之樂羊，復命王修書答之，和議乃成。

王長子成袞扎布後亦掌定邊左副將軍印。其族貝勒青滚雜卜，因兄額林沁多爾濟故縱阿睦爾撒納，奉旨賜死，陰煽惑諸喀爾喀蒙古諸藩曰：「元太祖裔無正法理。」謀共叛。檄至王所，王大怒曰：「焉有人臣犯而復仇之理？吾家世篤忠貞，豈可自蹈誅夷也。」首發其謀，復寄札於哲卜尊丹巴呼圖克圖，令其諭所部知大義，俾勿惑。事聞，高宗嘉之，卽命王統師勦之，曰：「大義滅親，王茂宏所以仗安東節也。」王率諸喀爾喀藩部追捕，青滚雜卜計窮，擁兵自衞。王傳檄諸部，宣布國家威德，其黨皆散，惟青滚雜卜父子數人宛轉沙漠中，迷失道路，爲官兵所擒。上大悅，賜王黃金帶，敕封其子爲世子。

庚午，王薨於軍，遺表請歸祔公主園寢，上惋惜之，命配享太廟及賢良祠。外藩得預侑食者，惟王一人，蓋異數也。

嘉慶甲戌，禮部尚書成寧以王爲外藩，撤賢良祠牌位於後殿。事聞，仁宗震怒，立褫成職。

### 瑪木特爲烈士

信勇公瑪木特，額魯特人。初爲準噶爾宰桑。乾隆癸酉，杜爾伯特汗策淩來降，達瓦齊遣瑪追之，既入邊，復逸出，副都統達青阿誘擒之。高宗諭曰：「瑪木特儻召之不至，或至，心懷不服，則擒之可。今遣使往輒至，不明懲其罪，反誘擒，非也。」詔宥罪，遣歸，給衣冠。瑪感上恩，稽首而還。後我兵入，瑪感前事，且念達瓦齊不足事，乃赴副將軍薩拉爾軍請内徙。入覲，上念其誠，授内大臣。時議征達瓦齊，以阿睦爾撒納爲左副將軍，以瑪爲參贊。瑪密奏曰：「阿睦爾撒納，豺狼也，往必爲殃。」上以不逆詐諭之。軍抵伊犂，瑪多贊畫功，封三等信勇公，賞雙眼孔雀翎，四團龍服，命守札哈沁，以疾留伊犂。阿叛，爲逆黨所擒。阿慰之曰：「準噶爾與天朝疆域殊異，爾欲内向，何也？不如歸我，當善視之。」瑪怒，唾而言曰：「天下豈有無君之國哉！達瓦齊篡虐，聖天子討其罪，噶爾丹策淩嗣已絶，我不内附，將焉往？且天朝已擒我，不即誅，復釋還，此所謂生死而肉骨也，何忍背之？爾先我往，聖天子待爾厚，爾乃謀逆，今既擒我，我何懼！死則死爾。大軍至，將磔汝，犬不食爾肉也。」阿慚，縊殺之。事聞，上震悼，御製《烈士行》以獎之。

## 鄂剛烈力戰自盡

襄勤伯鄂容安，文端公長子也。家傳方略，勇敢性成，連任疆圻，多所籌畫。乾隆乙亥，偕班第駐守伊犂，值阿睦爾撒納叛逆，力戰自盡，上深軫悼。及閣臣議謚，以其由詞苑起家，議文剛、文烈以進，高宗抹去二文字，取剛烈二字以賜。蓋夙知其忠義果毅，不復以常例拘之也。

## 楊重英節過蘇武

乾隆中葉，廣州漢軍楊重英官雲南按察使，率兵駐滇、緬界上之新街，爲緬人所虜，縶之，而縱其隨員知縣某某等歸國。高宗怒，命執兩員磔諸境上，不許入國界，且諭令滇督，如重英他日歸時，即照此辦理。重英既被虜，終不入緬都，緬人舍之於新街，欲其降，譬說萬端，卒不屈。重英在新街，先後二十五年，足跡未出闥一步，其眷亦因之請室。己丑，緬乞和，且值高宗七旬萬壽，始釋重英歸。甫及境，滇督某遵前旨，執而梏之，亟馳奏。時上春秋高，頗悔當時治此案過嚴，乃下詔旌其忠，獎以節過蘇武，且令滇督驛送來京，預備召見。旨至滇，重英已病卒。重英爲雲貴總督拜滿缺大學士應琚之子也。

## 馬壯節死木果木難

馬壯節公銓，初中乾隆壬申武探花，因與同僚角觝罷官，入京營充武弁，傅文忠公恆倚任之。復中庚辰探花，洊至四川提督，從征金川。時相國温福擁兵不進，馬慨然曰：「金川蕞爾小夷，經大兵兩度撻伐，不能獲尺寸之利，屯駐經年，老師糜餉，安用將帥爲？今相國以台司重臣不能出險用奇，使彼畏威革面，惟置酒高會，撻辱士卒，將何歸報天子？」温斥其妄。其後木果木之敗，馬殿後隊，手戮數十賊，力盡死焉。

## 温福陣亡於大金川之木果木

乾隆癸巳，温福以定邊將軍征金川，陣亡於木果木。時總兵宋元俊方乘勝直搗美諾，若厚集兵力，一鼓殲滅，金川可定。温乃狃於易勝，不復檄調各路兵馬，惟日與提督董天弼輩置酒高宴。額駙色布騰巴爾珠爾屢勸阻，温乃謂其煽惑軍心，上疏劾之。

護軍統領伍岱，遼東驍士也，見温所爲，歎曰：「吾聞遠拙，未聞遲巧，焉有屯兵賊境而日以宴會爲務？吾固遼海健兒，未審有若此能致勝者。」温大怒，以他罪遣戍。遣綠營兵三五十人取碉卡，有致傷者，温反責之，人心益懈。超勇公海蘭察至扣刀誚温曰：「身爲大將，苟安旦夕，非夫也。今師雖老，使某督之，猶可致勝。」温拂袖起。遷延月餘，賊偵官兵弱，乃整勁旅數千東攻，官兵不戰自潰。海初對敵，即咤曰：「雲氣已頹散，不可戰，余馬首欲東，與諸公期會於美諾寨。」因馳馬破圍去。

温方雅服督戰，爲賊所擒，董天弼、牛天畀、張大經等皆死之。師遂大潰，自相踐踏，終夜有聲，渡鐵鎖橋，人相擁擠，鎖崩橋斷，落水死者以千計。參政明亮方結營美諾，見潰兵如蟻，往來山嶺間，遣人止之。潰兵知明在，止者數千，收留犒賞，兵少安。適有持銅匜沃水者，誤落於地，驚曰：「追者至矣。」羣起東走，勢不可遏，其喪膽也若此。

## 楊夢槎殪賊而死

乾隆朝，無錫楊夢槎明府以孝廉令四川酆都。丁卯，金川酋逆命，調赴前敵，監製礮位，屢有功。癸巳六月，大軍至木果木山，夜半賊劫礮局，遂擁之去。環叩用礮之法，明府陽教之，而陰詭其製，反裂，殪賊無算。賊酋切齒，剁其屍如泥。事聞，詔贈兵備道，賜祭葬，蔭一子如其官。

## 李侍堯處置臺灣

乾隆丙午，李侍堯督閩。時值臺灣之變，高宗以常青非將材，恐不能守，令全師歸，待福文襄王康安至，再籌進取。李以臺爲巖疆，一旦失守，非十萬兵不易取，恐失機宜，節諭旨數語寄常青，具疏請罪。高宗嘉其忠，以爲處置得宜，有古大臣風，賜雙眼孔雀翎獎之。

## 壽同春謀復廳城而死

乾隆丙午，會稽壽同春以布衣客臺灣淡水廳幕。值林爽文之變，淡水陷，廳官及於難，壽展轉賊中，密約忠義士反正，城立復，乃搜捕羣不逞，斬刈無算，而撫定其孑遺，賙卹備至，威惠大著。草萬言書，渡海達大府，大府疏告。上驚賞，卽命知淡水廳。後罵賊不屈死。事聞，贈太僕寺卿，蔭官立祠。

## 奎壯烈願馬革裹屍

孝賢后之猶子奎壯烈公林，嘗於乾隆壬子從福文襄征廓爾喀，疽發於項，仍力疾從軍。孫文靖公士毅往視其疾，執手曰：「疾何必問？大丈夫不能馬革裹屍，殗殢牀簀，實可醜也。」及卒，惟以軍務未蕆爲憂，語不及他。奎嘗讀《元史》，王述菴侍郎問所慕，奎曰：「耶律文正非余所及，得及王保保之忠貞足矣！」

## 謝家瓚雪仇報國

謝家瓚，湖南麻陽富室也。居高村，村故與苗接壤。乾隆乙卯，苗民石三保叛，大掠於麻陽，家瓚盡散其家財數十萬募鄉里壯士禦之，殺三保兵無算，三保深仇之。一日，家瓚率衆守溪口，三保驟悉兵圍高村，曰：「出家瓚，乃免。」家泰，家瓚族弟也，聞之，挺身出，語村父老曰：「賊必欲得吾兄而後快，不獲吾兄，村人必無幸矣。」徑投三保軍，大罵曰：「我卽家瓚也。」三保親剸刃家泰胸，剥其皮，家泰罵不絕口，終死無異辭。三保心以爲信家瓚也，然意猶未饜，復威索村人獻家瓚妻子，縛以歸，始知所殺者非家瓚。迨家瓚馳率兵歸救，而事無及矣，大憤，於是與三保戰益力。事聞於朝，天子嘉之，予之官。將軍福康安嘗伺其罷戰歸，勞之有加禮。家瓚曰：「瓚受國恩，義當爲國家效死戮力。且苗，吾仇也，吾弟死焉，吾家殲焉，瓚自雪仇報國而已。」三保既知家瓚實不死，必欲甘心家瓚，亟攻溪口。家瓚力不支，其下有勸之者，曰：「賊指名懸購吾子亟甚，殆難免矣，盍易服而行，以求援也。」從之，斃於路。賊退，收其尸葬焉。

## 花連布勦苗陣亡

花連布，滿洲人，以世職洊至南籠鎮總兵。性賓直，有肝膽。少習《左傳》，精戰法。乾隆乙卯春，入覲，中途值銅仁紅苗反，福康安以總督進勦，檄留花隨營，素稔其勇，令解永綏圍。乃率百餘騎長驅直入，破苗寨數十。苗人皆烏合，未見大敵，驚曰：「神兵至矣！何勇健乃爾。」花著豹皮戰裙，苗人呼爲花老虎。永綏圍解，大軍至，令花當大營前，結營禦賊，悉以勦事委之。王日置酒宴，雜以歌舞。花登夜巡徼，饑不及食，倦不及寢。苗偵知王持重不戰，乃一日數至，花竭力防堵百晝夜，鬚髮盡白。小竹山賊叛，黔督勒保檄其督兵往勦，遇賊山梁上，轉戰益奮，中鳥槍，墮山澗中，詬罵不絕口，賊欲鉤出之，乃自轉入巖石中，折頸而死。事定，將弁百計出其屍，顱骨寸斷矣。事聞，仁宗震悼，特賜祭葬。

## 王文雄爲楚匪支解

嘉慶丙辰春，楚匪滋事，當事者過於持重，遂至蔓延三省，用兵十載方撲滅。其中殉難者：提督爲王文雄、花連布、富成、穆克登額，總兵爲諸神保、朱射斗、袁國鐄、何元卿、施縉、凝德、札爾杭阿、李紹祖，而文雄死事尤烈。

文雄，貴州人也，由行伍洊至通州協副將，率直隸兵往援鄖陽。陝撫秦承恩性懦弱，不知兵，賊遂入陝境，至盩厔。秦惟閉城哭，目盡腫。文雄倉卒率直兵繞道擊之，陝境保全。事聞，秦受上賞。王累擊賊，賊畏恨之。庚申夏，於棧道中猝遇賊，賊覘知其兵弱，四出紛擊，轉戰竟日，路既險峻，糧復絕，遂爲賊擒，噴血痛駡。賊首曰：「此手戮吾三十二首領，不可令其速死。」乃支解竟日。賊既退，軍士於草中尋遺骸，一臂而已。事聞，上震悼，賜世襲一等子。

## 李壯烈以死報國

嘉慶丁卯，蔡牽寇台灣，浙江提督李壯烈公長庚率兵討之。漁山之戰，坐船遭風失信，閩督阿林保遂誣李逃寇不知所之，賴浙撫阮元以李受傷入告，仁宗優詔奬之。嘉慶丁卯，戰於黑水洋，蔡牽窮迫，以三舟艤島，去李艇半里耳。李因山爲壘，以逸待勞，四面圍之，計日可獲。而閩督飛檄催戰，責以逗撓。幕客勸李封章入奏，李岍舷怒曰：「大丈夫以死報國，不受唾面辱也。」因整軍進，下令皆持短兵，爲必死計。及戰，浙軍無不一當百，有卒躍登牽船。牽幾被擒，以衆寡不敵死。而牽奴林十獮素識李，潛由篷窗發火槍，中胸。李茹痛呼曰：「諸君不殺此賊，老夫死不瞑目矣。」長號而終。事聞，仁宗震悼，封一等壯烈伯，謚忠毅，祀昭忠祠。李卒之二年，部將邱良功、王得禄等率舊卒建功海上，時閩督方葆巖制府維甸與邱、王合志殲賊，戴文端公衢亨掌樞柄，所請無阻撓，二將得以用命。牽投海死，子小仁獲而奴之，海氛遂平。

## 張茂修全家遇害

張茂修，河南滑縣人，曾入庠，性豪宕，不拘小節。嘉慶中，李文成將叛，以其武勇可恃，陰遣其徒約之。茂修欲辭，既念文成勢已就，非口舌所能阻，佯許之。奔告巡檢劉某，劉初未信，茂修曰：「此何等事，某敢以爲戲耶？願君早發之，猶可救，勿使滋蔓。」劉乃轉詳滑令強忠烈公克捷，文成始就擒。後賊刼犯時，茂修全家遇害。

## 倭門四忠

道光乙未會試，蒙古倭文端公仁爲同考官，得士最盛。而會稽陶文節公恩培、通州孫文介公銘恩、旌德呂文節公賢基、宿松羅文節公遵殿，皆出其門，先後殉粤寇之難，世稱倭門四忠。

## 京口駐防効忠

道光壬寅，英人犯鎮江，京口副都統海齡禦之，相持七晝夜，六月十四日城破，海齡與妻孫氏同時殉節。驍騎校祥雲投水死，其父馬甲長松先一日登陴，斃於礮。妻鄔琅罕濟勒們氏懼遭污辱，掩面以利刃刺殺二女，然後自戕。鑲紅旗望阿與英人戰，身受重創，仆地不能起，舁至家，奮然起曰：「吾家世受國恩，不可辱於賊。」遂驅其子善昌、善崇，女花姑投井中，自與妻張氏投繯死。後二子遇救得免。姪孫奎賡復力戰於城南小教場，陣亡。奎之祖母耿氏、母施氏、叔母白氏聞訊，闔户自焚，老幼男女七人悉燼焉。

## 三總兵力戰身殉

道光壬寅，英之復陷定海也，有三總兵力戰卻敵，卒以身殉。三總兵者：直隸王剛節公錫朋、浙江葛壯節公雲飛、湖南鄭忠節公國鴻是也。

王字樵傭，由武舉人補兵部差官，授固原游擊。道光丙戌，從大軍征張格爾，矢殪其酋。壬辰，平瑶匪，盡殲之，以功擢副將。復定回疆，歷破廣東、湖南諸瑶匪，積功擢壽春鎮總兵。庚子，英人既陷定海，始奉命與葛、鄭鎮其地。辛丑八月，英人再至，出守九安門。時葛駐竹山門，鄭駐曉峯嶺，相去十餘里。英軍先犯九安，不利，退攻竹山曉峰，敵勢甚鋭，衆可二萬。王急馳救，而我軍合三鎮僅四千，以寡不敵衆請援兵，大府擁兵不發，衆且盡，英人至益多，卒揮短兵陷陣死。

葛字南田，以武進士授守備，五擢至定海鎮總兵。丁憂致仕，臨歸，上書大府，以廣東禁鴉片事方急，英人狡焉思逞，恐一旦有變，波及浙、閩，宜先事定謀。庚子七月，英人據定海，巡撫某服其先見之明，馳書要之，詣鎮海，計防禦。葛得書，隻身赴鎮海，請盡出勁兵，扼守金雞、招寶兩山。會英軍統領安奪德被執，葛請乘虚出兵以復定海，大府囁嚅不能從。辛丑，和約成，許通商，英人求釋安奪德而歸定海於我，朝廷許之，命與王、鄭同鎮焉。惟定海踞山臨海，易攻不易守，葛議築土城，列巨礮，當事以費鉅不果行。七月，英擾廈門，葛聞之急牒大府，請益兵增礮，皆不省。八月，復犯定海，攻竹山門及東港浦，皆力戰卻之。而英軍益衆，以艦二十九艘迫竹山。所部僅二百餘人，乃馳書大營，請濟師，勿許，且復書戒死守，毋望援。時天雨浹旬，葛以青布纏首，着鐵齒鞾，指揮霪潦中，相持數日，屢戰卻敵。會天大霧，英人全隊逼土城，葛礮沈其艦，英人分道攻曉峰，曉峰無礮，英人奪間道下，破竹山門，薄土城。葛以礮迴擊，敵軍死進，率部卒持刀械鬭。安奪德執旗麾兵進，葛持刀斫其兵數十人，刀折，復拔佩刀，衝入英軍中。至竹山門，方登城，英人刀劈其面，去其半，血淋漓，猶奮身上登。忽有礮彈背擊，洞胸沒。部卒某夜跡其尸，走竹山門。時雨霽月明，見葛猶宛然立崖石下，兩手握刀不釋，左目炯炯如生，欲負之行，不能舉。拜而祝曰：「曷歸見太夫人乎？」遂抱尸，浮舟內渡，大吏護喪還葬。

鄭字雪堂，由雲騎尉世職擢至處州鎮總兵。旋奉命同守定海，所至皆能舉其職，至是亦以力戰死。葛、鄭皆以儒將著。葛有《四十自傷》詩，頗爲人傳誦。其詩曰：「馬不嘶風劍不鳴，等閒已老健兒身。近來不敢窺明鏡，恐照頭顱白髮新。」鄭文學甚優，而尤精經術，著有《詩經疏義》行世。

## 葛壯節務盡我心

葛壯節公復任定海鎮總兵，有與其妹壻朱世禄書云：「夷匪一案，未發之前，文武大吏，漠不關心；失事之後，倉皇無措，遷延日久。羣議蠭起，或矜意氣，或圖私便，既無切中窾要之論，亦無公忠體國之心，時事至此，尤堪長歎。余受事後，屢言犬羊之性，非大加懲創，無以善後，並將勘辦機宜，分晰條陳，而當事諸公咸以爲難。自後局勢屢變，忽撫忽勦，總無定見。現雖收復，而善後事宜，更無把握。余一武人，惟不避艱危，務盡我心而已。」

## 王連陞效死

王連陞者，王剛節公錫朋之鄉人也。軀幹修偉，絶有力。初傭於剛節家，性簡傲，不爲同輩所喜。剛節知其戇直，撫慰之，連陞自是益感奮。剛節貴，拔爲親兵。道光辛丑鴉片之役，大府檄下壽春，兵士無不色變心駭，有以病辭者，連陞獨奮曰：「國家養士累世，用在一朝，人私其身，國何賴焉？」同輩大感動。行至定海，剛節守九安門，連陞曰：「擐甲執兵，殺敵是求，不當寇，非夫也。請爲前鋒。」剛節壯而許之。顧敵衆我寡，援兵又不至，勢危甚。連陞見剛節寢食不安，切齒言曰：「大帥坐擁強兵，曾無分災救患之意，豈忠臣義士而忍出此乎？」言訖，爲太息者久之。已而礮聲徹夜不絶，彈丸雨集，剛節知事不濟，無幾微憂懼之懷，顧獨念身爲鎮將，自當爲國效命，而若輩奮卒相從多年，乃亦以失援之故，同時并命於鎗林彈雨間，於心何安，撫膺而歎者屢焉。連陞審知其意，趨而前曰：「今日之事，公與連陞等分雖殊，心則一也。公爲國之鎮帥，能忠於國而弗愛其身，連陞輩乃不能効死而甘心負其上乎？況犬馬受豢養之恩猶知報焉，連陞輩豈犬馬之不如耶？」剛節聞言，至泣下。定海陷，剛節死，連陞已先半日力戰殉難，而其餘近卒數十人亦無一免者。

## 黄騰鴻負創殺敵

黄騰鴻世居平江，富膂力，能挽五百弓，射必命中，以貧故，偕弟飛鴻走定海，充戰兵，隸鄭忠節公國鴻部下。道光辛丑，英軍再犯定海，攻竹山、九安，皆不利，乃退而迫曉峯嶺。嶺無礮，時有營將在嶺外，忠節欲調入，敵彈雨下，不能行。募敢死者令縋嶺入，騰鴻應募。少選，兵皆入嶺，忠節奇之。然我軍駐曉峯者止二百餘人，英人可二十倍，忠節以衆寡不敵，命騰鴻復縋嶺出，赴鎮海求援，期以三日。騰鴻踰宿即至，至則頓足大哭。忠節知大府之擁兵不救，慨然曰：「吾受國恩二十年，來守此土，城亡，則與之俱亡耳。世有斷頭將軍，無降將軍也。」騰鴻曰：「騰鴻願與主將俱死。」忠節嘉其義勇，即擢爲副將。越二日，英軍首領安奪德率兵萬餘至，與舊軍聯合猛攻，嶺破。忠節策馬持刀出戰，騰鴻先驅，英兵以短刀刺忠節，騰鴻急以背受之，中肩，血淋漓，仍竭力擁護。忽槍彈飛中忠節首，仆而殉，鴻負創持忠節刀，揮殺英兵十餘人，力竭而死，忽起立大呼曰：「亦足以報國矣。」言訖，尸復仆。飛鴻乘夜瘞忠節及其兄屍，見騰鴻面中十餘創，雙目灼灼如生。年僅二十有四。事聞於朝，特贈總兵，附祀鄭忠節祠。

## 陳連升血戰而死

副將陳連升，以受知於陳化成、林則徐，洊陞至廣東水師參將。在軍日，勤訓練，嚴紀律，營務肅然。道光辛丑，鴉片釁起，連升時署副將，奉關天培命守沙角、大角礮臺。至則相度形勢，部署戰守，晝夜不少休。未幾，英軍攻兩臺，勢強甚，連升飛書告急。時諸軍集廣府者，駐防滿兵，督標、撫標兵不下萬人，又調集客兵、團練、鄉勇、民兵數萬，而大帥所遣助守臺者僅二百人，連升與在臺將卒誓死守。英將伯麥復率艦隊進攻，礮彈如雨，偏裨某中彈死，或勸稍避，連升曰：「今日，吾死日也，敢言退者斬。」既知勢不可支，大呼曰：「死無憾，吾死而二臺必陷，虎門且將不保，爲可憾耳。」血戰逾時，力竭死之。

是役也，蓋連升預埋地雷，敵至而雷發，死百人。英人怒，知我兵少，麾衆前進，連升以數百兵當英人五倍，自辰及申，火藥罄，英人別遣精兵繞出三河口，燒毀我兵脚船，與前所伏兵合力夾攻。連升中銃仆，沙角、大角並陷。英人大恨之，刀矛交下，身被數十創，又執其子斫之，刳其腹。守備張清齡、外委瞿殿林從殉，三河營喪兵最多。

連升既亡，其坐馬爲英軍所得，飼之，他顧，不肯食，乘之，蹶踶弗克上，棄之，悲鳴跳擲而死。

## 關忠節以賜衣墮齒寄家

關忠節公天培，山陽人，以武生至專閫。貌英偉，面紅如中酒，威毅驚人。道光辛丑，英人擾粵東，關與林文忠督兵事。領事義律已被俘，乃爲琦善所牽掣。林革職遣戍，關勢益孤，死守虎門礮臺。奉琦嚴飭，謂方議和，不得輕開戰釁，英人遂乘隙駕礮來攻。關告急請援，不應，老僕勸關退，關叱之去。僕跪抱關足求退，關拔劍欲砍之。僕大哭而下，行未數里，礮臺已爲英礮所擊碎，遂以身殉。宣宗震怒，命鎖押琦善來京，憫關義烈，賜諡忠節，勅建專祠。

當事棘時，闢嘗緘一匣寄家人，堅不可開，及後啓視，則賜衣一襲、墮齒數枚而已。蓋死志早定也。是役也，闢守鎮遠，李潤堂守威遠，馬辰、多隆守定遠，皆僅數百兵，進不能戰，退不能守，門户藩籬全不足恃。闢與諸提鎮請於大帥某，力訴礮臺危急坐以待斃狀，不得兵，慟哭不行。某怒曰：「不到礮臺是畏死，卽以軍法從事。」諸將曰：「礮臺何敢不往？兵不發，徒往何益？是迫之死也。國家死數提鎮不足惜，第恐大局一壞，喪師失地，於國體有關耳。」不聽，各礮台遂相繼失守，闢及總兵祥福、遊擊麥廷章、都司沈占鰲、守備洪達科同時中礮陣亡。闢身受數十創，半體焦爛，廷章亦存半體。闢僕孫長慶旣受闢命，送印大府所，返而求主人尸，膝行入英人營，皴交於胸，歷舉他尸數十審視乃得之。英人雖忌闢而心敬其人，獨某靜鎮如故，英人由是進逼省垣矣。

## 勞文毅忠信篤敬

勞文毅公崇光，宣力中外，練達堅貞，其開府滇、粤，尤爲盤根錯節之遇。先是，英人擾粤東，番舶逼五羊城，前督葉名琛被劫，洶洶依回，惜一死，廣州大亂。英人入居節署及民廛，文武官避居佛山鎮，會城空無人。勞聞命，兼程抵廣州，從者請緩，叱曰：「非爾所知也。」屬吏叩馬諫，則曰：「吾奉天子命來爲督撫，不入城，將焉往？」遂單騎疾驅入。英人亦駭愕，遂與營弁列隊郊迎。英酋請見，勞見之，若無事者。及論事，則折以理，不稍屈。明日，商民復業者數千家，英人莫測其所爲，氣奪，因退去。

其督雲貴也，雲南漢、回民方互鬬，黠者煽爲亂，自署督潘忠毅公鐸殉難後，會城爲回所踞，守土大吏徐之銘輩寢與爲緣。勞自勘黔案拜總督之命，馳抵昆明，僚屬裹裒俟進止。或尼其出入，乃曰：「吾嘗單騎入廣東，島夷萬計，視之蔑如也，豈懾叛回哉？」遂入城，漢、回軍民皆郊迎，如抵粵時。既至，語屬吏曰：「漢、回仇殺，乃械鬬案，非軍務也。」益開誠心，安反仄，武員中有持兩端者，感其忠藎，皆革面以功名自奮，滇事始可收拾，賊乃漸平。勞嘗佩小印，文曰「忠信篤敬」，至是人益服其可行於蠻貊焉。

## 陳忠愍殉難吴淞

同安陳忠愍公化成之官江南提督也，爲道光壬寅，時英人方陷鎮江，逼江寧。乃堅築礮壘，禦敵吴淞，檄鎮將某分駐西礮臺，以示固守。並與江督裕禄書，略謂：「海口軍事，一以付余，君但無出寶山縣城一步，併力相擊，則事濟矣。」未幾，英人近吴淞，陳儘力轟擊，戰將捷矣，裕聞警，棄寶山而遁，由是西礮臺守將以宿隙反礮擊之，中項而卒，兵遂潰。

## 錢金玉大呼賊奴

錢金玉官松江千總，性剛果，尚廉節。道光壬寅鴉片釁起，錢方假歸省親，聞訊，即束裝啓行。其戚友尼之曰：「軍事方急，禍福不可知，君方在假，上官又未有文檄趣君往，何急急爲？」錢不聽。既至吴淞，從守西礮臺，與部卒同飲食卧起，以力戰相勗。及東礮臺陷，彈丸咸集於西礮臺，錢奮勇督戰，喋血數小時，左臂中三彈，曾不少卻。其近卒泣陳公有老母在，不可死，笑謝曰：「焉有食國之禄，而逃其難者乎？幸勿爲吾母慮也。」未幾，一彈來，中左乳，遂仆。彌留之際猶大呼賊奴誤國不置。

## 林文忠臨歿呼星斗南

道光乙巳，粵寇初起，首陷平樂府城，時林文忠公已由西域賜環，文宗特詔起之田間。方卧疾，聞命束裝，星夜兼程，宿疴益劇。其子編修汝舟隨侍，勸以節勞暫息，文忠慨然曰：「二萬里冰天雪窖，隻身荷戈，未嘗言苦，此時反憚勞乎？」口占一聯云：「苟利國家生死以，敢因患難避趨之。」乃舁疾亟行。憂國焦勞，馳驅盡瘁，遂卒於廣寧行館。初，賊震文忠威名，咸膽裂思解散，猝聞溘逝，毒燄益張。臨歿，大呼「星斗南」，莫解所謂。

## 李文恭自謂不忠

粵寇起，林文忠公歿於軍，詔起李文恭公星沅督師。時李以養疴在籍，而太夫人亦春秋高矣，聞命，即拜疏登道，太夫人揮涕促之。行浹辰，抵桂林，調兵集饟，不速辦，襄事者意歧出，累月無功。李憤，激動宿疾，密疏請易帥，猶強起剋期出巡，卒不支。因口授遺疏，至「賊不能平謂之不忠，養不能終謂之不孝」四語，聲哽咽，不可復續，幕僚爲足成之。垂絶，猶瞋目曰：「粵西宿將，惟向榮可倚。」言之至再三。

## 張文毅輓青墨卿聯

鄂撫青墨卿中丞麐，待士卒有恩，衆樂爲用。以徇某總兵請，移兵就饟，入湖南境。文宗震怒，正法荆州，死之日，三軍皆哭。張文毅公芾輓以聯云：「雷霆雨露總天恩，早知秉節孤忠，久拚一死；成敗功名皆幻境，即此蓋棺論定，已足千秋。」

## 羅忠節殞命洪山

粤寇之亂，羅忠節公澤南守洪山，寇攻屢不得志，出賞格，募廣濟、興國人圍攻，死亡甚多。時江西告急，促往援，羅以屢奉詔詰責，不即克復湖北省城，未即赴。一日，寇大股猝至，督隊下山，時羅戴長穗小帽，衣棉馬褂，突有槍彈傷其額。衆聞主帥受傷，陣稍動，羅猶指揮全軍，旋衝旋退，故寇不敢逼。而血殷袍袖，衆勸速歸養傷，不允，使兩人夾扶，徐行至營，立門外，衆兵由是咸陳營前，寇遂退。卒以傷後受風，殞於軍。

## 吴文節被害堵城

吴文節公文鎔之督兩湖也，粤寇方由江西回竄田家鎮，師潰，武昌戒嚴，時咸豐癸丑九月，受任甫三日也。巡撫崇綸懼欲逃，揚言督兵營城外。吴策馬往詰，則曰：「饟絀兵單，城豈能守？」吴正色曰：

『汝朝廷二品官，何出此語？此時吾輩舍『城存與存，城亡與亡』八字外，豈有他策？』崇曰：「公欲以死節博美名耳？軍興，疆臣多併命，吾二人頭顱儻再落麼手，如國體何？」吳忿不能遏，拔佩刀斫几上曰：「誰再言出城者，汙吾刃。」崇齒戰，面土色，惕惕然驚，不復能正視。吳嬰城固守數十日，竟擊退劇寇，城賴以完。崇大憾，所籌畫悉反吳所爲，檄餉徵兵，百計齮齕。十一月，吳遵旨督兵攻黃州，少有斬獲。明年正月，移駐堵城，距城五十里。寇縱火焚營壘，士卒驚潰，吳遂被害。

## 鄧總兵埋藥自轟

咸豐癸丑，總兵鄧某率師禦粵寇，扼守江南石子灣，時部下方往他處攻剿，左右才數百人。俄寇大至，衆言不可敵，宜速避。鄧曰：「吾受國恩至重，義不宜去。汝輩可速自爲計。」衆感其恩義，亦不肯行。鄧曰：「汝輩同死此何益？不如姑去，將來猶可爲報讎計。」衆猶不肯。鄧曰：「既如是，與其徒死，不如設計傷賊。」乃盡以所餘火藥埋置地下，俟寇至，即轟發，於是寇多被轟死，而鄧及部下亦同殉焉。

## 徐叔璵自謂清朝赤子

徐叔璵，名璠，花農侍郎琪之同懷弟也。咸豐癸丑二月，粵寇薄揚州，家屬分道出避，姊向北行，得一村而免。叔璵隨嫗東行，轉與寇遇，寇見其秀穉，從嫗手中奪去。嫗爭之不得，泣曰：「吾武林徐氏兒，清朝赤子也，豈從賊？速縱我。不然，請殺耳。」寇初以甘言慰之，曰：「從我去，勝爾家也。」則怒甚，奪賊手中刃欲自刺，力弱不能得，以手批其頰，復大罵。而僕嫗又進前奪之，寇不允，嫗泣求，寇益憤，乃以刃先斬嫗，旋擲之於地。頸被刃，遂死。

## 張繼賡內應被磔

咸豐癸丑，粵寇據江寧，庠生張繼賡陷寇中，審寇勢熾盛，非內應有人必不能潰，遂僞降。有章氏子者，故無賴，繼賡結之，共謀夜開儀鳳門，俾官兵長驅徑入。已而章忽悔，詣繼賡索千金，繼賡無以應，章乃告密，立逮繼賡，搒掠備至。時繼賡易姓名爲葉某，於是有緩頰於酋者曰：「主謀者張繼賡私逸久矣，葉某無罪。」獄將得解，楊秀清改命胡元煒爲讞官。元煒故廬州知府，陷江忠烈公忠源於死，以城降者也。嚴刑峻法，繼賡不能堪，因叱之曰：「若堂堂四品官，吾亦曾爲若部民，實承可也。茲事至大，非一二江南人所能勝，廣西諸老寇之怨望者多首謀，苦難以屈指盡，請以籍付我，當爲汝言。」元煒顧左右取籍至，繼賡以食指點名曰：「此主謀也。」卽逮殺之。又點一名曰：「此同謀也。」亦逮殺之。又點一名曰：「此知情而不舉也。」復逮殺之。繼賡指點所至，輒立施刀斧，不容置辨，咄嗟間，殺至三十餘人。秀清忽大悟曰：「所殺皆吾兄弟，墮姦謀矣。」遂車裂繼賡，死狀至慘。章氏子歎曰：「張公瀕死，猶能以一指殺賊數十，不可謂非豪傑。且我實賣張公，張公不之怨，指點數十人而不及我，是念我嘗與謀，欲留吾身以俟晚蓋。懼禍食言，不報張公之德，非夫也。」率其黨夜殺守門者至數十，官兵至，稍濡，不能入。明日，秀清大索殺人者，迄不可得。他日，章與某醫朋飲，酒酣，大言曰：「疇昔之夜，殺守門人以事出城，數十者，我也。吾繼張公之志，實有餘快。」醫亟首諸寇，殺章氏子，自是無敢謀内應者。鄉民惡其敗章氏謀，戮之。

先是，有張沛澤者，嘗與繼賡内應之約。適遷官，慼甚，願效死，遂背繼賡。平日與繼賡交誼頗篤，不忍發其事，寇偵得之，卒置之死地。

## 機匠父子殺粤寇

機匠某居江寧西南城隅下浮橋右委巷中，與三子皆絶有力。咸豐癸丑，粤寇初入城，比户括財物，苟屋非甚華，啓則入，閉則去，於是居人皆閉户，匠户獨啓，坐俟寇。其室僅三間，各以一子主之，置刀杖隈處，寇衆至者，則傴僂肅送迎，第見其無長物，輒棄去。寇若三二人或一人至，則必止之，令入其室。甫入，卽鍵户而守，諸子視寇所至室執而殺之，埋於後圃荆棘中。既埋，復啓户，如是者十數日，所殺寇將百。其繼也，鄰有老婦人，忽戒一寇毋過其家，事遂露。羣寇夜來圍之，與二子皆鬬死，惟仲子得脱。

## 張丫頭殺粤寇

江寧張丫頭者，里巷習拳勇之民，世所稱爲無賴子者是也。粤寇既據江寧，丫頭浮沈寇中，近一年，能終不爲寇所得，蓋其智有過人者。咸豐甲寅二月，張炳垣既與外兵成謀，計非有勇士不能斬關迎外兵，或舉丫頭於張，使人説之，丫頭不可，曰：「張君知我，必自請我，乃爲知我者死耳。」張聞之，即日過丫頭，丫頭大喜，許之。至期，張袖大刀，夜至神策門，盡殺守門寇二三十人，候外兵，外兵迄不至，丫頭遂惘惘歸。既而寇推殺人者甚急，適張事已露，有知丫頭附張者，白之，乃捕得丫頭。丫頭呼速殺，遂先張死。先是，有倪丫頭者，亦以無賴稱。於陷城日，見委巷中有寇獨行者，伺左右無人，即袖出刀殺之，凡殺七八人，終不得主名。後不知所往。

## 劉松濤駡粵寇而死

劉世業，字松濤，川沙人也。好讀書，尚氣節，性剛躁不能容物。遇權要輒加以白眼，不通一語，見田舍翁作富人態即譏刺之。性落拓，不治生計，家産揮霍殆盡。咸豐間，粵寇陷川沙，居民紛紛避，松濤安然如故。家人促之，曰：「若曹欲愛惜生命，速自去，無顧我。」未幾，衆皆逃，而松濤仍兀坐。寇見之，問曰：「汝何人？」不答。又問之，則張目怒曰：「汝輩皆小賊，何足與語？速喚賊頭來，我當責以大義。」寇怒甚，牽之去。時有丁某者，與松濤相識，耳語曰：「此何時耶，何謾駡乃爾？」松濤大聲曰：「汝輩小人，惟知偷生，安明大義？我堂堂七尺之軀，豈肯效賊之所爲乎！」寇益怒，以刀刺之，傷臂，血濺衣襟，涔涔然，而神色不稍變，至死，猶駡不絶口。

## 湯貞愍闔門殉難

湯貞愍公貽汾，字雨生，江蘇武進人。以難廕起家，官至浙江金華協副將。致仕居江寧。粵寇起事，陸立夫制府建瀛奏留在省籌辦軍務，深倚重之。及江寧城陷，闔門殉難，時年七十有六。臨難，作絕命詩五律一首，其詩曰：「死生輕一瞬，忠義重千秋。骨肉非甘棄，兒孫好自謀。故鄉魂可到，絕筆淚難收。藁葬毋予慟，平生積罪尤。」貞愍生時愛才好士，畫筆尤絕倫。張南山輓以詩云：「父子祖孫同節烈，畫詩詞賦有輝光。」

## 江忠烈殉難廬州

咸豐癸丑，粵寇攻廬州，撫皖者爲江忠烈公忠源，方以赴任道廬，從廬守胡元煒言，守廬城。十二月十七日，寇穴東城威武門爲隧道，江募死士迎隧出。有黃襦寇據隧口下窺，外委馮貴引刀劈削其面，寇驚譟，官軍自城上擲火彈擊之，皆反奔。江守水西門，寇據山引矢，射及江幄，江久病，益不支，衆力請江宿城下。寇復穴水西門，伏地雷轟城，崩數丈。江躍而起，手大旗，緣堞上，督衆連斃寇目，堵築闕口。會援師數道皆爲寇所敗，城中勢益孤。元煒部勇分守北城拱宸門，勇首徐淮，故縣役也，素無賴，與寇交通，夜開門引入，城上兵與寇鏖戰竟夕。天且明，霧蔌蔌如雨，左右擁忠烈行，手劍自刎，不殊。都司馬良勳負之疾馳，齧其耳，良勳負痛，因墮地，至水關橋，自投古塘死之。從死者曰布政使劉裕鉁，知府陳源兗，同知鄒漢勳、胡子雝，副將松安，都司馬良勳、戴文瀾，縣丞艾延煇、興福也。元煒竟降於寇。

## 孫文節移孝作忠

孫文節公銘恩，號蘭檢，江蘇通州人。道光乙未翰林，累遷至兵部右侍郎，簡安徽學政。值粤寇之亂，陛辭時，文宗諭曰：「皖有寇警，路途多梗，行何速也？」對曰：「以寇警，愈不敢遲耳。」文宗韙之。

皖學使署在太平，太平當金陵之衝，金陵失守久，太平亦嘗失守而克復，其地城郭不完，兵餉乏竭。抵廬州時，廬守胡元煒勸勿輕往，正色拒之。舟由廬啓行，途遇寇舟，蔽江而下，舟子及幕友皆泣，請避入巢縣。怒曰：「焉有天子大臣而避賊者乎？」寇舟亦未相犯，鼐擁去，遂安抵太平。

當時大營餉絀，兵多逃亡，蜀兵黃利中、熊正武等先後率數百人至太平，將肆劫焉。諭之義，感以誠，均稱孫爲好官，願効奔走，孫以未奉命督師辭焉，皆渡江去。

旋檄各屬舉團練，捐千金爲倡，規模粗具。忽奉其父鼎庵書，略謂「卧牀三月，動輒需人。速告養歸省，毋貪富貴，遲恐不見汝矣」。得書驚泣，又以兀坐危城，不能按試，於事無補；父僅一子，父病不歸省，是大不孝，不孝卽不忠，遂決計拜疏乞養。時適有協同河督潘錫恩防堵徽州之命，尚未知也。疏上，朝廷疑其規避，奉嚴旨，准開缺，銷假後以三四品京堂降補。念父甚，將以印信交皖撫，又得其父書曰:「病小愈矣。既奉嚴旨,須代者至然後去職,脱先行者,非吾子也。」乃遵父命,坐待後任。嘗寓書其子云:「城外金柱關火起,居民驚避,僕從以開缺爲辭,請暫出城。余思一日不去職,卽一日不可避難,儻遇賊劫,正可明心。」蓋死志決矣。

咸豐甲寅四月,寇竄太平,孫升廨大罵,與僕范源被執至金陵。孫守義不食,寇百計說降,而湯水不進,終日大罵,遂被害,范亦死焉。

## 葛壯節父子之忠

葛壯節公有二子,長曰以簡,字小凌,季曰以敦,字小臺。壯節殉後,宣宗震悼,始用一品例賞世職,復以文武二舉人分賜二子。及歲,召見,並命入官,小凌官甘肅同知,小臺官湖北守備。二子皆骨鯁有父風,小凌以不肯媚上官被劾,宣宗念壯節忠烈,寢其奏,不行。小臺以安陸營守備擢都司,擊河南潰寇,有功,文宗賞花翎。咸豐乙卯,與寇力戰,殉難隨州,上命以遊擊例優卹。

## 馮福基自謂大清人

馮福基,代州人。幼隨父焯於潛山縣天堂巡檢任。九歲解《周易》大義,衆稱神童。咸豐丁巳,粵寇犯潛山,福基年十四,匿母他所,袖利刃奮身出。寇執之,思刃其酋,弗得。隨至黄梅,宿藥肆,夜竊藥置寇飯裏中,中毒死者十七人。懼事洩,吞餘藥而暝,寇委之去。越二日,福基蘇,自度必不活,寓書

如生。

臨死，猶握弓兵手，厲齒曰：「我大清人，殮以大清服，勿效賊爲也。」弓兵輿尸行九日，達天堂，面

訣父母及天堂父老。父老得書，遴弓兵之故執役巡檢署者，走訪得之。福基猝見，益悲慟，創裂腸斷。

## 温壯勇陣亡六合

咸豐戊午，温壯勇公紹源以布政使銜道員權六合縣事，禦粤寇，而四眼狗圍之。總統張國樑率師赴援，至，陣板橋，去城三里，大霧不得進，停軍一時許以待之。天明霧開，疾趨六合，則城已先一時陷矣。温遇害，寇刳其腹，殘其尸，聞大軍至，卽棄城去。事聞，贈温布政使，謚壯勇。

## 李武愍不屈於陳玉成

咸豐戊午，粤寇擾皖，巡撫李武愍公孟羣既克六安，駐軍麻埠，進規廬州，陳玉成攻陷其壘，被執。玉成接之以禮，欲降之，李不屈，絶食祈死。玉成歎曰：「李公大節皎然，吾當從其志。」擇日設臺，置李臺上，生祭之，率諸將羅拜於下。既退，李旋自經，玉成斂之，冠服如禮，遣遺卒持其喪歸。玉成馳驅江淮積年，既敗，其部下多矢死無二，殆亦感其生祭武愍而然歟？

## 葉名琛猶知不食外國之物

咸豐己未七月，廣東布政使畢承昭奏稱：「本年四月初，廣東省城傳聞已革督臣葉名琛有在五印度地方病故之信。正在飭查間，卽於四月十三日，據英官巴夏禮等照會，內稱『本年三月初八日，貴國前任兩廣總督葉名琛在印度城內病故，當經裝殮妥協，派委向來陪侍之英官阿查利一路護送，於四月十二晚到粤。本日已將棺柩及所遺銀物均交南海縣收領，所有上岸停放各事宜，隨後妥商辦理』等因，當卽札縣查明驗收妥辦去後。旋據署南海縣知縣朱燮親往洋船，將葉名琛棺柩驗收，移至大東門外斗姥宮內妥爲停放，並將帶回所遺銀物逐一點明，封存縣庫。訊據隨行家人許慶、胡福同供：『咸豐八年正月初三日，小的們與武巡捕藍鑌跟隨葉主人由省坐輪船到香港，並廚子劉喜、薙頭匠劉四一同攜帶食物隨行。初七日由香港開船，十六日到嗎喇國，卽新加坡。十八日由新加坡到嗑喀喇，卽五印度。二月初一日搬上砲臺居住。三月二十五日又遷往相距十五里之大里恩寺花園樓上居住。自到大里恩寺後，洋人預備車馬，屢請遊玩，主人不允。迨至九年二月二十日後，帶去食物已盡，小的們請在彼處添買，主人不允，且云：「我之所以不死而來者，當時聞夷人欲送我到英國，聞其國王素稱明理，意欲得見該國王，當面理論。既經和好，何以無端起衅，究竟孰是孰非，以冀折服其心，而存國家體制，彼時此身已置諸度外。不意日望一日，總不能到該國，淹留此地，要生何爲？所帶糧食既完，何顏食外國之物？」屢經繙譯官將食物送來，一概杜絕不用，小的們屢勸不從。於二月二十九日得病不食，至三月初七日戌時病故。臨絶並無別話，只說辜負國恩，死不瞑目。當時有繙譯官阿查利在場料理，於初八日酉時用棺裝殮，二十四日將棺木運上火船，繙譯官帶同小的們坐火船運回廣東，四月十三日到省。』藍鎮已於九年正月二十二日在噎咯喇病故，寄葬客地。謹奏。」名琛，漢陽人，道光乙未進士。由翰林外任知府，洊擢巡撫。己酉，與鹿邑徐仲升制軍因辦理夷人進城事宜，得旨嘉奬，徐封子爵，葉封男爵。後徐罷職，葉遂總督兩廣，晉大學士。丁巳冬，粤城變作，被虜。

## 胡文忠効忠桑梓

咸豐季年，安徽布衣胡文忠當粤寇破定遠時，家毁於難，鬻其女隻身赴京師。謁林遠村侍御之望曰：「勝保督師久無功，又驕縱，好聲色，皖名城多陷。苗沛霖跋扈，反形日露，勝若不知。民無生望，吾當爲桑梓痛哭矣。使袁甲三終不去，皖何至是？君有言責，當入告。」林唯唯。胡不及待，即自縊死，死猶懷書責林，語益激。林以其書並奏之。未幾，勝以喪，詔許其去，仍以袁往。

## 陳右銘勸田友梅勤王

咸豐庚申之變，圓明園被燬，時義寧陳右銘中丞寶箴客京都，方飲於旗亭，登樓望之，痛哭流涕。未罄酌，倉皇返逆旅，馳書田友梅於河南，速其勤王。右銘倜儻好奇計，其爲文類魏叔子，都人頗以狂士目之。

## 張忠武殁於河

咸豐丙辰，張忠武公國樑奉旨幫辦軍務，佐向忠武公榮勦粤寇。及向薨於軍，欽差大臣某不諳軍旅，餉不時給，忌者益多方沮撓，先後屢失事機。度寇未易滅，誓以身殉，抉一齒畀家人歸報，示無還期。江寧寇受圍久，勢憊甚，城垂破者屢矣。爲出柙計，乃集各路悍黨，思並力一決勝負。亡何，官軍缺餉已五閱月，士卒洶洶，張不得已，躬詣某所，長跪告急，繼之以泣，卒弗許。退而念此饑軍終不支，亟檄召副統帥某，冀相與戮力，一鼓下省城，擒寇首，出萬死不顧一生，事或濟。副帥將行，何桂清尼之，羽書七往返，不至。寇聞之，急攻官軍，官軍譟於營，某帥遁，師大潰。張聞變，搏膺而呼，墜馬幾絶，立自鎮江馳至丹陽城下與寇戰。傷重，知不免，探懷中印授材官某，令走報。下馬，向闕再拜曰：「臣力盡矣。」復上馬大呼，望寇營而馳，亂流渡河，人馬俱殁於水，時庚申閏三月二十九日也。

## 羅壯節清忠大節

羅壯節公遵殿通籍後，以知縣發直隸，屢治劇邑，循績遠聞。在清苑，以保舉卓異引見，宣宗諭廷臣曰：「此本色書生也。」賞加同知銜。羅之受知自此始。咸豐庚申二月，粤寇陷杭州，羅適撫浙，死之。文宗温旨褒卹，予謚忠愍。未幾，御史高延祜摭浮議劾之，有旨罷卹典。同治壬戌，曾文正公訟羅清忠大節，穆宗特諭，仍遵文宗初次諭旨，照巡撫例從優議卹，贈銜賜葬，予謚壯節，並給騎都尉世職，入祀京師及本籍昭忠祠。一人兩謚，已爲古今所稀聞，而妻徐氏、孀女陳羅氏、姪婦周氏同時殉難者，均令配食專祠，並以雇婦金梅氏、家丁顧斌祔祀賜卹，爲尤渥也。

## 林汝霖全家殉粤寇難

林汝霖，字小巖，上杭人。咸豐己未冬，署仁和典史。庚申，粤寇擾浙，杭州陷，其母、妻、二姊、長女皆先自縊。寇至，危坐堂皇，瞋目大罵。寇婉言勸降，大呼曰：「生不能啖汝肉，死亦當爲厲鬼殺汝。」隨舉案上硯擊寇首，破，寇怒，遂遇害。長子懋生旋投効軍中，冀復仇，死於諸暨包村之難。辛酉，次子涇生遇寇不屈，又爲所戕。越七年，重葺典史署，得一門忠骸，杭人爲之附葬西湖孤山林處士墓側。

## 王壯愍爲忠臣

咸豐辛酉十一月，杭州再陷於粤寇，巡撫王壯愍公有齡死之。當未陷時，壯愍力求救於曾文正，文正先以他事與壯愍有隙，故遲之。而李秀成兵入杭州矣，壯愍自縊於院署桂花樹下。秀成入，歎爲忠臣，以王者冠服葬之，故杭人多秀成，少文正也。是年，杭人以城陷死者七十餘萬。

## 曾文正李文忠劾忠王室

曾文正公國藩駐軍祁門時，王某獻詩，嘗諷以聯合粤寇而自取之，曾不能用，拂衣遂去。李文忠公鴻章既平捻，握重兵，部將頗有欲擁戴之者，李喻其意，假他事逐之。

## 程忠烈以創傷卒

同治癸亥三月，遇缺題奏提督江西南贛鎮總兵勃勇巴圖魯程忠烈公學啓之卒，以傷重也。程，桐城人。嘗陷粵寇中，某酋甚重之，而不爲用。咸豐庚申，逸出，投曾文正營，破安慶，多得其力。及隨李文忠至滬，所部開字營僅五六千人，破寇數萬，李奇其才，爲增至萬人而專任之，遂收省會，成大功。每戰，必扼要擣虛，制寇死命，故所至皆捷。治軍嚴，所過無秋毫犯。自被創回蘇，李旦夕往視。既而創漸合，留敗骨爲梗，醫云不可去，乃自拔之，因傷腦及喉舌，不復能飲食。卒之日，命侍者進黃馬褂，起服之，繞室行，顧取茗碗，不下咽而絕，年甫三十五。英將戈登素相服，及誅蘇城降酋，戈登意不平，忿與絕。至是聞之，泣下，乞其督陣時二長旗攜以歸，爲紀念。舊藏程之鏡攝小影二，至是以一遺李而自懸其一。西人每輕視我國大將，其重程如此。李具以狀聞，追贈太子太保，謚忠烈，給騎都尉世職，事蹟宣付史館，安慶、蘇州、嘉興俱建專祠。

## 多忠勇以創卒

同治甲子，西安將軍多忠勇公隆阿勦滇回藍大順於甘肅之盩厔，城小而固，久不拔，朝廷以其用兵素稱神速，訝其師久無功也，嚴旨詰問。多起自武員，不耐摧折，又自恥其困於小寇也，二月二十三日，掘地道，燃火藥，轟開月城丈餘，自率穆圖善、姜玉順等驟入其城。不意城内尚有堅卡五道，將士力攻不能破。多在礮臺親自擂鼓，寇見其衣黄馬褂也，知爲大帥，以鳥槍狙擊之，頭眼受傷。忍創回營，傳令諸將：「此城速克，傷重亦可痊。如不克，傷輕亦不欲復活。」諸將四面環攻，以次日三更克復縣城，大順逃至漢陰，爲團練所截殺。而多傷病益劇，巡撫劉蓉往視之，見其卧於躺椅，困憊殊甚，竟瞠目不能語，遂以四月十五日薨於盩厔。

## 僧格林沁陣亡

同治乙丑夏四月，忠親王僧格林沁督陳國瑞、郭寶昌、成保、何建鰲等軍與捻戰於曹南，敗，退入空堡，被圍數重，且欲掘長濠以困之。官軍糧草俱乏，逮夜，洶洶欲潰。諸將咸啓王，請突圍出，不許，固請，乃許之。王部分諸將，自與成保馬隊俱，使降捻桂三率數百騎爲前驅。王飲酒至醉，上馬，馬踶逸不肯行，乃易馬以出，時已二更矣。天星昏黑，桂三有異志，既出堡，即反走，突衝官軍，捻乘之，國瑞所部步隊四千覆潰幾盡，國瑞僅以身免。餘軍與捻不相辨識，長驅並騖於昏黑中，遲明，收隊入堡，不知王所在。俄有戴三眼花翎紅頂之捻首揚揚過圩去，未幾，跡至麥塍中，見王已遇害，身受數傷，旁一僮從死焉。乃以騎載王尸，告有司斂之。總兵何建鰲、内閣學士全順皆死於陣。或曰，王被圍至數重，乃下馬踞坐於地，示諸軍無退意，捻亦不知爲王也。圍之愈急，適諸將皆先發，左右無可以解此圍者，王恐爲捻所得，遂從容就義。一捻取其冠獻於酋，酋問冠何來，以王就義對。酋曰：「既王就義，此冠即不當持來。」令速誅之。明日，國瑞求王屍，捻復圍之。陳凡三出入，呼曰：「王之威德，爾輩所知也，豈可不令其返葬故鄉乎？今日不得王屍，吾必不返。」捻相謂曰：「彼既求王屍，不可困之。」乃解去。卒獲王屍以出。或又曰，王既被困一日夜，亟命所部突圍而出。及半道，爲捻所逼，單騎折回，部下不知也。王知不能脱，乃下騎，趺坐草間。捻中一頑童見之，異其狀，更見其佩帶各物均罕睹，卽索其翠玉搬指、荷包等件，王一一擲與。頑童走示他人，衆亦爲異，集視之，王不言不動，與語，亦不答。有測其必非常人者，舉槍刺之，立斃，亦不知其爲王也。其部下突圍後，不得王之所在，正事搜訪，而其騎獨歸，乃始知有變矣。

## 汪柳門忠於德宗

錢塘汪柳門侍郎鳴鑾之被逐也，諭旨謂其離間宮廷，逐回原籍。先是，孝欽后垂簾訓政，大權在握，德宗惟拱手受成而已。汪頗獲聖眷，侍講筵進講之暇，輒有所言，皆忠於德宗者。語爲孝欽所聞，大怒，遂遭嚴譴。

## 馬江諸將死事

光緒甲申馬江之敗，死事最烈者爲督帶飛雲兵輪副將銜參將高騰雲、管帶福星輪船五品軍功陳英。時學士張佩綸原疏敍高事云：「該參將由粤來援，論事吶吶，如不出口。前月二十六日，法增一船，諸將來請援，獨義形於色，臣心異之。夜復來見，詢以方略，該參將曰：『閩防之意，本以牽制，使敵不發耳。廠非戰地也，但礮注子人枕戈者已一月，晝夜相持，咫尺間恐釀成戰事。知帥意急欲先發，必多牽制不可得，南洋援必不來，即來，怯將亦無用，徒害事耳。』臣詰之曰：『然則奈何？』對曰：『專攻孤拔，得一當以報而已。』臣欲令其統率諸將，則辭以資望在李新明後，且曰：『水師船各自爲戰，非若陸軍一將，能指揮十餘萬也。請不必紛更，堅守以待上命。』該參將既去，臣復囑各船就商籌策，該參將志定神完，誓死報國。是日手發巨礮，擊其烏波船，一一命中，以一飛雲小艦當敵人三大艦，中流堅拒不退。忽橫來一礮，該參將骸爲之折，復一礮，遂飛入水中而没，舟乃發火。」其敍陳事云「該軍功人極瘦弱，文理甚優。方敵艦日增，臣深憂之，軍功上書，請以各輪船合攻孤拔座船，而艇船等發火牽制下游，使各輪小商船水勇及捍雷船截其魚雷艦。所論均有條理，臣采其論，下諸將。布置略定，無如法暗約英、美先發也。軍功見英、美船驟下，急起椗誓衆曰：『此吾報國日矣。吾船與礮俱小，非深入不及敵船。』敵以三船環之，舟中機損人亡，不顧，但以礮向孤拔船，孤拔船受礮略退。敵復增船來持，至一時許，軍功猝中礮於望台，學生王漣隨殉，船始焚毁。英、美船觀戰者均稱歎不置，爲之深惜」云云。是役也，力戰死者尚有千總許壽山、葉琛，五品軍功林森林三人。

## 滕玉亭知有國

光緒甲申七月，法人陷越南北寧，法海軍統帥孤拔率艦攻臺灣不利，進逼福州，窺馬江，我軍礮中孤拔。馬江要塞毁，軍械兵艦盡爲法破。乙酉，法人闖進鎮南關，我軍猛擊，法人敗，我軍乘勢克諒山。人皆謂提督馮子材之功，不知實滕玉亭之力也。

玉亭少孤貧，豪放不羈，好讀書，以貧故，棄而業商。養母以孝聞，逾年母死，投馮軍。初爲小卒，旋擢百總。諒山之役，法軍參謀某多智謀，有幹略，勇敢善戰，子材忌之，募刺客謀陰傷之。玉亭欣然往，跛其足，敝其衣，日行乞於法營旁，法人不察。會軍中缺伙夫，招華人貧苦者充之，玉亭乘隙往，法人不疑，納之。入營三月，懷椎枕刃以待。某夜，戰，某參贊督隊，玉亭聞而潛尾之。至郊野，出手槍轟然一聲，斃某參贊。玉亭被執，法軍官鞫訊，玉亭無懼色，慷慨陳曰："予，華人也，與參贊本無隙。所以出此者，爲祖國耳。爾軍屢獲勝，計畫悉出自參贊，今參贊死，軍氣不免稍殺。"法軍官曰："爾從戎久，如以華軍祕密告我，可貸汝死。"曰："我知有國，不知有身，死非我懼。"法官知不可強，命斃之。臨刑時，面色如恆，向南點首者再，含笑而逝。參贊死，法軍紛亂者屢日，我軍遂規復諒山。

## 左文襄呼出隊而薨

光緒乙酉，法人入寇，詔左文襄督師閩海。至天津，與直督李文忠爭協餉，弗諧，中道謂所親曰："老矣，不復能如往年擡槓。到天津，與李二擡槓不中用，到江南，不得與曾九擡槓。"俗稱強梁争事曰擡槓。時曾忠襄督兩江，既見，執手欷歔，相顧鬚鬢曰："老九識我邪？我乃不能識老九。老九之兄死矣，我便是老九之兄。"曾喻意曰："此行，閩海協兵協餉是小弟事。"退而燕談，問老九一生得力所在，曰：「揮金如土，殺人如麻。」左大笑曰：「吾固謂老九才氣勝乃兄也。」

到防，憂憤時事，有如心疾，日在營中呼小孩兒「快造飯，料理裹脚草鞋，今日要打法人」，譊譊不絶口。左右謀看戲，演忠義戰事如岳飛大勝金兀朮等齣，乃欣然不言。會元日，問是何日，曰：「過年。」曰：「兒輩都在福建省城過年邪？」曰：「然。」曰：「今日不准過年，要出隊。法人乘過年好打廈門，小孩兒出隊，我當前敵。」總督楊昌濬賀年，謂：「法人怕中堂，自然不來，中堂可不去。」左曰：「此言何足信？我在浙勦粵寇，在陝、甘、新疆勦回，都非若輩怕我，尚須打。」楊沮之不已，左哭曰：「楊石泉竟非羅羅山門人。」左右報將軍穆圖善賀年來，曰：「彼來何事？彼在陝、甘害死劉松山，我還有多人爲彼害乎？」且罵且淚。及見，將軍曰：「中堂在此爲元戎，宜坐鎮。宜去者，將軍、總督耳。」左曰：「汝二人已是大官矣，仍是我去。」將軍言：「我輩固大官，要不如中堂關係大局。」左無聲，徐言：「如此，便汝二人亦不必去，令諸統領去，諸統領不得一人不去。」

先是，法人詗廈門距福州極西無重兵，將乘元日以大隊兵船擾廈門，未至廈門五十里，用遠鏡測廈門沿海諸山，皆恪靖軍紅旗，知有備而遁，曰：「左宗棠利害，不可犯也。」他日欲渡海至臺灣，楊載福請行，或謂臺灣危險，楊曰：「中堂碩德重望請行，我安得不行？」左曰：「去，善甚，惟須祕密。」因假他事造楊以送別。俄而楊使人以病告，左拍膝曰：「厚菴病矣，奈何？」使人省視，返命曰：「病甚，裁留一子供藥餌在側。」左又拍膝曰：「厚菴去矣。」楊著洋布舊衫，攜一子趁漁船渡海，以幫辦欽差關防釘船底，諜搜之，無所得。至臺灣，僅王純龍有湘軍二千人，窮夜造姓字旗，分數人爲一哨，連綿屯嶺上。明日，法人見其旗，不知此兵何處來也，當奪回四堵、五堵各地。和約定，左忽咄咄自語：「今日大喜事，速張燈懸彩。」將軍、總督以爲有喜事，相率入賀，問曰：「今日賀中堂，中堂是何喜事？」曰：「大喜事都不知，未免時局太不關心。我昨日以滅法人露布入告矣。」將軍、總督退。使人出視和約，氣急而戰，不能成讀，太息曰：「閻中堂爲全國清議所歸，奈何亦傅會和約。」然猶不時連聲呼「訶訶，出隊出隊」，顛而嘔血，遂薨。

戍卒以髮辮歸

法、越之役，朝命鮑超、岑毓英、馮子材、劉銘傳諸帥分道出防。未幾議和，而以水土不習感受烟瘴而死者纍纍皆是，及撤戍，皆棄其尸，歸其辮，辮係姓名籍貫，將爲招魂之葬。岑於其臨行也，設醮祭之，題一聯於醮壇云：「是誰浩劫催成，馬革分歸，蟲沙競化，更摧殘瘴雨蠻烟，試回看越裳殄瘁，漢幟蒼茫，這無限國殤，各向天涯遙布奠；何處巫陽招得，關門月黑，塞上雲昏，盡淹滯忠魂義魄，倘他時三界輪迴，九幽度脱，願都爲壯士，重來邊塞愾同仇。」

左寶貴陣亡平壤

光緒甲午中、日之役，五月，總兵左寶貴提師五千人援朝鮮，次平壤，日本出我不意，驟進。寶貴探知，請提督葉志超會師助戰，志超謝之，寶貴怒。寶貴故回人，遵回禮，先期沐浴，誓臨陣死節。會戰期迫，寶貴翎頂輝煌，爲士卒先。或勸去其翎頂，免爲敵矢之的，寶貴曰：「吾服朝服，欲士卒知我先，庶競爲之死也。敵之注目，吾何懼乎？」故戰時所部兵均勇往直前。惜孤軍獨當一面，大軍不爲之援，日人圍之數重，全軍覆焉。事聞，贈提督，照提督陣亡例賜卹。

## 鄧壯節陣亡黃海

光緒甲午八月十七日，廣東鄧壯節公世昌乘致遠艦與日人戰於黃海，致遠中魚雷而炸沉，鄧死焉。先是，致遠之開機進行也，艦中秩序略亂，鄧大呼曰：「吾輩從軍衛國，早置生死於度外。今日之事，有死而已，奚事紛紛爲？況吾輩雖死，而海軍聲威不至墜落，亦可告無罪。」於是衆意漸定。觀此則知鄧早以必死自期矣。鄧在軍激揚風義，甄拔士卒，有古烈士風。遇忠孝節烈事，極口表揚，悽愴激楚，使人雪涕。李文忠公鴻章嘗歎曰：「不圖近世尚有此人。」及是，果以身死國，大節凜然，實與左寶貴相輝映也。

## 趙某射日人

寧陵趙某善射，性迂，然有大志，而鄙夷火器，視之蔑如也。嘗得雕弓於古塚，脊有銘，字爲大篆，曰：「生同功，死同雄，三千年，息土中，吁嗟乎弓。」甚寶之。一日，與友之善槍者談兵事，友極言火器之利，趙不信，約共射。樹鵠半里外，友發槍，十中其半，趙發矢，十不失一，自是更志得意滿。光緒甲午中、日事起，趙自以善射請從軍，軍帥目爲迂，卻之。大憤，乃潛至遼陽，伏叢莽溝澗，狙伺日人，傅毒於矢，瞥見，輒射殺之。及聞和議成而將割棄臺灣也，日伏道旁，伺日將大山巖出，欲死之。及遇，即發矢，不中，傷其衛兵二。遂被執，不食而死。

## 旅順丐兒忠於爲國

光緒甲午，日人佔遼東，駐重兵於旅順。日兵某常出遊，一日，偶於僻巷中遇一丐兒向之行乞。日兵解華語，見其辭令敏捷，欲挈以去，兒欣然從之。至日營，軍士咸與之嬉，兒亦善伺人意。無何，營中痢疾盛行，軍士悉傳染，死亡者踵相接，丐兒亦奄卧牀第間，氣息僅屬。一日，忽振衣而起，獨遊營中，至後營，覰無人在，探手胸次，出紙包一，疾趨至水缸列處，包啓，即有末屑傾入水中。既竟，乃手攀缸口，目注缸水而微笑，語曰：「此一包藥屑，勝逾十萬橫磨。國仇已報，雖死亦甘。」語至此，氣促而喘。忽聞喝叱一聲，回視之，則一軍官怒目相向曰：「汝膽誠不細。」丐兒睨軍官而笑，復頻聳其肩，狀至從容，軍官不語，牽兒去。日將某親鞫之，兒慷慨陳曰：「汝等以予爲何如人乎？實言之，予非丐兒，家富甚，何至行乞，所以丐者，誑汝等耳。幸天從吾願，竟得入汝營中。予預蓄瀉藥甚多，汝等所飲所食，俱經予手。予爲國殺敵，早拚一死。所恨者，藥屑猶餘，未殺盡汝等耳，予言盡於此。」詢其姓名籍貫及有無唆使，兒大笑曰：「汝等真庸夫，何問爲？予無名，旅順一丐兒也。」固詰之，勃然怒曰：「殺則殺耳，呶呶不休，殊惹人厭。」日將命部下錮禁之，徐探其實。兒乘人不意，以首撞柱而死。事後數年，漸有人謂兒爲旅順某富商之幼子，憤日人橫暴，背父母出此。不吐姓字者，實恐株連父母也。

## 邱逢甲謀保臺灣

邱逢甲，臺灣人，字仙根。軀魁梧。幼負大志，於書靡所不讀。未幾，舉於鄉，旋舉進士，授主事。光緒甲午臺灣兵事之初起也，逢甲憂之，日集鄉民訓練，備戰守，涕泣而語之曰：「吾臺孤懸海外，去朝廷遠，朝廷之愛吾臺，曷若吾臺人之自愛。官兵又不盡足恃，一旦變生不測，朝廷遑復相顧。惟人自爲戰，家自爲守耳。否則禍至無日，祖宗廬墓擲諸無何有之鄉，吾儕其何以爲家耶？」聽者咸痛哭，願惟命是聽。時護臺撫唐景崧與劉永福交惡，分兵而守，逢甲又引以爲憂，乃急爲之調停。景崧堅持不爲動，二軍遂分，逢甲出而歎曰：「其殆天乎！」

割地之議既起，舉國大譁，臺民爭尤力，廷意頗動，欲改約，而約不可改。時俄、德、法三國出而抗日本，日本懼，許還遼東，臺灣終不肯還。旋換約於煙臺，適臺灣舉人以會試在都，伏闕上書，涕泣而爭。朝廷不顧，特命景崧率軍民內渡，又命李經方爲臺灣交割使，逢甲乃倡臺灣自主之說。

臺人響應，以須先定憲法，羣推逢甲起草。逢甲遂草定臨時憲法，議建臺灣爲民主國，選總統、副總統各一人，開議院，定官制，設內部、外部、軍部，製藍地黃虎國旗，皆贊成。次議總統，衆意屬景崧，逢甲乃帥紳民數千人鼓吹前導，詣撫署，上臺灣民主國總統印綬於景崧。景崧朝服出，望闕九叩首，旋北面受任，大哭而入。即撫署爲總統府，電告於朝，言遥奉正朔，永作屏藩。

副總統一席，羣以屬逢甲，逢甲不獲辭，乃爲副總統兼大將軍，大權仍景崧操之，於是臺灣爲自主國矣。

臺既自主，設官分職，部署略定，官吏不願留者聽內渡，有留者，有去者。時日本明治天皇已命樺山資紀爲臺灣總督，兵艦將大集，臺中兵力薄弱，餉又不繼，乃乞兵餉於沿海各督撫，無應者。又命陳季同介法人，求各國承認自主，皆不答。景崧復不善治軍，軍中時有變志，什長李文奎殺副將方某，景崧不能正文奎罪，乃令充營官，軍士夙藐視景崧，至是，益紊亂無紀律矣。逢甲請嚴肅軍律，景崧不從，逢甲不獲已，乃練鄉團義兵以備變。傾家財充餉，不足，則乞諸義士捐資以助之。及日兵大集，戰不利，據臺北，景崧遁。日人又詗知臺灣自主事爲逢甲所倡，下令嚴索。會防守臺南之劉永福以兵力不支亦失守，於是逢甲知事不可爲，亦內渡入粵，而臺灣遂亡。

逢甲既內渡，遂入廣東，家於嘉應州，買屋居焉，自署爲臺灣之遺民。

## 簡大獅愛國

閩人簡大獅，少有勇名，富民族平等思想，市井傭工請見亦禮之，若上賓焉。嘗遊厦門，偶於途中睹一西人欺凌一華人，又有一人袖手旁觀，其色若自得者，大獅恥之，乃擊旁觀者之頰而罵之曰：「若視同胞受辱，不引爲恥，反顧而笑之，誠無恥之尤者也。」西人見其勇，亦遽退焉。光緒乙未，大獅聞臺灣割於日，甚不平，乃散其家資，募死士拒強鄰，卒以衆寡不敵，敗竄泉州。然日人憚之，威逼閩官，謂若不予大獅，當興師問罪。閩官懼，亟索大獅，獲而囚之。大獅泣曰：「吾寧見殺於本國，不願被赦於他邦。」閩官不可，遂畀日人。日人甚敬之，呼爲烈士，欲降之。大獅不可，乃不屈死。

## 王四聞古廷忠於德宗

光緒丙申二月，内監寇連才既以上書伏法，同時有王四者，亦孝欽后梳頭房太監，以附德宗發軍臺。又有聞古廷者，德宗之内侍，本爲貢生，雅好文學，甚忠於德宗，爲孝欽所忌，發往寧古塔，旋殺之。御史楊崇伊劾文廷式疏，謂廷式私通内侍，聯爲兄弟，即此人也。崇伊蓋誤以「聞」爲「文」耳。

## 榮禄調護德宗

光緒戊戌變政，孝欽后不慊於德宗，廢立之意甚亟，榮禄累諫不從。一日，孝欽又以語榮，榮曰：「必欲議廢立，請先斬臣。」孝欽無言，事遂寢。

## 陳文恪保全德宗

陳文恪公學芬素不附孝欽后，后欲廢德宗更立溥儁，文恪聞之，泣數日。立山以其事告孝欽，且云：「訓政可，廢立不可。外廷不以此事爲然者，尚不止陳某也。」后意大沮。及光緒庚子亂作，孝欽及載漪等頗誅鋤異己，文恪恆以智術自全。後病卒，贈卹如禮，而不予謚。久之，始以大學士崑岡言，追謚文恪。

## 張文襄題三忠祠聯

光緒中，張文襄公之洞督粤時，偶爲言者所攻，書三忠祠聯云：「海氣百重樓，總爲浮雲能蔽日；文章千古事，蕭條異代不同時。」三忠者：虞翻、韓愈、蘇軾也。借古人以自況，具見懷抱。

## 袁忠節臨刑吟詩

光緒庚子，袁忠節公昶被害，就刑時，峨冠博帶，跪菜市口，笑謂行刑者曰：「且緩，待我吟一首詩。」遂朗吟曰：「爽秋居士老維摩，做盡人間好事多。正統已添新歲月，大清重整舊山河。功過吕望扶周室，德邁張良散楚歌。顧我於今歸去也，白雲堆裏笑呵呵。」呵呵二字未及完而刃已及腹矣。

## 聯元壽富富壽殉拳難

宗室寶廷子壽富，聯元壻也。講理學，宗程、朱。壽語以新學，乃大悟西國富强之故。光緒庚子拳亂作，聯抗疏力争，謂必無幸，遂得罪於載瀾。夜半，瀾遣騎收之。聯寢矣，跣而履，從邏卒往，斬於菜市。壽痛哭失聲，語其弟富壽曰：「大事去矣。」及八國聯軍入都，壽富、富壽均殉焉。

## 王懿榮合家殉難

王廉生祭酒懿榮官京朝二十年，書法雄健，喜金石書畫，一貧如洗，雖典衣絶糧不顧也，吴縣潘文勤公祖蔭極賞之。王性耿介，好詼諧，動輒玩世，使酒罵座，同官均側目，有東怪之稱。至光緒庚子八國聯軍入都，合家殉難，人始歎爲不可及。

## 聶士成中榴彈而殞

光緒庚子春，義和拳起，所過焚掠。聶士成時官直隸提督，發兵討之，一擊而敗。拳轉集京師，結連宫庭，端王剛毅遂搆聶，降旨嚴斥。聶奉旨歎息，謂其下曰：「吾無死所矣！」有勸其避往保定者，聶喟然曰：「死，吾分也，特患不得其名。且舉吾數年辛苦所成之精鋭，誤供凶暴，投諸一燼，爲可惜耳。今國釁既開，天津首當其衝，吾目未瞑，必盡吾職，不許外兵履斯土。然充吾力，詎足以拒八國聯軍乎？吾死必矣！」五月十八日，大沽失守，聶前軍駐守紫竹林，日軍至，聶一舉而敗之，死者纍纍。聯軍繼進，聶苦戰累日，殺傷過當。聯軍知不易勝也，乃用緑氣礮攻之。聶知無幸，先一日，誡所部曰：「惟吾先自蹈死，汝曹退守他所。或能稍完吾精鋭，備他時國家一用，無俱從也。」明日，列陣復戰，聶以獨身扼守一橋，聯軍來攻，力斫數十人。忽一榴彈飛至，聶並其騎俱化灰燼死。

## 羅榮光以礮臺失陷而殉

大沽形勢，九灣八曲，廣而且深，每曲均有礮臺。庚子，裕禄督直，駐津門，京師拳匪方熾，端王載漪崇奉倍至，裕亦深信之，得罪各國，議和不成而戰。八國兵艦數十艘在大沽口外，屢欲進，而懾於礮臺，不敢逼。時守臺官羅榮光日夕嚴防，不稍怠，外人無隙可乘。而京亂愈危，遂運動某道伴求和於裕，謂但得四五艘進港爲護僑計，永不敢戰，並盡卸武裝以示意。裕允之，卽以令羅，羅大驚，急詣裕，痛陳外國兵艦入口之禍，不聽。羅以死争，裕曰：「已允，奈何？」拂衣自入。羅歸，外人鼓輪遽前，羅望見之，欲加礮，臺員咸以事關大局，且有督命，止之。羅不得已，奔告裕，裕謂既允於前，自聽其入，但嚴加防範耳。羅無術，奔還防守，則兵艦臨口者已五六艘。遂自駕飛划至兵艦旁，勒令繳械。艦員從之，進如故，將及臺，遽於夾板下出快礮擊臺。羅亟往見裕，裕不出，羅大憤，左右有報以洋艦已盡燬礮臺者，則瞠目無語。從人急扶之歸寓，默坐移時，忽大叫曰：「此天命，吾死時至也。」遂提刀入内，殺其眷屬，曰：「不可使辱於敵。」俄礮聲四起，甚烈，羅提刀出奔，有僕隨之。後聞得其尸於礮臺旁近，僕尸亦在焉。

## 李秉衡鍾琦殉拳難

光緒庚子七月，李秉衡奉孝欽后懿旨幫辦武衛軍，節制張春發、陳澤霖、萬本華、夏辛酉四軍，將以敵八國之聯軍也。十二日，出都，從者實僅百餘人。至河西務，調四軍，不受命，謂先奉懿旨屯此，不能移。會馬玉崑往謁，謂已於北倉挖長濠，且蓄水，足遏聯軍北上之路，李遣人往勘，實無之。馬續謁，李詢之曰：「尚能一戰否？」馬曰：「能。」李曰：「其同赴前敵乎？」馬欣然先行。

李集幕僚語之曰：「萬本華乃萬人敵，夏辛酉亦能戰，惜所部皆不多。今事已至此，我受國厚恩，自當效死，諸君不必與其難。」男爵鍾琦者，李所激賞而爲出京時奏調八隨員之一也，與李俱。行約二三里，聞接仗聲，則非馬軍而爲萬軍，馬不知何往。萬軍駐河西務，夏軍駐廊坊，聯軍以李在河西務，故緣間道，越廊坊而過，先擊萬軍。萬軍敗，復回攻夏軍。夏軍彈藥罄，戰一日，傷亡幾二千。李退至張家灣，吞鴉片烟以殉。鍾琦爲斂之，入都省母，復出，亦自縊。

## 鄭道湜殉拳亂

鄭道湜，字芷青，桂林人，山西陽城縣典史。光緒庚子，義和拳入晉。拳本白蓮教餘孽，齊、魯姦民多習之。晉初未有拳也，毓賢撫晉，始招之西來。既戕殺各國傳教士，上下承風旨，益縱之，不旬日，全省靡然。陽城令葉廷楨簡雅工書畫，而短於吏材，民習拳者日多，擾劻棘矜，時時至城下，袖手而已。或倡言閉門登陴，廷楨遽從之，拳益橫行。

縣之南有村曰石臼，形勢險阻，昔嘗有據之嘯聚者。至是，石臼習拳者尤衆，邑人皆有戒心，廷楨集紳耆議剿撫，久之，未有所定。鄭請遣人解散其黨，不濟而後改圖。廷楨曰：「誰當行者？」鄭曰：「道湜言之矣，道湜請行。」外委宋富貴者，廷楨所倚以治防守者也，尤恇怯寡謀。於是廷楨曰：「若能行，幸甚，吾當使宋弁衛君。」鄭曰：「多人徒滋其疑，道湜且無從置喙，抑公欲以是已亂耶，是速之也！請以單騎行。」遂啓門而出。廷楨顧富貴曰：「速率隊尾典史行，變出意外，庶有援也。」石臼始聞典史來，議迎拒者不一。有登巖而望者，曰：「幾墮官計，是何來之多也？」鄭方鞭馬南鶩，固不意後之有兵。方入隘，土石如雨下，富貴倉皇走，鄭遂及於難，遺骸殘燬，兵役死者四人，時閏八月二十六日也。

## 宋承庠殉拳亂

光緒庚子，八國聯軍入都城，孝欽后率德宗西狩。華亭宋養初侍御承庠方巡城，守「城亡與亡」之義，仰藥以殉。

## 王鐵珊殉拳亂

光緒庚子之變，英山王伯唐主事鐵珊方在都，意謂拳匪排外，適啓外侮，各國必聯合興師以見攻也。其寄族伯蕊修書云：「聯軍必至，非驕將亂民所能敵，都城如陷，誓以身殉。」城破，遂死之。

## 王煥殉拳亂

光緒庚子，壽山爲黑龍江將軍，拳亂起，左右有與通者，壽信之。幕僚王煥力言其妄，壽不懌，王辭行矣。拳誣其通洋也，迫壽速之反，既至，即戮之。煥字輔臣，山陰人，官郎中。在京邸時，與壽結異姓昆弟，曾濟壽於微時者也。

## 馮夏威爲國犧牲

光緒乙巳六月，南海馮夏威以美國苛虐華工事，自戕於滬上美領事館，粤人震悼。丙午六月，龍州廣東會館紳商開追悼會，某撰聯輓之云：「論四千年義烈人才，用抵制伸民權，君真不死；當二十世競爭時代，以和平存國體，我敬先生。」

## 鹹水妹愛國

粤東鹹水妹，率自他省拐販而售之蛋户者，衣服詭異，不與常妓同，人以其侍西人也，多賤視之。然是中人亦各有意志，大率爲鹹水妹者，多立志不至歐洲，不入西教，非嫁西人則不改西裝。其言曰：「吾之爲是，以迫於不得已也。若遂欲吾心向西人，豈有是哉？」又雖與西人相接，多物色國人，擇年相當之可事者，俟蓄積稍富，則嫁之。既嫁，則不復與舊時儕偶通，以恐爲夫所賤視也，夫若不嫌，始來往如平昔。其嫁西人者，十不一二也。

有名聯桂者，嘗爲某船主所暱，計月給資，儼然妻室也。自港至申，中途，見一民船將覆，船主無救意，聯請船主救之，船主曰：「此中國人船，何與我事？」聯桂怒曰：「汝如此輕視中國人，則吾亦中國人，以後請與汝絶。」船主又曰：「汝何必如是？此非粤人船。」聯桂愈怒曰：「此雖非粤人船，然亦中國船也。

汝何爲於我中國加以區別乎？」船主不得已，始停舟施救焉。

西人之至我國者，多與鹹水妹相昵，久之，或月給值以養之，或竟娶爲妻，至禮拜堂成禮，並登報宣告。其稍有身分者，雖與相處如夫婦，告人，則仍稱之爲妓也。然娶鹹水妹者，大率安於我國，不復爲歸計。卽歸，女亦不從，以離國則親友盡絶，且勢孤也。

## 髯閹殉德宗

光緒末，有髯監者往來燕市中，自述其入宮之歷史。謂少生於楊村，年七歲，以小刀嬉戲，勢去其半，暈絶。父母痛甚，延醫治之，如法閹割，逾數十日而創平。適村中人有與某内監識者，夤緣得入宮，事德宗，年十五矣。時帝年亦十四五，典學之餘，好嬉戲，於擊毬尤昕夕不廢。余遂嫻其術。帝謂余能事己也，寵逾他監。一日，帝以他監多不能識字，謂余曰：「汝能誦《四子書》乎？」曰：「能。」「能誦《五經》乎？」曰：「不能。」曰：「朕教汝，汝爲朕弟子。」於是朝夕授以經。余頗自奮，帝亦謂余敏而好學。不二年，《五經》觕畢業，帝曰：「朕不能爲汝師矣！」從上書房取子史及唐、宋人詩文，命余讀之，謂得奇解，當以相質證。自是而學遂大進，帝輒曰：「豎子可教也。」洎帝大婚，以余值内書房。余年亦稍長，鬑鬑髭根，忽漸現於余頰，宮中頗疑余爲偉男子，顧帝甚寵余。一夕，屏他侍謂余曰：「汝亦思室家乎？」余長跪對曰：「不敢。」帝曰：「朕不汝罪，汝第言之，朕當遣汝出宮，還汝室家也。」余涕泣以對曰：「蒙陛下恩寵，不敢不直言。小臣自幼閹割，不意近日陽莖旁挺。但此身已不完，出宮，恐亦無以自立家室，惟陛下哀憐之。」帝曰：「既若是，恐居此間不便。朕不汝罪，第恐他人不能汝容耳。」乃賜余内帑五百金，命出宫，還覓婚配。余叩頭謝，謂蒙皇上再造之恩，没世不忘，當力圖報稱。不意余出宫後，覓父母不得，詢之鄰里，則已亡去數載矣。求戚族，亦不可得。自念此身已殘廢，決計終身不娶，今鬑鬑者已滿頤矣。戊申冬，德宗上賓，髯監遂縊於蘆溝橋畔。衣帶中有絶命詩云：「無端毁體憶髫年，供奉黄門荷寵憐。今日龍髯攀未得，小臣應許負登天。」

## 李六更欲救國

宣統朝，天津有李叟者，痛時事之日非、人心之漸死也，輒痛哭於衢，有時持柝巡行里巷，而打六更，高呼「中國將亡」、「同胞速醒」等語。不衫不履，形同瘋癲，至京亦如之。人問其姓名，則曰李六更。

## 宣統辛亥死事諸臣

宣統辛亥八月十九日，革命事起，武漢軍興，死綏將士、殉節官僚亦復不少，茲記其最著者如下：

黄忠浩爲湖南防營統領，民軍攻撫署時，黄出阻被戕，事聞，詔卹。

王毓江爲候選道，充湖南營務處總辦，同時被殺，詔卹。

陳瀛爲湖南長沙縣知縣，被執不屈，卒以槍斃，詔卹。

陸鍾琦爲山西巡撫，殉於任，詔照總督例從優賜卹，賞二等輕車都尉世職，予諡文烈。
陸唐氏，鍾琦妻也，與鍾琦同殉，詔旌表。
陸光熙爲翰林院侍講，鍾琦子也，同殉，詔贈三品京堂，照三品京員例從優賜卹，予諡文節。
譚振德爲山西某協協統，與鍾琦同殉，詔照協都統例賜卹。
熊國斌充山西某營管帶，與鍾琦同殉，詔照正參領例賜卹。
李升、馬八、牛萬春，均鍾琦僕役也，同殉，詔照兵丁陣亡例賜卹。
松壽爲閩浙總督，與城殉，詔贈太子少保，賞二等輕車都尉世職，照總督例賜卹，予諡忠節。
樸壽爲福州將軍，被執不屈死，詔贈太子太保，賞二等輕車都尉世職，照將軍例賜卹，並予諡。
馮汝騤爲江西巡撫，殉難於九江，詔照總督例賜卹，予諡忠愍。
趙國賢爲廣東潮州鎮總兵，與城殉，詔照提督例賜卹，予諡忠壯。
端方爲署理四川總督，中途遇害，詔贈太子太保，賞二等輕車都尉世職，照總督例賜卹，予諡忠愍。
端錦爲三品銜河南候補知府，端方弟也，同殉，詔照三品官陣亡例賜卹。
志銳爲伊犁將軍，與城殉，詔贈太子少保，照將軍例賜卹，予諡文貞。
鍾麟同爲雲南統制官，兵變陣亡，詔贈副都統，照副都統例賜卹，並予諡。
王振畿爲候選道，充雲南兵備處總辦，與麟同同殉，詔照協都統例賜卹。
范鍾岳爲雲南輜重營管帶，中彈陣亡，詔照正參領例賜卹。

良弼爲鑲白旗漢軍副都統，兼軍諮府軍諮使，被炸受傷，身殞，詔照副都統例賜卹。

載穆，宗室也，抵京口副都統任甫四月，江蘇獨立，民軍約之繳駐防各營軍械。載知事急，集衆議之，願殉身而保全鎮江人民，遂於繳械之夜，闔户自縊。

桂城，字仲藩，爲憲兵科協軍校，江南陸軍警察督管帶官。江、浙民軍會攻江寧，統制徐紹楨督第九鎮新兵駐秣陵關，桂以事往謁，被拘留，閉荒祠中。會第九鎮新兵敗於雨花臺，退守秣陵關，衆遷怒於桂，擁之出，不屈死，距蒞事未五月也。事聞，予謚剛愍。京口駐防員弁奉差於新兵營而同被難者有國全、海靖、文馨、秉陞，江寧駐防有某營教練官恩錫及海祥等十餘人。

楊調元，號龢甫，貴筑人。宦陝西，以宣統辛亥正月權渭南令。先是，江、浙革命軍數起，皆挫衄，始改計，以學生之隸籍新軍者徧結其將校卒伍，俾効援應，海内新軍無慮皆躍躍思一試矣。陝軍頗荏弱，恐不足集事，則又陰餌會黨以厚其力。方伺隙待發，祕謀亦稍稍洩，遂決計大舉。八月十九日，武昌事起，洎九月朔，陝變繼作，諸守令靡所爲計，多委而去之。楊獨毅然，謂守土吏當與城存亡，西安既有變，州縣土匪且旦夕起，必痡毒閭左，亟召紳民議城守。陝之東境沿渭南北有所謂刀客者，皆椎埋屠沽輩，殺人報仇，數冒縣官法，然頗有約束，不甚爲暴鄉里。至是，感楊義，争自效，誓以死衛桑梓，數日間，集者萬餘人，檄邑紳韓有書統之。有書故武進士，諸刀客所敬憚者也。於是鄰匪蠭起，羨渭南富實，謀入境寇鈔屢矣，先後悉爲有書所擊走，衆賴少安。已而有臨潼武生張士原者，無賴子也，矯軍政府命，率衆至渭南宣諭，城扃不克入，則呼譟，將進攻。楊念大勢已去，戰守亦徒苦吾民，乃登陴語之曰：「若果自謂義師，當勿傷吾民，其釋兵而入。吾爲民故，故推誠，與若商榷，不者，城決不啓。且此邑民兵萬數，非不能一戰也。」士原知不可詘，卽釋兵入見，言省中餉絀，議賦捐於民。楊不可，自出俸錢五千金與之。士原意未愜，忿怒，語侵楊。楊慨然曰：「吾爲朝廷守土吏，誼以城爲存亡，所以委曲遷就者，欲脱吾民於兵禍而後歸死耳。今詬辱至此，其尚可偷生乎？」遂投井死之，時九月十一日也。

汪承第，鎮洋人，字棣園，四川候補縣丞。宣統辛亥九月，署雙流縣知縣。一日，革命軍撲城，汪率小隊禦之，中三鎗而死。時吳縣曹元忠方辦内閣制誥局第三科事，以其時已十二月二十五日，同鄉官皆已出京，無可具結，卽爲代辦，擬旨用璽，照知府陣亡例賜䘏，並加道銜。

# 清稗類鈔

## 敬信類

### 譚復堂敬事而信

光緒朝，仁和譚復堂司馬獻以名孝廉現宰官身，宦皖中，屢權劇邑，補含山未赴，引疾歸。其爲政也，以經術飭吏治，敬事而信，輿論推之。事上接民，無不相見以誠，不爲朝三暮四之術，粹然儒吏也。嘗曰：「臨民以莊，必先持己以敬，則民不敢狎，而威信以昭，庶事以集。」識者歎爲知言。

### 李孝慤體念敬字

李孝慤爲明諸生，明亡，謝世事不復問，一意讀書。念聖學以敬爲樞紐，顔其齋曰「主一」。每晨興，讀《孝經》、《大學》、《中庸》朱註各編後，旁及他書，潛玩默體，務期實致之躬。

### 李函子爲學主敬

李經世，字函子。家居學道，有密室焉，上蔡張仲誠爲顔之曰「静庵」，世因稱之曰静庵先生。其爲學也，仁孝爲本，而主於敬。或問敬與静孰要，曰：「敬乃所以爲静也。静固静，動亦静，非敬何由矣。方吾流離蒼黄時，顚安所得静，吾自持吾敬，迺遂志定氣亦定，斯卽所謂静也。上蔡先生手書静字義蓋如此，密邇一室云乎哉！」

## 朱柏廬爲學主敬

朱致一，名用純，江蘇崑山人。父集璜，諸生，貢太學，大兵下江東，城陷不屈死。致一恫焉，慕王裒攀柏之義，乃自號曰柏廬，隱居味道，以諸生老。其學確守程、朱，知行並進，而一以主敬爲程。長洲徐昭法與爲通家友，屢以書問學，答之曰：「竊觀吾兄酬應人倫，微喜諧謔。諧謔雖無損大節，要非君子所宜爲。何者？書云：『德盛不狎侮。』身狎侮，其職不修，心狎侮，其體不立。孔子曰：『修己以敬。』非外人物而爲孤孑之修，亦非外人物而爲偏寂之修。故一修己而人安，百姓安矣。若視他人一分可忽，便是自己一分學力未到。蓋聖賢實見人之與我，此心同，此理同，吾無可驕於彼，彼無可爲吾所忽者。夫婦之愚不肖，可以與知與能，及其至也，雖聖人亦有所不知不能，夫又何可忽乎哉！夫又何可忽乎哉！狎侮之心，畢竟起於忽人；忽人之心，畢竟起於不自修，未見自修之至而猶恐忽人者也。此『允恭克讓』所以爲堯之德，『温恭允塞』所以爲舜之德也。」

## 朱柏廬進止肅恭

朱柏廬敦厲學行，聲光闇然。每歲孟春，輒率其弟子行釋菜禮，禮畢，講《四書》一章。進止肅恭，興起者衆。

## 胡石莊持躬主居敬

天門胡石莊，名承諾，勵志於學。嘗曰：「持躬以居敬爲主，而嚴於不睹不聞，隱微幽獨，允執之謂也。先正所以爲教，後人所以爲學，必如是，爲得其宗也。」

## 施星洲居敬

長洲施星洲茂才燦爲沈文慤公德潛之師，居滸墅關之偏。其獨坐也，衣冠必肅，每出行，遇童子與之揖讓，必盡禮答之，過先賢祠宇墟墓，輒再拜移時始去。蓋無時無地不以居敬爲學也。

## 王子方勉學者以敬

翼城王端，字子方，號任庵，布衣。其學以思得之，養其心以合乎理，定其性以全其天。嘗曰：「心者，一身之主宰也。理與氣合則爲心，以理御氣則爲敬。敬則中虛，虛則外邪不能擾。敬則中實，實則天理無不達。敬則明，不敬則昏；敬則勤，不敬則惰；敬則清，不敬則雜；敬則細，不敬則粗；敬則樂，不敬則戚；敬則大，不敬則小；敬則可以成人而至於聖賢，不敬則流於邪僻而無異禽獸。然則有志於學者，可不敬乎？」

## 朱止泉居敬窮理

寶應朱澤澐，號止泉，康熙朝諸生。初得陳畏齋《讀書分年日程》，卽尋其次序，刻厲誦習。學天文於泰州陳厚耀，能得其意。繼而專意理學，居敬窮理，以朱子爲師。嘗曰：「朱子之色莊言厲，行舒而恭，坐端而直，言貌之涵養者然。整容正坐，緩視微唫，虛心涵泳，切己體察，讀書之涵養者然。靜而常覺，靜之涵養者然。動而常止，動之涵養者然。仁之包義禮智也，求仁之涵養者然。仁義禮之歸於智也，藏智之涵養者然。歷觀朱子註疏，纂輯刪述粹精之理，居官事君治民忠愛之道，立身行事之大小，無不皆然，此所以動靜周流，皆貫通於涵養未發之中者也。然其間尤有當辨者，朱子曰：『敬字功夫，貫通動靜，但以靜爲本，言乎主敬而靜也。』程子曰：『敬則自虛靜，不可把虛靜喚做敬，言乎主敬則無弊，主靜則有偏也。』二說不同，亦自相須，必以敬爲主，肅然收斂，無有雜念，乃是性體，此下手要著。敬到熟處，自然一念不雜而靜，朱子無時不敬，無時不靜。敬、靜，一者也。若有意於靜而不知主敬，誠有如程子所言者。故朱子『答胡季隨呂寺丞講戒謹慎獨』二節言：『徹頭徹尾，隨時隨處，無不致其戒懼之力，於獨之起處，尤爲切要，更加謹慎。』所以涵養須用敬，庶幾有未發之中以省已發，慎所已發以全未發之中，而用敬用靜之不可不辨也。」

## 朱止泉論主敬窮理之序

朱止泉嘗論主敬窮理之序，其言曰：「朱子立教，以遵小學收放心爲先，小學主敬功夫，只是收斂在此，尚未能有所見，而主敬之功淺；入大學，必先格致，識得義理，有所涵養，而主敬之功深。到得成於已，斷定是箇孝弟忠信底人，仍用戒懼存養功夫，則所養益密，而主敬之功益深。此主敬窮理之序，不可不知也。」

## 朱止泉謂存心須敬

朱止泉之論存心也，則曰：「喫緊著力，惟在『敬』之一字。靜時能敬，則四德之根，發榮滋長，體段呈露。動時能敬，則四德之萌，直達流行，節目分明，此朱子發揮敬字最爲聖學存心之要也。」

## 朱止泉肅容端坐

朱止泉未明卽起，肅容端坐。辨色時，展卷莊誦，事至斯應，應已復誦。

## 康一峯論愼獨

武功康呂賜，號一峯。嘗言王文成以格物致良知，此功夫知行兼到，自是切實精詳。又云：「《中庸》

揭出慎獨，即孔子『修己以敬』之血脈，文成更提掇明快二録，大旨已盡於此。」

## 崔清夫低首斂容

長垣崔渭源，號清夫，爲胡具慶之姑夫，而相契，時與談論。當清夫議論鋒起時，一言及父母，即肅然，低首斂容，儼若父母臨乎其前者。一日，與具慶共論「孟懿子問孝」四章，清夫曰：「朱子解經，吾不敢議，惟解『子游問孝』一章，吾不能無憾焉。」具慶問之，清夫曰：「所謂犬馬皆能有養者，如犬馬之服役於人，及以其肉供人食，皆可謂之養。但犬馬能養人而不敬人。若人子不能敬親，即與犬馬無别，是蓋言人子無以自别於犬馬也。朱子乃曰：『犬馬待人而食，亦若養然。人畜犬馬，皆能有以養之，若能養其親而敬不至，則與養犬馬者何異？』嗟乎！儗人必於其倫，奈何以養父母者而比之養犬馬乎？雖曰甚言以深警之，得毋言之太不倫乎！聖人豈忍作此言乎？人子豈忍聞此言乎？」當是時，清夫變容易色，摇首閉目，咨嗟歎息，連聲曰：「不可，不可。」

## 秦海翁側行卻立

秦德藻，號海翁，無錫人，對巖宫諭松齡之封翁也。有篤行，常以敬持己。其事伯叔父也，甚謹。有一叔齒少於海翁者且二十歲，海翁見之，側行卻立，雖白首不渝。

## 張北湖論致知躬行之宜敬

海寧張北湖茂才朝晉潛究洛閩之學，嘗自題卧榻右柱曰：「臨牀伏枕，須思一日所言所行差謬否。」左柱曰：「夜半眠中，或起妄想，披衣起坐，豁然退聽。」其友褚惠公見之曰：「此山陰慎獨之功也，不愧衾影，莘皋有焉。」北湖又言治病之法，當理其心，動静以敬，心火自定。治怒之法，克己爲先，否則凝冰焦火，未易消釋。其答友人書云：「朱子爲學之方，窮理以致其知，反躬以踐其實。居敬者，所以成始而成終也。致知不以敬，無以識義禮之歸；躬行不以敬，無以致義理之實。持敬之方，主一無適，勿貳以二，勿參以三，終日儼然，討論典訓，存此心於齋莊静一之中，窮此理於學問思辨之際，思慮未萌而知不昧，事物相接而品節不差，不安於偏見，不急於小就，而爲學之功成矣。」

## 楊文定疏言存誠主敬之學

楊文定公名時，嘗督雲貴。一日，具疏言事，疏中言及存誠主敬之學，世宗手批答之曰：「吾君臣萬里談道，不亦樂乎！」

## 向荆山論敬

向荆山，名璿，山陰人，幼敏悟。一日，讀《孟子》，至「人之所以異於禽獸者幾希」句，猛省而語人曰：

「存此，則爲君子；去此，不將爲禽獸乎？」遂愍然恥爲凡民，先從王陽明族裔王行九講良知，後得《高忠憲年譜》、薛文清《讀書録》，反覆玩味，内以體諸身心，外以驗諸事物，乃覺良知之説未嘗，而居敬窮理之確不可易也。嘗曰：「程子所謂敬，則只是敬，敬字上更添不得。蓋主一之謂敬，纔添，便不是主一也。要之敬時，連這敬字也著不得。著箇敬字，便已添了一件，已不是敬矣。故程子又謂『以敬直内便不直也』。」

## 劉先庚正襟危坐

南昌劉丁，字先庚。每讀書，正襟危坐，至夜分，未嘗欹側。待人必誠信。弱冠補弟子員，授徒自給。來學者必教以整齊嚴肅，收斂精神，曰：「此固聖學，卽舉業，亦無他巧也。」

## 汪紱初以敬剔起心

婺源汪紱初茂才烜好學，治宋五子書。嘗有人詢之曰：「同此一心，或言敬，或言誠，或言仁，或言一，何也？」曰：「敬是提攝此心，使不走作；誠是此心所得於天之實理。此理實而不妄謂之誠，此理全而不虧謂之仁，此理純而不雜謂之一，其實一也。誠有以實心言者，亦以能敬，則此心實有此理而無妄耳。心如燈火，一片靈明，敬如剔起此心，使之靈明不息，而光自無不照。若久而不剔，則此靈明亦漸昏去，若先有物蔽之，則其明有所不照矣。燈中有灺，能障光明，此非燈火之本體，乃火所附之燭之燼，形氣之私也。剔之，則此炧自落矣。」

## 汪紱初教弟子以敬

汪紱初之教弟子也，必以敬，坐不得倚，立不得跛，以謹制其容度。閒與客坐語，弟子胡元僎足小跛，童子倚側笑曰：「先生亦跛耶？」胡肅然，謂同學曰：「童子箴我是，若曹退思，恐未必如我也。」

## 姜雲一危坐竟日

姜國霖，字雲一，濰縣人。生平無急言遽色。嘗於廣衆中危坐竟日無頹容，人或非毁之，卽面誚，終夷然不爲動也。

## 陳宏猷衣冠必正

康、雍間，太倉有陳宏猷者，方年二十五時，卽有志求道，不應試，惟教授生徒以自給。初好《易》，後乃專力於《四子書》。手《四書》一編，終日研討，雖燕居，衣冠必正，鄉里笑之曰：「是小朱文公也。」

## 祝人齋用力於敬

海寧祝人齋，名洤。勵志勤學，用力於敬，須臾不離。家居對妻妾，與遊處王公大人間無異容。

## 羅謙齋盛暑衣冠

羅登選，號謙齋，衡山人。少溺苦於學，遂患心疾。年二十九，棄諸生，益閉户讀書。僑居長沙，足不及市者五十餘年。爲人温而恭，仁而好施。與人言，姝姝然如恐傷之。故人子弟往見之，雖盛暑必衣冠，坐無惰容，見者自肅。

## 童寒泉論敬

連城童寒泉茂才能靈勵志於學，生平守程、朱家法，於先儒言理言功夫，一字不放過，往往舉其難明者，曲折指譬，而不厭其繁。其有參考互驗，信之於心，而亦未嘗已於辨難。其答長樂鄭一志曰：「尹氏之論敬，謂中心不容一物；謝氏之論敬，謂常惺惺法，此要皆説得透露，有精神，但稍費力耳。程子曰：『整齊嚴肅，則心便一，一則自無非僻之干。』其言平正，而二家之説皆涵蓋焉。何也？心若一時，自不容一物而常惺惺也。且程子從整齊嚴肅説來，便有把握，只須將容貌言語上有形象處整頓收斂得來，自然心已一也。若單從心上用力，而求其不容一物而常惺惺，便未免太勞苦拘迫而難於持久，且或反致別生病痛而不自知，此不可不察也。大抵朱子雅言，亦是如此。然此一處，亦足以見程子之言甚似孔子也。」

## 童寒泉端坐於厠

童寒泉持己以敬，衣儒衣，冠儒冠，立必正，行必緩，每出輒爲途人所指，曰：「此儒者也。」一日晚歸，以内急如厠，亦正襟端坐，坐二小時許竟無所遺。蓋其氣内斂，遂至不得排洩也。

## 任可軒盛暑正衣冠

長洲任可軒孝廉時懋勵志於學，以居敬窮理自期。時里中有文社，每當同人會集，議論飈起，甚或讙譟叫呶，而坐有寂然無言者，視之，可軒也。會課經義，雖盛暑，必正衣冠，終日如對古聖賢。

## 鄭板橋居敬窮理

興化鄭板橋大令燮以詩、書、畫三絶著稱於乾隆朝，風流文采，照耀一時。世皆謂其跅弛不羈，倜儻自喜，而不知其亦頗講求居敬窮理之功也。其官山左時，臺司有所委任，無不敬謹將事。及罷官家居，周旋鄉里間，於宗族姻世之尊長，歲時宴會，亦必致敬盡禮，無或失儀。人怪而問之，則曰：「《逸周書》有云『敬事供上曰恭』，臺司尊長，於吾皆爲上也，敢不敬乎？」

## 倭文端持己以敬

倭文端公仁，字艮峯，官至文華殿大學士，隸蒙古正紅旗。河南開封之駐防也。居近濂洛，爲世名儒。官京師時，時與曾文正公國藩、吴彦甫侍郎廷棟相過從。嘗曰：「吾人居官行政當求所以身體而力行者，而以持己以敬爲之本。」故每退直觀書，輒陳一編，正襟對案，席不正不坐也。客至，恆肅衣整冠，迓於庭除，及就座，莊容相對，所談皆身心性命之語，無戲言。

## 俞筱甫執事敬

俞筱甫通守，名廷瑛，吴縣人。官浙江有年，儒雅風流，爲無錫秦澹如廉訪湘業所器重，樽酒論文，時與倡和。廉訪嘗檄委之，有所句當，通守執事必敬，慎於行，不稍忽。仁和孫月泉布衣承祖與廉訪、通守雅故，語廉訪曰：「俞君任事勤懇，無時下名士惡習，於宦海中吾見亦罕矣。」廉訪曰：「彼實居敬窮理之名士也。」

## 陸麗京言必信

陸麗京學既淵茂，而言必信，行必果。有人屬書郵寄者，務令必達，且終身未嘗私扣一函。時人以阮長之不侮闇室比之。

## 路安卿重然諾

曲周路安卿封翁澤農重然諾，久要不忘。與崑山顧寧人處士炎武善，偶有緩急，假顧金，絶無一人知之者。及聞顧逝，即寄償其家，不以其殁而爽約也。其嗣子來，留之肄業，踰二載，厚裝遣之。

## 蔡眉人重然諾

蔡眉人，世族也，被服儒素，生平重然諾。方病之殷，有來問所託事者，家人辭之，眉從枕上大聲應之，且誦荀息之言曰：「死者復生，生者不愧。」蓋眉人自知病革，意謂生者幾時能不相見，生者後死，死者不愧也。

## 周輿則重然諾

錢塘周輿則，名軾，重然諾，不鬭智璅璅。起家中人産，爲賈吴越間，末年乃比素封。康熙辛卯，一遭盜劫，南北諸賈寄帑千計，咸謂無遺。事定，傾囊還之，曰：「寧失吾有，勿以累客。」客益歎服。其後，客遂輻輳於其門。

## 黄庭表重信

太倉黄庭表太史與堅性落落，惟與人交，有所諾，雖當生死患難，不欲轉目相背負，蓋重信也。

## 程魚門不爽游約

程魚門客金陵，嘗與袁簡齋約游雨花臺，及期而風雨作，有尼之者，魚門曰：「簡齋，信人也。吾與之期矣，而不往，乃獨使彼爲信人乎？」遂持蓋著屐，途中甚狼狽，不顧也。至，則簡齋之行廚已在矣。俄而簡齋至，天亦霽，遂相與賦詩飲酒以爲樂，流連竟日，薄暮始歸。

## 良穆騰請停旗人淘汰例以示信

八旗兵丁，凡非滿、蒙人之投効及本身有罪者之子孫，名隸附册。每屆三年，輒一淘汰，銷除旗檔，坐是遂窮無所歸，至有流離失所者。乾隆時，京口駐防鑲藍旗佐領良智建議，以爲嘉其祖父之勞，賞延於世；戮其祖父之罪，罰弗及孥。前既以加恩而准其入旗，今乃以無罪而使之出旗，失信於人，甚爲朝廷惜之。擬請停止三年淘汰舊例，以廣皇仁而昭大信。大府據以上聞，得旨俞允。良字穆騰，性簡默，寡言笑，好讀書，工畫蘭竹，尤精滿、蒙文。子一，即道光壬寅殉難之望阿也。

## 蔡璘重諾責

蔡璘，字勉旃，吴縣人。重諾責，敦風義。有友某以千金寄之，不立券。亡何，其人亡，蔡召其子至，歸之，愕然不受，曰：「嘻！無此事也，安有寄千金而無券者？且父未嘗語我也。」蔡笑曰：「券在心，不在紙，而翁知我，故不語郎君。」卒輦而致之。

## 劉融齋償逋不逾期

興化劉融齋司業熙載，嘗以翰林侍上書房，貧無僕，每入直，懷食物以往。屆年節，内豎例索犒金，一日某小閹至，見其方以脱粟煮於老瓦礶，詢之曰：「君所食耶？」逡巡去。久之，愈窘，將斷炊，乃辭官，乞假游晉，假寓某同年所，設帳授徒。脩脯所入，輒銖積寸累，以償宿逋，戚友所貸，雖一金必還，且無一逾期者。

## 吴彦甫不欲失信

吴彦甫侍郎在京時，一日飲於鄉人家，酒闌行令，負者罰於翌日作東道主，乃餉同座者以晚餐。吴屢負，而是日驟寒，吴歸而疾作，同座者知之，誠勿設宴，吴不可，仍折柬招客，令家人設具。或詫之，則曰：「此雖游戲事，亦不欲失信也。」客至，仍出而酬酢，且終席焉。

## 左文襄不欲失信

各省省城附郭之知府謂之首府，首府出缺，由藩司查照補缺輪次，挨班序補。湘陰左文襄公宗棠督兩江時，不明此例，適江寧府出缺，即以其文案試用知縣某署理。藩司力争不可，文襄曰：「保過府班，則得矣。」藩司曰：「府班人多，談何容易？且朝廷有定制，似不宜擅更。」文襄大怒曰：「君以朝廷脅我耶？我出將入相數十年，用人惟知擇其才耳，不知定制也。」藩司憤。時蘇撫某亦與文襄有隙，乃以擅改祖制紊亂官常劾之，文襄不知也。及部員函告文襄，文襄語人曰：「我許某權首府已言之矣，不可失信也。」乃奏以試用知縣保舉知府。旋奉上諭，着照所請。

## 穆香甫償逋不失信

天津有穆香甫者，回人也，以誠篤著，富累世矣。香甫之父在時，一日，有豆船被水，泊岸求售，上船審視，以廉價購之。蓋豆之被水者，僅外層耳，其在内者，均乾燥，可久囤也。是年豆適匱，遂大獲利。香甫亦營豆業，某歲失利，大困，其所與往來之票號錢莊皆以香甫誠篤，戒令明歲清償。香甫不允，曰：「吾惟知負人逋，必如約以償，即蕩産亦不恤。吾穆氏向固若是耳，信不可失也。」遽簿其物，售以付債主，於是遂貧。

## 邊竺潭不欲失信

光緒時，漢軍宗嘯吾司馬山、任邱邊竺潭鏈尹葆樞皆需次於浙，過從甚密。宗有孫月泉布衣所手拓之漢帖五帙，視爲瓌寶，什襲珍藏，不輕示人也。邊嘗假觀，以十日爲限，謂必自賫以返之。及期而運使傳見，以有要公，約作竟日談。邊慮誤返帖事也，親挾之詣宗，宗留之，摩挲鑒賞，約一小時始出。詣運署，則已誤見客時矣，屏不見。他日，運使語錢塘丁松生大令丙曰：「邊某抗我命，何也？」自是深咎之。丁曰：「彼亦欲不失信於人耳。」

## 謝阿明不敢失信

有謝阿明者，蘇之市井細民也，以鬻果爲生。桃、杏、李、梅、梨、橘、瓜、蓮、藕、栗、枇杷、楊梅之屬，每屆時，必擔之行里巷以求售，價不二，品必佳，人咸信之。有與之期者，付定資，屆期必如其日時以與之，未嘗爽約也。一日，臨頓路夏子英定購白沙枇杷，約期交易，及期而洞庭山之船不至，乃反其定資。夏語以明日交貨不爲遲，謝曰：「吾自言今日，吾不敢失信耳。」

## 潘文勤宴客不失時

吳縣潘文勤公祖蔭每具啓約客，客依時至，則進酒盡歡，或稍越時，則肅之入座，啜之以茗，且與長談，而終不具饌。坐久，客飢，則令進麵一器而已。客退而讓其慢，文勤不受也，曰：「客自失時，我何罪焉？」

## 趙仲穆鐫石不爽約

武進趙仲穆，名穆，以鐫刻圖章負盛名。光緒己丑七月，俞筱甫通守以家藏田黃、雞血、昌化等佳章四十方俾其鐫，約十月望可取。九月，趙寢疾，十月初旬猶未瘳，慮愆期，力疾起，爲之奏刀，三日夜，憊甚。其妻固嘗從學，憫之，至是爲之代者半，十四日悉告蕆，俞如期取之以歸。子小鐵，能世其學。

## 俞筱甫如期還金

俞筱甫通守嘗榷稅於西興，不妄取，及卸事，幾無以給朝夕，貸於譚復堂司馬，約以翌年歲晚償之。將屆期而疾作，乃輟醫藥，貨琴書以摒擋一切，卒如期以還。

## 徐少漁償金不失信

錢塘徐少漁嘗從蒙古守彝齋貣音忒，從人借入財物也。且蒼乞貣蠻夷，與古義之貣同。古義，借債曰貣，《孟子》「又稱貸而益之」謂借入也。今簿記學術語所用之貣與借爲對稱，則專指借出言，此故用貣字。銀幣百圓，貣之日，爲光緒庚寅八月朔，期以一載畢償，不署券。翌年爲辛卯，八月初，少漁觸暑而病，幾殆，卧榻囈語，輒喃喃自言曰：「彝齋之金，償期迫矣，吾果死者，將如何？」語爲其婦金氏所聞，告之曰：「君今方卧疾，醫藥之費所耗不貲，且所假無券，固無踐約之必要也。其奚憂！」少漁曰：「彼以信我而不立券，我何可自失其信？」亟指牀頭一笥而言曰：「此中有玉如意一柄，狐裘二襲，可將去易金。」婦如言，命僕至質庫，得銀幣九十圓以歸。少漁乃又貣於人，得十圓，遂如期以償彝齋。越數日，疾亦瘳。

## 昭信股票失信

光緒戊戌正月，詹事府右中允黃思永奏籌借華款，請造自強股票，命户部速議。户部議印造股票一百萬張，名曰昭信股票，以五釐行息，分二十年償還本利，令京外王公將軍督撫及大小文武官員均領票繳銀，以爲商民之倡。奏入，允行。七月，以昭信股票擾民，命卽停止。

己亥正月，榮禄等奏請將認領昭信股票銀兩作爲報效，允之。於是自慶親王奕劻以下及中外文武大小各官，均獎叙有差。仍諭各省紳商士民認繳之款，照原議按年計利，如期還本。然次年爲庚子，卽遭拳匪之禍，迄未償還。

## 邑令與盜均不失信

某宰山東某邑，三年，以病歸，年甫四十。宦囊足自給，乃栽花養魚以終身，人皆重其高尚，然實不得已也。蓋邑故盜藪，宰是者多罣吏議去，某蒞任，謂盜不去官不安，鋭意擒盜。盜首五人，衆咸知其姓名，而官與吏胥弗敢問。某指名索五人，隸役屢受刑而弗能獲也。一日，閽傳刺，謂有人求見，視之，則五人姓名也，立傳進。五人者，貌甚偉，自陳將有遠行，借千金爲路費，某諾之。五人云：「某日三鼓時，自到內室面領。」某亦諾之。遂去。某念蒞任未久，何從得千金？而既已諾之，不可失信，遂假之於人，並設酒食於內室，令妻子遠避。是夕獨坐，秉燭待。三鼓，屋瓦聲砉然，五人至，衣黑衣，立於前曰：「千金如何？」曰：「在几。」五人笑曰：「子信人也。」某曰：「能飲啖酒食乎？」曰：「能。」遂大肆飲啖，不交一言。啖畢，人取二百金，珍重一聲，且謂他日當奉還也，旋不見，但仍聞屋瓦聲砉然耳。此後境無一盜，夜不閉户，殆以鄰境爲壑矣。三年，某宦囊已裕，自念非有膽何以致此，除夕置酒，始與家人言之。一日，某晨起，几置銀若干，視之，則前所贈盜金也。旁插一匕首，霜鋒可鑑，有札一封，置劍左，啓視之，云：「某非少金者，向之所爲，試君膽耳。而君若此，敢不欽佩？某等足不履君境已三年矣，君宦囊雖不多，然某日寄家置田之銀若干，某日存典生息之銀若干，已數倍於此，某等相酬，已不爲薄，倘再戀棧，殊於某不便，某之不便，亦卽君之不便也。謹將原金繳還，三日之內，如不告病遄返者，視此劍。」某閱竟，汗出如浴，不知所云。翌日，卽上牘以病去官。

## 送快信者不失信

自郵局與而有快信，繁盛之都會悉有之，有專足之郵差投遞，雖夜分必往，雖風雨無阻。長沙郵差易壽彭職送快信，宣統辛亥夏五月，一日，大風雨，至落星田，其地有大樹，風甚樹折，枝適壓其背，血流被體，猶忍痛疾奔，分投訖，始歸，已薄暮矣。家人尤之，謂何不早歸就醫，則曰：「余所送者，快信也，焉可以余一時之傷而失信乎？」

## 國人不信信條

宣統辛亥秋九月，隆裕后頒布憲法信條十九條，擇期宣誓太廟，冀以實行立憲，藉緩革命之禍。而國人不信之，江、浙、皖、桂、閩、粵亦皆相繼獨立矣。

# 清稗類鈔

## 義俠類

### 萬履安爲同年調藥餌

鄞縣萬泰，字履安，明孝廉。明亡後，嘗一客嶺外。舟還，有毛汧者與之同年，道病疫且死，舟人俱欲棄之，萬不可，躬爲調藥餌，時起卧，汧得生。而萬泰遂病不起，卒年六十。

### 汪文卿贍胡士驊妻子

婺源汪光翰，字文卿，明崇禎末客川南道景陵胡恆幕，入本朝不仕。當恆駐邛州時，張獻忠陷成都，分兵徇邛，恆命光翰出調兵。未至，城陷，恆與子士驊戰死，闔門遇害，惟士驊妻朱氏挈其幼子峨生匿民間得脱。賊武大定聞朱有殊色，劫致之，朱乃剺面毁容以自免。光翰間關夷倮中，得朱氏母子所在，事之甚謹。值歲大饑，斗米十金，光翰百計保護，或以經書教授爲塾師，或操奇贏坐市肆中，得錢以供朱氏母子饘粥，二十餘年不倦。朱教子戳，峨生亦讀書，知自奮。蜀平，峽路通，光翰乃躬送其歸景陵。

## 唐自仁護主

唐自仁者，唐氏之僕也。頎偉精悍，有膽識。役於唐者三世，能護主於難，養主於生，僕也而有行，義士矣。順治初，寇氛未靖，居民相率逃竄，仁之主家七口匿山谷，獨留仁於家，日貯飯蔬盌匕之屬於筐，齎以餉之。一日遇賊山椒，賊遽刃之，仁仆佯死，賊遠乃起。

初，仁之衣製高領，密縫布七層，防不虞。及是，刃痕五層而止，利在迎刃而速仆，入故未竟，不者，殆已。越數日，賊坌涌至，掠家中物，仁睨賊某獨攫百金。賊共雄視仁，招爲黨，陽諾之。隨至賊所止地，先覷得某賊匿金處，乘間納諸懷，某懼衆攻其私，忍弗敢張。明日，紿賊，賭騎射，衆方整轡具韔，仁躍馬著鞭而逸，竟得脱。急跡主眷屬，得伯仲二稚，問主何在，曰：「餓已三日，父覓食未回，母先被擄。」仁攜稚安置，乃出，遇主山峽中，導與稚一處。又出訪主母，聞以殉節投水死，族有葬之者。號痛而反，乃棲主於幽僻之地，資前金，力作以濟之。

## 戚三爲盛三贖婦

大兵下江陰，殺其民之以城抗者，而俘其婦。戚三鈹項，仆城下，得不死。獨念婦王氏被俘，默禱於神，夜夢神授以字，曰：「爲汝贖婦者，戚三也。」寤而歎曰：「我即戚三耳，尚誰贖婦哉？」明，遇人於蕩間，則尋婦者盛三也。戚憶夢中所見戚字，中模糊，有似於盛，遂同行。至江寧，揭訪帖於亭。或有告戚以婦所者，索酬金，戚曰：「吾實不持金，向所揭，誑耳。」曰：「然則贖亦無金耶？」曰：「無之。」曰：「然則雖告以所在而安庸也，速去之。」戚挽之泣。其人視其揭，沈思有頃，曰：「若苟善書，客有傭書手書《楞嚴》百部於報恩塔者，可得值也。」戚受雇而半貸於人，得十金，贖之綠旗郝將軍部下。將軍婦受金，陽不解，鞭逐之，且不肯還金。時盛同往，泣曰：「此金非他，江陰戚三傭書以贖婦者也。城陷家破，所不憚瀕死以丐此金者，爲婦在耳。婦未還而金又失，豈謂城陷時不能死耶？吾，盛三也，今偕戚三來，終不令戚三獨死此矣。」號而譁。聞於將軍，義之，許還婦。及還，則盛三婦也。

先是，盛婦被俘，來密書，曰：「江陰盛三婦在郝將軍旗。」而盛字中蝕，有似於戚，故是時告者竟誤盛爲戚，而指以所也。盛曰：「奈何以戚三金而爲盛三贖婦耶？顧夫婦鬻於旗，還戚值，而佐戚覓婦。」郝曰：「勿庸。」紅旗張將軍方需役，薦之張，得值二十金，盡予戚，而盛留旗下供役。晚除馬通，聞旁室婦與人語，操里音，盛乃操里音歌曰：「二十一，是七三，託我尋汝來江南。」少頃，婦亦操里音微吟曰：「一十一，是王氏，願爲七三告七四。」盛聞之，大喜，曰：「是矣。」急呼戚躡至，婦已去。次日，盛偕戚語郝，郝爲探之，得實，遂同詣張，請贖之。張執不可，且曰：「是婦有色，值昂，金固不足。且已留此婦，何贖焉？」二人者固爭，郝亦力爲之言。久之，盛乃揮己婦出，訣曰：「吾與戚三同來，矢不獨還。今戚三以傭書金贖汝，書尚未盡償，而吾與汝空鬻身，無以報戚，何用獨贖爲？汝仍還郝，吾與戚同去，赴江水死耳。」以婦交郝，返張值，既拜郝及張，相將牽臂出，且號且行，而戚婦與盛婦俱號。時張之部曲有顧出金代贖者，有迸涕者，至是，張心動，謂郝曰：「止，吾安惜以一婦全兩家也。雖然，婦值不止是，而減值以贖，則無以示來者。且此值，盛值也。盛爲戚鬻身，吾何能獨遣妻而反留盛？」因並遣盛、戚，而以二十金分之，爲歸里資，於是各懽呼謝去。過傭書所，二人夫婦皆善書，請各書以償，主者感之，不聽，乃合書一部，以貯之報恩塔。

## 劉顯之返韓生白柩

劉必顯，字顯之，魯人。文筆矯異，慷慨好義。韓生白延之於家，教其子仲美。久之，生白爲許州同知，明崇禎壬午，城陷，死之。仲美縗絰往迎柩，時寇賊充斥，豫州路鮮行人，戚友惴惴無從者。顯之適來視仲美，知將南行，因問曰：「千里畏途，道茀不可行也，仗劍從子者幾何人？」仲美曰：「未敢以煩親知也。」顯之毅然請從，不返舍，即襆被行矣。

行次東明，晤舊邑令辛某，以別墅止之，顯之不可。次長垣，潰兵滿野，城中戒嚴，閉城中者十日。出而次開州，輾轉至滑縣，越衞輝，抵新鄉，仲美病，不能前，計無復之。顯之將隻身渡河而南，仲美難之，顯之決請前。會有鄢陵人單騎北來者，顯之跨一馬從之南下，仲美乃作書貽河南故知及當路，令往取進止，以七日爲期。

後二十餘日音問杳然，仲美憂甚，日扶病號於河干。忽見鶉衣黧面徒步來者，依稀似顯之，仲美疾趨而前，泣問曰：「先生，人耶，鬼耶？」顯之曰：「幸甚，無恙。汝父柩在後，舊僕王代與扶之，旦夕至矣。」仲美乃拜，伏地哭，執手問狀。顯之曰：「別汝後，即至新鄭，賊騎蔽野，見予大驚，嗚鉦發礮。予夜宿林薄聞，日叩郟人，語以故，隔垣度食，得以無甚餒。越滎陽、長葛，久之，達許州。城破後，居民四散，屢問無知者。遇一人，自言爲田忠，尊先公舊役也，道殉難事甚詳，並指藏衣冠地以相示，且曰：『一二殘民，感先公遺惠，已伐北壇柏爲椑焉。』乃導予往。舊僕惟代興在，侍香火，受邑人弔唁。邑人致牟麥，給朝夕，困甚矣，因治裝將還。時府之委員挽留，且將申上臺請賻，有舊例。予卻之，即售馬，得百五十金，僦二輿夫，倍之爲行計，而代興有前討賊時俘婦爲室，不欲北。予與田忠曲喻之以大義，且曰：『北歸便。』乃各就道。夜宿黃河，突有南陳叛兵至，盡劫行裝，殺輿夫二人，予裸身越牆伏河畔，僅免。體無寸縷，郟媪投一帕，蔽下體，乃號於市曰：『我山東庠生來迎許州死難同知韓公靈柩者也。以親知之誼，故冒險前來，今被劫，不能前矣。其子某俟於河干，若輩有能扶櫬過河者，當重酬。』時河南被兵久，里人各分砦自衛，有張、王兩人，皆砦主也，感予言而前，曰：『公好義，天下豈無義士乎？』乃遣四人擁護而前，三日，北渡河矣。予急返先公柩，前函實未投也。』仲美搶地哭，不能起。少旋，柩果至，乃泝衛河以歸。

## 白羽皇蠲金

廣昌白羽皇文學朝宁，順治初之隱君子也。家固貧，而好施予，歲以教授所得金供甘旨，資衣食，有所餘輒以周人之急。一日，行於道，聞婦人哭甚哀，訊之，則云夫爲賊誣，獄急，將鬻女。惻然，出袖中金與之，問姓名，不答竟去。及羽皇卒，忽有一人攜妻女至柩前哭，伏地叩頭，至流血，曰：『我邱安宇也，受公厚恩，不能報，奈何死乎？」家人詢之，安宇備述其故，家人始知羽皇有斸金事。

## 田馨野納鄉人

兗州田馨野，名生蘭，以明末盜賊蠭起，自兗南徙，展轉於淮陰、秦郵、廣陵之間，繼遷江寧。而鼎革，王師南下，羣不逞之徒乘亂搆釁，日尋戈矛以修私怨，豪帥馬某所隸士卒素不馴，爭欲得而甘心焉。田有鄉人某，亦隸馬戲下。一夕，攜眷屬數十口詣田乞避害，田納之。或持械大呼於門曰：「速出之，可免禍，否則汝家毁矣。」田曰：「彼雖非張儉，我獨不能爲孔融耶？」不聽。諸亡賴亦稍稍散去。比事定，絶口不復言。

## 王某妻代人徙邊

王某，佚其名，如皋隸也。任俠好義。本朝定鼎，同邑布衣許德溥不肯薙髮，刺臂誓死，有司以抗令棄之市，妻當徙。王知之，高德溥之義，欲脱其妻而無術，乃終夜欷歔不成寐。其妻怪之，問曰：「君何爲彷徨如此耶？」王不答。妻又曰：「君何爲彷徨如此耶？」曰：「非爾婦人所知也。」妻曰：「子毋以我爲婦人也而忽之。子第語我，我能爲子籌之。」王語之故。妻曰：「子高德溥之義而欲脱其妻，此豪傑之舉也。誠得一人代之可矣。」王曰：「然，顧安得其人？」妻曰：「吾願代以行。」王曰：「然乎，戲耶？」妻曰：「誠然，何戲之有。」王乃伏地頓首謝。旋以告德溥妻，使匿母家，而王夫婦即就道，每經郡縣驛舍就驗時，儼然官役解罪婦也。歷數千里，抵徙所，風霜艱苦，甘之不厭。於是皐人感之，爲斂金贖之歸，由是夫婦得終老於家。

## 胡義勤待主人

順治乙酉，杜濬侍父母居金陵，僮奴十餘輩，多挈妻子叛去，走部落營伍，竄入兵籍。不數日，飛騎至，立馬主人門，舉鞭指畫，放言無忌，以示得意，甚者且拔刀斫庭柱，叫呼索酒食，不得，則恣意大罵。老僕胡義勤見之，獨切齒痛恨。別一奴亦已隸尺籍，私來說義勤去，義勤謝之曰：「人各有命，爾本當得意，一旦遭時，自奮發。吾命薄，與主人同，願共守饑寒而已。」此奴亦頗慚其言，自是不復來罵主人矣。

義勤，濬兄方朔之乳媪之子也。方朔自金陵擕眷歸黃岡時，義勤適以他事阻江外。方朔之歿，義勤逾年而知之，則大慟，即日惶遽，自千里外奔故鄉，哭方朔。跳擲號吼，嘔血數升，遂得喘病，因寄食於方朔之壻曹氏家而養痾焉。居一年，病稍間，曹稍役使之，義勤慨然歎曰：「吾聞忠良之臣不事二姓。僕，猶臣也。今曹氏雖爲先主翁之壻，然其姓則曹，亦二姓矣，吾奈何遂事之？五十老奴而仰面於又一姓，良足羞也。且吾未嘗受先主翁命，事之，尤無名。」於是復來金陵依濬，則老病可憐，耳聾益甚。濬既素義其爲人，且重念方朔，待之甚優，命視管鑰而已。濬，字于皇，黃岡人。

## 張三愛不去其主

張三愛，歙人。年四十不娶，受役於人。其主貧，或告曰：「去之可乎？」張曰：「否，三愛之主在，不並受他人恩也。」主老而逋賦，縣令索租急，當予杖，三愛屢代主受笞，至百數不少懟。三愛爲人修長，且健筋力。多種蔬售之市，悉以其貲歸，購衣肉以奉主，且曰：「主老，不忍使其一日缺衣肉也。」

## 胡端友救幼主

胡端友，寧鄉人，劉光初之僕也。順治丙戌，光初妻胡氏遇賊於花橋，自知不免，以幼子付端友。端友負而逃，遇賊力奔始得脱，至家釋負，倒地暈絶，逾時始蘇。

## 蔣爾直負主骨歸

蔣爾直，湘陰人，蔣之棻僕也。之棻客死於粤，囊餘三百金，爾直倡言擕資負主骨歸。同伴三人私議殺爾直而分其金，爾直知之，挈資先遁，俟三人散去復返，負骨數千里，冒鋒鏑歸。及没，之棻子爲之服齊衰三日。

## 張瑛納趙氏稗子

順治己丑姜瓖之亂，汾陽東官村有趙某者被劫，男婦均被殺，僅餘一稗子奔至張瑛所，納之。匪往索，瑛曰：「是不可。必欲得者，吾兩村且鬭，視強弱。」及亂平，瑛助稗子白諸官，治罪者十餘人。瑛，字玉采，汾陽人。

## 楊碩父收瞿式耜張同敞尸

順治庚寅十一月，定南壯武王孔有德之軍抵靈川，入嚴關，起兵之明遺民張同敞乃乘夜獨泅灕江入桂林，見明桂王之廣西巡撫瞿式耜，相對泣，誓以死。王既下會城，執瞿、張令降，不從，幽之月餘而後殺諸市。瞿被執，時家屬匿楊蓺所。蓺，字碩父，瞿之幕客也。事發，并執蓺，蓺不屈，王義而釋之。瞿死，蓺服衰絰，懸楮錢滿衣，行窣窣有聲，號哭營市間，見纓弁袴韡短後衣者輒叩頭，請言於王收殮主人。王聞之，曰：「瞿某有客義若此乎？」并同敞尸許之，遂得葬。

## 性因上書言收瞿張尸事

當瞿式耜、張同敞未收殮時，有僧性因者，即永明王時之給事中金堡也，謫戍不赴，披剃於桂林之茅坪庵，亦上書定南壯武王，言收殮瞿、張事。其略曰：「古之成大業者必表揚忠節，殺其身而愛敬之，若唐高祖之於堯君素，周世宗之於劉仁贍，元世祖之祭文天祥，明太祖之祠福壽是也。衰國之忠臣與開國之功臣，皆受命於天以分任乾坤之事，天下無功臣，則世道不平，天下無忠臣，則人心不正。事雖殊軌，道實同源。王既殺兩人，則忠臣之忠見，功臣之功亦見矣，抑又王見德之時也。夫殺兩人於生，王所以爲功於本朝也，禮兩人於死，王所以爲德於天下萬世也。請具衣冠爲兩人殮，并擇付親知歸葬故里，則王播仁義之譽無窮矣。」侍者詣府將投書，遇藝，知已得請，遂不上。

## 文周匿故主妻孥

順治辛卯，大兵破舟山，董幼安志寧妻孥在急捕中。其僕文周者匿之，挺身赴官，鍛鍊幾死而卒不一言，迺獲免。洎後，悼其主之祀絕也，獨以縞衣蔬食終其身。

## 張某養夏士友母

江夏夏士友孝母，以孝子名於時。某歲以疾卒，母痛其亡而自悲七十之年將擠於溝壑也，日夕哭之哀。有張某者，晉人也，僦居江夏，與之鄰。聞而詢於人，人告之故。曰：「嘻，世固有孝子其人哉？世固有孝子其人而母不得終養者哉？我養若母，且我得與孝子爲兄弟行也。幸甚！」亟趨詣其家，匍匐母前，願爲義子。月供薪米，奉以終身。

吴自充焚券

吴幼符，名自充，歙人。性慷慨。嘗假人以金，年三十三而病卒，取其券焚之。謂其妻子曰：「吾之餘財足給饘粥，無求多入，當其來貸時，吾已心贈之矣。」

徐曰彦殮估客

徐長猷，字曰彦，廣濟人。十歲時，侍父於臨洮官舍。比長，好客遊。某歲返棹時，有江西估客附舟，病且死，舟子利其貨，夜取尸沈之水。僮僕聞之以告，曰彦乃召舟子怒詰之，舟子色恐。語之曰：「汝出其尸，當以厚直與汝，餘物悉籍記以待其子。」言已，買棺殮之。舟抵估客之鄉縣，訪其子，命迎柩以歸。

施孟達焚田産簿册

施于德，字孟達，嘉定人。家素封，及孟達服賈益富厚。而性仁恕，佃户有負租者，夷然不較，曰：「彼貧耳，非本意也。」寧忍負己，不忍直於有司。嘗出手書一帙，焚之，皆記載田産積逋之簿册也，計九千有奇。越數年又出一帙焚之，倍於前。

## 劉國友濟段某

西華段某攜眷歸，避亂阻於道，聞劉國友義，往歸之。卽授以居，糧糗布帛之需悉爲贍給，道可通，百計謀所以濟之。段卒得還里，其家亦免於難。

## 徐華國救人

吴江徐華國屏居東郊，其地多荒冢，有鬼，數迷人，或至死，向暮，人不敢過其處。一日，華國夜歸，聞桑中空舍有若魘呼聲，疾趨視之，則見一人轉側於地，土塞其鼻，將死矣。乃負以返，救之，得活。

## 許季覺活饑民

順治時，海寧頻歲饑饉，流離載道，邑人許季覺慨然憂之，致書當路，議甚剴切，當路韙其言。邑故多巨族，籍記其姓名，下注某出粟若干，榜於通衢，以片紙責取，巨族素信之，無有難者，凡得粟數萬石。又籍記饑民村里年貌並户口多寡，按日至城隍廟，按籍以次而給，人人得所欲以去。饑民於季覺過時，必扶老攜幼，羅列道旁，手執長香，跪而言曰：「許公活我。」

## 朱湛侯諸雅六救黄晦木

明末畫江之役，黄晦木步迎明監國於紹之蒿壩，兄弟毁家，率子弟僮僕荷戈，婦女皆執爨以餉，世所謂世忠營者是也。其兄梨洲西下海寧，晦木乃留龕山治輜重。事敗，狂走入四明山，爲馮侍郎京第參軍事，奔走諸寨間。順治庚寅，山寨軍殲，被縛，侍郎之嫂，晦木妻母也，匿其家。事發，當論死，梨洲還至鄞，謀以計活之。馮尚書子道濟，故人也，慨然任其責。臨行，日晡矣，道濟潛載死囚隨之。亡何，火忽滅，暗中有突出負晦木去者，不知何許人也。火至，以囚代之，冥行十里許始息，則萬户部履安之白雲莊也，負之者，户部子斯程也。時遺民畢集，解縛置酒，忽管絃聲出隔岸，晦木掉小舟往，因自取琴彈之，曰：「廣陵散，幸無恙。」侍郎故部尋復合，晦木仍左右之，慈和寨主沈爾緒又以孥寄。丙申，再遭名捕，梨洲聞之歎曰：「死矣。」故人朱湛侯、諸雅六力救之，免。遂提藥籠遊海寧、石門間，或以古篆爲人鐫石印，或用李思訓、趙伯駒畫法鬻之以自給，浙西傳爲黄高士畫，争購之。

## 馮易齋存孤

順治己亥，海上之變，縉紳之家罹禍最酷者以金壇爲甚。時王明新名亦在逆籍，身戮家徙。妾某氏方孕，行至山東紅花浦旅舍産一兒，老僕楊某曰：「覆巢之下，已無完卵，一線之繫，在兹客嬰。此去馮相國家不遠，主人爲其門下士，受知極深，馳告求匿，必能納也。」妾是其言。楊乃襁兒於懷，夜叩馮門。時馮方家居，慨然曰：「此我事也。」疾揮楊去。命侍姬乳之，命名曰協一，示與己出無二也。協一年弱冠，徐立齋相國高馮之義，女其内姪以字協一。後協一以馮蔭，仕至廣州太守。馮，名溥，字易齋，文華殿大學士，謚文毅，山東益都人。

## 劉繼莊傾貲濟人

劉繼莊處士獻廷，別號廣陽子，大興人。年十九親歿，挈家而南，隱於吴之洞庭山，家貲尚數千金。後從游者數百人，四方奇士慕義締交者踵相接，其窮乏者或罹患難者輒傾貲濟之，由是貲日匱。有鄰女許字，其夫貧而流於外，母將別字之，女誓不從。獻廷聞之惻然，時僅餘藥肆一廛，立鬻金，尋其夫贈之，使婚，而家遂益貧。

## 吴缾庵急人之難

順治時，吴門楓江之市有君子焉，人皆稱曰缾庵，或曰守口如缾，取謹言之義；或曰缾窄口而廣腹，善容物者也。缾庵幼失怙，廢書，及長，自力於學，好文士，於賢人隱君子尤尊敬之。友朋之窮老無所歸者，曰：「於我乎養生送死。」於是士君子皆賢缾庵。人有難急，好行其德。嘗僦小舟，問舟子曰：「值需幾何錢？」舟子曰若干。缾庵曰：「米貴甚，如是，安得自活？」乃增其值，故負販人亦曰缾庵盛德長者。缾庵，吴其姓，傳鼎其名，雨岑其字，休寧人，僑於吴。

## 趙士望解賈時泰獄

賈時泰，直隸蠡縣人。少習拳勇，性愚直，見有爲不義者，面責不少貸，里人嚴憚之。生平獨喜擊賊，所居爲縣南鄉，南鄉之村四十有二，遇有警，必率其村之勇者以俱赴，賊逸去，遠近搜索，務盡其踪跡始已。

幽燕俗喜鬬很，而蠡、博、高、肅、獻諸邑與山東之泰山、齊河壤地相接，其間椎埋剽刼之徒尤多。會世亂，所在蜂起，蠡之鄉北東西焚掠無虛日，獨南鄉以時泰故，得無事。總督張某聞其名，使邑令召之，屬以擊賊事。時泰固心喜，又重以大府命，毅然不辭。不與以官，止易其名，曰鄉長。時泰受任，乃椎牛具酒食，聚東北西鄉之豪傑而誓之曰：「自某至某，凡村幾，屬之某，其村之可屬以事者，某任之，有事，則某與某畢其力，非是，有罰。鄉之中有不良者，教之，不率，有罰，相隱庇罰同。凡某與某不善，聞於時泰，時泰不善，聞於官，不如約，有罰。」衆皆聽命惟謹。數年，蠡之鄉大治，於是時泰以能擊賊名於蠡。

蠡之旁邑有賊不能擊，亦皆請時泰，卒以告成。然當事者每擊賊必遣弁及胥役與之俱，時泰負其能，不相讓，又性執，與諸人意見多不合，故雖有功，不賞。而羣盜之歸正者，往往得爲官，反在官左右時時媒蘖之，於是諸賊聞之，皆相賀。更令其徒偵其數年行事，密以聞，某年月日，竟捕時泰置於獄。時泰已老，自念生平無罪，徒以多擊賊得咎，不服，每對簿，輒慷慨，以首觸地流血，聽者以拘牽文法，無所纍白。會赦，時有趙士望者，亦蠡人，甘以身受荼毒，得備言時泰生平擊賊狀，當事者始心動，事乃解。

## 范洪震待杜秀才

管江杜秀才之死節也，陸處士宇㷆取其遺孤育之。其孤多病，宇㷆一日與買藥，過范洪震，則問曰：「是何人也，而爲之藥？」宇㷆以告。洪震瞿然起曰：「杜郎耶，其尊公爲吾同學，兼以同歲，又同志也。吾於其尊公之死，哭之者幾日，時時從湖東來者，問其孤，莫有復者。今乃以買藥遇，天也，豈可使丈獨爲君子乎？」宇㷆因言其三喪未舉，洪震曰：「不特死者當於我葬，杜郎未娶，我當娶之，有匱乏以告我。」卒爲杜氏窆其三喪，而并置墓田以贍之，且助之娶。

## 席文輿好慈善

席文輿舍人啓圖，吴縣之洞庭東山人。性恬靜寡欲，未嘗孜孜於錢刀，爲俛拾仰取計。惟好行其德於鄉里，爲慈善事業，宗族親故之待其舉火者若而家，待其資以畢婚喪者若而家。山中細民苦貧，則祁寒施褚衣，炎暑施苧帳，病則予之藥，死而無以殮者畀以棺，無以葬者，又廣其先德所置義冢至三十餘畝。歲值大歉，則出粟周之，多或千餘石，少亦不下數百石。而又贖歸其子女之被鬻者，收育其嬰孺之棄遺於道者，歲所費率逾數千金。

## 劉義救高新田

劉義，益陽人，高新田之僕也。土寇楊四保聚掠，執新田加刃，義奔救請代死，賊並釋之。

## 海霞還所盜物

伊闕韓公子，父顯宦也，積貲且百萬，卒以貪婪爲御史所劾，罷歸，氣結死，死時，公子方弱冠也。公子年少慷慨，力行周濟任卹之事，義聲聞河洛間。一日，客有踵門求見者，衣敝褐袍，曳敝履，而神氣灑如，若不自介意者。異之，詢來意，以聞聲相思告。詢族望，曰鉅鹿人，王姓，無名字。與之談，客博甚，口如懸河，古今中外事若無不知者。公子大驚異，推食解衣，留爲上客。居月餘，謂公子曰：「吾初聞公名，以爲必有所爲也。今覩平日行爲，乃鄉里善人耳。吾將去矣，擬假十萬金壯行色，公子能不吝否？」公子躊躇未應。客笑曰：「行矣，吾戲言耳。」遂去，公子不能挽。客出一摺扇，曰：「蒙厚款，無以爲報，留此奉贈。他日君往河北時，如遇急難，持此可免也。」

客去後，公子視扇，則以湘妃竹爲之，面書陸桴亭《新蒲緑詞》，尾署海霞自題，扇半舊矣。不數日，偶檢篋，篋多空，大駭，所失者皆金玉貴品也，約計之，值十萬有奇。公子夫人念客言，頗疑之，然無以發也，報官緝捕，寂無影響。於時公子既多揮霍，家事不問，主計者與其僕從悉蠹緣吞蝕，不十年，家計殆盡，腴田甲第皆質於人，賓客僮僕皆散，公子夫婦與子女數人獨守老屋，一童子應門而已。

公子有族叔知保定府事，譖公子才，招入署，佐治公事。公子乃寄其妻子於婦家，而獨身往北，丁寧家人而別。公子夫人檢點行篋，得客所留扇，憶曩言，即付公子持之。公子在保定經年，叔待之良厚。已而叔没於官，一子方幼，外惟夫人與少妾，公子乃襄理其家事，扶櫬以歸。過衞輝，宿逆旅，夕，盜大至，公子本無長物，而叔之宦囊則盡没矣。幸不傷人。衆人驚定，相顧歎息，莫能爲計。明午，盜忽盡送其物以還，且謝誤犯。公子驚異，不知所以然，不敢不受。又明日，更扶柩而南，過太行山下，忽一騎騁而前，挽公子臂曰：「識故人否？」公子審視，曩客也，因敍契闊。客邀至山寨一敍，公子以扶柩辭。客出觱篥吹之，四山出人馬數百，衆人皆震恐失次，客一揮，人皆趨前擁棺柩及公子一行人登山。公子入盜窟十日，供饋良厚，其叔母等心終懼，公子力求歸，客使一騎送下山，所過皆安静，無驚恐。抵家不十日，有送書來者，發之，皆契券也。蓋前所售出，客多爲贖歸，末附一紙，則昔時所取珍品，一一標其價值，以核贖歸之産，爲價適相當焉。自是復爲富人，而周濟任卹之事，則行之尤力矣。

## 顧夢游收宋珏遺文

莆陽宋珏客死而無子，江寧顧夢游走數千里往哭之，收其遺文，乞錢牧齋尚書謙益表其墓。

## 應潛齋經紀沈朗思喪

仁和沈朗思，名昀，受業劉忠介公門，學以誠敬爲宗，適用爲主。嘗絶粒數日，取階前馬蘭草食之。卒時無以爲斂，應潛齋爲經紀其喪，涕泣不食。或問之，曰：「吾不敢輕受賻襚，以玷先生。」潛齋弟子姚敬恆趨問曰：「如某，可斂先生乎？」曰：「子篤行，殆可也。」

## 張南士濟友之急

餘姚魏滂嘗以臘月赴杭，方渡西陵，旗兵之戍者剽其裝，乃衷衣過蔡子伯。蔡飯之，裹之以越布單衣。時張南士居蕭山，滂并過南士，南士脱所衣絮袍衣之，且轉貸鄰人金爲理裝。或問子伯，曰：「吾亦思有以助之，然念羣從，其不能卒歲多矣。且家人雪中皆無兼衣，而以厚所薄，不忍也。」以問南士，曰：「友以急投我而我薄視之，則安賴有友者？若夫吾所厚，則生平事也。生平不厚厚，臨急而較量及之，徒薄而已。」南士，名彬，山陰人。

## 冷秋江還人手澤

文與也常以先世手澤湮滅爲恨，丹徒冷秋江處士士嵋聞之慨然，出所藏温州待詔《三橋湖州》三世墨蹟贈之，皆世所重購而不得者也。

## 周篔谷濟人還金

禾中周篔，字篔谷。隱於市，性慷慨，人有匱乏，輒傾肆中錢米給之。采石估販米八百斛，得值千金，貯周笥。估獨往硤石，中道死，周具以殮之，且作手書召其子至，出金還之。

## 郭允觀受老生之託

海州有老生，與山陽郭允觀同姓，以避亂，攜妾僑山陽。有子八齡，而病困，妾苦嘑，慮無以送死存孤。老生曰：「聞此間有郭海若者，義士也。」亟往請，曰：「身後欲以累公。」允觀曰：「所託不敢辭。然當歸謀所以安公妾者，乃惟命耳。」遂去。旦日，復往，告之曰：「君可瞑矣。吾闢舍旁一室，以閉置公妾，雖盛暑，不得出，吾令人穴其窗，度可饋食，且有一老嫗與起居。公八歲孤兒，吾教之，不令絕公家之讀書種子也。區區衾斂，更不足計，何如？」老生遂卒。允觀爲殯葬如禮，迎其寡妾孤兒於家，館餼之，久而不厭。

孤兒年十八，補海州諸生，於是其妾已閉置十年矣。乃破户出之，俾與俱去，語孤兒曰：「吾幸不負若翁垂死之託。吾家貧，本不足以贍若母子，顧義不得辭耳。今若長，宜自養母而歸守先人廬墓，吾又爲若營館穀，不憂無以爲生也。」孤兒與其母感泣，乃謝去。允觀，字海若，諸生。授徒自給，弟子多至數百人。

## 王武不自愛其力

長洲王武，字勤中，諸生。善繪花卉翎毛，遠師趙昌、邊鸞，近法陳淳、陸治。而生平慷慨赴義，家中落，與人交，不設城府，所遇，無貴賤長少，率委曲相款洽。居平善病，晚歲病屢發，不復多作畫。然友有貧乏者輒強之使作以鬻於人，王欣然執筆，曰：「願以佐吾子晨夕需。」族父年老，有女孫不能嫁，復力疾爲作數幅，俾鬻以治奩。客有以病諫者，則曰：「吾財不足而力有餘，敢自愛耶？」

## 湯光啓爲友忘身

長洲湯光啓，字式九，王武之弟子也。光啓寫生盡得其傳，而好義亦復相似。遇友朋急難，輒慷慨赴之，幾欲忘其身。晚歲家產蕩然，藉筆耕餬口，三旬九食不悔也。

## 吳慶百爲友具含賻

鄞縣周容、太倉王昊客死京師，吳麓祥質衣爲具含賻，視白旐郎路乃返。吳，字慶百，錢塘人。

## 陸際明哭祭姚奇胤

姚進士奇胤幼嘗與仁和陸際明教授同研席，相契，申之以婚姻，願以女爲其仲子婦。未幾，姚殉嶺南之難，盡室殲焉，陸具要經哭諸寢門之外。歲時伏臘，必招魂以祭之。

## 陸際明經紀王于一喪

南昌王于一嘗客杭州，某年，疽發於項，喘喘然將死。挐一小艇訪宋茘裳於塘栖，與之訣曰：「余不幸遘虐疾，而吾子且有家禍，命也，奈何？然吾死，則委骨於陸氏，子如不諱，亦有如斯人可託七尺之孤者乎？」因相對哽咽，不能一語而别。甫食頃，緹騎驟至，宋倉皇就逮，不復知于一消息矣。及宋事解，再過錢塘，則于一前死已四年，諸孤偕蒼頭載其棺歸江西。問誰爲經紀其喪者，則陸際明教授也。

## 朱璧欲保張蒼水母子

康熙初，鄞張煌言解軍後，將以懸磬爲首陽，議者謂其不死必復逞，購之急，有司乃縶累其妻子族屬以待。及被故校所執，遂賦絶命詞，挺立受刑死。時杭有朱孝廉璧者，投狀有司，請以百口保其母子，不得。

煌言，字元著，世稱蒼水先生。明末南京之敗，與同郡錢肅樂等倡義奉魯王監國，以僉都御史監張名振軍，屢抗王師。舟山破，魯王入閩依鄭成功。蒼水勸成功取南京，自崇明入江，所向克捷。蒼水先移師上游，直取九江，成功自鎮江敗退，事遂不成。

## 史丙藏張蒼水詩文

張蒼水被執登舟，中夜，防卒史丙坐篷下唱《蘇武牧羊》曲，張披衣起，扣舷和之，且酌以酒勞之曰：「爾亦有心人也。吾志已定，爾無慮。」張之詩文集如《奇零草》、《水槎集》、《北征録》、《采薇吟》，皆丙所藏。或有從而購之者，丙曰：「公之真蹟，吾日夕焚香拜之，安得付子！」

郭寧玉任改折事

康熙乙巳，廣濟旱蝗，郭寧玉愀然曰：「邑人憊矣。」乃襆被西征，獨任改折事。先是，改折費歲以千金計，是歲才三百金，而檄已下。至武昌，念鄰邑所在報災，廣濟獨否，遂與司吏約，乞例蠲，而徐令補詳。蠲下，邑人歡呼慶更生，而郭乃出其槖中數十金以償司吏。口不言，嘗自號粥粥，蓋謙讓其天性也。

徐太君命子還妾

郭寧玉之母徐太君有賢稱。康熙辛亥，寧玉會往潯陽，置側室，女入門，色酸楚。徐心動，詢之，有前夫在。急呼寧玉立堂下，泣涕而言曰：「兒誤矣，兒誤矣。」立遣之去。寧玉長跪曰：「諾。」時旱甚，寧玉訪尋其夫，還券，出廩粟，買舟載之以歸。當是時，潯陽人籍籍賢郭母不容口。厥後，寧玉更置一側室，而生齒蕃息，至七子而猶未艾，孫且繩繩焉。

鄭成仙修橋

鄭成仙，歙之楊衝人。以織箕爲業，質堅而價不二，近村數十里爭購之。箕敝，皆卧舂以待。少壯時，嘗值風雨過坤沙前碉，小橋木腐，蹶而危者再。忽仰天自矢，曰：「吾有生之日，當積箕爲石以繕此橋。」聞者皆笑之。自是，得錢稍易銀，即貯之於小瓦缾，閟土銼下，其婦與子皆不識也。銼少溢，或爲鄰人所貸，或閟處偶洩，伺者竊去。凡三散而三蓄，志愈堅，家人藜藿不給，弗恤也。久之，藝售而貧窶如故，人竊疑之。

康熙丁未，鄭年七十餘。一日，忽呼諸鄰叟至室，曰：「吾足跰而背傴，夙願不酬，橋與身俱逝矣。吾初願尚不止此。」傾缾而出，燦若繁星，合計之，得金二鎰，即日鳩工採石。其婦與子皆敝衣椎髻，環立瞪目，作悔恨聲。曩之笑者忽斂容驚愕曰：「叟果至是耶？」遂相與諏吉經始，稚者負鍤，壯者肩石，揮汗趨役，窮日不休。未匝月工畢舉，蕩危以寧，其道如砥，乃大具牲醴，率鄰叟以侑神焉。

## 吴三桂待故人

平西王吴三桂，明之武舉也，出江南某巨公之門。某歿，其子奉母以居，貧無以供菽水。一日，於故書堆得武鄉試録一册，見吴名，始悟出父門下。時吴鎮雲南，方貴盛，欲往謁之，以告母，母初不可，既而貧困日甚，乃許之，鬻田質簪珥，治裝以行。比至滇，旁皇歧路，不克自達，賣字市中，聊給朝夕。忽遇藩下護衛，詢其本貫，知爲江南士人，邀致家塾。既半載，賓主頗洽，因從容言：「欲一見王，可乎？」詢其求見之故，乃爲敍述師友淵源，護衛諾之。一日，吴大會僚佐，酒闌，盛言少年時起家科目，誇示座客。護衛適侍側，即跪啓曰：「王當日出江南某巨公門乎？」吴驚曰：「然，汝安得知此？」護衛曰：「某有子貧困，萬里上謁至此，無由自通，今寄食某所，故知之耳。」吴大喜，立召之，使預賓筵爲重客，留府第數月。某以母老告歸，吴又大集賓僚，爲之祖道，贈以二萬金，别扃緘一篋使爲母壽，皆珠寶也。某歸江南，遂爲富人。

## 李玉峯以子贈孫書臺

長洲李玉峯封翁文科有二子，曰勱，曰勷，皆幼慧，讀書於玄妙觀。會德州孫書臺罷長洲令居吴，見勷，器之，曰：「是兒不凡。」謂玉峯曰：「君多男，吾子年踰壯，無所出，曷以是兒爲吾嗣孫。君生之，我成之，不亦可乎？」書臺，廉吏也，有善政於吴，玉峯不忍終拒，許之。惟念子幼稚，乃攜其家至安德，時康熙丁未也。

## 王仁綱以請均税受刑

王仁綱，衡陽人，諸生。勇於爲義。縣田税自明萬曆中，每石糧增税三升六合，號曰加秋，康熙初，虚報墾荒，科糧千四百餘石，計見田增入之，號曰倍額糧，民困甚。仁綱訟之院司，請荒熟并丈，計畝均其税，巡撫同安深韙之，切責道府行其議。官吏憾仁綱，欲坐以生員言事律，置之死。按察使拘仁綱，仁綱不屈，方加刑，急呼天稱枉。忽大聲若雷，震几案盡碎，懼而止，遂得請通丈。趙恭毅公申喬造魚鱗册，自仁綱發之也。

## 王文簡夫人有俠性

王文簡公士禎之妻張夫人，賢耦也，有俠性。閩人許珌以會試入京師，道出邗江，金盡告急，王無以應，有憂色，夫人遂脱跳脱於腕。徐夜者，字東癡，隱居東皋鄭潢河上，貧且老，雖凍餓，不以干人。會大風雪，夫人出絮帛謂王曰：「君得毋念徐先生寒乎？曷以遺之。」

## 朱之錫遣婢

朱之錫，字梅麓，曾因事遣婢，其帖云：「前送回張氏女子，原無大過，只是娃子氣，好言教導，不甚知省。誠恐聲色相加，流入婢子一類，所以量給衣飾，還其父母。初時原是待年，五六日後便有遣歸之意，故自後并無半語諧謔，猶然處子也，足下可將此女完璧歸趙。一段緣由，向其父母中媒昌言明白，以便此女將來易於擇壻也。」

## 王介人遣還有夫婦

嘉興王介人，名翃，與郡司李嚴正矩善。王無子，嚴贈之妾。妾故有夫，爲亂兵驅散，後訪至王所，王哀之，立還之其夫。

## 曹本榮爲譚鳳禎治喪

曹本榮嘗官國子監司業，黄岡人。有同年譚鳳禎歿於京師，爲之治喪，其妾生子，令室中婢乳之。後成立，魏敏果公象樞爲賦《古人交行》。

## 馮雲生赴人之急

德州馮雲生孝廉沛素重意氣，赴人之急如其私。其姊夫嘗爲里人仇陷，慷慨白有司，得解，仇遂并螫雲生。事已，乃杜門謝交，日爲子弟授《周易》、《孝經》以自娱。

## 傅青主哭張際

平定張際，明遺民也，以不謹得疾死。傅青主撫其尸哭之，曰：「今世之醇酒婦人以求必死者有幾人哉？嗚呼張生，是與沙場之痛等也。」又自歎曰：「彎強躍駿之骨，而以占畢朽之，是則埋吾血千年而碧不可滅者矣。」

## 鄭志上斥財

歙人鄭明允，字志上。嘗與其戚某同賈吳下，某大失利，號哭不欲生。志上曰：「爾困矣，予空手歸，尚能粗給衣食。」發橐中金悉贈之。志上有族子，以事縊於客舍，同舍者懼累，悉避去。適夜至，駭曰：「舍空鼠暴，可若何？」秉燭坐尸傍，達曙，白於官，出私財殮焉。淮北友人某以豪俠蕩其貲，困甚，至淮北，志上惻然，傾囊助之。

## 年羹堯幼時焚屋券

大將軍年羹堯家貲鉅萬，父遐齡長於心計，持籌握算，纖屑靡遺，羹堯頗不善之。十二歲，自塾逃學歸，散步郊原，見一老嫗倚樹根坐而哭，目盡腫。詢所苦，嫗乃曰：「所居離年家僅十數武，老而寡。有子四人，皆浮薄，不治家人生産業，日與里中無賴博。博屢負，鬻所居屋償之，已署券矣。屋主促讓屋，無寧晷。讓屋不難，如無家何？」羹堯惻然。問屋主爲誰，即羹堯之父也。羹堯大喜曰：「子無慮，屋主即我父，容歸謀之，必有以處子。」因挾嫗歸，白於父，請返其券，父有難色。羹堯索券於母，取火焚之，令嫗跪謝父，即揮之去，父亦無如之何也。

## 李恆岳資助郭琇

康熙朝，左都御史郭琇以薦起，自度俸糈不足自給，不欲出。有李恆岳者，郭之妻兄弟也，問之曰：「子在京師，日費幾何？」曰：「得一金足矣。」恆岳曰：「子果出而有濟於世，吾能任之。」郭遂行。終郭在官，無內顧憂者，恆岳力也。

## 葉秋老哺主子

葉秋老，萍鄉孫大猷僕也。大猷故貧士，復多疾，居室破陋，不蔽風雨，日兩餐，胥出其力無怨辭。某歲疫，大猷夫婦相繼死，爲力營其喪，遺孤兒數月，需乳，葉妻適産，令同哺之。未幾，妻又死，乃向鄰婦丐乳，先飽孫子而後及己子，己子以飢死，弗惜也。鄰婦厭其頻，靳勿與，葉窘，飼以糕糜，孫子苦噎不能下，夜啼達旦。葉益無措，姑以己乳塞兒口，啼頓止，聽之，嚅嚌有聲，探之，乳出矣，大驚，繼念爲天佑，轉喜。遂自乳之，兒遂賴以長成。

## 周櫟園葬趙十五陳叔度

周櫟園在閩，有趙十五、陳叔度者，皆工詩，没不能葬。周出俸金葬之西郊，題曰：「詩人趙十五陳叔度墓。」

## 趙恭毅爲古誼之士

趙恭毅公申喬登第後，以古道自居，人厭之，託疾歸。會買妾，其家故宦族女，以負債賣之。趙知之，慨然曰：「吾奈何乘人之急以污其節？馮商之舉，不可繼乎！」立送女歸。聖祖知之，曰：「此古誼之士也。」

# 鄒飛虎脱湯公子於囚

通州湯公子豪俠自喜，結交當世知名士。康熙時，莊氏私史禍發，怨家因以許公子。當道窮治，家破，婢僕星散，所親莫敢問。夫人聞家族給配披甲之耗，夜抱幼女投井，九歲子亦憔悴死。公子入獄，自分必死，心夷然。

同繫有一囚，短髮鬅鬙，高顴突顙，面黑而麻，虬筋結體，獄吏伺之謹。公子初至，囚頗侵之，公子不怯亦不怒，囚大歎服。久之，竟彼此無間。乃知囚固燕山大盜也，號飛虎，刼案半天下，平時吏莫能捕。後乃偵知其母在江南，執以下獄，將殺之，飛虎乃詣官自陳，以釋其母。公子亦夙聞其名也。獄中飛虎之徒黨猶時相往來，獄吏畏其勢，貪其賄，弗禁也。一日，又有人訪飛虎，人去，飛虎以公子家事告。公子痛哭曰：「盡矣，奈何？」時公子已自誣服，案且定，刑有日。飛虎忽謂公子曰：「吾向者不能爲君援手，以吾弟未至故。今旦晚且至，當可相救。」公子涕泣曰：「覆巢之下無完卵，孑然一身，生亦何聊？不願救也。」飛虎曰：「不然，今一家血胤，繫於君身，君若死，是絶嗣也。必及吾弟之來也而謀之。」

越一日，有少年至，短小精悍，見飛虎，語刺刺不休，多廋辭，公子莫解。飛虎曰：「是吾弟也。」公子在囚中，夜恆危坐不成眠，是夜，忽聞有香一縷，若因風飄至者，氤氳馥郁，令人意釋。公子覺倦，顧禁卒及諸囚亦欠伸不已，須臾，悉入黑甜矣。公子既醒，忽見日光一片直照己身，此日光者，自入獄以來，數月所未得見也。大訝，視己身，乃在小室中之木榻，無復桎梏囹圄矣。旋聞櫓聲咿啞，始悟身在舟中。略一轉側，則一人趨入，少年也，顧公子曰：「君醉醒耶，昨日勸少飲一杯，我言如何者？遽爛醉如此。今日逾午，舟過狼山矣。」且語且示以目，公子亦佯與應答。舟人進湯沐，公子披衣起，聽同舟人談話，則一舟人皆估客也。少年亦自稱爲金姓，適販夏布於江右，而稱公子爲夥友。行數日，抵蘇，有小舟來迎，少年將公子登小舟，直趨太湖。舟行多僻港小汊，與官河不相接。時一泊村鎮，聞人言紛紛，通州出巨案，欽犯被刼矣，公子心悚慄不自安。

久之，公子望見十里外青山疊疊如屏障，俄而愈近，則於山坳見阡陌蜿蜒，茅屋相比。少年亟引公子登岸，行數十武，有瓦屋數椽，公子入，則飛虎已迎於堂，指少年曰：「此吾弟，名海鵬。」問得脱之因，則少年當夜先摯州守印置其夫人鏡匳上，下壓一紙曰：「刼獄者，鄒飛虎也。今告汝，愼汝頭。」乃入獄脱公子。州官晨起，見印及字，大驚，復聞公子被刼，益惶惑不知所爲。疑獄中所繫非其人，吏胥得飛虎金，亦爲左右之，遂釋之出。公子舟行凡五日，飛虎被釋才三日，竟先至。

自是公子遂居山中，然每念家室流離，輒欷歔涕下。飛虎兄弟日從公子閒談，皆江湖豪俠事，公子亦藉以自遣。有時聞後堂琴聲悠揚飄渺，一往三復，公子聽之，知爲婦人，初不之問。相習既久，偶爲飛虎言之。飛虎顧左右，左右趨入，須臾，珠簾高捲，有少婦練衣素裙，微步姍姍而來，一雛婢可十三四，抱琴立其後。飛虎曰：「此吾甥女銀荷也，生十九年矣。曾嫁杭州某生，不幸見棄，其父母俱亡，憔悴萬狀，吾故迎之以歸。」因顧女曰：「此尊客，不必避，客悦琴聲，盍爲一奏。」公子斂容起謝。婦纖指微拂，悲愴伊戾之聲頓從絃起，曲未及終公子淚下。琴闋，飛虎顧公子曰：「亦有意乎？」公子倉猝不能答。

飛虎笑曰："我知之，君諾矣。"是夜遂成禮。

明旦，飛虎謂公子曰："君文人，綠林中可暫居不可久。吾數年奔波各地，爲此女謀快壻，不圖於縲絏遇君。今獲所天，君亦有室，兩人事完矣，舟在山下，便可成行。"公子茫茫然不知所之，婦陰目公子，令應之。乃登小船出海門，易大艑，竟飄洋去。飛虎故有商館在南洋爪哇島，舟抵岸，則商夥引領以待。出飛虎函，言此館爲甥女匳贈，自是公子遂居於島。

## 胡穆孟代沈廷棟死

康熙甲寅，靖南王耿精忠反，徵武科之舉人、進士以爲車騎、驍騎諸常侍。閩人胡穆孟者，武進士，且將門子也，亦被徵，獨堅辭僞命，逃之連江沈廷棟家。廷棟房師某爲縣令，某以事至省，廷棟具書幣修候。已緘未發也，穆孟竊視其書，備言靖藩舉動乖亂，人心不屬，難成大事。駭曰："此何等語，可形之筆札耶？往必獲咎。"因取書潤色之，使隱約其詞，自爲更書，入故緘，而廷棟未之知也。以付使者，至城下，爲門者所詰，索得書，涉誹謗，發書刑曹，逮廷棟窮治，伏辜，論死。

穆孟聞之，直奔還，謀諸婦王氏曰："沈七罪固當，然母老妻艾，且未有後，若赦之痛可念，奈何？"王曰："沈母春秋高，見愛子受戮，必無生理，其妻寡無依，亦必偕亡，是沈君一人死而三人俱死也。君素善沈君，詎可坐視？"穆孟曰："然。今惟吾可出代沈君死，但未知卿意如何耳。"王曰："殺身取義，烈丈夫事也。君爲奇男子，妾甘爲愚婦乎？君忠臣之胄，膝下有呱呱者，天道不遠，必不使胡氏無後，孰與沈君有滅族之慘耶？君勉之，毋以妾爲念也。顧計將安出？」穆孟因語之故，卽赴刑曹，具狀自伏。刑曹疑之，召廷楝與質，廷楝實不知易書之由，爭死甚力。穆孟曰：「書實吾所爲，此易辨耳。今第使兩人各具書，書跡同者坐，復何辭？」刑曹然之。使書，果穆孟手筆，乃釋廷楝而辟穆孟。論決之日，王氏設奠西市，哭盡哀，取其首縫之，具衣以斂。且市兩棺，屬其子於廷楝與穆孟之弟，令撫視之，而自縊於尸側。

## 石天際爲國爲民

三藩反，軍書旁午，誅求無藝，守土者皆不得其人，乘隙搜民財不已。湘潭石天際大憤，策單騎詣闕上書，訟諸守土者，當天子意。諭曰：「此秀才之爲國爲民者也，許乘傳歸籍，聽勘，所歷地方，毋得凌虐。勘後，諸不法者處分有差。」

## 胡夢豸自承殺賊

胡夢豸，字去邪，先世上虞人，遷江都。康熙甲寅，夢豸年二十二歲，隨父歸越省墓。父過市，遇山賊劫民財，瞋其不義，賊怒，將刃之。夢豸從後奔至擊賊，仆之，市民羣起毆殺賊。賊衆大至，欲屠其里，夢豸曰：「不可以我故危一鄉也。」入賊寨，獨承之，遂被殺。

## 諸兆元從馬文毅地下

諸老道者，馬文毅公雄鎮之僕也，名兆元，句容人。老而蔬食，喜佞佛，故稱老道。文毅撫桂林，遭吴世琮之變，被拘四年，抗節不屈而死。方賊遣騎收文毅時，並縛諸僕，及老道，賊以其老，縱之去。老道大呼曰：「吾得從主人地下，甚幸，豈效鼠輩叛主，苟圖富貴，以貽千古罵名耶？」奮然隨文毅行。文毅箕踞大罵，老道亦詬罵不絶口，文毅遇害，賊亦竟殺老道。

## 黄珠爲人報父仇

九江鐵工黄珠設肆於市，爲人訥而鈍。李某，其鄰也，授徒爲活。每晨起，李授經，黄則執錘，誦讀聲與鍛冶聲相應和也。李家與黄隔一壁，壁以板爲之，入夜，生徒皆去，黄燈下操作，燈光自壁隙中入李室，縷縷如線。李年三十餘矣，無父母，無妻子，終歲不出門，亦無交遊。一夕夜半，李忽撫案哭，聲淒而烈，隙窺之，爐中香一縷，猶裊裊上升也。明日以哭故問李，李漫應曰：「魘耳。」黄遂不復言。

李結鄰三年，凡數哭，黄窺之已審，乃謂李曰：「君必有故，盍告我？」李度不能隱，即曰：「吾父忌日耳。」黄曰：「信耶？」曰：「信。」黄曰：「不翅此，君父之没，病耶，抑有故耶？」李不語，而目中淚乃如泉下，幾放聲矣。黄笑曰：「子毋然，僕雖無能，或可爲君效也。」李耳語以故。蓋李家本小康，父在日爲鄉董，以嚴正爲匪人所恨。縣令周某得流盜，盜承李家爲贓窩，令因以求賄，不得，乃刑訊，殪之。李城居，求報復，數年不得間。而縣令秩滿矣，蹤之，則又任要差，累訟皆不得直。黃聞言，若不經意者，曰：「君爲此耶？力不能報，當爲後圖耳，何戚戚爲？」遂去，自是不更與李交言。又數月，黃忽稱折閱，收店自去，不知所之。李聞令當以某日陸行入省謁上官，道經某嶺，乃挾刃往，潛要之，伏空山中數日，令竟不出。一日薄暮，忽有人手一布包過前，徘徊若有所覓，視之，黃也，遽出。黃喜曰：「君在此耶，吾固疑君當在此，今果然矣。」出布包，赫然令首也。問何以得此，黃曰：「自别君後，去爲輿夫。昨令度嶺，吾與之以行，故遲之。及絶險處，天已昏矣，遽釋手，渠乃顛於崖下，四肢皆折。其家人俯視萬仞，不識道，莫能誰何。吾乃從絶壁挂藤蘿而下，因刎之以來。」李大喜，卽山僻處撮土爲香，陳頭於前，遥祭其父。復抽刃亂斫，糜而雜土棘瘞之。與黃俱去，南至閩，黃仍以冶鐵爲業，李則賣字爲活。閲數年，事寢，乃相與返里。

尋海疆有兵事，黃入伍，積功至游擊，李如故，乃招致幕中，任以書記。一日，有謁黃者，當日共爲輿夫者也。知黃得勢，特挾前事要索，且云令之弟今爲貴官，若不允，當以告。李聞之曰：「我奈何以己事累人耶？」趨出，力爲周旋，並留與共宿。夜半，手刃之，提頭自首，言以仇故。黃方爲之營救，李已自刎死。

## 張南士送戍友

康熙癸卯，海上大獄起，歸安魏耕走蕭山，復走梅市，大將軍刊章遮捕之。獲耕，兼逮蕭山梅市之藏耕者，以銀鐺鏁李達、楊還及祁忠敏公次子班孫，家人莫敢問。張南士挺身走三家，爲經紀其事。縣官遣伍伯戍守，而南士時時渡江往來獄中，獄吏怪之，執以告提刑。提刑大驚，初以爲異姓非家人，竊探資給，擬坐，既而察其無故，慰遣之。及耕伏法，南士陰匄之錢塘孫治收其尸，而班孫、達、還並徙塞外。點解時，多一人，則南士也。解官斥之曰：「汝欲偕往耶？」曰：「當魏耕逃時，亦思至某家，而徙以舟楫未便故，某幸免。今某不忍三人者獨行，欲送之過河，而執事以爲欲偕往，吾豈畏往者耶？」解官義之，勸之返，乃嚎咷牽衣而别。

## 張南士攜毛大可歸

蕭山毛大可爲怨家所陷，以殺人律負死罪在逮，出走十五年，中道遇赦，潛歸。將抵家，而怨家跡之，張南士自飾爲舟子，待之白魚潭而藏於家。越一年，遠近多有知之者，乃徙之南山之大衣寺，出入瞭眎。每以大可茹蔬久，私市肉炙之，擣魚蝦雜菜而合之爲菹，日捧觴以進，如家人。顧終以暴露徙去。康熙乙卯，南士過禾中，聞大可在汝寧金使君署，念甚，遂獨身襆被，涉江溯淮，由潁亳而西，直趨汝寧。遇於城南之蔣亭，相抱痛哭，言國家屢有赦，籍簿已滅，怨家亦散亡畧盡，黄門姜君爲君雪其事，可還矣。遂大游淮蔡十日，攜大可以歸。

## 唐叔達贈人言

嘉定侯廣成峒曾舉進士歸，其父欲令謁唐叔達，而適晤叔達於友人所，與言之。叔達曰：「勿遽來，不佞叨居父執，相見時，宜有言爲贈，當預思所以訓戒之者。」又太倉太原王氏，亦叔達之世交也。當煙客奉常官京師日，叔達過其家，諸公子迎之入，至廳事，南向坐，諸公子設紅氍毹拜之不爲動。拜畢，摩諸公子首曰：「汝父遠宦京師，好自讀書勉之。」諸公子侍立唯諾，叔達乃徐徐曳杖而起。

## 某奴經紀索額圖喪

索額圖性貪，屬吏多以賄進。然有謀略。三藩叛時，料理軍書，調度將帥，皆中肯要。吴三桂密遣人刺之，索方秉燭治軍書，瞥見一修髯偉貌者立其旁，問曰：「汝得非吴王刺客乎？」客長跪頓首。索曰：「然則取吾頭？」客曰：「若果害公，早取公首去，不待公命也。吾至良久，見公批示軍機，咸如親見，料理軍書，竟夕不寐，誠良相也。某雖愚，豈敢刺良相？」因反接請死。索笑，揮之去。次日，投邸爲奴，執役甚恭，驅使無不如意。後索下獄，某潛入獄饋飲食。及伏法，經紀其喪事畢，痛哭而去，不知所終。

## 李因篤解顧亭林獄

顧亭林於明亡後，嘗數至江寧，五謁孝陵，乃東行，墾田於章邱之長白山下以自給。順治戊戌，徧遊北畿，出山海關，歸至昌平，謁長陵以下，次年再謁。又念江南山水有未盡者，復歸，六謁孝陵，東遊至會稽。次年復北，謁思陵，由太原、大同入關中至榆林。是歲莊氏史禍作，幸得脱。康熙甲辰，四謁思陵，而墾田於雁門之北、五臺之東。

初，亭林之居東也，以地溼，不欲久留，每言馬伏波田疇，皆從塞上立業，欲居代北。嘗曰：「使我澤中有牛羊千，江南不足懷也。」然又苦其地寒，乃經營創始，使門人輩司之，而身出游。丁未，之淮上，次年，自山東入京師。即墨黄培，有奴告其主所作詩者，多株連，復以江南陳濟生所輯《忠義録》指爲亭林作，首之，書中有名者三百餘人。亭林聞之，馳赴山東，自請勘。訟繫數月，富平李因篤親至歷下解之，獄白。復如京師，五謁思陵。自是往還河北諸邊塞者凡十年，丁巳，六謁思陵，乃卜居陝之華陰。

始亭林徧觀四方，心耿未下，謂秦人慕經學，重處士，持清議，實他省所無。而華陰綰轂關河之口，雖足不出户而能見天下之人，聞天下之事，有警入山守險，僅十里之遥，若志在四方，則一出關門，亦有建瓴之便，乃定居焉。

## 徐大文經紀友喪

海寧徐大文，名林鴻，篤友誼。永嘉縣令漢陽王世顯去官，留杭州，處士南昌王猷定游杭，寓西湖昭慶寺，先後客死，大文皆爲之視含斂，送其柩至江浦乃還。康熙己未，以應宏博試入都，而太倉徵士王昊、慈谿處士周容卒於京，亦爲經紀後事，收其文集，以俟奔喪者來乃付之。

## 李苑芝出火中男婦

李苑芝，鶴山人。豪俠有勇略。時天下多故，苑芝破千金產募壯士衛鄉里。康熙庚申，賊圍徑口寨，將縱火，陳桐遷急召苑芝。苑芝至，大呼曰：「八老在，敢爾？」八老，苑芝號也。賊相顧引退。樓中火起，苑芝自火中出男婦十許人，復上馬追賊，斬十餘級。賊轉鬬不勝，伏礮草中，礮發，苑芝死，自是賊無有敢犯徑口者。

## 申自然爲友死

申自然，松江人也。嘗爲明博士弟子，豐於財。明亡，棄制舉業，散家財結客，欲有所爲。未發，謀洩，有司捕得之，同坐者六七百人，皆論斬。自然已押赴西市矣，忽有從衆中易之者，雖自然亦不自知其故也，於是得逸去。既亡，抵家，而其家人有七十二人，以自然爲必死，皆先期縊死。自然之妻孕，既懸於梁而胎殞，犬守之，鄰人之犬欲噉其胎者，守犬輒鬬殺之。凡殺犬者四，而此犬之力竭，亦死於旁。

自然既坐法亡匿，家人又盡死，乃孑身走天下。然善畫，以畫餬其口，亦足自給。轉徙至沛縣。會宜興陳昭大之叔任沛縣教諭，昭大從焉。一日，見自然之畫於準提庵壁間，昭大善之，叩之庵僧，而識自然。時昭大病氣逆，已坐定而疾作，自然進藥於昭大，服之愈。昭大德之，歸謀於叔，將授自然館。自然曰：「吾與友十二人，俱不可以俱止，吾將以畫售其直，給十二人裝，然後從陳子遊。」約定即去。去踰月，復詣昭大曰：「彼十二人者，吾悉遣之矣。」昭大客之，幾踰年，未嘗一言其事。然性嗜酒，飲必極醉，醉則歌呼之聲不絕，至學爲犬吠而後已。昭大怪之，間一詢之，不答。至踰年，而後泫然告昭大曰：「往者吾婦死於縊而胎隕，鄰人之犬爭噉之者，吾之犬輒殺之，凡殺四犬而吾之犬亦死。吾每念之痛心，故醉而爲犬吠也。吾家貴賤七十二人，無一生者。吾嘗赴西市矣，忽有易我於衆中而吾不知脫我於死者之爲誰也。吾於明時爲博士弟子，豐於財，不忍故主之亡，破產結客，今家破身亡，終不悔。吾名自然，則自然之，不必叩吾之名若諱也。吾爲松人，則松人之，不必悉吾之里邑也。」

會昭大以其叔之吏事之淮安，自然有故友居山東，招自然去，不及與昭大別，遺書昭大曰：「吾年已六十餘，吾家已無人，吾亦無能爲矣。吾賣畫得二百金，當之宜興，就君居以終老。」昭大誌之。後一年，昭大之叔罷官歸，昭大亦去沛還於宜。後二年，自然自杭城又貽昭大書曰：「吾之友陷大獄，得三千金可免死。吾賣畫於杭城，幾得半矣。將之金陵，脫吾友於獄，則還就予以遂終老約。」昭大又誌之。久之，聞自然所謀脫獄者竟論死，已行刑，自然亦於是日扼腕死。

## 劉公望解橐焚券

楚客鄭某擁重貲，遇劫盜，一空所積，飢寒不能自活。南昌劉公望處士斯呂解橐出三十金爲行李費，送之還家。公望又嘗以重價購一僕，越旬餘，見其淚痕被面，詳詰所苦，乃知其爲人所掠賣者。

立焚券，訪其住址所在，使人送還其父母。

## 劉古塘周人之急

遂寧張文端公鵬翮督學江南，招劉古塘入使院。及歸，解裝得數百金，族姻故舊環至，視其所急而分給之，隨手盡。俄而屢空，日旰不得食，宴如也。

## 郭節斥財

康熙時，萬安郭節以善釀致富。平生不欺人，人或遣僮婢行沽，必問能飲否，量酌之，曰：「毋盜瓶中酒，受主人笞也。」或以傾跌破瓶缶，輒家取瓶更注酒使持以歸，由是遠近稱長者。里有事，醵飲者必會其肆。里中有數聚飲平事不得決者，相對咨嗟，多墨色。節問曰：「諸君何爲數聚飲平事不得決相咨嗟也？」聚飲者曰：「吾儕保甲貸乙金，甲逾期不肯償，將訟，訟則破家，事連吾儕，數姓人不得休矣。」節曰：「數幾何？」曰：「子母四百金。」節曰：「何憂爲？」立出四百金爲償之，不責券。乙得金欣然，以爲甲終不負己也。四年，甲乃僅償節以四百金，無子金也。

萬安有術者，談五行，立決人死期，疏先後宜死者凡六人，節與焉。將及期，置酒，召所買田舍主畢至，曰：「吾往買若田宅，若心中願之乎？價得毋不足乎？欲贖者視券價，不足者追償以金。」又召諸貸者曰：「汝貸金若干，子母若干矣，能償者捐其息。」貧者立券還之，曰：「毋使我子孫患苦汝也。」及期，大會戚友，沐浴更衣待死，顏色陽陽如平時。戚友相候視，至夜分迺散去。其後此五人者果各如期死，節更活七年。

## 張建白斥財

張大綸，字建白，河東人。其待宗族也，黽勉有無，有求必應，偶不繼，必百計謀之以饜其請，有不諒者，且一日數至焉。里中嫁娶不時者，輒相謂曰：「姑詣張公，當不令汝終鰥也。」殯葬不給者，輒曰：「以告張公，可無憂暴露也。」歲一不稔，則鳩形鵠面者皆曰：「張公哺我。」時當沍寒，則鶉衣歷落者皆曰：「張公煥我。」

## 汪雨蒼救溺人

歙人汪霖，字雨蒼。家故饒，業鹺，父歿業敗。而喜讀書，負大略。嘗至杭州，渡錢塘江，潮怒湧，舟没。同舟者夥，乃攫身入巨浪，左右騰躍提擲，盡出溺者，使登岸。

## 汪雨蒼斥財

汪雨蒼以鹺業敗而家遂中落，又不遇，生產日薄乃。盡傾其資倡族人，取先世之累棺未瘞者，盡葬之如禮，於是洗手赤立，至不給旦夕。一日，婦脱頭上簪易斗粟，市人倍與之，汪曰：「誤也。」歸其贏，冬夜行市中，見裸卧於途而呻吟者，卽視之，且斃，急歸，持所用衾覆之，家故無餘衾也。久之，出爲鹺商主計數載，忽散橐中金，爲償諸傭之負主値者，一夕立盡，遂襆被返。

## 楊寓乾斥財

康熙辛酉、壬戌間，滇亂甫靖，疫盛行，昆明楊寓乾憫之，合藥濟人，施槅柎無算，家以此落，弗顧也。後家止餘古玩數種，有老友病而斷炊，假以易薪米，卽與之。

## 楊春華爲友自首

楊春華，字友聲，山陰安城人，人稱之曰安城先生，後改名越。少喜讀書，性慷爽，數濟人危難。明崇禎末，海內多故，慨然有濟世之志，與朱伯虎、吳佩遠、魏雪竇游，諸人奴視齷齪士，士亦莫敢近。及伯虎死，佩遠入滇，雪竇爲怨家所搆，謂其與張蒼水交通，罪不宥。詞連長與錢允武，允武妻貸千金屬春華營救。書爲邏者所獲，嚴拷允武，索春華甚急，允武死不承。春華遣人謂之曰：「吾名在牘，詎能免。我出，則君寃自白，毋自苦也。」遂詣獄。獄具，魏、錢坐死，春華流寧古塔。舊例，出塞者例簽妻行。或請代於春華妻范氏，范毅然不可，乃相將就道，居塞外數十年，卒於戍所。

## 吳鴻錫留侍噶尼布

吳鴻錫，字允康，福建晉江人。生七歲而海寇亂，父萬佑挾以避，乃居浙江。適兵部車駕司郎中滿洲噶尼布奉命來造戰艦，延萬佑於幕。數月，萬佑卒，尼布亦還都，挈鴻錫以返，命其奴僕名忠樸者父之。鴻錫請呼以叔，曰：「父一而已。」尼布大奇之，曰：「七齡兒能辨此耶？」尼布清宦，家漸困，鴻錫亦稍長，助任芻牧，精勤勇猛，芻恆有餘，因以易錢，市書册弓矢私習之。又市果酒，就能者質焉。數歲，遂通漢文，精騎射。一日，尼布閱射，方怒拙射者，鴻錫從旁指導。尼布謂：「汝能耶？汝手弓。」鴻錫徐進，縱送合法，三發皆中，益奇之。康熙癸亥，鴻錫之從兄雲鱗以平臺灣功授温州營參將，引見至京，因就尼布乞鴻錫。尼布喜，遽諾之。鴻錫潸然流涕曰：「我未可歸也。我七歲育於公，今我壯而公老矣，三子始扶攜，安所恃？必俟公子成立，我乃可歸耳。」尼布聞言，持之大慟，遂不果行。

## 張翬救法寶

張翬，字羽軍，一字采舒，吳縣人。工詩善琴，豪於飲，廣交游，重然諾，利害無所避。年十八，從其父於京師，聞旗人有法寶者，才而好士，以詩謁之。一見傾倒，賓於家，禮意優渥，往來酬唱者半載。翬父促之歸，寶以五百金爲贈，翬固辭，曰：「大丈夫一日定交，則終身生死以之。彼須金而結者，悠悠世人耳，非所望於公也。」乃揮手而別。寶倚國戚，且數以吟詠傲其儕輩，行事不甚循理，聖祖聞之不悅。寶懼禍，挈妻子奴婢十數人出走，買舟直抵湖廣。訪其舊友總兵某，而某已歿，惘惘無可依。因念吳中有故人張翬，俠者也，家在虎阜，猶憶曩年分岐之語，投之，必見納，遂泛長江，自毘陵達姑蘇。

一日，山塘曉市初罷，翬侍其父酌，忽有叩門者，翬出見，乃寶也。翬延之坐，入告其父曰：「法公爲我知己，被罪出亡，於國法無赦，留者，罪與之均。今窮而歸我，畏法，則執之而首於官，死法公矣。昔孔融藏匿張儉，義聲炳於千秋。敢告嚴君，將背友而保家乎？舍生而取義乎？」翬父張目奮髯曰：「北海之母何人，我豈不及一巾幗哉？其留之。」因致諸窟室居焉。

先是，寶出奔時，聖祖震怒，命大索天下。寶寄翬日久，恐事泄累翬，乃與故所善者鄒某謀，移無錫之惠山。康熙乙丑，聖祖南巡，寶之僕告寶謀逆，且歷指所匿處，乃捕寶，並逮翬。翬爲父力辨，得脫罪，翬論斬，減等，流秦。凡官於秦者，高其義，皆願與交，不以流人目之。爲之營居長安市，蕭然環堵，花木幽疏。客至，入小樓，輒具尊酒，酒闌，鼓琴一曲，或賦詩四韻，若忘其身在異鄉矣。

## 方來捐金贖奴婢

康熙時，閩亂既平，以事牽逮者皆沒入爲奴婢。方來捐金爲首倡，俾悉贖還，保聚者數百家。

## 王寧收呂留良尸

呂留良之難，雖父母妻子無所免。剉屍後，朋友至交不敢收其屍，獨有王寧者，留良舊僕也，慨然曰：「受恩不報，非人也。」乃盡質其衣服，賣其妻子，欲厚斂之。時人相戒曰：「毋然。若然，爾不得其死矣。」寧不顧，乃抱尸痛哭，尋得留良死時衣服爲之衣著，欲將尸入棺矣。地甲要寧入官署，寧憤然曰：

「死且不顧，惟必妥而後從命。」強拽之入，問官拷掠備至，卒無變言。繫之獄，以創潰死。留良尸仍露於外，無人肯收之者。呂，字晚村，石門人。被文字之禍而身後戮尸者也。

## 江世鼇代安某償金

江世鼇在泰伯，泰伯安某逋同行客麻餅值，請鬻其子以償。江勸客勿受，而窺客有沮色，遽啓篋出金代償。其父子哭拜路旁，相攜去。

## 江世鼇焚券

江世鼇在梁溪與蔡子尚善。蔡故有所匄貸，算未酬者二金，蔡以繇單一紙抵補。江遽起，焚其折閱之券謝曰：「繇單，無錫蓄田者所重，且君所欠有幾，而置喙及此乎？」遂掉臂去。

## 李振陽焚券

商邱李振陽，名生春。重義輕財，爲鄉里所推重。或售宅與振陽，質劑既立，予之直矣，乃不責以移居。逮數歲，聞其家有鬩牆之變，察知其以移居故，乃置酒，召其兄弟曰：「野人幸有數椽庇風雨，忍使同氣異宮而居乎？」因折其券棄之，曰：「汝兄弟其終有此，毫末之直，聊供伯仲用耳，不必償也。」

## 李振陽棄貨值

李振陽嘗賈於嘉善，有負其貨值至數百緡者，計無以償，謀鬻其子及其婦以辦。遽止之曰：「奈何以抵債傷父子恩？不可。」其人泫然而謝曰：「公德我良厚，無以報，即令彼兩人者來給事於家，願終其身。」則曰：「欲完人骨肉而自有之，是陽爲義而陰爲利也，豈忍出此？」揮之去，不顧。

## 顧貞觀救吴兆騫

無錫顧貞觀與吴江吴兆騫，以文章齊名當世，相友善。吴中順天鄉試南元，會是科爲言者所糾，特旨通榜殿廷覆試，吴因病曳白除名，遣戍塞外。時顧亦客京師，臨歧，執手泣曰：「漢槎往矣。子年方三十，幸而至五十不死，則此二十年中，吾必捐踵頂救吾漢槎也。」

顧以工填詞與明珠子侍衛成德訂交，遂客明家。一日，念吴不已，譜《金縷曲》二闋以代札。其一云：「季子平安否。便歸來、平生萬事，那堪回首。行路悠悠誰慰藉，母老家貧子幼。記不起、從前杯酒。魑魅搏人應見慣，總輸他覆雨翻雲手。冰與雪，周旋久。淚痕莫滴牛衣透。數天涯、依然骨肉，幾家能夠。比似紅顔多薄命，更不如今還有。只絶塞、苦寒難受。廿載包胥成一諾，盼烏頭馬角終相救。置此札，兄懷袖？」其二云：「我亦飄零久。十年來、深恩負盡，死生師友。夙昔齊名非忝竊，只看杜陵窮叟。曾不減、夜郎僝僽。薄命長辭知己別，問人生到此凄涼否。千萬恨，爲兄剖。兄生辛未吾丁丑，共些時、冰霜摧折，早衰蒲柳。詞賦而今須少作，留取心魂相守。但願得、河清人壽。歸日急翻行成稿，把空名料理傳身後。言不盡，觀頓首？」成德，字容若，後改名性德。

緘書既發，置其草於几，成見之，歎曰：「此河梁生別詩也，弟當成先生之志。」言於父，力求爲吴道地。明日：「汝明日邀顧至内齋，吾親與言之。」越日，顧入見，明笑語顧曰：「吴素負才名，又與先生莫逆，老夫願一效棉薄。但先生素不飲酒，今日能爲君友飲乎？」且笑且舉杯以進。顧立盡其器。明復笑曰：「先生南人，不肯效吾旗俗請安。今日更能爲君友請安者，老夫必有以報命。」顧徑前請安，不稍逡巡。明改容謝曰：「老夫聊相戲耳，不圖先生血性熱腸一至於此，請放懷以待。」未幾，吴果以明力，得賜環歸，歸固不知其情，顧亦不言也。二人後以小隙失睦，絶往來，而吴詆顧尤甚。明知之，亟具酒召吴。吴至，即前日見顧之内齋也，榜其左楹曰：「顧某爲吴某飲酒處。」榜其右楹曰：「顧某爲吴某屈膝處。」吴見之大愕，及詢得實，請顧相見，長跪言曰：「生死肉骨之恩，而以口舌之争辜之，兆騫非人類矣。」乃大哭。明命進酒以飲二人，二人之交誼自此益密。

## 姜桐音爲友贖子女

會稽姜桐音，名廷梧。歷世仕宦，家貧無贏筍，然性慷慨，喜急人之急。山陰徐伯調家被賊，賊質其子女而要之贖。徐不能，姜卸婦頭上飾物以贖之。伯調，名緘。

## 顧與治待友

丹徒姜子翥，名鶴儕。嘗被難繫獄，江寧顧與治明經夢游力爲營救，不能出，除夕，遣甥梁爾礪往省之於獄，與同守歲。莆田宋比玉亦與顧善，宋没十餘年，顧走閩哭之，伐石表墓。南州蘇武子工古文，好奇結客，游秦淮死，無恤之者，顧經紀其喪。石阡費筆山考功罷官，貧不能歸，顧分宅居之。及卒，爲葬之於顧氏塋側。

## 崔清夫好義樂施

長垣崔渭源，號清夫，好義樂施。嘗倣范文正義田以周族黨，然又不欲以義田爲名，曰：「吾惟隨分自盡而已。」有從兄以地求售，索價百金，卽其價買之。既而復以地歸其家，曰：「我非買也，相助耳。」

## 桂天士祭師友墓

慈谿桂天士，名貴。有受業師九人、執友一人，於其卒後，每遇寒食，輒督子孫負壺榼，徧祭諸師友墓，爲之封土。

## 桂天士壽畢十臣

明季，蘄水畢十臣令慈谿，以童子試首拔桂天士，天士德之甚。康熙某年，十臣年九十矣，天士自家治餅餌果蓏之屬，負擔往，爲十臣壽。行至江西，遇寇亂，邏者怪其貌，執詣軍門。方伯姚啓盛問知其故，義之，卽釋其縛，資之行。至，則然燭列果餌案上，坐十臣南面，自拜於堂下。十臣命舉家皆出拜之，留月餘始歸。

## 陳鸞栖脱裘贈叟

陳梧，字鸞栖，攸縣人。冬日出行，遇老叟瑟縮風雪中，卽脱所被裘衣之。

## 賀希白全人夫婦

獲嘉賀希白孝廉行素家固貧，邑令憐之，時欲爲之地。一日，有夫婦相賊，鳴之官，罹重典，賚數十金詣賀，丐其言於令，冀免罪。令聞之曰：「是足療賀子貧矣。」卽日出之。賀俟事解，還其金，曰：「是豈有人心者所宜受耶？」

## 萬玉爲主割股

萬玉，桃源人，萬國安僕也。國安六十無子，玉勸其納妾，生一子。嫡庶不和，玉多方調護。國安遘篤疾，玉割股療之，得享大年。

## 陳臯亭贈金

陳句山太僕兆崙年十九游庠，猶身衣布衣，其祖越石山人出白金二錠授之太僕父臯亭曰：「孫今遊庠矣，可製繒衣一襲以寵之。」語甫畢，有中表親適至，狀甚困憊，自言其家晨炊不舉者三日矣。山人心憫，欲有以恤之，篋中更無餘金。臯亭請曰：「孫無繒衣，自足以禦寒，孰與無食而爲餓莩也？」山人大喜，即以白金贈之。

## 陸清獻有人論救

康熙辛未六月十四日，陸清獻公隴其在闕右門會議捐納保舉一事，大忤旨，至二十二日始得寬免之旨。陸嘗自言方顛沛時，最承相愛者，滿人則鍾申保，漢人則同衙門各道長外，如譚祖豫之計畫旅費，張長史之殷勤執贄，崔平山之躊躇前路，皆有古風。而沈樂存之慷慨顧救，尤同僚之傑出者也。

## 謝恕園爲友三破家

謝翀，號恕園，會稽人。家豐厚，急人之難，無稍顧惜。嘗言吾爲友三破家，今其人皆將相矣。問其姓名，皆不答。

## 王山救范堯章柩

歸安王山生六歲，其父鬻之於婺人范堯章爲奴，堯章待山有恩。已而堯章老，益貧，爲之經營生計，日夕盡瘁。病革，謂山曰：「若苦矣，我還若賣身契，我死，聽若所之。」山泣對曰：「奴六歲事主，於今四十年，恩猶父子。奴之去留，不在券也。如背主恩，即不還券亦去。」堯章卒還其券而殁，山竟留不去，傭庖取直以供主母。康熙癸酉仲春，鄰火，將及堯章居，山趣主母幼主亟去。主母曰：「如柩何？」山曰：「山能出，出之，不能，則與柩同燼矣。」遂閉門拒火，撫柩呼天。火燎檐，山以水澆之，俄而風迴火熄。是夜焚者三百家。范氏居獨存。

## 聖祖惓念林師

康熙甲戌，特旨令禮部取霸州廩生林佳蔭充内官學漢教習。諭廷臣曰：「是朕教書林師之孫，其家甚貧也。」時聖祖御極已三十餘年，佳蔭方爲諸生耳。

## 聖祖令人爲王文恭持服

漢代士大夫往往以師喪免官持服，後世鮮行之者。杭世駿議謂宜從之以厚風俗，卒爲時論所格。然康熙時大學士華亭王文恭公頊齡薨，上諭官員有係伊門生者，令其素服持喪，惜未嘗著爲令耳。

## 戴南枝潘次耕葬徐昭法

戴南枝遊吴門時，年七十餘矣。蒼顔古貌，幅巾方袍，談論娓娓。喜吟詠，能作徑寸八分書，吴人傳客之。徐昭法性行高峻，平居闔户，不見一人，特與南枝相得，稱老友。昭法暮年喪其子文止，欲自營葬地，以告南枝。南枝曰：「堪輿家言人人殊，且君無力延致。吾粗明此術，當爲君求之。」昭法因言其先文靖公葬陽山，吾不欲離其側，勿求諸他所。南枝乃芒鞋箬笠，循陽山左右求之，久乃得一地，地屬諸大姓，購之不得。

康熙甲戌，昭法没，自後僅一嫠婦，一孤孫，饘粥不繼，謀葬之於祖塋而族人不可。南枝曰：「吾已爲任此事，不得地，一日不了。」於是買小舟，徧歷諸村，舟所不能至者，徒步跋涉，風餐水宿，無間寒暑。然南枝素不爲人相地，人亦無以是煩之者，獨爲昭法營度，費皆自任之。經年，乃得地於鄧尉之西真如塢，以告潘次耕曰：「地甚佳，又在梅花深處，與高士相宜。地價須三十餘金，無所出。」次耕乃先以十金成券，餘將徐圖之。會次耕有黄蘆之游，南枝募於人，無應者，乃矢願賣字以買地。

南枝故善八分書，然非其人多不應，得者必厚酬。至是，榜於門，書一幅止受銀一錢，人樂購之。貲稍稍集，又相旁地之當買者并買之，凡四十餘金，而地畢入。及次耕遠游歸，驚喜過望。蓋吴下營葬，惟卜地最難，地師既鮮良者，薄有名，即高自標置，喪家具舟輿，備飲饌，以偕往，或三四年不能得一善地。既得之，次耕任葬費，間有助者，又費七十餘金，而昭法得葬矣。南枝復爲之培土栽樹，伐石立表，又費三十餘金。

南枝酷貧，寓無隔宿炊，冬月常衣䘨。其求地也，目之所營，神之所馳，無往不在是。黧面繭足，徬徨山谷中，不知疲瘁。其賣字也，銖積寸累，悉歸之地，不妄費一錢，一蒼頭不能忍飢輒辭去。寄食僧舍中，語及昭法必流涕，人多笑其迂，譏其愚，終不悔也。

吴鴻錫待噶尼布諸孤

噶尼布卒而諸孤幼，夫人以哀毁得狂疾，長子和順甫七歲，次和鼐六歲，次和麟五歲。吴鴻錫獨力治喪事盡禮。然尼布新喪，族中諸豪與隸人之悍者，視眈欲逐，將蠶食其家。鴻錫信行素孚，又材武，諭以義，懾以威，咸莫敢如何。家故不及中人資，鴻錫精心計，權子母，歲入恆倍，日以饒。延良師課之，飲食必親饋，業稍進則頓首謝。三子感之，益盡力。又親教三子以滿書，稍長，並爲娶名族女。

鴻錫尤謹於禮，終日具冠帶不怠，司梱以婦人。歲時慶祝，必盛衣冠，率諸僮僕入執事，事畢，親率以出，中外肅然。和順年十六，有忌之者令爲護軍，將困苦之。每番直，鴻錫輒佩刀以從，夜直，則露坐終夕，人莫敢加害。顧念非通仕籍無以免厮役，而尼布故交無能相援者，大學士阿蘭泰雖嘗同仕兵部，又以事相失。鴻錫獨謂阿公長者可以義動也，日率三子俟門外。蘭泰廉得其情，果惻然，問：「諸子習滿書乎？」曰：「皆習。」「孰最優？」曰：「順優。」蘭泰諾，以中書用之。既而首輔索額圖欲以用其族子，鴻錫卽爲書，言和順孤苦狀，伺索出，跪而上之。索大怒，擲書去，不顧。鴻錫跪其門五晝夜，水漿不入口，困垂斃。索大驚，撫之曰：「世乃有義烈如子者乎？吾用順矣。」順就内閣試，果補録。乙亥，聖祖親征厄魯特，鴻錫勉順曰：「國家有事，正臣子效命之秋，赤子發跡地也。」亟爲治裝，請從征，遂從大將軍伯費揚古由西路進。鴻錫結束從行，方數日，家中宵小攘奪蠭起，使人追鴻錫還。乃泣謂順曰：「吾不得偕行矣。雖然，死生，命也，戰陣無勇，非孝卽非忠，子必勉之。」怒馬抵家，宵小亡匿，訖無事。而順亦自力於矢石間，得功牌二，凱旋議敍，擢禮部主事。有約順會飲者，以博具佐觴政，鴻錫知其爲匪人也，拔刀銜坐，執其人，數之曰：「飲博非居官所宜，順孤子，何得以此誘之？必殺汝。」刀觸席，聲鏗然，其人大呼乞命，叩頭不已，使捽而去之，引順歸。或問：「人可殺乎？」鴻錫正色曰：「殺人者不過死耳，吾已許噶公，撫諸孤，而坐視其溺於燕朋，誠生不如死。吾死而諸孤知勉，則死賢於生矣。」然順深感之，自是不復與燕會。

## 藍九廷爲海烈婦鳴冤

康熙丙子冬，錢塘馮山公景行清和坊，避雪於其宗人之藥室。有壯士，睅目豐頤，長不滿八尺，而腰大九圍，敝衣穿空，望見山公，欲前致辭。山公揖之以入，宗人舉手歔歈曰：「公無然，此齊人也。」壯士慚而退。時雪霽，山公乃循街而走，追及壯士問之，則對曰：「余姓藍，名九廷，山東人。少爲糧船篙師，南北居貨，貿易致千金，散與窮親故立盡。子在臺灣，就養之。今夏乘海船北歸，至四明，遭風覆溺，攀木緣崖，乃得生，歸而無資，以是行乞於杭市，得三金，可抵家矣。」山公憐而止之宿，醵錢告同志，事立辨。

九廷乃大感，明日將行，至夕，山公飲之酒，酒酣，九廷拊膺歎息曰：「余亦嘗讀書了了明大誼，少時卻賄爲烈婦申寃，人稱義士。今不幸遭患亂，飢餓瀕死，竊自念天道苟可知，決不死異鄉，今果遇公，獲濟也。」山公因問烈婦爲誰，對曰：「徐州海烈婦者是也。康熙丁未，烈婦堅拒旗軍林九功夜穴艙強姦，自縊死節。方是時，余卻九功賄嗚官。官來，出尸米中，色如生，袒衣窮袴，皆牢綴如裹革。」言未既，山公離席鞠歷，酌以三大觴，亦自觴曰：「馮景何幸見義士，吾故知君非常人，果然。且君非遭海風覆舟，予奚由見君，君亦奚由至吾前述三十年事？予將奮筆表君，使百世下知有篙師藍九廷者爲義士，則天道果可知也。」九廷喜甚，罷酒就寢。雞初鳴起，篝火磨墨，索山公書。書已，天亦明，九廷再拜去。

## 陳卜年救葛承勳

鄞縣葛管村徵君之在明史館也，性鯁直，人不可干以私。時明之輔相家子弟多以賄入京，求史館諸總裁爲先人作佳傳。而管村適主崇禎長編，力格之，坐是出知五河縣。史館同人恨之未已，又令大吏以事致其罪，論死。獄急，管村之子承勳前往救父。時陝中開贖例，管村之故人賚金五千兩以與承勳，管村得贖免死。而承勳年少，陝中吏胥欺之，雖報額五千，蝕其半，未之上也。管村歸，而陝撫咨浙撫，追贖金之未足者。

承勳至是大窘，計無所出。承勳之友陳卜年奮然曰：「達道有五，而君臣父子居其二。今管村有君臣之戹，承勳有父子之戹，徒以無朋友，使大倫滅其一，吾當偕之行。」然卜年亦貧甚，麻鞋布襪，即日束裝，挾承勳去。又以被盜，盡喪其裝，沿途乞食於所知者，得至陝。尋入京，再告急於管村之故人，人皆義卜年所爲，復得金三千，卒事而歸。方卜年在途，承勳有過，輒流涕而扑之曰：「汝父當戹，汝敢若是？」然所以護其寒暑飢渴者，不翅慈母之於嬰兒也。卜年，名坊，鄞縣人。

## 李延昰臨死贈物於友

康熙丁丑十一月，朱竹垞至平湖，訪李延昰，而已疾革。視之，猶披衣起坐，出所著《南吳舊話録》、《放鷴亭集》以付朱，且命弟子以藏書二千五百卷畀焉。餘若平居之玩好，一瓢一笠，一琴一硯，悉分贈友朋。越二日終，遺命弟子用浮屠法，盛尸於龕，焚其骨，瘞之塔。

## 張瑛聽人贖田

張瑛，字玉采，汾陽人。家素饒，每歲杪，輒出粟周鄉鄰。康熙丁丑，饑，既出財粟以助振矣。而振所不及，有持田契求售以踵門者，皆自貶其值，第如其願售之，價視平時，蓋不及十之二，於是得田且千畝。明年大熟，瑛乃榜示各村曰：「願贖者聽。」匝旬，悉贖之以去。

## 方望溪哭徐詒孫

青陽徐詒孫，名念祖。內行潔修，文章冠郡邑，方望溪之友也。詒孫去京師，望溪送之岐路間。既與儕輩登車復返，下車，執望溪手而號慟曰：「惟子知我，何當歸，吾與子得更相見，足矣。」其後詒孫一至金陵，望溪在外，竟不可得再見。會望溪有子新殤，意殊不自得，及聞詒孫死，出門西鄉，號而哭之，不復覺子死之痛矣。

## 盜還沈節母詩文

華亭沈臨秋進士泓之母，守節久矣，臨秋爲徵海內詩文得數百篇，置於篋。遇盜失之，沈號哭道中，七日不去。時佘山寺老僧晨起，見供桌有一卷書，封識甚密，署曰：「煩上人親致沈孝子。」沈遂得之。

## 黃仙裳慷慨贈金

商邱田雪龕爲泰州牧，居官廉，州人黃仙裳與之周旋，絕不干以私。已而田落職，在州不得歸，黃適返自汝寧，囊僅有二十金，乃先詣田寓，分半以贈。語人曰：「是日吾若先至家，則家中需金甚亟，不得分以贈田矣。」蓋黃客汝寧時，太守金某爲黃舊友，贈貽極厚。時有別駕鄭某所知客，多不能成行，一日，黃徧召客，置酒高會，酒酣，以太守贈金盡散諸客而去，故歸時止存二十金。其貧如故，人多笑之，黃不以爲意也。

## 吴璟發言止搜粟

康熙壬午、癸未間，齊、魯大饑，穀價翔貴，白骨相望於道。素封之家，非昂其值以射倍蓰之利，輒扃鐍以自封殖，坐視道殣，弗恤也。霑化吴璟憫之，倣常平法賤售穀以活餓人，又計己家口，僅留以供饘粥，斥其羨，煮糜以濟衆，全活無算。

大吏以凶荒事具疏上聞，聖祖特遣旗員賫太倉銀米分道振濟，至霑者爲曹某等五人。一日，召邑人士會議，衆囁嚅莫敢前。曹攘臂起曰：「今日之事，有盡者帑金，無窮者饑民，以有盡供無窮，是谿壑也，其何能濟！計惟括富民粟，佐公家之不足，以拯此一方民耳。」言次，鬚髮怒張，將脅衆以必從，座客相顧失色。吴抗顔折之曰：「誠如天使言，禍踵至矣。天子使公等拊恤殘民耳，而比户檢括，是古所云搜粟都尉也，豈稱上旨哉？且千里大祲，富室所餘幾何？破一中人之產，而閭左皇皇，盡室逃竄，是召亂也，是益之凶也。饑不可救，漸不可長，得毋僨公家事乎？何如酌金粟多寡，按户分振，以厭衆望，而公亦坐收人心，計無便於此者。」使者默然，氣爲之奪，遂止不括富民粟。璟，字西峯。

## 吴璟救饑民

霑化大饑時，有貧民將鬻其妻，夫婦對泣，悲甚。吴璟聞之，急賙以銀米，其人泣拜而去。歲稍稔，凡逋負者悉來相償，合券而投之曰：「歲雖小稔，吾收若負，是再斂也。」悉折其券而焚之。

## 吴璟屢助邑令

陽羨令蔣天麟以母喪離任，爲同僚羈絆，不能歸。吴璟出粟數百斛助其交代，蔣始得歸。潘儼思，亦令也，坐官逋淹滯。吴首倡義佽助五十金，潘得補官帑而去。孫鼎鉉任某邑令，以罪譴，戍霑化，艱於衣食。吴資給之十餘年，得免於凍餓。

## 吴鴻錫助和順振饑

康熙癸未，山東大饑，朝廷遣官往振，和順與焉。吴鴻錫曰："此仁人君子盡心時也。"從以往，分振武城。廩未發，鴻錫即以私錢市米，因逐户稽册，先量給之。念居民有僻遠不能至縣者，度四鄉中地，得南魯集爲散振所。又懼民饑久，不勝食，日爲蒸餅萬，計人給餅二。然饑腸驟飽有斃者，或言先飲蘿蔔湯則無患，亟爲湯，遂日活無算。

## 韓樂吾分糧與友

康熙戊子，廣陵大饑，有寒士韓樂吾者，典鬻殆盡，餘米二升而已。聞有友絶糧三日，欲分半與之，妻曰："如明日何？"韓曰："我明日無糧，則明日死。彼絶糧已三日，便恐今日死矣。"竟分半與之。至明日，竈穴壞，探之，得窖金焉。遂以買米，廣濟饑民。

## 潘玉符幾至毀家

吴縣潘榮錦以布業起家，寓青浦之朱家角，往來襄、漢間。有伉爽聲，喜周恤親族里黨。及老，家中落。其子玉符好讀書，而屢厄院試，即棄去，納粟太學，爲上舍生，理父業，家仍稍稍起，漸饒益。朱家角爲五方雜處之地，通販鬻，土著輕稼穡，鮮蓋藏。康熙戊子、己丑相繼旱，民艱食，玉符以儲積之米散給鄰里，婦女工紡織者給以古貝，資其生，以是幾毀家。

## 徐粤翰助人婚葬

錢塘徐粤翰大令相爲文敬公本仲弟，慷慨負義氣，重然諾。有故人子未葬其親，又貧不能娶，乃爲稱貸以助其葬，復佐之婚。已而償其貸，其人弗知也。

## 程正家待張清恪

康熙辛卯，儀封張清恪公伯行以糾發科場關節事，與總督噶禮訟，奉旨解任，即訊。時噶怙勢作威，日遣諜詗其左右，籍記姓名，將羅織，致重罪。人皆惴恐避匿，獨揚州程正家晨夕過從，隻身往來維揚、姑蘇間。歲餘，事始解。

# 華希閔待張清恪

華希閔，字豫元，無錫諸生也。喜任俠。與張清恪公善，然硜硜自守，未嘗以私干之。康熙癸巳，清恪爲總督赫壽誣陷被逮，奉詔令刑部尚書張鵬翮偕赫壽訊之鎮江。拘之城隍廟，門生故吏無敢嚮邇者，希閔聞之，慷慨言曰：「此吾報知己之日也。吾聞受人知者分人憂，受人惠者急人難。今張公蒙不白之寃，陷不測之罪，吾豈可置身事外，坐見其死哉？」

於是希閔自無錫疾馳，一晝夜踰二百里至鎮江，詰焉。既抵廟門，不得入，乃僞爲皂隸者入之，與清恪勞苦如平生。談久，辭去，越五日，而鵬翮之生祠毀矣。

初，鵬翮視學江左有聲，吴中人爲祠於江陰，歌舞之。康熙辛卯，清恪之與噶禮交訟也，鵬翮按事至蘇，蘇自士夫以下遮馬首者以萬數，顧無奪我撫軍。而鵬翮私袒噶禮，蘇人恨之刺骨。及是，鵬翮又與壽劾清恪挾詐欺君罪，且至死，蘇人聞之，咸涕泣不知所爲。會希閔自鎮江來，具言撫軍就逮良苦，則益洶洶然，顧無所發怒。希閔遂倡言曰：「昔父老之祠張鵬翮也，豈非以其有令譽耶？今若此，辱父老甚矣，祠之何爲？顧與父老共毁之。」於是率衆數千人奔鵬翮生祠下，争撤屋瓦，頃刻而盡，呼聲動天，塵起數里。明日，壽聞狀，大驚，陰使人廉問主名者，疏以去。當是時，希閔幾不測，會聖祖知壽與鵬翮搆陷狀，免清恪罪，而蘇人聚衆毁祠事亦不究，希閔遂得免。

希閔雖慷慨，好急人難，然爲人和易有容，不修苛節。見人無貴賤，皆自下，或凌踐之，無忤色，人愈多之。善詩文，工書，後官教諭。

## 吴菌次待趙龔

吴菌次太守綺慷慨義烈，敦尚友誼。長沙趙洞門總憲當柄用時，車馬輻輳，及罷歸，出國門送者三數人，菌次與焉。其召還也，賓客復集，菌次獨落落然，蹤跡闊疏。合肥龔芝麓尚書提倡風雅，門生故吏徧九州，歿於客邸，兩孫惸惸孤露，無過存者。菌次則哀而振之，撫其幼者如子，而字以愛女，至於成立。

## 蔣非磷赴人之急

蔣堅，字非磷，鉛山人，心餘太史士銓父也。性慷慨，樂赴人之急。嘗出爲叔父收債，得金一鎰歸。過其友黄某，黄方負人金，索者至，出惡語，爲解之。索者忿曰：「我索金於黄，何豫汝？汝誠庇之，何不以金與我？」蔣笑曰：「若以吾吝此金邪？」即盡出金予之，索者慚謝去。蔣向所主朱某者，將謁吏部選，欲邀與俱，未發，聞以金予黄而未有以償也，乃曰：「黄，吾友也。君誠與我偕，吾當任其金。」蔣既失金，慮無以報叔父，乃許諾，從朱行。舟出大江，朱倉猝墮水，蔣故善泅，祖裼躍入洪濤中，浮里許，捉朱髮提其首出江面，翼而行，遇浮鱐，憑焉，遂得脱。

康熙癸巳，蔣客澤州守佟國瓏幕，時臨汾令暴而貪，民不堪命，羣聚大譟，執毆之。城中民洶洶，各徙於郊以觀變，巡撫檄佟往，令以兵從。蔣曰：「是速之變也。」乃與佟疾馳，以七人從，自日中至晡，行二百里。及郊，見四山人皆蟻聚，揭竿樹鉏，且作亂。白之佟，取巡撫令箭先往視之，而號於衆曰：「巡撫憐汝輩爲吏所苦，令太守來治之。辠不在民，勿恐。」乃還，屬佟入縣治，坐聽事，呼令出，及其胥五人並縛之。鞭胥流血，觀者如堵。佟謂之曰：「爾等不顧父母妻子邪，何不復爾居？」衆唯唯，皆散去。明日，佟挾諸囚復巡撫，臨汾遂寧，及佟乞休，蔣始歸。

蔣旋遭母喪，服闋，乃娶婦，時年四十六矣。居家，篤於兄弟，在外時，聞將析產，乃讓田於弟。嘗累千金，施貧者輒盡。出遊，見貧婦十餘人率幼稚繞岸泣，衣不蔽身，問之，曰：「適遭焚剽，故致此。」乃出笥中布二十匹散之。已而聞佟以屬官虧帑被逮，責償數千金，獄急。遂走天津，省其家，至欒城，爲佟索逋千金。復至澤州，澤州人故德佟，願代之輸，守弗聽。及蔣至，守有疑獄欲委其決之，因責以必脫佟。守遂下令，有願代佟輸者聽。三日得五千金，佟遂出獄，復質其衣裘贐之以歸。

## 喻全易急人之困

康熙時，淮之北有豪強某，肆毒里閭，無不至，喻全易知之，恚甚，潛約人入其家，手刃之。事聞，官逮捕，繫獄纍纍，喻挺身自首曰：「謀殺某而親殺之者，小衲也。諸人何與焉？」衆得釋，喻從減論。其時喻已爲僧矣。與化洊饑，喻率衆比邱急走遐方，雜募金錢粟米，設糜以振之，存活甚衆。邑有無賴子以投旗爲名，勾結黨羽，魚肉善良，令莫敢問。喻引士民籲總督，請嚴保甲立杖擊法。

有匪至鄉，十家衆共掊而縛之，以獻於官，風遂息。又嘗於市肆中見衆數十擁一官人欲戮辱之，修舊怨也。喻以斧擬數十人，數十人皆辟易，遂護官人還家。諸所德喻者，往往奉金帛爲壽，喻曰：「吾緇流也，以不貪爲寶。且吾之爲此，直以遂其格格不可忍之性，固非利若財也。」概無所取。及還俗，嘗訪一友於官，友適遭吏議，禍且劇，親故僕從皆散。會議獄，喻僞爲友之傔僕應質堂下，頭搶地，伸兩足入三木，悲切哀號，力雪其寃。事既白，即脱身去，公卿益以此重之。

## 潘藴洪待人

潘藴洪，字函三，湖州諸生。康熙癸巳，嘗與方望溪侍郎苞同供事於蒙養齋。而晚歲甚貧，數典衣，持錢歸，道逢廢疾之窶人，即使持去。又嘗遊江西，鄰舟覆，爲挈其夫婦子女行千里而致其家。

## 劉古塘送方望溪

劉捷，字古塘，故名家子。其祖若宰，明崇禎辛未及第第一人。同産兄輝祖，康熙庚午鄉試舉第一。及辛卯，捷復舉第一，而禮部獨不喜捷文，磨勘，停一科。癸巳秋，特行會試，將赴公車，會方望溪以戴名世文集牽連，編旗伍，檄有司解送妻子北上。捷固與之友善，曰：「吾不可不偕行也。」至京師，則試期過矣。其後病且衰，竟未得一與禮部之試。

## 徐夢麒爲友贖兒

徐夢麒，字忠移，潮陽諸生，嘗教授於達濠。有陳某者，邑之華里東人，亦訓蒙於其地，兩人交相善也。已而陳病且死，與徐訣曰：「死不足惜，但無後，負不孝罪耳。某蜑婦有一男，頗佳，願爲某嗣，有成議，今已矣。」言訖，嗚咽而卒。家不能具殯斂，徐爲之拮据經營，窆焉。

徐既窆陳，乃訪所謂蜑婦男者，則陳之外遇所産也。笑且駡曰：「豎子作此不經事，今死矣，責足負，無後爲大，猶愈於他人子也。」蜑婦索身價六金，乃徧貸親朋，得之，取其子，躬抱送至陳家。里人聞輿中有呱呱而泣者，以爲女賓來矣，比至門，停輿，皆駭愕，不知爲誰眷，羣趨視。輿夫揭簾，見抱兒者出，則昂然之長髯丈夫也，里人皆大笑。徐從容呼其父母，告以故，舉兒畀之，里人相謂曰：「此義人也。」徐仍時省視之，周其困乏，後兒亦成立。

## 聖祖諭扶助熊賜履家

康熙壬寅正月，上諭：「大學士如李霨、王熙、杜立德、張玉書、李光地、王頊齡等之子孫，皆爲職官，惟熊賜履居官清正，學問優贍，朕每念舊勞，不忘於懷。其長子有瘋疾，次子尚幼。熊賜履爲試官，所取門生不下千人，身後竟無顧恤其家者，令諸臣扶助以望成就。」於是門生王鴻緒等助銀三千餘兩，命交江寧織造曹頫生息，給予用度。

袁良謨焚券

康熙辛丑、壬寅間，某邑歲大荒，饑民徧閭里，袁良謨與伯兄傾囊周濟，多全活。或有相質以業者，既酬其值矣。易時，年豐，則念向且竭所有以與人，不可乘阨利其有，乃集質業者焚其券，券千餘金。

趙永懷歸闞玉山櫬

長洲趙念昔，名永懷。幼時流寓江都，晚歸長沙，爲環莊，奉母以居，自號環莊居士。篤友義，故友闞玉山客死，永懷爲迎櫬歸，合其家八口瘞之，仍分宅養其妻子。

康子厚爲張成償債

張成負客債千餘金不能償，以憂，得危疾。康惇往問之，曰：「子何憂債？吾力能代子償之。」成叩頭謝曰：「甚善。」然成卒病死。乃召客語之曰：「成之債，吾已任之矣。請焚成券而立吾券。」客驚喜曰：「諾。」時惇家已落，卒如約，終其身償大半，及諸子既長乃盡償之。惇，字子厚，興縣人。

張自超鬻田助賑

張自超，字彝歎，高淳諸生，世居蒼溪。少孤，課耕以奉母，應試而外，未嘗入縣治。歲連祲，死者相藉。一日，造縣令，具陳方略，令夙重之，爲設飲，盡召邑富人。富人曰：「張君，吾邑之望。所蠲助，則吾儕視之。」自超遂注籍二百金，諸富人相視大駭，次第注籍。然逆料其不能猝具也，越數日，自超首納金，諸富人大屈，盡出金，爲部署，活邑人幾半。自超故有田二百畝，畝六七金，鬻其半，索直三之一，衆争購之，故得金速也。

## 劉文正贈孫孝愉言

諸城劉文正公統勳與興縣孫文定公嘉淦同在朝列，咸豐以上，孫文定有三人：一康熙朝大學士益都孫廷銓，一道光朝户部尚書濟寧孫瑞珍，一即興縣相國，其最著者。最相得。文定子孝愉官秋曹，爲文正屬吏，文正待之尤嚴，曹事悉以委之，至廢寢食。文定偶以爲言，文正曰：「此姑息之愛也。」文定語塞。

## 張惻庵掩骼養童

康、雍間，山左大饑，白骨枕藉，鬻子女者值僅數百錢。某州築萬人坑，以埋胔掩骼。有路遠不能致者，多委棄而去，積尸塞途，爲烏鳶犬彘食。歙張惻庵自京師歸，過其地，惻然憫之，立解橐中金，金盡，復假貸於同行者。雇人荷鋤畚，送枯骸數百於某州以瘞焉。更出錢買童子之嘑號將斃者數百人，攜之歸里門，給其衣食。次年秋熟，悉縱之歸，還其父母，皆涕泣叩頭而去。山左人皆設主於家，朔望祀之，每涕告其子女曰：「張公，爾之再生父母也。」

## 世宗命撥養廉給業師

雍正初，有某學使者，希上旨，以風節自矜。其業師以兒女昏媾之故，不遠千里求助，以俸薄辭，堅索之，遽以入告。世宗震怒，幾罹不測。或營救之，乃僅傳旨申飭，命藩司由學政養廉項下撥五百金以給其師。

## 義狗爲人雪仇

雍正乙巳，有過客於京師西華門外之曠野，遇屠者牽一黃狗就屠，客見其觳觫而哀之，欲購之以放生，屠允，遂解囊付值。屠見其行囊多金，既受值，又謀殺而盡攫之。越日，鄉保諸人見尸，報縣令，令往驗，則見一狗守尸旁。驗畢，狗至，搖尾盤旋，如有所訴。令異之，曰：「爾知此寃否乎？」狗又搖尾點頭。令曰：「果知此寃，可即引差役往捕殺人之人。」狗去，役隨之。至一村，見草廬中有一人睡寤，狗撲而嚙之，即就捕。其人見狗，驚愕，直吐實情。令申報上司，達於朝，而明正典刑，自此並禁屠狗。

## 盧志仁待主人

御史謝濟世官翰林時，傭三僕，一黠，一樸，一戇。一日，同僚小集，酒酣，謝曰：「吾輩興闌矣，安得歌者侑一觴乎？」黠者應聲曰：「有。」既，又慮戇者有言，乃白主人，以他故遣之出，令樸者司閽，而自往召。召未至，戇者已歸，見二人抱琵琶至門，詫曰：「胡爲乎來？」黠者曰：「奉主命。」戇者厲聲曰：「自吾在門下十餘年，未嘗見此輩出入，必醉命也。」揮拳逐去。客閧而散，謝愧謝之。一夕然燭，酌酒校書，天寒，瓶已罄，顔未酡。黠者眴樸者再酤，遭戇者於道，奪瓶還，諫曰：「今日二瓶，明日三瓶，有益無損也。多酤傷費，多飲傷生，有損無益也。」謝強頷之。

既而謝改御史，一日早朝，書童掌燈，傾油汙朝衣，黠者頓足曰：「不吉。」主人怒，命樸者行杖，戇者止之，諫曰：「僕嘗聞主言：『古人有羹汙衣燭然鬚不動聲色者。』主能言，不能行乎？」謝遷怒曰：「爾欲沽直耶？市恩耶？」應曰：「恩出自主，僕何有焉？僕效愚忠而主曰沽直，主今居言路，異日跪御榻，與天子争是非，坐朝班，與大臣争獻替，棄印綬其若蹝，甘遷謫以如歸，主果沽直而爲之乎？人亦謂主沽直而爲之乎？」謝語塞謝之，而心頗銜之。由是，黠者日夜伺其短，誘樸者共媒蘖，勸謝逐之。

雍正丙午，謝以事下獄，未幾，奉命戍邊。出獄治裝，黠者逃矣，樸者亦力求去，戇者攘臂而前曰：「此吾主報國之時，即吾儕報主之時也。僕願往。」市馬造車，製穹廬，備粱糗以從。於是謝喟然歎曰：「吾向以爲黠者有用，樸者可用也。乃今而知黠者有用而不可用，而戇者可用也。樸者可用而實無用，而戇者有用也。」養以爲子，名曰戇子。戇子，實姓盧，名志仁。

## 徐萬寶尚義可風

雍正丁未，福建督撫合辭奏曰：「仙遊太學生徐萬寶敦脩累善，歲饑，振米八千餘石，殁於積勞，尚義可風，請建坊立祠。」世宗下其議於禮部，特給帑金建坊，入祠致祭，並賜「善勞可嘉」扁額，廕一子入監讀書。

## 禿梁行乞尚俠

禿梁，乞人也，張姓，不知何許人。自幼獨身行乞，其頂無髮，自呼爲禿梁，人亦以禿梁呼之。魁梧有膂力，聲粗猛，一呼，徹巷無不知爲禿梁至也。有錢則買食，餘以分人，偶傭工，工資不計多寡，遇人呼修橋梁道路，不索直。某年大饑，梁乞至夷濰，忽大慟，詰之曰：「我思家遽歸。」及春，人相食，棄嬰兒滿道。梁以二筐貯十數人擔之，乞食食之，有死者，旋補之，五閱月無怠容。生平不飲不博不盜，不與人鬬，人託之餽遺，雖重貲，一無所苟，卽大風雨不愆期。有欲授以室者，笑而不答。雍正己酉，病死於高密，年七十矣。

## 王花農醵金拯某令

伶人王四喜，號花農，深州人。年十四，家貧，墮伶籍，隸京師四喜部，以色藝稱。性豪邁，有幽燕俠士風，人以是重之。長洲某散館出宰甘肅某邑，以不善理財虧官帑巨萬，省吏聞之，怒，立奏褫其職，并下獄嚴追。膽怯者懼牽累，悉乘夜遁。輦下貴人有與某交厚者，將醵金爲之營謀，然數巨，不易集。花農初不識某令，聞之，倡助百金，同人感其義，始各出囊貲代償所虧，某始得出獄，而花農之名，則因是大噪。顧性孤介，不甚諧於俗，久之落落無所遇。後十餘年，有人見於并州，年鬢長矣。而曲伎益精，並工琴，能畫蘭，長洲宋于庭填《八聲甘州》一闋贈之。

## 馬查程拯饑寒

雍、乾之交，北屆燕趙，南盡吴越，其間讀書嗜古，歲散萬金拯士之饑寒，學與名日以進，家日以落，而兀兀不休者，於廣陵，則爲祁門馬嶰谷、半查昆仲，於天津，則爲查蓮坡、榕巢昆仲，於淮，則程水南及其從子蕁江，皆學人才士所望而歸也。

水南以乾隆乙丑歿，及乙亥，嶰谷、半查皆老病，鍵户謝客；查氏或死或遠仕。士子之由北而南者，順風曳帆，靡所止泊，益淒厲寥落矣。

## 湖南士民訟謝濟世寃

乾隆初，全州謝御史濟世起戍籍，授湖南督糧道，方以剛直爲巡撫許容所忌。衡陽令李澎、善化令樊德貽皆許之私人，徵糧多浮收，謝知之，乃飾爲鄉人，赴縣納糧，遂得實，具牒糾李、樊。於面陳狀時，語過激，許大怒，輒具疏劾謝，令解任聽勘。廷諭總督孫嘉淦赴湘會鞫，孫惑於許及布政使張璨、按察使王玠之言，褫謝職，於是湖南士民數萬人揭帖爲訟寃。高宗遣御史胡定、侍郎阿里衮往勘，得朋謀傾陷狀，獄具，督、撫、布、按、守、令皆坐免，謝則改官鹽道焉。

## 吴某假人金

乾隆初，兩淮運司署有鼓樓，頗雄敞。某歲除夕，有鹺賈程某以避債居此，夜半，忽聞有橐橐聲登梯者，睇之，則同業吴某。驚訊曰：「君何爲來此？」吴亦訊曰：「君何爲先在此？」程曰：「吾今歲逋負四萬，無以應付，故隱此。君本厚利廣，何亦來？」吴曰：「吾今歲未了，須十萬金，今拼擋，僅及其半，與甲則漏乙，給丁而缺丙，剖分無術，故匿此以待來年。」程曰：「與君作伴守歲，良佳。」吴曰：「不然，吾有五萬金在家，自用則不足，濟君則有餘，何不假吾金去，儘可歸家料理。」即作票付程。程感謝馳去，俄頃復來，併載酒肴酌吴曰：「吾囑夥料理，今乃真可伴君守歲矣。」兩人皆徽籍，程更良賈，工心計，是歲，以海運遭風，至大折閲。幸有吴接濟，得不廢業。明歲，遂援吴爲同事，亦盡復故業。

## 鄂文端救楊文定

鄂文端公爾泰總督雲貴時，雲撫江陰楊文定公名時方獲譴，新撫朱綱多方羅織，至欲用刑訊。兵民洶洶，爲文定訟冤，諜羣起擊綱，文端好言撫慰之，復厲聲責綱曰：「過湯陰岳忠武廟，見鐵人乎？」獄得解。高宗即位，首召文定，文定旋奏文端處置苗疆非善策，文端不以爲忤。文定没，文端經紀其喪，哭之哀。

## 張文和贈阿文成言

張文和公廷玉與阿文勤公克敦最相得，文勤子文成公桂初在朝列，文和視之如子弟。一日，見文成疾趨，諭之曰：「汝遠到之器，當持以凝重。君子不重則不威。」文成終身誦之。

## 莫冕侯送吴王歸

乾隆辛酉，瓊州莫冕侯恩貢紘赴省試時，有同府之吴烈、王曾二生皆才而貧，莫慨然與之俱。吴、王道病，既終試，而病皆劇，莫爲之乞醫藥，任看護，復挈以歸。病且死，水無與之舟，陸無與之輿者。吴、王皆張目視，見莫在旁，歎曰：「吾友良苦。」語輒咽，而氣僅屬。莫仰天祝曰：「哀哉二君，並有老母，幸獲及家而瞑。幽鬼明神，其憐之。」自往而返，其里三千四百，竟致吴、王於其母，得不死於道路焉。

## 盧雅雨餽胡西垞金

山陰胡西垞素行詭激，落魄揚州。時盧雅雨爲運使，屢謁，不得見，至除夕乃投詩云：「莽莽乾坤歲又闌，蕭蕭白髮老江干。布金地煖迴春易，列戟門高再拜難。庾信生涯最蕭瑟，孟郊詩骨劇清寒。自嫌七字香無力，封上梅花閣下看。」盧見詩，卽呼騶往拜，餽金數笏。

## 夏湘人送盧雅雨出塞

六安夏湘人，名之璜。盧雅雨初爲六安牧時，識之於諸生中，科州試拔置第一。然夏非試期不入。盧在六安三年，得民心，後擢運使，坐羡餘不足被劾，寓揚州董相祠聽部議。乾隆己未冬十月爲盧誕辰，夏遠來慰祝，以十二月至。適有謫戍軍臺之命，毅然請從行，密爲治裝，屬孔體仁爲繪《軍臺負笈圖》。

初，盧聞之，未以爲果負笈也，辭謝之。及五月，果就道，妻子哭於室，戚友餞於郊，惘惘有憐色，而夏飲三爵，策馬飛行，去不顧，蓋所以報知己也。在塞三年，壬戌始歸，往返萬餘里。身所經歷聞見，皆有札記，名曰《橐中集》，浙江督學使者雷翠庭副憲鋐爲序行之。

## 趙宗夫完佃夫婦

分宜趙士沆，字宗夫。有質行，家小康。佃人羅光廷苦赤貧，將嫁其妻，宗夫聞之，曰：「吾之佃，乃有此苦況耶？」予以銀米，周恤之，其婦得不嫁。

## 吴紉蘭倡辦義田

歙縣豐溪之吴氏，族繁人衆，其窮者或至無告，重以水旱饑饉，紉蘭封翁邦佩憂之。一日，謂其從父損齋及弟軼容曰：「吾儕何遽不若古人？昔范文正公置義田，田至今猶在。盍師其意，行於族黨間。」損齋、軼容以爲然，而族人漢延、蜚英復交口贊成之。遂共輸白金萬兩有奇，買田宣州沚水間，歲所收入，悉以振族人之困乏者。紉蘭實董其事，然不以自居，而推功於族人，輒曰：「微此四公者，吾言之而誰聽之邪？」

## 周氏義莊

蘇州周氏義莊，自乾隆時設立，莊田凡二千畝，均報明藩司，給有執帖在案。設莊正，由裔孫輪充，世守家法，無異言。

## 陶篠奏建義莊

乾隆庚午，吳縣候選員外郎陶篠置常稔田千畝，營守舍三十餘楹爲義莊。是冬十二月，蘇撫雅爾哈善疏聞，明年四月，奉旨依部議，照原銜卽用，以示奬勸。

## 羅謙齋好施與

衡山羅謙齋名登進，好施與。有故人子，貧無完衣，贈之袍，又私解所衷衣衣之。一日，有偷兒竊入，緣庭樹自蔽，家人環譟，謙齋止之。徐呼使下，予千錢，慰以温語，遣之去。

## 唐子和施豆粥

黔邑唐子和，名義謙。棄儒習賈，遇戚里之困乏者輒周之。積勞三十年，視其橐可數百金，稍稍置田宅。乾隆癸酉，邑大旱，斗米錢四百，子和慨然曰：「予固飢寒中人也。今幸而獲生，不可立視人之死。」因損貲施豆粥，計所費，蓋喪其産三之一矣。

## 黄雲師樂善好施

乾隆乙亥，上海大饑，吏勸富人煮粥以賑。黄雲師曰：「無益也。民饑而來，雖得粥，且不飽，又有候伺塡溢之患，不如捐錢給之。」乃自爲倡，卽所居五十二圖驗其最貧者，别大小口，大者日給錢二十，小者半之。家給一票，令民持票取錢，按圖之次，五日一周，民不勞而得食，所活者甚衆。雲師，字駟書。家素封，固以樂善好施稱於里閭者也。

## 裘文達贈度歲資

新建裘文達公曰修嘗於京師石虎胡同賜宅構一軒，曰「好春」，退直輒就而憩之，賓客至者徑入其内。一日，值歲小除，諸人咸詣軒餞歲，裘命挈一囊至，傾出之，皆重五十兩之銀錠也。數座客人數，令各懷其一，曰：「諸君年事大窘，聊以分潤耳。」數不足，復命人取之，徧給乃止。然以食指之多，賓客之衆，時值窘乏而斷炊。一日過午，尚未具食，坐客有愠者，裘覘知之，出而語之曰：「諸君他日皆飫天廚，須尚食之人，豈矜矜於裘某之一餐乎？且予亦尚未食，不獨客也。」客意乃解。

## 裘文達贈朱文正金

大興相國朱文正公珪介節清風，纖塵不染，雖居台鼎，固無殊寒素也。與裘文達公爲文字至交。某年，歲云暮矣，偶詣文達，談次，撚髭歎曰：「貧甚，可若何？」去冬蒙上方賜貂袿，比亦付質庫矣。」文達笑曰：「君貧甚，由自取，可若何？欲一擴眼界乎？」因出所領户部飯食銀千兩，陳之几上，黄封犹然。文正略注視，輒起自座間，手攫二鉅鏹登車遂行。文達不語，蓋贈之矣。其陳銀几上也，固欲周之也，文正會其恉，故取之弗疑。莊生所謂相視而笑，莫逆於心，晚近無此交情也。

## 程風衣助馬璞臣

乾隆時，桐城馬璞臣訪程風衣，時將入都，以便道至揚州也。風衣留之。居數日，璞臣資匱，而風衣亦方在窘鄉，乃從質庫中諾其請，助之成行。

## 江鄭堂好客斥金

甘泉江鄭堂藩淹貫經史，博通羣書，旁及九流二氏之學，無不綜覽，詩古文豪邁雄俊，才氣無雙，嘗作《河賦》以匹郭景純、木玄虛《江》、《海》二作。受業於惠氏子弟余仲林，盡得其傳，諸經多有發明。其爲人則權奇倜儻，能走馬奪槊，狂歌豪飲，好客，得金輒斥之，至貧其家。

## 温芝山力疾辦賑

乾隆丙子，湖州饑，餓殍載道。温芝山憫之，與同志張元燦等請於通判陳桀，議振，陳首捐俸。徧勸得銀五千兩，乃語陳曰：「經費不難，分給難；分給不難，弱不遺漏，強不冒濫難。」陳曰：「余籌之熟矣。特此事，非君才不能辦，非君心不肯辦耳。君其行矣。」時疫癘盛作，戚族多沮留，温曰：「此吾志也。一方之人瀕於死，義不可止，得多活人，余焉惜？」乃日徒步數十里，抵一鄉，按户目驗其丁口，得極貧一萬二百七十七人，手注册，給符一，大口錢四十，小口半之，七日一給。勞苦兩閱月而病作，猶力疾前往，事竣，竟不起。疾革，語嗣子曰：「我家世尚節義，以自便利爲大辱。非祇辱其身，且辱其祖若父也。我死，汝宜益勉於善。」

## 高天喜救兆文毅

高總兵天喜，其先準噶爾部人。雍正時，爲官兵高姓者所擄，撫爲子，故冒其姓。雙觀凸出，鬚髯蝟刺，日飲酒以石計。兆文毅公惠被困於濟爾哈朗，數月無耗，當事者遣使偵之。時風雪凜然，人皆憚行，高慨然應命。十日還，往返數千里，卒通兆信。高宗大喜，立擢遊擊，未逾年任總兵。未幾而兆復被困於黑水，率本部兵援之，以力戰死。

## 祝貽孫經紀汪謝谷喪

海寧祝貽孫之與人交也，生死不渝。大理守汪謝谷與之契，赴官時，聘以俱行，無一不左右之。無何，汪病卒，爲經紀其喪，扶櫬旋里。既至，爲文辭其靈，若猶不勝傷感者。

## 祝貽孫教養幼子

周鐵梅取友必端，交游亦廣，而身後蕭然，罕有恤其子嗣者。祝貽孫教養其季子庸玉，攜以同居，後遂成立。

## 趙鎮寰待蕪湖令

蕪湖令某卒於官，虧賦額，無遺槖，孤寡晝夜泣。趙鎮寰曾客其幕，至是，還其向所致之脩幣，且自質貸數百金以濟之。衆感其義，争致賻贈，遂歸其柩與孥。鎮寰，名如山，乾隆時之上虞人。

## 姬南唐斥財

永濟姬南唐負郭田無十畝，儲偫不及擔石，然人有困乏必拯之。每秋陰積雨，輒詣鄰舍下户問所須，告以餓，則罄甕盎之米散之，已無以炊，弗顧也。聞人以采雁不足不能成婚禮，輒持數十金與之，不責償。有償夙負者，稱父遺命謂姬氏之恩不可忘，以檢舊券弗得，遂不受。

汪禹績斥財

汪禹績，名汝淮，鉛山孝廉也。嘗有人負其金久而不償，不責也。而其人多宿逋，旋爲諸債家所迫，嘔血一斗，其鄰人憫之，至禹績所來乞藥。禹績故精醫，歲合丸散施人，治病輒奇效。至是，與以藥，且持金數餅納鄰人懷，曰：「煩以此付彼償逋，勿藥可愈也。」

劉世傑斥財

劉世傑，字君玉。甫髫失怙，事母惟謹。性懇摯，多隱德，人弗之知也。乾隆某年，值歲歉，傾囊濟之，不少吝。大祲，復借發常平倉粟，賴以全活者數百十户。嘗救覆舟者九人，中有浮尸，買棺瘞之，榜示其尸之衣履年貌於道。踰年，乃知爲鄧某也。適有無賴子唆其家誣控同舟者，質之公庭，發棺推驗，得死者佩纕中二十餘金，事乃已。有司以聞，詔賜八品頂帶，於是里黨翕然稱其賢。

何靖陶待佃人

宜興何訥庵既歿，而身後負戚鄰債三千餘金，其子靖陶悉焚其券。家有田二頃，佃之黠者納租時每短其升斗，而於良者取盈焉。靖陶親課其租而還其盈者，曰：「朘瘠等而租異，吾不以汝良而課汝也。」黠者始知媿。某寡婦佃其田數畝，十餘年無償，置不責，轉周恤之。遇歉歲，施糈、設糜，尤力爲之。靖陶，名亮直。

## 何靖陶還券

乾隆某年，有遠方夫婦挈子至宜興，浮舟乞食，未幾，夫死，何靖陶爲具衣櫬以斂之。婦欲歸，鬻子與舟爲費，納券於靖陶。將行，母子相持哭。乃取券焚之，還其舟，曰：「我向受汝券者，恐汝子不鬻於我，卽屬他人，則歸亦未可必。且不見別離之苦，卽歸，亦難保後此之不輕棄其子也。」

## 曾紀燦還券

曾紀燦，字紋焜，桂陽州人。治貨殖。有石某者，逋紀燦金，鬻婦以償，乃還其券，石爲感泣。一日，負囊將歸，自郴行，及粱山，已薄暮，忽後有人，自言王琪，願代之負。從行過山坳，見有虎噬人，紀燦大懼，王曰：「虎所傷者，不義人也。君毋恐。」抵旅舍，其人忽不見，紀燦異之，歸以語兄。兄曰：「吾憶石某妻，王氏也。其父名琪，無乃結草之報歟？」紀燦乃檢諸貸券，酌其貧者，悉歸之。

## 毛叔成棄債

毛叔成，名應鎬，錢塘人。性慷慨，人有負其金錢而貧不能償者，輒焚其券，先後凡數千金。嘗過一債家，會日暮，主人留叔成飲，因出而沽酒，久之不返，婦披帷出，與叔成語。叔成不答，疾去，遂棄債，不更往。

## 李應卜輕財好施

郯城李應卜輕財好施，有典其田而遠遊者，牽其孤詣應卜，涕淚以託，爲之授室，且復其田。有喪其妻者，爲之娶，再亡，復娶，更給田六十畝資其生。有以困故欲遠徙者，與粟百石以留之，其他貧不能自存者，或與之金使貿遷，或授之田使耕，或代償其債，或歸贖其産。又有受其資貿於外者，及歸，貨財都盡，愧無以見應卜，應卜無憾容。

山西賈人閻文焕嘗傭於應卜之肆，負其債而死。其幼妻攜稺子涕淚而訴曰：「吾夫貧，有負主翁。寡婦孤兒，家鄉千里，奈何？」應卜太息曰：「往事勿復言。」市棺殮之，歲給以粟布。

## 李應卜攜金詣縣庭

李應卜設肆貨粟。一日，有攜金市粟者，閱其金，有官封，心竊疑之，與粟，遣之去，即攜金入縣庭。

縣令坐堂皇，方夾訊庫吏盜金，而應卜持封金至，乃釋吏。令雅重之，造其廬，欲舉爲鄉飲賓，固辭不就。

## 秦封翁拯危全節

秦磵泉修撰大士之封翁，嘗爲刑房吏，年五十而無嗣。邑有某甲坐法論死，妻少艾有姿，伉儷甚篤，欲失節而救其夫。謀之秦曰：「妾夫不幸罹死罪，有能援手者，妾當夫之。」秦未之對。婦以秦拒，哭不能仰，秦見而哀之，曰：「汝姑去，當竭力圖之。濟則已，不濟，亦有以報。」婦去，秦力爲之謀，其夫竟得活。又年餘，釋歸，夫偕婦往謝秦，並欲留婦踐約。秦正色曰：「吾之救汝，豈利婦乎？」力拒之，遣與俱歸。邑人聞其事，皆相語曰：「刑房刑房，救一成雙。何以報之，生狀元郎。」明年，生大士，少時氣宇已自不凡。迨大士及第，封翁猶及見之，年八十餘矣。

## 王敏徒步送稺子

汾陽武生王敏嘗徒步赴省試，居逆旅，遇一稺子，察知爲被誘者，走百里送歸其家。則此兒爲寡婦所撫，忽失之，正惶急不欲生，望見兒，母子如獲更生，願酬謝。敏曰：「吾憐稺子無依耳，何謝爲？」遂行。

## 江橙里買園不自有

程在山，名鍾，吳縣人，世居楓橋。其父爲富商，門庭豪侈，而在山生性淵静，好讀書，不問家人生事。爲諸生，一試於有司，不得志，即棄舉業，以詩歌自娱。中年父殁，料檢記籍，知頻歲折閲多逋負，悉售其居積之貨以償，猶不足，則并棄其室廬。

在山舊有園，在西磧山下，地極幽僻，於是移家居之。園有紫藤，枝幹奇古，蔭數畝，本爲山家荒圃中物，在山之父見而愛之，并買其地以爲園，然僅有屋數椽，餘皆菜畦。既得之，則以次經營，遂有九峯草廬、清暉閣、寒香泉、釣雪槎、緑藻亭、騰嘯臺諸勝，名之曰逸園。終日吟嘯，罕入城市。妻顧信芳，號生香居士。亦能詩，高情雅致，不減在山。春秋佳日，或偕遊銅坑、鄧尉間，布衣椎結如村氓，而行吟不輟，見者以爲神仙中人。如是者二十餘年而妻死，在山亦老矣。妾生一子，方襁褓，自度不能終有此園，乃以售於揚州江橙里。橙里亦豪士，夙重在山名，以買園之資歸之，而使其仍居園爲主人。橙里歲時一至，與在山觴詠數日而已。

## 葉氏子迫李某還鞘銀

永寧州有陳某者，家巨富。嘗飲於州署，席間，有偉丈夫突然至，少年也，衣服鮮美。陳異其人，訊州牧，牧曰：「此李某，至州已三載，惟以交納官吏爲事，實未詳其世族。」陳有少女，欲婿李，乞州牧爲媒。李允之，惟約曰：「月有數夕出會客，莫相阻。」陳允之。既贅，夕出，終夜不返，所往來者，皆峨冠奇服，狀貌傲醜之輩，陳悔之。

吴中有葉氏子，少無賴，好劍術。有老嫗，能以劍爲雙丸納口中，又能使人以白刃擊其肩背無血跡，曰：「此麻姑避劍法也。」葉受其術，出游於外。時乾隆丁亥，王師征緬甸，轉餉至沅州，一夕，忽失銀數百鞘。守吏大驚，責胥吏捕緝，終日笞撻，有老胥曰：「銀有數百鞘，非一人所能持。其夥若多，聲應諠沓，何以守者無所聞？必有異。」因號泣路旁。葉適至沅，異而問之，老胥告以故。葉憐其老，曰：「吾爲代覓之。」因物色於滇、黔，終不得。一日，之永寧，遇李於途，詫曰：「此小李將軍也，奚至此？」路人曰：「此陳氏贅壻也。」葉遂至陳宅，告楚中失帑事。陳亦訝曰：「數日前，壻頗暴富，未審所自，豈卽盜官項耶？」葉曰：「夜令汝女細詢之。」陳告其女。晚，李至入户，見妻悽然，詰之，女戰慄，長跪以謝。李疑有他故，拔壁上劍將斬之，葉自窗躍入，曰：「不可害良家女。洩其機者，某也。」李嗒然，棄劍曰：「吾兄奚至此？吾事敗矣，不可久居。」葉忿然責之曰：「吾儕以義爲重，豈可盜官家物，遺禍於人？」李曰：「諾。兄速回楚，官帑保無失，吾亦棄此而他徙矣。」葉辭陳歸，李亦以其日棄家去，不知所之。是夜，沅庫得所失鞘，則封印如故也。

葉既歸吴，物色者愈衆，葉曰：「布衣而享妖異之名，其禍足以殺身。」因辭父母，之點蒼山學道，卒未歸。

## 鄭大純殯友

閩縣鄭大純孝廉際熙介節而敦誼，家甚貧。鄰有吴某者，亦介士，死不能殮。鄭重其節，獨往，手殯之。將去，顧見吴母，母老憊，衣破，卽解衣與母。母知鄭無餘衣，弗忍受也，乃置衣室中，亟趨出。

## 鄭大純救某舉人

鄭大純既舉於鄉，將試京師，北上，道蘇州。或告之曰：「適有閩中某舉人至此，發狂疾，忽駡大吏，吏縶之，禍不測矣。」鄭矍然曰：「吾友也。」卽謝同行者，徒步往，就其縶所，爲供醫藥飯羹，其便溺時，輒代掖之。適有所識貴人至蘇，求爲之解，某始得釋。卽護之南行，至乍浦，乃遇其家人，與别去。於是以失會試期，不得與。

## 貝慕庭壽辰焚券

吴縣貝慕庭，名紹溥。方年六十，遇壽辰，諸子方奉觴稱祝，慕庭出一篋，其中悉債券也。謂諸子曰：「焚之，所以爲若翁壽也。」

## 貝慕庭臨死贈金

貝慕庭之本姓爲何，以曾祖啓祚出嗣其母舅貝開仲，遂氏貝。以乾隆己丑正月十七日卒，時年六十五矣。初得痰疾，疾甚時，徧召貝氏、何氏子姓諸姻親之黨至牀前，款語良久，出金，次第分贈之，下至婢僕無遺者。既，乃屬家事於諸子，命治斂具，語之曰：「吾胸中無罣礙，可瞑目矣。」乃整衣端坐而逝。

## 馬秋玉待鄭板橋

興化鄭板橋大令燮未通籍時，居東門外寶塔灣，以課徒自給。值歲儉，生徒盡散，因舉債以償急需。約至端午，質劑子本，屆時而畀，然慮不得償，先期避焦山，依其鄉僧，飾辭逭暑，實避債也。五月下旬，未得家中耗，不敢遽歸。馬秋玉曰琯時住松寥閣，清晨雨霽，攜一僕登山椒，微吟相屬。板橋從其後聽之，似重疊，僅得一語云：「山光撲面經宵雨。」板橋遽前揖曰：「君得句頗佳，已竊聽之。」馬謂：「詩思澀甚，先生能舉其偶乎？」板橋曰：「不才已得『江水回頭欲晚潮』七字，不審足下謂何？」馬喜甚，謂較己語爲自然，叩其所居，明日訪之，邀往對弈，即爲設一榻，請移居，樂數晨夕。久之，板橋欲歸不得，有憂色。馬詢曰：「以君雅人，方謀行樂，何鬱鬱爲？」板橋曰：「僕以避債而來，非能效公等作達也。今將歸矣，慮家中無耗，不敢遽行，故憂耳。」馬唯唯。又歷十數日，與馬別，爲之祖餞，舉觴爲壽，板橋自落落也。

板橋抵里，步近門巷，趦趄不前。見圬人方墁牆掃除，大駭，以爲宅已賃他姓矣。及入門，則其孺人含笑相勞苦，又呼僕具酒食，曰：「老爺當餓矣，可亟備食。」板橋益蹴踖不安，私叩孺人曰：「端午節何如？」曰：「前數日君寄家二百金，已畢償，端節左右隳突吾門者，皆改容謝罪去。今以其餘修屋，防梅雨耳。」板橋自歎曰：「吾怪馬君固應不至是，今果知賢者也。」是年赴揚州，與馬訂交，後遂爲馬上客，既罷官，亦常主於馬。

## 鄭板橋念乳母

鄭板橋少孤寒，賴乳母費氏撫養得活。歲饑，費晨負入市，以一錢易餅置其手，始治他事。板橋既入官，有詩云：「食祿千萬鍾，不如餅在手。平生所負恩，豈獨一乳母。」

## 鄭板橋傾囊贈人

鄭板橋嘗官山東濰縣，乾隆時罷歸家居。嘗作一大布囊，凡錢帛食物皆置其中，隨取隨用，或遇故人子弟及同里貧善之家，則傾與之。著有《板橋詩詞鈔》及《家書道情》行世。濰縣人多效其書法，世咸以才人目之。其集中家書數篇，語語真摯，肝肺槎牙，躍然紙上，又非僅騷人墨客比也。

## 浦天玉以利濟爲事

浦天玉性好施與，以説書於揚州，得厚貲，益以利濟爲事。嘗於冬日説范叔綈袍故事，曲盡凍丐之狀於富室諸女郎前，且曰：「我少年時亦猶是也。我將罄所蓄，製棉襖以施凍人，種來生温燠。」諸女郎感其言，盡發囊篋，侍女寵妾，亦有脱簪珥以爲助者。是冬祈寒，雪深三尺，而城内外乞兒無不挾纊者，天玉之力也。天玉，名琳，乾隆時之江都人也。

## 齊周華救吕晚村

天台齊周華爲召南猶子，以刊印吕留良書籍受極刑。其《救吕晚村疏稿》有云：「吕留良生於有明之季，至我朝，著書立説，廣播四方。其胸中膠於前代，敢妄爲記撰，託桀犬以吠堯。夫堯不可吠而不吠堯，恐無以成爲桀之犬。故偏見甘效頑民，而世論共推義士。又以其書能闡發聖賢精藴，尊爲理學者有之，實未知其有日記之説。伏讀上諭，日以改過望天下之人，故寬曾静於法外。臣思吕留良、吕葆中逝世已久，即有歸仁説，作於冥冥中，臣已不得而見，第其子孫以祖父餘孽，一旦罹於獄中，其悔過遷善趨於自新之路，必有較曾静爲尤激切者。夫曾静現在叛逆之徒，尚邀赦宥之典，豈吕留良以死後之空言，早爲聖祖所赦宥者，獨不可貸其一門之罪乎？」

## 朱抱經待全謝山

甘泉朱抱經，名重慶，寒士也。善詩古文，與全謝山太史祖望交最深。謝山寓揚州，病危急，乃移居抱經家，蕒苓之資，皆抱經任之。

## 董小鈍整理全謝山集

全謝山易簀時，以詩文稿付其弟子董秉純小鈍藏弆，手定凡六十卷，其餘殘篇剩簡幾滿一竹笥，小鈍泣拜而受，黏連補綴，又彙爲七十卷。其中與正集重複及別見於他作者幾十之四，擬重刪定。以多謝山手書，不忍塗乙，因手自謄寫，課徒之隙，鈔得三百餘紙，船脣驢背，挾以俱行，竟未竣事。小鈍旋判那池州，地僻政簡，日課字四千，四閱月，始卒業，卽後所傳《鮚埼亭外編》也。

## 阮文達刊胡稚威文

阮文達公嘗督浙江學，按部紹興，道經胡稚威之居，怦然心動，詢其老嫠，則稚威妻也，因搜其遺文刊之。

## 陳履和刊崔東壁遺書

陳履和，石屏舉人。乾隆時，入都會試，遇崔東壁，見其所著《考信録》，卽執弟子禮。崔歿，無子，爲刊行其遺書。

## 袁子才瘞龍武台

江寧梓人龍武台長瘦多力，隨園亭榭，率成其手。龍病故，袁子才爲之棺斂，瘞於園之西偏隙地，又爲詩以告之，有「汝爲余作室，余爲汝作棺。瘞汝於園側，始覺於我安。本汝所營造，使汝仍往還」等句。

## 僕勸秦文恭攻經史

秦文恭公蕙田未第時，曾就金陵通志局繕書。文恭晝夜圍棋，有僕某，不服使令，文恭面責之。某對曰：「主家累世仕宦，薪水未至乏絶，太夫人以志館可養静讀書，是以命主到此。主乃終日圍棋，奴敢問主圍棋中可有狀元宰相乎？主若專攻經史，奴服勤，不敢少怠；如長此圍棋，奴非惟不服使令，且回家報老主母矣。」詰旦，文恭召僕謂之曰：「夜來思汝言，大有理，當屏去棋局，不復戲矣。」未幾，省試中式，春闈告捷，旋以第三人及第，授編修。

## 俞蓉江歸友櫬

金匱俞蓉江，名大鴻。幼警悟，嗜學，工詩畫，得唐、宋人意。及長，循例入太學肄業，歲需膏火，自顧弗遑也。有吉水人某與俞善，遊學至都，遘疾不起，俞罄己資經紀其喪，且撫育其十歲兒，爲之延師課讀，數年學大就。適俞以考職發河工，將出都，以某尚未歸葬，其子不能獨留都下，亟託其鄉人，給資，令扶櫬同返。其子旋游庠食餼，感俞高義，尸祝之。

## 成果亭賑洪北江

洪北江遣戍伊犁，將行，無所得資。成果亭尚書格時官户部主事，貧甚，又雅未識洪，聞其無資用，以屋券質銀三百兩盡餽之，乃就道。洪在戍所，僅百日，特旨賜環。

## 洪北江經紀黄仲則喪

洪北江與黄仲則友善，仲則西游，病亟，飛書達洪，促急行，以屬後事。洪在畢秋帆制府幕次，聞耗，借馬疾馳，日走四驛。至，則仲則已逝，移殯蕭寺。洪哭臨甚哀，爲經紀後事備至。扶櫬東下，途中有與秋帆箋云：「自渡風陵，易車而騎，朝發蒲坂，夕宿鹽池，陰雲蔽虧，時雨淩厲。自河以東，與關内稍異，土逼若衖，塗危入棧，原林黯慘，疑披谷口之霧；衢歌哀怨，恍聆山陽之笛。日在西隅，始展黄君仲則殯於運城西市，見其遺棺七尺，枕書滿篋，撫其吟案，則阿瓔之遺箋尚存，披其繐帷，則城東之小史既去。蓋相如病肺，經月而難痊；昌谷嘔心，臨終而始悔者也。猶復丹鉛狼藉，几案紛披，手不能書，畫之以指，此則杜鵑欲化，猶振哀音；鷙鳥將亡，冀留勁羽，遺棄一世之務，留連身後之名者焉。伏念明公生則爲營薄宦，死則爲恤衰親，復發德音，欲梓遺集，一士之身，玉成終始，聞之者動容，受之者淪髓，冀其游岱之魂，感恩而西顧；返洛之旐，銜酸而東指。又況龔生竟夭，尚有故人；元伯雖亡，不無死友，他日傳公風義，勉其遺孤，風茲來禩，亦盛事也。今謹上其詩及樂府共四大册。此君平生與亮吉雅故，惟持論不同，嘗戲謂亮吉曰：『予不幸早死，集經君訂定，必乖予之指趣矣。』省其遺言，爲之墮淚。今不敢輒加朱墨，皆封送閤下，暨與述庵廉使、冬友侍讀共删定之。述庵，王昶字，後官侍郎。冬友，嚴長明字。即其所就，已有足傳，方乎古人，無愧作者。惟稿草皆其手寫，别無副本，梓後尚望付其遺孤，以爲手澤耳。亮吉十九日已抵潼關，馬上率啓，不宣。」讀之想見洪之風義也。

## 畢秋帆以萬金惠貧士

畢秋帆性巽懦，無遠略。任兩湖總督，教匪初起，受和珅指，不實告，遂致蔓延日久，九載始靖，人争咎之。姚姬傳且曰：「戮畢沅之尸，庶足以謝天下。」其受謗如此。然性好風雅，廣集遺書，敬禮文士，孫淵如、洪稚存、趙味辛諸名士多出其幕。歲以萬金遍惠貧士，人言爲宋牧仲尚書後一人也。

## 孫淵如爲蔣伯生追逋

蔣伯生隨宦山左，久爲寓公，所築蘿莊，花木交蔭，有古槐七十二樹，名其堂曰七十二槐堂，一時名士東游者，題襟書壁，各有倡酬。伯生家不中貲，又爲人假貸千金，窮日甚。其人有力而不欲償，適孫淵如權廉使下其事於邑，伯生有句云：「爲我追逋真火急，向人延譽見風流。」

## 程魚門周濟親友

程魚門晉芳，新安大族也。治鹽於淮。時兩淮殷富，程尤豪侈，多畜聲伎狗馬，魚門獨愔愔好學，服行儒業，罄其資以購書，庋閣之富，至五六萬卷，論一時藏書者，莫不首屈一指。好交游，招致多聞博學之士，與討論世故，商量舊學。無何，鹺業折閱，家道中落，庶務皆由門客悍僕處理。又好周濟親友，求者應，不求者或强施之，付會計於他人，一任侵盜，不勘詰，以故雖有佽助，如沃雪填海，負券山積，勢不能支。會避債赴陝，將謀之畢秋帆，以爲歸老計也。冒暑行暍，至署未半月，遂病卒。

## 顏玉光行醫施藥

顏玉光，桂陽州學生。放於詩酒，磊落自喜，面斥人過，人卒無怨者。善療目疾，自施藥，家貧，不常得錢，得之，卽合藥。遇求醫者，其疾深，卽留置空室中，飲食之，治療之，愈，乃使去。鄰婦病求藥，需重金，顏室中無可爲計，惘惘不樂。其友怪之，以情告，友遽出貲助之，病果愈。

## 顧琮經紀完顏偉喪

顧琮嘗爲河東總督，方涖任，前督完顏偉病於署，家屬已先行，顧爲之守護湯藥，旬日無倦容。完顏謝之，曰：「吾輩共事君父，與昆仲無異，安有兄病而弟不經理者乎？況公家屬已去，琮敢不黽勉從事乎？」完顏感激垂涕。後卒於署，顧董其喪事，含殮從厚。

## 錢太和歸人雙櫬

錢九韶，字太和。寡言笑，而於義之當爲者無不爲之。有胞姊爲禹氏婦，家道中落，次甥傭書於商南，欲奉其父母以去，太和苦勸不能止。不數歲，姊與姊夫相繼死，十年不歸櫬，太和念之，輒淚下，節縮歲入數十金，返其雙櫬而葬之。

## 錢太和教養友女

鄭州諸生孟雲蒼，錢太和之故人也。家赤貧，爲之介紹，館於大梁。雲蒼攜家往，值疫癘大作，其長子冢婦皆死，雲蒼亦亡。有弱女年十三，無所歸，毅然收養之。時再繼室張氏有癲疾，納陳留王氏以爲箴，卽以此女爲王氏女，名之曰孟姑，使不忘其本。撫育教誨，得成淑媛，後爲擇壻嫁之。

## 馮三友送某觀察櫬

臯蘭馮三友，名益。四歲失怙，賣餅餌以養生母，母寄居尼庵。及九齡，某觀察留撫之。越四年，觀察死，其妻孥將扶櫬歸燕，三友感其德，將送喪，請於母曰：「微觀察，兒不得侍母，且兒之報觀察者，止此矣。請期一歲返。」遂往，力襄葬事，若成人。葬畢，觀察子強留之，三友曰：「吾與母約一歲歸，敢以交情貽倚廬憂乎？」即歸，時年甫十三也。

## 馮三友以義烈稱

馮三友自燕歸，以義烈稱，邑宰延主常平倉會計。倉故多弊，蠹胥從糧長索賄，三友聞之怒。胥曰：「將饋公耳。」三友益怒，曰：「爾爲盜，吾亦盜耶？」乃止。長安尉某聞三友賢，招之往，則曰：「子職在恤囚，吾請助子。」至獄，命卒滌刑具，檢囚食，詢疾苦，日以黎明赴獄。獄卒曰：「公何自苦？」曰：「吾與若起居無禁，囚手足貫鋃鐺，便旋候監放。何忍貪一己之安，貽衆囚以苦耶？」囚聞之，皆感泣。

## 孫隱谷爲吳某營美櫝

孫隱谷，名宗濂。有疏戚吳某，粥粥無他能，依孫以老。爲營美櫝，或曰：「豫凶事何亟亟也？」曰：「使及見之，恐其遽瞑目而疑我之薄矣。」然孫死而吳尚健飯也。

## 紀文達勗奴師犬之義

紀文達公昀戍烏魯木齊，畜數犬。乾隆辛卯，賜環東歸，一黑犬曰四兒，戀戀隨行，揮之不去，遂偕至京師。途中守行篋甚嚴，非文達至前，雖僮僕不能取一物。稍近，輒人立怒齧。一日，過闢展七達坂。車四輛，半在嶺北，半在嶺南，日已曛黑，不能全度。犬乃獨卧嶺巔，左右望而護視之，見人影，輒馳視。

文達爲賦詩二首曰：「歸路無煩汝寄書，風餐露宿且隨予。夜深奴子酣眠後，爲守東行數輛車。」「空山日日忍飢行，冰雪崎嶇百廿程。我已無官何所戀，可憐汝亦太癡生。」紀實也。至京歲餘，一夕，中毒死，或曰奴輩病其司夜嚴，故以計殺之，而託詞於盜也。文達收葬其骨，欲爲起冢，題曰「義犬四兒墓」，而琢石，象出塞四奴之形，跪其墓前，各鐫姓名於胸臆，曰趙長明，曰于禄，曰劉成功，曰齊來旺。或曰以此四奴置犬旁，恐犬不屑，文達乃止，僅題額諸奴所居室曰「師犬堂」。

## 曹慕堂仗義

乾隆朝，曹慕堂宗丞學閔與紀文達公同在翰林院清閟堂辦事。會有八九人以争名事爲院長所嫉，院長將劾之，文達亦被嫌，日在危疑中。曹，仗義人也。乃邀同人詣院長前婉請曰：「以公所聞，此數人者，褫不蔽辜矣。然此語從何來，倘白簡一上，事下刑曹，無證佐，不能成獄，顧先示告者姓名，并列章中。」院長沉吟久之，竟中止。後數人皆通顯，皆不知此事之由曹解之也。

曹之同年陳裕齋侍御，四十餘無子，而不能置妾。曹乃鳩貲買一女送其家，後舉一子。侍御夫婦相繼没，有壻謀據其餘貲，百計媒孽，孤兒嫠婦，且旦夕不自存。曹又率諸同年聲壻之罪而斥逐之，乃得安。

## 葛志齊求免邑人徭役

葛志齊，辰谿人。精醫術，尤長外科。湖廣總督開泰患足癰，屢治不效，志齊療之，立愈。乾隆癸巳，緬甸叛，領兵大臣阿文成公桂道患背疽，危甚，召志齊治之。問效遲速，志齊以半月對。至十二日愈，阿謝以金，不受，曰：「但求免本籍徭役。」阿以其勞著於軍，行縣援免，勒碑縣庭。

## 仙鶴翎以救尹吉圖受傷

提督仙鶴翎，山東人。乾隆甲午秋，王倫叛，時方爲千總，隨副都統尹吉圖入汪家小樓搜緝。尹驟抱倫背，賊黨刀劍叢至，尹仆地，仙奮身前救尹出，背受刃傷如畫，三日乃甦。舒文襄公赫德奏聞，立擢守備。後洊至湖南提督。

## 高海樵歸友櫬

閩縣高海樵，名騰。與曾夔堂孝廉韶爲同年至契，曾以豪飲致疾，高寄詩規之。乾隆丁酉，高之友葉秀旅死福州，爲之經紀其喪，且送櫬歸。適秋試榜發，中道聞捷，或勸其返棹，曰：「得一科而棄友櫬，於心忍乎？」

## 嚴敏中質錢應人

杭人嚴果，字敏中。以授徒爲生，歲入之脩脯常不給。有告急而以書畫經籍之類求售者，不較其值，輒質錢以向之購，或見而愛之，亦即持去，是以家無遺物。其自作書畫，亦皆隨手贈人，不自珍祕也。

## 陸健橋收廣興尸

《燕蘭小譜》作於乾隆乙酉以後，及庚戌舉行萬壽大典時，浙江鹽商承辦皇會，有三慶班入京，自此繼至者，則有四喜、啓秀、霓翠、和春、春臺等班。各班小旦將百人，大半見諸士夫歌詠。若春臺班小旦陸健橋蘇州人。爲廣十二爺收尸一事，尤爲難得。廣，名興，其兄弟行爲十二。官侍郎，與陸最昵。遭事棄市，親族中無敢收其屍者，陸爲棺斂之。

## 王鷺亭送病友

王聯，字鷺亭，泰州人。善詩古文，精制藝，餼於庠。乾隆庚子，偕沈某赴金陵應秋試，沈病喉欲歸，時去試期僅五六日。沈貧蹇，勢又將死，王獨慷慨送之。至龍潭，宿客邸，沈病亟，呼有鬼，命王伴之卧，口臭腐，穢觸鼻，王自若。中夜起，沈坐肩輿中不自持，王步行以背衛之於兩肩之間。未幾，沈斃於路，輿人欲散，王以義感之，始舁之至丹徒之某寺殯焉。

## 解士雄睦婣任恤

解士雄，字勷武，海州人。少孤，以力田起家，入貲爲國子生。爲人樸魯儉約，常布衣疏食。而性好施予，有睦婣任恤風，族黨之力難殯葬者，嫁娶愆期者，皆待之以給。歲暮農事畢，則周行村野間，視破屋中之有鶉衣塵甑者，輒予以布粟，故一鄉皆稱之爲解善人。

乾隆乙巳，海州大旱，民饑，州牧林光照設廠煮粥以振，解率先捐錢八百緡助之。既而念所居白塷埠鎮之被災爲尤劇，復即其家別設粥廠，分男女二棚，與其妻分督之，輒中夜起，率婢僕淅米執爨。清晨，餓者環集，夫婦先啜一盂以嘗之，然後操杓散給，無不飽飫以去，日常數百人。自冬至夏，閱六月，所全活者逾千。是歲，農無籽種，棄田不耕，乃出所藏粟麥，計畝而貸之種，不立券，穫而償者不取息，不償者聽。會郡縣將上捐賑籍，林嘉解之行誼，欲達其名於大府，解遜謝曰：「鄉旺自以其私洽比鄰里，何敢炫鬻求榮邪？」

## 盜救祁門邑令

乾隆戊申夏，徽、寧大水，祁門受水尤甚，城牆、官署、學校、監獄悉被衝。監中有仗義殺人之盜，罪當斬，邑令貴州吴開元力爲營救之，得減。遇水衝監，盜躍出，入內署，水亦至，吴抱印偕眷登樓。須臾，水没樓梯，樓旁有合抱大楊，盜躍登之，得跨入樓，而水已没樓窗，盜一手擘之，破樓簷，援楊枝，送置樹巔，得不死。家屬不及救，樓旋圮，悉爲魚鼈。水退，盜扶吴下，偕至省，吴以短衫單褌見撫軍，撫軍哀之，予以衣服飲食並銀若干兩，令回縣料理，且曰：「奏聞後必有陞擢。」吴泣曰：「一門數十口，自天南相隨至此，今盡藏魚腹中。卑職身已無家，何須富貴？顧納印信入黄山落髮耳。惟某盜爲今之義士，願奬拔之。」撫軍從其言，悉以狀奏聞，朝廷優恤焉。

## 壯士盜印免糧

魏，五者，乾隆時，在邗上，以技擊聞。尤善騎射，解馬語，與薛三、張飲源齊名，當時所稱爲魏馬、張刀、薛硬弓者也。

魏初不解馬語，少無賴，投清河縣爲馬快，以能詰盜稱名捕。江蘇布政莊某挈眷游金焦，值江漲，拘農人曳舟，遲則鞭之。時方蒔稻，農甚以爲苦。有壯士自來任役，麾衆去，獨牽舟行，把纜而走，其疾如風。將渡彼岸，一躍登舟，左把舵，右牽篷索，頃刻竟渡。莊大悦，將厚賚之，壯士笑曰：「某不需此。」出尺紙曰：「煩爲印此空白。」莊大驚曰：「此何能妄爲？且印不在此。」壯士曰：「公必印此，且印已攜來，今置某號箱中，何見誑之深也？」莊怒，叱曰：「而不知我爲天子命吏耶，意欲何爲？」壯士亦怒，嗤之以鼻，曰：「某，細民也，乃不知若慣以天子嚇人。」莊目左右捽之，壯士拂以袖，皆縱横僵仆，遥取其箱，擘以手，立裂之，出印，顧莊曰：「恕汝初來，未有差誤。不然，當摘以去，便當如何？」莊所率護勇數十人皆相望，莫敢前。壯士印訖，踏波如平地，徒步去。莊大駭，命轉棹以歸，舟子告舵壞矣。蓋頃間已折也，乃急命修理。明日始行，還蘇，陰令人以年貌訪之，咸不知所由來。

月餘，川沙廳以公文至，言奉檄免東偏渚地錢糧，今已如命。川沙者，其東邊前病海嘯，民流離者甚多，令請免徵，莊惡虧國課，竟不許。既而公文忽下，疑之，故以報，不意果僞。莊甚怒，然印已鈐，無如何也，乃求能捕之者。或以魏薦，莊性嚴厲，任事者不稱職輒獲罪，衆皆爲魏危。魏年少氣盛，率然往。莊召之，語以故，且曰：「當於盜窟求之。」魏率爾應曰：「此種行逕，必非盜也，於盜窟必不得，當於村野間求之耳。」莊左右爭目魏，令無辨，辨者，大人且怒。魏佯不覺，又曰：「爲此者必川沙人，彼目擊鄰里之災難，故以是爲救濟之計。大人誠能因其僞而獎之，嘉許其膽識，庶彼將聞風而來，得之始較易耳。」莊曰：「言似有理，且爲我訪之。」魏乃芒蹻行縢草冠飾爲鄉人者，四出偵察。得卜者一書，乃南行渡錢塘，人括蒼，遇黃冠之道者，以書投之，肅立聽命。道者發書，謂魏曰：「汝所物色者，年貌形容固若是耶？」曰：「是也。」曰：「此吾弟子，汝欲得之，盍從我來。」乃攜手從石壁上行，俯視萬仞，風聲颯颯然從足下起，魏甚懼。天向晚，霧靄蒸山谷，不見手足，賴道者提攜得不墮。久之，至一境，山四環若城，中豁然平坦，可百數十里，雞犬民居甚衆。道者引之至一室令居之，曰：「吾徒已出矣，汝安心，勿他往，須三日後始來。汝在此待之。」道者遂去。魏心疑，夜不成寐，起，秉燭視室中，四壁排列者皆書籍也。抽數册覽之，皆不解。翻閱久之，得一册，皆言馬之形體情性及其聲音芻秣者，魏本好騎，觀之有會心。已而天明，道者排户入，魏方把卷，道者見之，微哂曰：「公門中人，乃如書獃子秉燭達旦耶？」魏言諸皆不識，獨此略有領解耳。道者就而取視之，曰：「此書汝尚可看。」因試舉書中旨趣以問，魏答其一二三，因爲魏講解。如是者又一日，道者忽偕一人入户，視其形貌如莊所言，即以書授魏，并令其人從魏往。魏不識途徑，其人挾持之，翹足聳身，自絶壁下，遂至大道。魏諗其有絶技，途中輒禮下之，其人則談笑如無事者。至省，莊見之，果然，命縶而訊之，一一皆承。時同時有大案數起，試以詰之，其人亦立承，於是刑有日矣。魏念道者疇昔之誼，具酒食餉之，語且泣。其人笑曰：「吾將解脱矣，不我賀而泣，何爲者？」魏疑他案非是，其人笑曰：「奴輩不能獲真盜，徒枉平民，我獨承之，不乾淨了當耶？且我即抵罪，盜烏能脱我手者？」魏歎息去。其人竟斬首，魏遂以都司保用，然歎咤不已。

逾年，有客來訪，則曩時人也，云師命來索書者，魏疑其鬼也。其人大笑曰：「皮相者，前謂我川沙人，今復謂我真死耶？疇昔之夜，我執得巨盜，攝以自代而脱去。行刑者不知，不謂子亦不知也。」出書與之，詢師所在，不答，掉頭去。魏自是以馬術冠江南，久益與馬狎熟，至以馬嗚定狼山總戎之死焉。

## 陳雲巖拯某都統

海寧陳雲巖方伯孝昇嘗官甘肅平番令，性揮霍，置驛延賓，有鄭當時風，而好拯人之急。會有某都統被譴戍伊犁，假道平番，雲巖厚待之，復贐其行，某感甚。後某復起用至陜甘總督，時雲巖已虧帑落職，爲彌其缺項，待之如上賓，迭上疏保之，不十年，官至雲南布政使。錢塘陳香谷中丞桂生時方爲某邑令，欠課五千金，計無所出，欲自盡。雲巖聞之，令入見，呵之曰：「五千金，細事耳，若乃欲以性命易之乎？」袖出一紙給之，則五千金藩庫實收也。香谷感激涕零，以其曾祖勾山太僕與文勤公同朝，通譜誼，遂以叔事之。

雲巖性介，不阿附和珅，和銜之。會福文襄王出師征苗，以函取庫金二十萬，雲巖與之。而文襄薨，未及補牘，大吏劾雲巖浮銷，著賠。和遂追令赴部對簿，不得辯。在獄兩年，嘗受恩者餽贈盈萬，陳以所虧太鉅，不能償，則悉以所贈者周同繫之人。未幾，没於獄。時和已敗，其家屬乃得援赦免追。

## 劉其中排難濟急

劉其中，名敬祖，桂陽州人。當鄉試年，州人士自武昌歸者，時湖北、湖南秋試合闈。多困乏。其中商於衡州，日詢歸舟，遇州中舉子，輒資其用，還則受之，終不問其所貸之多少，以此得俠名。爲人排難濟急，人來謝，不自居功也。其弟範，以納貲選西安府經歷，布政使郭某見範，問之曰：「桂陽劉其中爲族人耶？」範驚，起立而對曰：「兄敬祖之字，何自識公？」郭揖範上，設賓主禮，曰：「吾昔者困於漢口，其中不問名姓，假二百金得歸。心不敢一日忘，爲報賢兄，藩司俸禄厚，可償前負矣。」

## 海鹿門解圍

海保，字鹿門，裔出自襄陽孟氏。先世忠毅公喬芳以從龍勳隸旗籍。海侍其父宦吴，弱冠從李兆洛游，兼精騎射、擊刺、拳勇、超躍諸藝。性任俠，負氣好義，見不平事，不惜以身殉之。蘇州玄妙觀，郡人游觀之藪也。士女日集，恆萬人，諸惡少見游女必環而尾之，困之重圍，恣意戲侮，分刼巾履簪珥，曰打圈。海少時，嘗與人捄一雛女得免打圈之辱。

先是，女偕一童游觀，猝遇衆無賴，窺其意不善，亟攜童踉蹌反走。衆麕綴要遮，女東亦東，女西亦西，肆口穢讟，女不能脱。海適見之，大憤，攘臂躍入人叢，横身要截，厲聲叱曰：「止止，鼠子不得無禮。」衆無賴怒，一人遽前以掌摑海面，海佝身，疾出腋下，反掌搏其背，復以趾踆之顛，一人踵而前，又顛之。連踣四五人，餘不敢繼起，始紛紛鳥獸散，圍遂解。

## 汪太太捐資助書院

汪太太者，爲汪石公妻，石公乃兩淮八大鹽商之一也。揚州有安定、梅花兩書院，絀於經費，太太獨捐資數萬以爲之倡。

## 唐秉政出幼孩於水

唐德權，字秉政，桑植人。魁奇有勇力。嘗赴鄂，泊舟江濱，有幼孩墮水，其母挽救之不及亦投水。德權見之，急躍入，游涌波間，久之，挈其母子以出。其家厚遺之，不受。

## 三少年護夏朝衡

衡陽夏朝衡幼有至性，以貧，行賈漢中。歸，遇客舟之被寇掠者，男女方踸踔號哭，心憐之，出百金資其行。同舟三少年異所爲，問姓名，致禮焉。夜半，羣盜遮舟索朝衡，曰：「劫客舟者，我曹也。汝舟有巨商能予人百金，餘金宜盡納於我。」朝衡懼，三少年起，各揮以杖，盜懾服，乞命去。朝衡喜，謝三人，且請姓名，則笑不答。至郮陽，三少年辭去，朝衡謝以金，復笑不取，曰：「我輩亦盜也。敬公義，故改而護公。」不顧而去。其夜復來，謂朝衡曰：「吾輩刼人多矣，見公所爲，自恥其盜，故不敢告姓名，今願從公歸。而前所獲資盡不義，不宜仍以自污，公能假我一室乎？」朝衡喜諾。三少年從至衡陽，以力作自食，數年，各娶婦生子。後始知此三少年者，一姓王，二皆姓劉。

## 王九峯送鐵冶亭

王九峯，名之政，丹徒人。性磊落，慷慨有丈夫氣。與滿洲鐵冶亭制軍保交最密，鐵督兩江時，王每赴江寧，相依必數月，所贈多不受。及鐵獲罪，有烏里雅蘇臺之行，一日夜，襆被至清江，依依不能捨，淚隨語下。復親送其眷十餘程，過山東界始回。

## 王仲瞿欲刺和珅

王仲瞿，名曇，以掌心雷之説廢棄終身。然仲瞿實工劍術，鍊青鋒二納之鼻中，顧不輕示人。時和珅當國，權傾中外，有炙手可熱之勢。仲瞿負盛名，珅嘗籠絡之，仲瞿亦與往來焉。

某歲，珅生日，張筵爲壽，王公百官咸在，珅揚揚然有驕色。仲瞿忽離席而言曰：中堂耳目之娱備矣，然某以爲猶有憾。公孫大娘之技，此鮮傳者，如有之，亦千古佳話也。」珅曰：「誰可者？」仲瞿曰：「非曰能之，然願獻末技爲中堂壽，不識府中亦有干將、莫邪否？」珅顧左右取劍，劍至，仲瞿手折爲二，曰：「廢鐵耳。」連易數劍，皆如之。珅驚顧左右，令往卧室中，見有錦袱重裹寶匣而鐍者，取以來。及開篋視之，則倭刀也，光燦如新發硎。仲瞿睨視良久，曰：「較美矣。」言未竟，已曲之成環形。珅失色，仲瞿曰：「中堂惜之耶？」捧而直之如初，轉以授侍者。珅顧謂無好劍，將如何，仲瞿曰：「若然，則某固有隨身者在。」俯首大噓，有白光二道從鼻孔出，盤旋飛舞，寒光射人，並仲瞿之形亦不可見，劍閃鑠不可逼視。忽有一白光飛向席上，砰然一聲，光遽收，色遽斂，仲瞿亦渺不知所在。衆方驚詫，但見珅呆立案側，案劃然中分，剖而爲二矣。

及珅神色稍定，顧謂朝士曰：「孺子將不利於我，我有以處置之。」乃密奏高宗，謂妖人王曇行刺未成。高宗密諭步軍統領嚴緝，勿使逸。比户大索，將十日矣，一日，高宗視朝，忽見御座旁有詩一首，詩曰：「黑衣隊本衛旋宫，竄奥而今竟不同。翻手爲雲都化瘴，秦頭壓日正方中。金輪瓜子韓王府，車走雷聲巫女峯。請得上方三尺劍，幾人妙手笑空空。」下有款識曰「妖人王曇」。高宗大驚，珅侍側，面如死灰，遽伏地請付刑部治罪。蓋仲瞿手筆，珅能辨之也。高宗令珅起，顧值殿宫監侍衛，問有人私入宫禁否，僉曰：「無之。」謂珅曰：「宫庭邃密，渠乃能來，我亦無奈何矣。」珅出，乃諭步軍統領不嚴究。然仲瞿一擊不中，遽變姓名，南下江、浙，《虎邱山㝎室誌》中所謂張祿變名，辛文改姓者，即此時事也。及嘉慶己未高宗崩，仁宗親政，嘗諭樞臣，謂：「王曇若來京會試，朕欲親見其人。」説者謂府中舞劍，殿壁題詩，仁宗實備聞之也。

## 張予焯樂善好施

乾隆時，崑山有漆工祁天章者，年四十，無妻。張予焯與以金，勸之娶，祁諾，受金而去。明日，過祁，察其容，甚戚，詰之，不肯告。詢其鄰，曰：「噫，是以金歸而道遺。」張又貽以金，如前，語之曰：「爾有遺乎？」曰：「否。」如是者三，張笑曰：「汝欺我耶？」出金袖中，曰：「此非汝遺何？」祁大喜，以爲誠然。道見賣菜傭失百錢，恖欲死，張呼傭至家，令家人秤菜而陰置百錢菜甲中。錢墮地，張佯驚曰：「爾錢乃在是。」張家故素封，以樂善好施遂中落，而施不衰。一夕歲除，慨然語其妻曰：「吾往歲除夕，每懷金二十兩饋貧交，未嘗有餘。今饋損於前而金不盡。」言未既，有相訪者，出餘金予之。歲饑，平價糶於其鄰，不計值也。張，字溍文。

## 姚姬傳作袁子才墓誌

姚姬傳主講鍾山時，袁子才以詩號召後進，姚與異趣而往來無間。子才嘗以門人某屬姚，願執贄居門下，姚堅辭之。及子才死，人多勸姚勿爲作墓誌，謂其人率皆生則依託取名，殁而窮極詬厲。姚曰：「設余於康熙時爲朱錫鬯、毛大可作誌，君許之乎？」曰：「是固宜也。」姚曰：「子才，正朱、毛一例耳。其文采風流有可取，亦何害於作誌耶？」

## 饒流泉平治道途

饒尚芳，字流泉，龍山監生。初，家貧，負販爲業。由縣至湖北之來鳳，路僅十餘里，然艱險不利行。尚芳往返，則慨然曰：「吾終當易此爲康莊也。」已而果然。

## 王冰確修路

王冰確，字賓恪。無兄弟，無妻子。居無廬，冬無衾，夏無帳，歲假隴上小茅舍，召村童訓讀以資生，夜則投僧寺而棲，或倚亭檐宿焉。奇窮矣，而孳孳行善事，輒瘁心力於橋梁道路間。自其所居之山後撞鐘石至白果市，春雨冬雪，滑不可行，其後鑲礪石，成坦道，則冰確募修力也。衡之人感其意之誠，操之廉也，他募或不應，冰確募，無不應者。其歲獲訓蒙資，自給饔飧外，偶有餘，必以供修路費。或憫之，或且嗤之，然山前之有路當修者，每延冰確爲募主，或並請其監工焉。

## 馮鐵匠夫婦之俠

馮鐵匠，故世家子，其先四川忠州人也。高祖榮，事世祖，以武功致通顯。曾祖建庸，承父蔭，入監讀書，例得敍縣丞，自以將種當執干戈衛社稷，具呈請改武秩。世祖壯之，特旨用守備，發甘肅，隸寧夏鎮標，以驍勇聞。同列忌之，譖於鎮將，被嫌疑，幾中危法，會病免。臨歿，戒子孫，寧行乞，勿爲材官。祖若父承先志，絶意功名，以貧，不能歸故鄉，遂家寧夏。

馮生有膂力，軀幹雄偉，又聰穎有夙慧，束髮受書，琅琅上口，剛經柔史，以次淹通。父早喪，奉母僑居。年十七，以寧夏籍入泮，二十，食廩餼。旋娶延安沙氏婦。未逾月母亡，遂棄書不讀，喪葬畢，挈婦走延安，爲鐵匠以自給。工作有定時，所得資敷一日用即已，不求有餘。所鍊鋼純粹無疵，延安市上稱絶技。暇則手雙鐵丸，磨盪不稍息。婦美而賢，黽勉作苦，終日無疾言遽色。有時馮出游三五日不返，或至十餘日，家無餘儲，婦質荆布，亦不怨。人愛其鍊冶之精，而患其能事之不受迫促也，恆瞰亡，以薪米餽婦。婦受而簿記之，歸以告，則稱其值而償以器。延安去寧夏遠甚，人固不知爲膠庠之彥，遑論先閥，然工良器利，外和藹而内狷介，馮鐵匠之名遂大著。

延安爲邊塞要隘，與榆林毗連。乾隆時，山谷之間萑苻不靜，有司苦之。營汛尤甚，往往一巨案報勘，輒有揭帖，警告文武，戒勿妄捕，甚且取其衵服，封其祕函，署名馳書，置於左右。或竟録其衾緣祕密之商搉語，房闥背人之狎昵語，載明時日，一一告之，以示一舉一動之皆能洞察，大好頭顱，直我輩囊中物也者。是蓋世宗招致亡命，嗣皇屏斥，散而之四方者，所在皆是，故官吏以文告爲緝捕，虛應故事，漏網吞舟，非一日矣。

會神木縣民某以嫠婦奉邁姑，撫二孤，居縣城之南三里許，突被淫掠，婦不屈死，財物罄盡，報勘經年，久無耗。適縣令以履勘旱災過其地，里正忽報一無名尸，脰斷而未殊，血液模糊，僵伏道左，似遭仇殺狀。令檢視之，短小精悍，髯長及腹，而懷中得寸紙，大書曰「此淫掠某氏之盜魁也。此盜不誅，是無天理，官不能捕，我爲殪之」云云。下不署名，繪二馬，小寸許，一伏櫪，一昂首長鳴，皆極神駿。令大驚異，亟瘞盜尸，招屬認領，詳視所書，蜿蜒屈伸，得草聖真傳，愛不忍釋，以事涉怪誕，遂不附卷，然屍亦卒無有認領者。

延安城外有長隄，隄多植柳，曰柳湖。春秋佳日，一碧如油，都人士聯袂游觀，興復不淺。某歲三月值郡試，太守扃門坐堂皇，按名給卷畢，退食稍憩。及放牌，復出升座，於案上得一紙，字倣歐陽率更，秀骨天成，尾端繪二馬，紙上無他語，七言絕句一章也。絕句曰：「醉揭長竿認酒旗，柳湖風雨急如絲。我來多管人閒事，春水粼粼綠一池。」守詢諸童，以爲戲也。諸童曰：「無之。」更問左右以物何來，左右亦莫對。乃付首邑令，使察之。令機警，率幹役易服沽飲湖隄上三日，果有羣匪轟飲，乘醉大言，意圖不軌。出不意，飛黑索繫之，得其三而逸其四，一鞫遂伏。蓋欲乘考試未畢，謀刦獄掠倉庫也。匪謀遂敗，守令慮訐告者爲匪黨之內訌，寢不問。

既而葭州、府谷、懷遠、甘泉、延川諸州縣疊獲巨盜，皆先有繪二馬者，通詞官署，指導窟穴，因而成擒，盜風爲之一戢。葭州牧某，故首邑令也。得告密之件，訝紙尾二馬與延安獻詩者如出一手，稍稍與僚友言之，凡曾受此種揭帖之長吏，争移書詢牧，而神木令竟以前所得盜尸懷中之寸楮呈大府，大府亦風聞延安、榆林之間，屢有繪二馬人告訐獲盜事，悉命呈出，一一驗之，若晉鄙合信陵君之軍符也。駭甚，乃通檄各郡縣，嚴密偵緝。

初，馮之去寧夏也，同學諸生問所之，詭詞以對。蔡旭與馮莫逆，特餞之，微叩所向，並以秋闈期近，有勸駕意。馮慨然曰：「當今之世，凡事皆可爲，惟官不可爲。武夫出入生死，爲國效力，不足當譏問者一啓口之禍。文官玩愒因循，戀爵禄厚妻子而已，雖有賢者，一木焉能支大廈？某，傷心人也，行將挈山妻，走窮荒，雖行乞，所不辭，安能守此一衿乎？吾妻以不逾月之新婦，能割股和藥以盡孝於吾母，故不忍棄之，否則亦敝屣耳。」蔡請其所游之方，則曰無定。及隱於冶，蔡乃時時得馮消息焉。

越十五年，蔡之外舅魏某以孝廉大挑一等，籤分陝西，得寶雞令，移權延安。蔡送婦歸寧，驟遇馮於市，短衣黧面，坐冶鑪下，鑪火熠燿，映馮面，作純青色，驚不敢認。及見其妻，布衣椎髻，雖在廛中，不改静穆之舊。乃遽前執馮手，問何所取義而託業於冶。馮曰：「我固不辭行乞，冶不猶勝於行乞乎？」蔡大嗟歎，時相過從。一日，蔡忽來别，謂外舅以捕盜不力，將去官，己亦將挈婦返寧夏。馮笑曰：「盜固不可治也，將誰尤！」後又數年，馮與妻中宵喪其元，一子生十年矣，藉草卧牀下，幸免於難。宰官勘驗，門户前後無盜跡，奇之。檢其巾箱，惟破書中有一横幅，繪事精絶，平沙捲草，二驥俯仰其間，神采生動，情景悲壯，上題「沙掩風嘶」四字，並繫以詩，警句云：「兼善不可得，獨善胡爲者。借手一鋤兇，隱身鑪冶下。」其以二驥影「馮」字，平沙著妻姓氏，是又一幅閨中行樂圖也。宰愛不忍釋，攜歸，知盜之賊馮，爲復仇計，嚴緝之，無所獲。乃捐資爲馮營葬，樹豐碑於墓前，曰「俠士馮鐵匠夫婦歸骨處」。遣子頗馴謹，宰使與己子偕，就傅後，竟繼其書香。馮名搏，字翰飛，市隱後，人皆呼爲馮鐵匠，罕有知其名字者。

## 曹王在報王昶

曹王在，上海人，爲縣著姓。工制義。乾隆甲寅春，與沈大成同游廣州，客學使王東麓所，大成則館閩撫銅梁王中丞昶署中。越一年，王聞曹名，迎以爲諸子師，大合樂，置酒，賓客咸會，具公服拜之，延之上坐，指謂衆人曰：「此江表曹先生，海内名士，卽僕亦當師之。」曹遜謝不敢當，而王終席未倦。既罷，曹私謂大成曰：「我館人多矣，未有王公之禮我若此也。吾何以報之？」自是生辰及歲朝節日，王必具公服拜之，有疾，晨夕往問，暇卽至館，與論文史。蓋由粤去閩，迄王之薨，如一日也。

王既歸葬蜀，家屬僑濡須，曹將渡江，其妻弟朱補園少詹招之試京兆。曹曰：「王氏諸子學未成，義不可他去。且因輿援以就功名，非吾志也。」後王家仍返銅梁，而曹以疾留。逾年，其家以鄉無碩師也，書來，言道遠家貧，不敢彊之行。曹欣然治裝，攜其長子間關入蜀。有阻之者，曰：「此吾報王公之日也，卽死無憾。」去數年，歸，過大成曰：「王氏諸子學皆成，其季汝嘉、汝璧尤刻苦，能趾美。吾死，可見王公於地下矣。」汝璧後入仕，以安徽巡撫入官工部侍郎。

## 李仲彭還束脩

連城李簡庵茂才有子名成文，字仲彭，亦諸生。境極困，以授徒自給。歲終，以徒學未成爲愧，於束脩，有半受者，有全卻者，徒以感奮。嘗應舉，有人饋贐之，固辭不受，或遺其家，既而知之，即酬以古琴。

## 李七爲主受刑

乾隆乙卯，宜綿督陝甘，好盤詰私販，凡回疆屯戍官吏私往來販玉者，盡被獲，立正典刑。有故巡撫某，貪吏也，以罪戍邊，使其僕李七往來販玉。事發，李挺身自認，謂主人初不知也。大吏脅以三木，李供如初，論大辟。

## 向永來負老主母

向永來，乾州人，向峯僕也。乾隆乙卯，苗變，峯遠出，峯母楊氏老不能行，永來負之逃。至張排砦，與楊俱遇害。

## 余觀德焚券

乾隆末，高郵知州孫某嘗負歙人余覲德白金五千兩，及余以索逋往，而孫病殆，瀕危，執余手以稚妻幼子爲託。余乃爲買宅於揚州小東門，任其家用，俟其子能就學，屬之名師，且時周給之，而焚前券。

## 徐明經分人以財

錢塘徐虛齋明經以誠生平闢佛老，而好施與，閉户教授，單寒之家，輒不計其脩，且歲時周卹之。乾隆季年，表弟范圻方髫齔，從父宦游，遭家不造，自數千里外扶父櫬歸，依明經，則曰：「中表亦同血胤，猶我弟也。」飲食教誨，無微不至，及其成人，爲之授室，並給資使游秦、晉，爲諸侯上客。明經之曾孫爲印香舍人恩綬，有祖風，亦貧而好施，即珂之父也。

## 何春渚供厲樊榭月上栗主

厲樊榭徵君鶚之殁也，杭堇浦太史世駿哭以詩，有云：「泉路定應尋月上，斷風零雨説相思。」月上，徵君愛姬也，早卒，徵君有《悼亡姬》七律十二首，極悽麗。徵君無子，殁四十餘年，徵君及月上栗主俱委榛莽中，何春渚布衣琪見之取歸，送黄山谷祠，洒埽一室以供之。青浦王蘭泉侍郎昶且屬同人歲於忌日爲薦酒脯以祭之。

## 成善還人媳

成善，滿洲人，冀州知州。時甘肅道員蔣全迪以冒賑伏法，子孫皆遣戍，妻孥流離覓食，至州界，妻病旅店中，因賣媳爲婢。成買其媳歸，詢知家世，慨然曰：「等爲外吏，豈可幸其患難，辱及家室，安知吾子孫他日不至此耶？」立遣還，並厚贈以貲，送其妻媳回籍。

## 紀某爲丁氏子雪弑父寃

山陽丁佩弦富而吝，鄉人怨之，呼爲鐵丁。丁聞之，亦自喜也，遂以爲號。丁有子，冠矣，有女，笄矣，不爲婚，不爲嫁也。或問之，曰：「婚嫁多費，置之，俟其力能自致耳。」子能讀書，孝其父，見其父之焦勞也，每爲其父勸。父不聽，言輒撻之，積久，恩義益疏。而其子曾不之顧，涕泣甫過，則又笑語於前矣，雖百撻不去也。女聰穎絶倫，有艷名。鐵丁既不問婚嫁，少年得間，輒與女通殷勤，女不拒。其子既不得於父，又以妹之舉動爲不然，亦時時規之。妹亦厭其兄之迂，又憐其誠也，面拒之，而陰於父前爲之游説，故父子之間相夷猶未甚也。

邑有狂生紀某，嗜酒能文，好議論當世事。酒酣興至，輒面折人，邑人皆畏而遠之，女獨好與談。一日，里中演劇，紀半醉而往，遇女，紀遽前揖曰：「而翁老鐵無恙？」女大怒，猝拳之，折其齒，紀負痛不怒，惟大笑引卻。女反不自安，拾其齒，明日將送還。而紀書來，曰：「慕卿久，家貧不能具六禮。齒者骨肉之餘，既玉手親折，即留爲聘儀，當勝於珠玉也。」女得函，沈吟久之置不覆，然自是斂跡不出門，不見人，惟時以言餂其父。繼見其父之意不可移也，遂奔於紀。紀無父母兄弟，家徒壁立。且女惟以女紅文字爲活，問謁丁，丁以省嫁資爲喜，轉有加禮。久之，紀有所親商於山左，招之，挈家去。女辭父，涕泗交頤，丁了無慘色，於是頑鈍無恥之名益著。年餘，又逐其子，蓋其子偶竊錢數百文濟一貧瞽之老者也。丁獨與羣僕居，無何，中夜爲人所殺，莫知主名。諸僕得丁子於室，因偕丁族人執之送於官。官訊之，涕墮如綆，曰：「父死，我不獨生，死可也。謂我弒逆則寃甚。」詰以父爲何人所殺，則稱不知。按察某疑之，延其獄，不遽斷，而其事已傳播遠近。會學使按臨濟南，按察往迎，學使力言其寃，按察以未獲正兇終不釋也。丁子在獄久，歷諸艱苦，自謂必死，再閱月，獄卒忽寬待之，移置一室，枕褥衾榻悉備，丁子怪之。已而獄卒言學使署中有人來謁，視之，則紀也。紀在山左得學使識拔，已爲入幕之賓矣。丁子前甚紀，未嘗正視，至是慘沮之中，頗有慚色。紀詢得顛末，蓋丁子雖被逐，然不忘其父，夜分俟父熟寢，輒往省視。是日見父死於牀，大驚而呼，遂爲衆執。丁之族人則謀分其產，計莫如先斃其子，因厚誣焉。紀聞之，乃告學使再請按察嚴詢諸僕，盡得其情，果諸僕恨丁之刻，合謀弒之，而嫁罪於其子也。案既成，丁子始謝紀夫婦。紀將爲之議婚於大家，丁子不欲，繼乃自言前爲父逐時，宿破廟中，見瞽女以星命度日，而絕孝其母，因留意焉。紀固不羈士，即爲媒之。成婚日，路人皆曰：「鐵丁何等人，而其一子一女，乃皆畸人，何耶？」

## 樵叟救某宦出獄

峨眉之麓，林木蓊然，居民類業樵。某歲春，來一叟，鬢髮斑然，僂其背，扶一杖，時造酒肆飲，輒罄數十觥，餘晷則負鋤事樵。夜宿古剎中，默然未嘗發一言，如是者年餘。

一日，叟方輟飲步山中，突有老僕擁一女郎至，見叟，則下拜，叟拂袖逕去。時已薄暝，遂失所在，居人奇之，叩女郎以顛末。女郎操南音曰：「叟，游俠士也。我父宦於浙，叟乃來歸，自稱曰勇士。父奇其貌，禮之殊衆賓，叟安之，未嘗謝。明年，父遭權貴忌下獄，就道之日，忽失叟跡。明年父歸，未嘗不與言感叟也。」初，女之父下獄後，叟欲拯之者屢矣，猶以爲未得間。會某相子好劍術，無師，欲募天下勇者精其術，雖萬金勿吝。叟挺然往，旬日之間，技大進，某相乃進叟而謂之曰：「子傅我兒，技乃大進，我實嘉子。子有何欲，我必從之。」叟乃乘間以女父事進，並告之曰：「能拯若人，感如身受。」父遂以是歸。知叟所爲，感甚，誓欲跡之，顧病瘇勿果，乃教女覓叟，跋涉長途，有日矣。今始遇之，何圖絕裾若此，施恩不望報，仁哉叟也。居民相與嗟咤，始知叟乃非常人也。

## 十九貓殉主人

汪均之上舍，文端公廷珍次公子也。其夫人飼貓二十餘頭，各有名號，呼之輒至。恆手調香餌飼之，貓不食，已亦不食也。夫人卒，貓號慟不食，方殮，躍入棺，伏尸旁不動。出之，則傍棺哀鳴，淚如雨下，不數日，或投池中，或入竈突，十九貓悉併命矣。

## 吳婢救王僕

杭州汪大豐之族母有婢吳，頗婉順，母憐之，後病且死，囑二子善遣之。子體母意，厚賜之，遣老僕王某送歸其家。婢父母均前卒，兩兄皆無賴，所齎既誘盡，更以二百金鬻之遠所，音耗遂絕。久之，王以急事往閩，渡海遇蔡牽被掠，驅至一艇中。忽有呼之者，曰：「若非汪孺人家王伯乎？」王諦視，急呼曰：「吳姐乃在此，救我救我。」吳叱左右解其縛，謂：「兩兄皆匪人，蕩我貲，復計陷我。此間大出海捐千金購我，頗厚我。然所爲不道，我微諷之，渠亦自危。然以羣夥牽制，不能決行，當與之俱燼矣。」俄頃牽來，羣盜傳呼曰：「大出海至。」蓋大出海者，舶主之尊稱也。牽短衣跨褶，婦則戎服裹頭，誠壓寨夫人也，惟皆徒跣耳。吳指王謂牽曰：「此我舊主之僕，昔蒙其惠，老且貧，勿責其贖也。幸送之歸。」牽諾之，贈以金，并一旗，曰：「執此，海道無阻。」王與吳大泣而別，歸以告其兄。時二兄鬻妹金已罄，計爲盜亦得，入海投之。吳聞其至，即怒曰：「人之無良，我乃以爲兄耶，必殺之。」牽爲宛轉解釋，始抱頭竄歸。後牽敗，以巨礮自沈其舟，則吳果與之俱燼矣。

## 羅壯勇殺豪救婦

錦江某孀婦老而貧，有子遠出經商，三年不歸。媳方少艾，土豪某強委禽焉，不可，則將刧取之。姑婦夜泣，羅壯勇公思舉方爲盜，過其屋，聞泣聲，伏聽而悲之，卽躍下，授以槖中所獲，使他匿。是夜，豪方飲於室，有物若魑魅，忽入室，攫其首去。時川盜推壯勇爲最便捷，其家疑爲壯勇也。報官，並懸千金之賞以捕之，久之不得。嘉慶戊午，川、楚軍興，壯勇積功至提督。他日謁縣令，自言之，且曰：「法不可廢，請歸案待罪，可也。」令再三遜謝，乃銷案。壯勇以千金給豪家，曰：「若懸賞千金，是爲我定價也。請以此自贖，何如？」

## 羅壯勇妻鬻身救夫

羅壯勇改行後，始娶妻，忽患奇疾，百方不治。一道人過門曰：「有方可救，但得錢三十千，乃可製藥。」羅自念貧窶，安得三十千錢，語其妻曰：「吾病且死，汝亦餓死耳。苟鬻汝，得錢買藥，則兩活矣。」妻不可，強之再三，泣而從之。病果瘳。羅既官游擊，乃遣人訪其妻，以重金贖還，爲夫婦如初，報其鬻身救夫之義也。此事不足訓，然以視少共艱苦，既貴而厭棄其糟糠者，其厚薄之區，殆不可以道里計矣。

## 齊二寡婦救老尼

嘉慶時，有齊二寡婦王氏者，美而勇，且善幻術，工技擊，從夫鬻技四方，能著弓鞋立馬上，馳騁若飛。白蓮教匪作亂，橫突兵間，剽悍無敵。時夫死，齊方祝髮尼菴。菴多常住，官覬其利，誣老尼通賊，繫之獄，籍其産。齊素以拳勇教授鄉里，游俠多出門下，乃共謀刦獄，出老尼。既刦，則衆不可散，遂與諸游俠據山爲亂，投入白蓮教，爲教首，漸更男子服，改初志矣。

## 朱文正病中作墓銘

上海曹侍御疏劾和珅，身後始蒙優獎。當嘉慶己未，侍御子玉水舍人江將扶櫬歸葬，求銘於朱文正公珪。文正病背癰方劇，舍人請俟愈後爲之寄江南，曰可及也。文正曰：「不可，吾病，吾文且益真摯，愈於不病者。」乃流涕屬草。稿竣，請劉文清公墉書之。文清爲避易數字，文正意不愜，復改定，而文清更書之，即後所刊石流傳者也。

## 黄竹岡送裴宗錫柩

黄壆，字竹岡，吴縣人。晚遊天台，翛然有遺世之想。更名雲鶴，稱吴中雲鶴老人。嘉慶時，嘗客皖撫裴宗錫幕，事無大小，悉諮之。裴調雲南，從之。裴卒於官，節相李侍堯兼攝撫篆，仍延之。未幾，裴喪歸，子幼，無期功親爲護喪者，竹岡即辭節相以送之歸，蓋水陸萬餘里也。

## 俞文救秀才

俞文，蘇州人，世爲紫陽書院門斗。嗜酒。嘉慶己未，有某生負富者金，庭辱於縣，會學使以試事按郡，諸生數十人訟某寃，且訐縣令受富者關白，不直，則大譟。學使懼，檄某丞雜治。而附郭他縣令素與院生有隙，思竄名傾之，密召文，屬其言不法事。翌日，當庭鞫，呼文，使指名，不應，則厲聲曰某某犯某事。文瞠目呼無之，且謂某某皆好秀才，會鞫者氣沮。文身被三木，一晝夜股骨折，脛露，卒無他言。後以獄解，得釋，徜徉於酒者又二十年，始卒。

## 王誠救毛大瀛

毛大瀛，寶山人，原名詩正，字又莪。乾隆時諸生。工詞章，充四庫全書館謄録，議敍州同。嘉慶丙辰，從勒保平達州教匪，計擒賊首，敍功，賞戴花翎，擢簡州知州。庚申三月，匪渡嘉陵，犯成都，大瀛被檄募勇遏之。匪竄州境，大瀛率三百人迎擊於土溝橋，斬獲無算。匪大至，兵潰，匪飛戟刺大瀛，大瀛仆。其僕王誠急冠大瀛冠，效紀信故事，爲誤匪計。匪寸磔之，截其首去。而大瀛身亦被十餘創，腸出腹外，手持矟，駡不絶口而死，時年六十六矣。

## 龔龔奠顧澹湖

顧公燮，字丹午，號澹湖，又號擔瓠，吴郡老諸生也。少從學於陸桂森、張九葉，既入泮，試輒高等。中年放曠，不事舉子業。長子早卒，次子好游蕩，逐之，走至安慶，有悦之者招爲壻，不復還，竟無後。澹湖有義僕曰龔龔者，歿後，每清明，寒食，輒攜盂飯卮酒以上塚，焚紙錢奠之。

## 何玉鑑慷慨好義

何玉鑑，字明選，桂陽監生。慷慨好義。嘗從婦翁范宗裕於東鄉縣令任所，有饒向榮者，貧士也，玉鑑憐其才，請於宗裕，延爲童子師，復傾囊贍之。向榮勵學三載，入翰林。又縣民某女許嫁一士人，後以其貧而悔，訟於官，其壻恚欲死。玉鑑助以百金，使成禮。士人賦詩贈玉鑑以爲謝，有云：「鏡眉別畫傷千古，故劍重還恃二天。」

## 林清周給曹綸

曹綸，漢軍正黄旗人。父廷奎，貴州安順府同知。乾隆庚戌，綸隨任高郵，時林清爲糧道隨役至高郵查漕，與綸識。廷奎有廉聲，卒之日，益拮据。綸歸都，妻子鶉衣百結，綸出外供職，則衣敝袍，自與妻子析薪執爨，日或不給二餔，則市餺飥以充飢。嘉慶丁卯春，綸卧疾不出，忽聞叩門聲，啓視，則清也。握手道舊事，清愀然曰：「公子一寒至此，清雖力薄，然通財濟乏，義也，何敢辭！」卽與以白金數鎰，尋遣人持衣數襲贈之。夏四月，病起，造清之門，清約綸爲兄弟，綸有乏，清必給之。

## 白蘭花募賑捐

嘉慶中葉，有漕督某者，素剛鯁，惡淮商周海門之豪侈而劾之，三疏不動。一日，某忽自至其家，置酒飲宴，歡若兄弟，一時羣詑之，久乃度其奥援之有自也。嘗於春日飲客花下，與客縱論古今豪傑及劍俠，海門拊膺曰：「吾聞劍俠之術亦非所難，而環顧當世，乃寥寥如曙後星，何也？諸君亦曾有此遇否？」座有少年起而對曰：「有之，且嘗一見之，其人蓋在縲絏中也。」

海門亟問何人，客曰：「其人不知姓名，或謂爲鬱林州人。其入人家，無冬無夏，臨去，留白蘭花一萼，不知其所自來，世所稱白蘭花者也。」衆請畢其說，客曰：「白蘭花無居止，無踪跡，往往無意遇之，求之又不可得。庚午，東江大水，民漂蕩者以萬計。請於官，官不賑，某董事倡募義捐，應者寥寥。董事夜寐，置捐册於案，明旦失所在，而餅中插白蘭花一，大驚。越三日，有人持捐册來，且促董事往任散賑之事。董事素識其人，問所從來，曰：『途中有人以此給我，囑來相邀，且云待於河干。』董事視其簿，則平日所號爲老慳者，皆樂輸千百，最後則不肯認賑之某官，亦捐白金八千，且鈐有縣印也。於時趨而前，至河干，萬鍾之粟，千鎰之金，已立具。事後追問，莫知其由，以意度之，其爲強迫可知。自是白蘭花之名大噪，巨室豪右，中夜嘗無故自驚，以爲白蘭花至也，跡之，無朕兆。某將軍以海寇發，率師船巡海。一夕，舟泊虎門，即座艦宴客，妓女數十人左右擁抱。將軍宴罷，留妓侍寢。將軍起，則白蘭花儼然在案，大駭，久之，無異，疑而徧檢舟中，無形影。已而用印，則印字已磨滅不可見，而別有篆文『粉侯』二字，幕賓識之以告，將軍大怒，潛召工更摹刻焉。」

## 魏長生有俠氣

魏三，名長生，四川金堂人，行三，秦腔之花旦也。入都時，年將三十矣。時都中盛行弋腔，士大夫厭其囂雜，長生因之改秦腔，名動京師，王公貴人無不願識之。其爲人有俠氣，納蘭太傅孫曰成安者，初與之狎，後遇事遣戍歸，貧無以立，長生時周恤之。

## 王應祥代人償逋

永嘉王應祥，字國楨。初讀書，以家資中落遂自主會計，以善治生漸饒裕。性慷爽，商人梁子藏以負逋無措，將就死，乃假以多金，並爲轉貸於他人，至期不償，更自鬻田宅以償之。

## 郭家彪慷慨好施

郭家彪，字春坊，湘陰人。生而温約夷愉，與人無競，而慷慨好施。家故饒裕，諸父豪宕，或日費數十萬錢無所惜，家彪亦夷然，不爲有亡之顧慮也。親故假貸，輒如其意以去，或貸於他人要一言爲質，及期爽約，而責償於家彪，亦不拒。歲中爲人理宿逋，率至三四，久之，往往不雠，則毁其約契。會歲大祲，家以中圮，然志在淡泊，不以豐約易度，布衣糲食，蕭然自得，益以濟人爲務。且廣儲方藥，病者踵門求乞，手劑與之。自尋常草木、馬勃、牛溲以至丹砂、鍾乳、千歲之苓、尚方之蔆諸奇珍物，無所不蓄，亦無所不施。其尤貧者，輔以羞餌，使人日再問焉；疾革，躬三問焉；没後，里人言之，輒涕泗交頤也。

程升清釐汪滋畹債

有程升者，汪閣學滋畹之舊僕也。閣學官翰林時，升年逾六旬，閣學有友人爲之買妾，令升送之入都，堅不從，且以大義責之，乃遣妾別嫁。閣學卒，逋負累累，負之者亦復不少，升終年跋涉，而爲之清釐，不以爲勞也。

駱六救陶凫薌

駱六，寶坻人。幼爲陶凫薌僕。嘉慶癸酉，六方從陶以翰林在文穎館校書，時仁宗秋獮木蘭，教匪林清勾結内監張泰、王福禄、劉得財等作亂，京師震動。數匪入館，駱藏陶複室中，扃其户，自索器謀拒之，苦無械，乃折桌足持與鬬。匪削以刀斷四指，暈而仆。匪入室，虚無人，遂出。時皂隸數人伏草中，匪去，乃出閉館門，陶與諸人共守之。事平，駱殊未死，移歸邸，漸蘇，陶厚待之。其後陶每陛見，宣宗輒問義僕駱六尚在否。陶養之，終其身。

六誠樸無他長，不知機械變詐，故臨難忠奮，有古人風。年七十卒於家。子滿倉，有田二頃，陶所賜也。

郝某雪邱夢餘冤

山陽邱夢餘孝廉焌少孤苦，無恆業，儉衣削食，積脩脯若干緡，權子母，久之，子本相侔，生息漸裕。有猾吏利其貲，踵門求貸，既貸，竟不償，乃訴之郡。吏以貲賂守，不之理，促之，守怒，辱夢餘於堂。夢餘乃上控大府，吏恃其狡，寃不雪。同舍生有郝某者，憤甚，招諸生集明倫堂，問吏罪，衆畏縮不敢前，事遂寢。

## 陳稚峯待妻弟

陳稚峯之遊滇也，以妻弟許某有采銅之役，固請與偕。一年而許卒於滇，失銅價至三千金，孤懸八千里外，勢且不返。稚峯經紀其喪，竭力營救，滇之當官者咸高其誼，卒償所失銅價，載許與其族人之柩及妾若遺腹子，間關以歸其家。

## 新城陳氏義田

自北宋范文正公以來設置義莊，至本朝，崇尚風義，凡以義田義產敬宗收族上聞者，歲不下百十家，其父子兄弟賡續推衍，立法之善及其後遺澤之長者，則莫如江右新城陳氏。陳據高貲已百年，自贈光禄大夫道始置義田二千石，其諸子金衢嚴道守誠、陳州府知府守詒、內閣中書守中、江蘇按察使守訓、內閣中書守譽，先後增益學田、祭田、小宗義田至七千石，嘉慶時詳具文簿，牒於縣府行省，以達於部，得旨旌獎。時光禄之孫倉場侍郎觀、禮部侍郎用光，曾孫工部侍郎希曾，均在朝列，具摺入謝。仁宗召見而垂詢焉。而希曾兄浙江道御史希祖、用光姪翰林蘭祥，及其他封胡羯末官曹郎監司、取甲乙科者，期功房從中多至數十人，可謂盛矣。

## 沈芳周貧乏

嘉慶時，長洲有女士沈芳者，字夢湘，爲諸生顧春山繼室。好讀書，耽吟詠，兼工繪事。所售筆墨之資輒以周貧乏，曰：「吾無饑寒憂，留此何用？」

## 盜報龐某恩

龐某以釀酒爲業，一日，晨起，有偷兒卧甕側，枕所竊衣物甚酣。呼之起，跪而乞命。問其姓氏，訝曰：「故人子也，烏得流爲穿窬？果能改過，當贈二金以資謀生。」因啓後門令去。越數年，龐至閩從戎，官千總，時海盜充斥，出洋巡哨，遇盜迫捕，衆寡不敵，盜鑿舟，舟覆，十餘人皆被擒。擒至一島，島有城，峻甚，檻車盤旋而上。至一處，宏敞如官廨，簇擁而前。俄聞呼過堂處決，點名至龐，酋詰里居姓氏，備述之，有霽色，喝左右留龐再詢，餘皆檻候。俄降座，驚釋其縛，請入後堂，令易新衣。左右按龐於座，降階下拜，大驚，酋曰：「君不憶甕旁酣睡者耶？別後仍復潦倒，饑寒驅人，役於閩舶。一日，舟覆，蒙島王收録，不没微勞，得膺此職。君如肯落草，當虛左以待焉。」

落草者，爲盜之隱語也。龐笑謝不敏，酋乃留之暫居。一日，設筵宴之，命侍兒執巾櫛。居數月，酋語龐曰：「君有旋閩之思乎？他日遇於中流，自當退避三舍，不敢犯君之鋒，即所以爲報也。」翌日，祖餞海濱，餽貽優渥，龐惟受其器械旗幟，爲歸而首功計。被擒者亦皆釋回。不數日抵閩，以失利被擒、設計圖脱、奪獲軍裝呈驗等情稟知上官，上官嘉其智勇，加升銜。其後每巡哨，所向輒有功，他將則否，於是積功擢總兵。後因病假歸，盜猖獗如初，及起用，仍肅清無事。

## 閻老六爲主人禦張老材

郯城張老材，盜之豪者也。郯有富人娶於東郭，張偵之。盜約行刼之先，必留符識於門或牆之隱處，以爲驗，既告其徒，亦以示他盜使知有先之者，則不復爭也。是日張先往，既識之矣，明日復往，以其賓從之多未敢倉猝從事也，則雜稠人中而觀之。

時有丐傍偕立，張視之，其舉止盜也，其面目盜也，其神情狀態無一非盜也。張度其爲外來者也，則以盜語語之，且示以所識。丐忽躍然起，呼曰：「盜來矣，不速捕，將失之。」遽牽張臂。張大駭，亦反肱擊之。張絶勇健，丐亦多力，兩人相持牽掣，擊觸階下，階上人皆驚起。張度終不得脱，則詰丐曰：「若亦丐而盜者也。」主人聞之，趨而前曰：「如兩君言，兩君皆不免於盜也。今日吉期，辱兩君光降，兩君之來，不盜於我，而相偕以道，是兩君之厚我也。請即此賓筵，相與一酌，何如？」

丐至是大笑，曰：「甚善。」遽自趨上座，引滿而釂，張亦忸怩就座。酒數巡，張欲起，丐挽之曰：「張某，若賊心未死，欲顧而之他耶？若欲去，若知我何人？」張不能答。丐俯首，自解其足置案，則刻木者也。曳下衣示人曰脛以下血色猶殷，如新截以刃者。座客皆大驚，張亦動色。丐引滿曰：「失此足，十二年矣。」顧張曰：「僕當日亦如君所爲者也。君亦知泰安有閻老六乎？僕是也。僕當時與徒黨縱横東道有年矣。一日，有老人偕女郎自北來，資裝不甚多，惟挾兩甕，鑄銅爲之，其光可鑑。車之上下，皆自提攜之，不令他人近也。僕當時甚怪之，尾之行，自阿城而南，宿於安山驛。老人入逆旅，有美少年自南來，華服跨紫騮，亦入，相見歡甚。是日，老人命具花燭，爲少年與女郎就逆旅中合巹，老人所贈，兩甕而已。女郎明璫翠羽，金鈿玉釵，曳百摺裙，衣飾皆非倉猝所具者，竊之，悉取自甕中。甕固不大，不識何以取攜如是。是夜，女郎卸妝，仍置甕中，老人則俟合巹禮成，匆匆冒夜徑去。於是僕等即往刼之，推其門，無聲，入其室，不見動静，揭其帳，兩人方跏趺對坐，聲息都渺，刃砍之，如著棉絮，不驚亦不怒，惟曰：『汝輩欲金帛耶，在牀下甕中，能取即自取之。』僕極力提掇，甕重幾萬斤，不可動。僕知有異，回顧欲出，而同伴三人者，皆鹵莽，遽揮刃連劈牀上人。於是少年怒，躍起，奮袖一揮，四人皆仆地。少年顧僕曰：『汝盜首耶？』『當時度不能脱，卽應之曰：「是。」少年釋三人去，舉甕置前，令持去，僕終不能稍移。少年笑曰：『無用至此，尚稱健兒耶？趣去，毋溷。』僅得脱。明旦，少年夫婦東行，仍遥尾之，欲觀其究竟。行二十餘里，少年忽回顧曰：『若不欲生耶？』嗔目一叱，電光自其目出，隔十數丈，已及吾身，其涼如水，不覺昏絶。及醒，則在室中，諸同伴方環視，蓋兩足皆失，病創卧一晝夜矣。自是改行不敢復爲。不圖今日復爲君所窺，君真好眼力哉，惜武技尚未至也。」乃以手劃桌面作勢，深入半寸許，張大驚服。

張至是欲請丐長其羣，丐不許，張之徒來者多人，見此狀，皆不敢動。自是富人德丐，日周給之。丐得錢，輒散去，不留一文。張自以形跡已露，乃不復爲盜於近地，而時時遠出。一旦，刼漕艘於河壖，被格創死，州判某以富人與張有一席之雅，因誣以窩贓，欲詐取財帛也。不與，因陷之獄中。丐聞，爲之詣堂上，侃侃而辨，官並逮丐與富人同繫。丐謂富人曰：「事急，吾不得不復爲馮婦矣。」遂自褫其械，夜踰牆去。將旦，復還，是夜官庫被刼，而州判得銀於牀頭，大駭，不敢隱，以呈太守，果庫銀也。然於失數不符尚多，竟以嫌疑撤任。後任至，富人遂得昭雪出獄，更求丐，不知所之矣。

## 伊墨卿贈宋芷灣金

嘉、道間，伊墨卿太守秉綬以翰林出守惠州，時嘉應宋芷灣太史湘以會試無旅貲，當時公車資費人必數百金，宋與伊爲文字交，告貸於伊。伊曰：「能以東西南北四字贈我一七言聯語，當以三百金爲贈。」宋不假思索，秉筆立成，聯曰：「南海有人瞻北斗，東坡此地即西湖。惠州有小西湖。」伊大喜，決其是科必售，贈以五百金。宋果於是科膺選。

## 伊墨卿經紀張孟詞喪

寧化張孟詞，名騰蛟，少負異才。家近蛟湖，朱文正嘗以老蛟精呼之。性喜博覽，嘗撰《山海精良》一書，未就而卒。孟詞與伊墨卿交篤，歿於京邸，墨卿爲經紀其喪。哭以詩，有「執手彌留際，心宣更目成。亮爲雛鳳計，竟失老蛟精」。

## 某伶恤某公妻子

某伶者，色藝俱工絶，遊於陝，陝尚秦聲，無解南音者，困甚，無所得衣食。時某部爲秦聲冠，投焉，部中人共揶揄之，亦不甚令登場。會撫署讌客，數折後，藩司某問有能崑曲者否，部中無以應。伶獨趨進自承，曹長愕然，欲止之，則堂上已呼召矣。登臺奏技，甫一發聲，某色喜，滿座傾聽，歌一闋，遽止之，曰：「笛板工尺相左，他樂器亦無一合者，是烏足盡所長。」趣呼藩署家樂和之，使演《掃花》一齣。伶既畜技久，思一逞，又多歷轗軻，憤鬱無所洩，至是，乃盡吐之，瀏亮頓挫，曲盡其妙。某號稱知音，不覺神奪而身離席也。座客見其傾倒如是，咸稱羨附和之。曲終，纏頭以千計，而伶之名大噪。

已而伶持某書入都，都下貴人爭愛賞之，宴會非伶不歡，由是名益著。閲數歲，某以藩司擢陝撫，冒賑事發，被逮，下刑部獄，家産籍没，眷屬羈滯京邸，衣食不給，終日相對慘怛。忽一蒼頭問訊而至，言主人命致意，已爲夫人覓得一安宅，趣呼輿馬送至，則屋宇精美，米薪器用，下至箕帚之屬，一一完好，顧不知主人爲誰。時某已論大辟，繫獄久，生平故舊無一過問者。一日，晨起，突有人直至繫所，哭拜不能起，視之，則伶也。已去其業，居京師作富人，夫人宅即所置也。於是即獄中置酒，復爲歌《掃花》一齣。甫及半，某大哭，即止不歌，而相對淚下如綆縻。自是朝夕至，視寒暖，調飲食，如孝子之事親。棄市日，具棺槨厚斂之，送其櫬與妻子歸里，又恤其度日費，度足用乃止。

## 董晉卿侍師疾

武進董士錫，字晉卿。副貢生，歷主通州紫琅書院、揚州廣陵書院、泰州書院講席。道光辛巳，其房師霑化蘇某觀察淮揚，招之入幕。蘇猝染時疫，病甚，侍疾惟謹。或告以鄉試期迫，盍舍去，則作色曰：「吾受師知遇之恩，未能一日報，今師疾病，遽舍之而行，是重負師也。」卒不應試。侍疾閱數月，蘇亦愈。

## 吳名揚保全射村人

去歸安可四十里有地曰射村，一小市鎮也，歸安縣丞駐之。村曲折多支港，爲太湖巨浸之尾閭，人家面水居，非舟楫不能渡，以是稱水鄉焉。村西僅農民數十家，寥落如晨星，過板橋而東，則人煙較稠密，有小街一，市廛在於是，爲一村之中心點。

道光時，村有陸翁者，農也，蓄薄田數十畝，自耕，足衣食，有餘則好行小惠。每歲暮，鄰里之奇貧者輒濟其急，不責報，村人多德之。翁中年得一子曰名揚，長而氣盛，勇於任事，尤喜名，或以諛言奉之則喜，雖拔山舉鼎而無辭，利害成敗不計也。村東社公廟年久將圮，而舊時之理其事者以無款置不問，名揚請於衆，願集貲新之。衆韙其議，以名揚有幹才，遂被推，使督修，未數月而祠落成，規模至宏敞。及稽其用款，則較疇昔爲節省，人始悟前之經紀者必蝕款以自肥，而名揚則無是也。村有小爭訟，類就質於名揚，名揚所言多平直，又善於排解，能折争者之心。久之，村有大事，父老所不能辦者，咸集於其門，鄉之人亦慕名揚才，競往商進止。而名揚乃儼以里豪自居，先人田疇，固不復躬親其事矣。

未幾，歸安縣令以漕艘將開，缺萬石不能集，而射村一帶多疲户，欠漕未完，任追，罔一應，令窘甚。有黠役某與名揚友，知其能，乃請於令，遣人招名揚往商。名揚遂買舟謁令，令以催漕囑之。名揚曰：「官能依吾語，視往年所收減十一，俾村民紓喘息，吾當説吾村先期輸全漕。」令不得已，允其請。名揚返，屬徒黨鳴鑼於四鄉，先陳其利害，謂官許貶收，待民已至厚，宜急輸，毋稍遲。村民是之，赴城完漕，争先恐後，不幾日而數大旺，令得以資報解。事已，令給以諭，使充射村董。後遇地方事，惟名揚言是從，而村人之完納錢糧慮爲吏困者，亦倚名揚爲護符，而名揚之把持漕務亦自此始。

時漕未改折，民完納率以米，官吏兑解征收，種種需費，費無從出，不得不取給於浮糧，鄉民忍之而已。中有黠者，乃得以揭其短，於是弊日甚，刁風且愈熾。江浙爲財賦區，歸安漕數之鉅尤甲於浙西各州縣，而弊亦如之。姚文僖公文田嘗具疏以聞，卒格於勢，未能革其一二。鄉民顧不能堪，遂起而自籌抵制，官吏以其不易收納也，目之曰頑莊。射村爲頑莊之一，而名揚實其魁焉。每收漕時，名揚率鄉人赴縣完納，小舟數百，載米隨之。及抵縣城，先與吏役相款洽，使聞諸官，官乃遣役至船與之議。名揚至黠，其黨徒又甚囂張，必執年穀不豐之詞乞官從優恤。官不之許，則議屢不得諧，而糧船泊河干，路幾爲之塞，久之，名揚始稍稍與官以浮收，每石准加糧數斗，而所議淋尖踢斛袋費票錢諸名目則一例廢除，是名爲加糧，實多所取巧。胥吏恐忤其意，不敢較長短，官以考成攸繫，且值渾漕時代，懼爲人發其陰私也，乃俯首以就範焉。

歸安故優缺，非炙手可熱者，不能攫得之。直隸姚大謙與浙撫帥承瀛有戚誼，某年，署邑篆，下車後，以搜括爲能事，尤注意於漕糧，蠹胥猾吏復因緣以爲奸，抵任適春初，按征上年尾漕，輒額外取盈，貪聲載道。有控之者，以帥故，無敢投鼠忌器，一摘其隱也。及冬而開漕，相率集議，遏糧不納，大謙恐甚，欲簽提花户，則辦不勝辦，且人衆易激變，而已轉不安於位。展轉籌思，無可爲計。有獻議者，謂宜先使其來納，俟有數成，再用嚴厲手段，卽可擇肥而噬，此上策也。且民已聞官名，非出示以堅其信，必互相觀望，不樂於輸納。大謙喜，翌午，出奉憲諭八折收漕之示大張於鄉村中。名揚覩之，急令其黨速揭一紙，藏於家。未及數小時，前所張貼者悉不見，人或稱怪，名揚笑曰：「必官中有後命，又揭回也。然既藏一紙，已珍如拱璧矣。」次日往縣城，先屬徒黨照八折完糧，謂是遵憲諭，吏役不敢聲。既復訪漕書，出揭示而語之曰：「八折收漕，乃聖朝盛德事，大府之意，亦甚可感，吾擬卽日走京師，將擊登聞鼓以謝天恩。但何日奉憲諭，乞子告我，俾勿忘。」漕書聞之色立變，旋招之登酒家樓，婉詞以勸，謂之曰：「此非得已者，子但八折完，已便宜矣，何必問他人事，與吾輩戲？」名揚艴然曰：「吾一鄉之魁，應爲鄉人致謝忱耳。」漕書知名揚此來，非空言所能濟，且味其語句，亦有取瑟而歌之意，急白大謙。大謙初以事頗完密，不圖尚貽一紙於人手，聞告，甚悔。顧事已至此，乃願出千金爲揭示之交换品。名揚先不允，後經書吏再三商之，始袖金去。臨行，猶大言曰：「是區區者不足值乃公一笑也。」雖然，其亦稍寒貪官之膽乎？」

大謙之賄千金也，乃迫而使然，欲修怨，時露於詞色，一二知者頗爲名揚危。未幾，大謙移烏程，越半載，通判王壽榕來權歸安。壽榕迂懦不解事，履新伊始，輒求教於大謙，大謙乃詭言曰：「歸安無難治，難在漕耳。」壽榕詰其故，大謙曰：「不辦頑莊，漕不可收；不去陸名揚，則頑莊不可辦也。」壽榕韙之，初不慮有他意。一日，乘間請於太守方某，謂非嚴懲頑莊與拏辦名揚不可。方以新令勇毅敢作事，心壯之。壽榕復以射村在縣邊境，與烏程、德清相毗連，擬請府檄兩縣，往會捕之，免漏網。方亦謂然，許即日下密札。壽榕更商諸大謙，函促德清令訂期至射村，以爲一鼓就擒之計。顧名揚黨羽衆，府縣吏役多與之通，得訊較早，急遣人入城，浼某鉅紳爲緩頰。紳以名揚果非善，然能衛鄉里，爲進言於方，乞免究，俾自新。壽榕亦第求其無預公家事，均允不之究，事已寢矣。乃德清令周某奉府檄並得大謙、壽榕函，以事關捕犯，星夜命駕往，及抵射村，始得郡紳乞情之信，知程、安兩令不果來，乃折船以歸。又恐貽輕率之誚，於是過射村以北，將迂道從武康返。及行經武康，忽有鄉民擊官舫幾壞，人衆，勢洶湧，無可理喻，周僅以身免。有告周者，言武康上年亦有鬧漕事，今見大舟十餘銜尾來，知爲官，乃大駭，疑武康邑侯將捕其村人，惶懼不暇擇，遂出此抵抗之下策也。周乃走訴於方，乞檄武康按其事。適至府署，先與大謙遇，語以狀，大謙佯爲勸慰者，並與之計曰：「名揚事雖已，而太尊意未釋，君適挑釁於武康，治之無名，徒貽識者笑。不如歸咎於名揚，歸安王令且德君。」周應之，遂聯袂謁方，以名揚唆衆毆官告。方怒，謂名揚爲亂民，不可稍姑息，於是名揚之獄乃搆成，而有府縣會捕之密議。當議捕名揚之日，正冬令辦防之時。初，射村冬防，縣令皆諭名揚董其事，歲以爲常。而名揚機警有譎智，又能得衆心，措置咸宜，村賴以靖。至是，壽榕惡名揚，方議芟刈之，更不欲假以事權，乃令他紳舉辦。類無能力，再四辭，而村人感名揚，遂仍私屬之。名揚乃集村人而議曰：「往歲防範之策，甚不足恃，吾村環以水，天塹也，非注意於河道，恐有懈。」村人諾。於是名揚乘小舟，沿村度勘，凡近村之溪港通舟楫處，皆釘排樁，中留一舟之地，便河道往來。至晚則鍵以木柵，如關卡然，俾客舟不得深入。布置既密，復與村人約，聞鉦聲，雖深夜必集。非盜警，亦不鳴鉦也。及三縣會捕之事起，名揚雖浼郡紳爲轉圜，幸得免，然益整飭河防，日命羽黨泛舟中流，嚴司柵欄之啓閉。村人咸嘖嘖道，謂名揚能衛鄉里，顧名揚實藉謀自保耳。一日，城中專足至，言守令將以辦要案，往射村。名揚以近村無要案發生，頗疑府縣之來或不利於己，乃遣人沿途密探信，歸者果謂官舫甚夥，縣役以目示意，名揚悟，乃密籌所備，命心腹速鍵河中柵，使路塞不得進。已則佯作工人狀，擇村之僻處，踞高墩以遠矚。遥見官船順流進，將近村，河柵忽下鍵，官船觸樁而止。名揚手銅鉦亂擊之，而四鄉之鑼聲亦起，村人大駭，疑來者爲盜舟，聞聲集兩岸。適時已薄暮，不復見官船之旂幟，乃以瓦礫向舟擲，路隔，未盡中，而波浪濺沸，官船遂有進退維谷之勢。周鑒於前轍，先命退，程、安兩令見勢不敵，亦紛紛擬遁。方船在前，猝不能轉棹，且以覘事急，出立船脣，將以利害語鄉人，稍一不慎，忽失足墜於水，賴有拯之者得不死。

方返府城，急請於省憲，發營兵五百，將圍射村捕之。名揚知已肇大禍，集黨徒計之，有恇怯者，謂走他縣，或可免禍。名揚笑曰：「終有此著，特尚未至時耳。況吾本無罪，而官吏有以激成之，不稍使知吾能，將謂吾負虚名也。」近村十里以内臨河樹木，徧插小旗，上書「官逼民變」四字。名揚以兵至必無幸，乃潛匿他處，出没亦無常，雖心腹，亦鮮知之。名揚黨又揚言兵來必屠戮，村人駭懼，皆扃户，以小舟載妻子逃。名揚見而喜甚，謂此可證非吾之罪，曲在官耳。未數日，官兵果大至，火名揚之居，四出大索，不能獲，而謡讁蠭起，將激變。官兵不得已，整隊歸。實則名揚匿獅子吼寺，未離射村一步也。

時撫浙之帥承瀛爲政尚嚴厲，既得湖守報，卽下嚴檄，將盡捕首從以正其罪。方伯伊某執不可，謂府縣治此事已操切，設更責之，則立興大獄，不如明白示諭，鄉民誤會概不究，但懸重賞，或可得名揚。帥然其説，乃先褫壽榕職，更委幹員數人下村撫慰，於是村人聞風返，稍稍復舊業。名揚至此，知故里不能留，乃集父老而泣語之曰：「名揚罪滋重，禍延桑梓，今官中所欲得者，名揚耳。父老憐名揚誠，請縛以致諸縣，所有賞資，可爲里中謀善舉，他日論者，或不忘名揚，名揚於願足矣。」語罷，嗚咽不能聲。父老謂名揚詐，相率慰以好言，名揚始再拜曰：「父老必不見許，則名揚其他適。先人壠墓，煩父老爲守之。」其徒張成甲遽攘臂呼曰：「行則行耳，喋喋又胡爲者？倘有人道祕密，莫謂白刃無情也。」名揚乃不復言，稍事摒擋，買舟奔武康，繞道至杭州，輾轉而匿居於蘇之木瀆鎮。

名揚既遠颺，而官中購之急，增賞至三千金卒不濟。顧事經撫部上聞，倘不得者，案終莫結，官吏憂之。念名揚遁必不遠，而村里中必有潛與通者，倘得紳士之助，必可致。適吴介坪孝廉方城居，官吏乃懇其設法，介坪慨然諾。明日，介坪訪名揚之黨，匿村中者尚數人，而成甲亦在其列。乃遣人賺至城，責其罪而語之曰：「汝善自爲計，吾當乞官貰之。」黨徒曰：「如何而可？」介坪作色曰：「捕者日至，城村都不靖，農事盡誤，豈自命豪俠者如此乎？汝輩欲死則已，倘願生者，盍迹名揚所往，勸之曰：『丈夫作事，成敗一身任之，何爲偷生遠行，令一村不得安堵？』」黨徒應之，公推成甲往，以成甲爲名揚所信也。成甲無可辭，乃偕捕者至木瀆，得與名揚見。名揚不俟成甲言，已知之，則慷慨語曰：「吾本不欲遁，勸者亦汝耳。今若此，吾豈以一身累一村哉？」遂從之返，並請捕者上刑具。比抵府城，於庭訊時，猶殷殷以勿擾射村爲請也。未幾，名揚解省，決於市，介坪應得賞三千金，移給成甲。成甲不自安，辭勿受，強之至再，爲設育嬰堂於村東。而村人念名揚，每值春秋令節，猶私以麥飯紙錢，掃其先墓，蓋皆不忘名揚之囑也。省吏以射村地僻，民俗強悍，即名揚居爲署，移縣丞於其中，以資彈壓。是爲歸安縣丞移駐之始。

## 揚州四爲何景炎任訟費

道光初，青浦有妓曰揚州四者，姓田氏，與何景炎暱，繾綣倍至。何爲訟案所累，四憂懼，不知所出，願罄積金爲謀脫罪，終不可得，乃爲任訟費。且蓬首入獄，涕泣相對。及何遣配，四遠送至蘇州之滸關，痛哭言别，指天日自誓，謂當永守荊布。何乃令兒輩以母事之。

## 陳碩士恤舅師之後

陳碩士宗伯用光，爲魯山木大令九皋之甥，而姚姬傳郎中其本師也，故陳亦以古文名，堅守桐城、新城之家法。山木官夏縣三年，不名一錢，没後，諸子奔走衣食，無恆産以自存，姬傳後人亦鬻田他姓，無力以贖。陳於道光戊子奉命督閩學，乃出其養廉，買田五十餘石爲舅氏祭産，復出八百金爲師門置田，俾姚氏子祭掃之餘，得粗給饘粥焉。

## 鄧石如周三族之貧

畢秋帆制軍開府兩湖，稱好士，尤重鄧石如。石如留歲餘，以其間登衡山，訪岣嶁碑，泛洞庭，望九疑。其歸也，畢觴䣰商，使爲石如壽，橐中裝且千金，歸而買田築室，延師課子姪，爲室家計。頃之，渡河，登東山，遂至京師，欲以篆籀古法劘切時俗，公卿多非笑，惟劉文清公墉深器之。乃遊盤、山西山，謁昌平陵而返。

自後石如時時客遊，然僅大江南北而已。修幹美髯，沈毅寡言笑，遊四方，所止，必物色其賢達士及搜求古人金石之跡以自考。與人論道藝，所持斷斷，絲毫不假借，布衣棕笠。賓客公卿間，岸然無所詘也。出遊而歸，囊中貲先以周三族之貧者，又以貲貸匠氏，使製棺櫬，凡不能葬者，隨取給焉。

## 李淩漢平楚蜀險灘

李本忠，字淩漢，漢陽大商也。一日，赴歸州，請於州牧曰：「州多險灘，本忠之祖死於是，父亦嘗瀕於死，心竊痛之。願出貲募能伐石者。」州牧可其請，州灘以平。又走蜀，之夔州，一如請於歸州者，皆得請。既去諸灘石，又以楚舟泝江而上，必用挽夫數十人負絙走崱屴間，恆失足顛墜死，乃鑿崖通道，以利其行。始嘉慶乙丑，訖道光庚子，凡平險四十有八，所費金二十萬，蓋曠世義舉也。楚、蜀有司聞於大吏，以上於朝，本忠及其子孫並膺四品章服之賜，或紀其事顛末，曰《平灘紀略》。

## 張亨甫急姚石甫難

道光庚子，桐城姚石甫觀察瑩官臺灣道，禮聘建寧張亨甫孝廉際亮爲幕賓。亨甫喜，將渡海，及廈門，畏險，使人寫其貌題詩寄姚而返。聞鹿澤長爲寧紹台道，往依之。至，則寧波失守，狼狽走江西。將至山東，不果，遂過桐城，訪方植之光律原馬元伯而至湖北，方伯葉敬昌厚禮之。復之吳中。既而姚以事爲英人謀愬江南，奏劾，有閩人附和其言，被逮。亨甫聞之，憤甚，見某巨公，面責之。意石甫赴逮必過吳，棲遲以待。七月，石甫過淮，乃從至京師。時台諫憤石甫之被禍，交章論救，山陽魯通甫一同又作《臺灣道姚瑩功罪狀》，代鳴不平。及抵都，一時名公卿爭枉車騎出迓，至長新店者凡三十餘人，曾文正其一也。而石甫終入刑部獄。

初，亨甫有妾蔣氏從在淮，及赴石甫難，留蔣於淮，屬其友。亨甫方病疾，扶病從，石甫止之，不可，自投方劑，未已。石甫事白出獄，亨甫大喜，從石甫居炸子橋楊椒山故宅，延人治其病。而所患深矣，竟歿，何子貞太史紹基輓以聯云：「是骨肉同年，詩訂閩江，酒傾燕市；真血性男子，生依石甫，死傍椒山。」亨甫疾革時，託遺詩於石甫，值臨桂朱伯韓觀察琦來視疾，因坐榻前，代執筆而自定去留，所謂《思伯子堂詩集》者是也。

## 姚石甫撫劉孟塗孤

姚石甫與劉孟塗皆桐城人，相善也。孟塗客死亳州，石甫撫其孤如己出。孟塗，名大槐。

## 莫蘭馨待黄得勝

道光己亥，廣州有丐焉，年三十有奇，跛一足，終日行衢市中，時而掩面哭，時而仰天笑。人有憐之者，與以錢，不卻亦不謝，視其狀類顛，蓋傷心人别有懷抱也。時有莫蘭馨者，粤之俠紳也，樂善好施。見丐，心勿忍，招之至家，款以食，與以衣。丐不可，曰：「無故受大惠，非所願。」言已欲行，蘭馨止之，曰：「余知足下非常人，故招君來，何拘此？」丐乃受之，曰：「足下遇余厚，感甚，然余終以無故受惠爲恥。無已，其就君家爲傭乎？」蘭馨不可，丐固請，乃諾之。

及夕，蘭馨與之同飲，丐曰：「余，黄得勝也，山東萊州人。幼好武藝，十七而從軍。時當道方以焚鴉片故與英人開釁，余適當前敵，以爲此戰永軀之於域外矣，豈知一敗再敗，至割香港。」言至此，嗚咽不已。久之續言曰：「余之足，亦是役所折，遂成廢人，乃流落於此。自恨不能爲國復仇，而恆願國人復之也。然周覽四方，徒見國人之醉生夢死而已，不復知有國恥矣。嗚呼！大事已矣。」言畢大哭。丐居蘭馨家，操作甚力，日出而起，日入而息，不厭不倦也。蘭馨待之益厚，操作亦益力，半年而自辭，不知其所之。

## 和尚殺殺人者

穆彰阿當國時，鴉片戰争方熾，一時清議均主戰，穆獨持和議，論者羣訾其受外人巨金運動，敢於賣國。一夕，獨坐閣中，有聲豁然，則一僧抉履而入，貌奇醜，瞋目獰視，穆噤不敢呻。僧出短刃將殺之，乃誦觀音佛號不已。僧大笑曰：「汝賣國賊，乃念佛，佛豈能救汝賣國賊耶？」穆跪而乞命，曰：「和尚慈悲，定能救我。」崩角無算。僧又大笑，曰：「吾以汝有奸人之雄，今孱懦貪生乃爾，殺汝，且汚吾刃。惟汝何以受外人巨金而主和？」穆囁嚅而對曰：「此意出自朝廷。」僧曰：「焉用汝相？」穆又叩首不已，久且伏不敢仰。其妾適遣二婢來，正睹一物瞥然凌空去，見穆伏地誦佛，神色大異，扶之起。穆急問曰：「汝見和尚乎？」婢以未見對。意少定，復曰：「和尚者，佛也，彼來接引我耳。」

翌日，穆念惡僧行刺，必有主者，乃購刺客，將殺林文忠，殆以其力主戰而疑之也。時林在戍所，一夕，僕以事起，驀睹一醜僧，卧窗外，大駭而呼。林出視，僧亦徐起，曰：「僧自卧此，無害於公，酣睡可耳。」林請其入室卧，僧不可，林乃戒其僕無相擾。次夕，僧仍在焉。越二十餘日，林執卷高吟，忽窗外有聲甚厲，已而寂然。急呼僕出視，則僧方掘地埋一人尸，血漬模糊遍堦砌。僕驚呼曰：「和尚殺人。」僧笑曰：「和尚不殺人，和尚殺殺人者。」林奇之，強邀入室，將款以酒，僧曰：「吾持酒戒。」林問何以不持殺戒，曰：「能殺人，方能活人。」及林賜環，僧忽宵遁。

## 葛衣人爲江進士殺和尚

江寧進士江某赴京師，至某邑，客中小飲，時密雪嚴寒，忽見户外有葛衣人過，頎然而長，跣足行雪中，了無寒色。江異之，前叩其姓氏，不答。又問客寒乎，亦不答。又問客飲酒乎，乃點首。遂引入旅舍，飲至無算不醉，復進食，食至無算亦不飽，而終席都無一語，狀類喑啞，江愈奇之。次日將行，請客俱，摇首勿許，遂別。

行三日，至一處，葛衣人忽至，謂江曰：「君見夫寬衣大笠短棒荷燈籠遥立道旁者乎？」江曰：「見之，僧也。彼何爲？」曰：「今夜三鼓飛刃取君首者，即渠也。」江膽喪，伏地求救。客曰：「吾在，固無畏。渠果來，嘗吾斧矣。」乃戒江安寢勿驚。至夜半，客提僧頭擲地上，曰：「莽髡無禮，吾已殺之。亦君攜金太多，爲渠所覬耳。」江初諱之，客曰：「君囊中白金若干，黄金若干，封識何狀，庋置何所，何欺我也？」江大驚失色，曰：「唯唯。」客曰：「挾此何爲？」江曰：「欲往投某當道門下，以此爲贄耳。」客艴然怒，曰：「咄，汝固蠅營若此哉？吾目眯，誤識爾，悔不教和尚殺君也。」言罷，提僧頭越屋而去，時星光黯淡，頃刻無蹤。江慚懼，遂不入京而返。

## 藕絲救福某

藕絲，宿州人，方伯福某孌僮也，生而嬌媚如好女。淮北風氣剽勁，俗尚武，藕絲弱甚，不能作苦，復善病，其父母兄弟皆厭之。然質敏，從蒙師一二年輒能作短札。又善畫，無稿本，惟觀天地風雲人物山水之態而縱筆描之，無不如志，以是亦頗有稱之者。然不示人，人或見而奪取，則手揉而口嚼之。

淮多水患，藕絲年十六值災，家人皆流徙，至揚州，資用乏絕，乞食於道。時福方綜淮鹺，以重金求豔妾，藕絲之父母以藕絲似女，卽市軟骨藥，謀改其雙趺，易女裝，因媒媼以進。福大悅，問價，索千金，立召其父母至，許給五百金。其父母恐事敗，卽應之，取金去。福命二婢夾侍，奉薰沐，治鈫珥衣裙，轉瞬間，明璫翠羽，儀態萬方，一絕代麗姝也。福掀髯而笑，門下客皆争進諛詞，助豪興。酒闌，福攜藕絲手將入幃，藕絲忽長跪而泣。福大訝之，藕絲頓首曰：「死罪，身實男也。父母飢欲死，不得已，飾爲女以鬻。今不敢欺，死生惟命。」語時，淚潸潸下。福手援以起，曰：「汝既捨身爲父母，吾亦何心不成全汝？但不爲雄飛而爲雌伏，汝甘之否？」藕絲曰：「惟主人命。」福喜，明日以告於衆，使易鈫而弁，然仍曳羅縠，被錦繡，早夜侍主人薰香洗硯，不令與羣僕齒也。藕絲亦恭謹，見人輒引避，姬妾間見之亦低頭垂手，側立而止。由是益得福歡，每他出，亦攜以行。福淫而愛潔，見侍者涕痍輒杖責，防諸姬尤嚴，偶失言語皆責罰，藕絲時時爲之緩頰，得寬解，由是不妬而反德之。

福黨權相穆彰阿，已而穆敗，福爲御史劾贓私數十事，審實，褫職，下刑部獄，危甚。家人姬妾皆星散，故舊動色相戒，莫爲援手。其子省之於獄，以家事告，福問藕絲，曰：「亦不知何往矣。」頓足曰：「此人亦負我耶？」公子曰：「聞已投某中堂矣。」福顏色遽變，公子不敢再言，福亦不更問。俄而詔下，從寬戍邊，半途卽賜環。福惘惘，不知所以然。公子探之，謂出某中堂之運動，始悟。時福已耋矣，在獄被荼毒，抱憂憤，脱禍未幾而病。病劇時，藕絲來一視疾，握手涕泣，留之，不可。未幾福卒，藕絲竟居某中堂門下以老。

## 奕繪懲廠甸無賴

太素道人奕繪，字幻園，貝勒也。少任俠，負文武才，著有《子章子》及駢文、詩詞。都門惡習，上元節，婦女遊廠甸，若車非大鞍，御者無紅帽，無賴輩每起與窘之。其窘之之法，輒扛車令仰翻，以迫車中人之出，於是拏裾捉肘，攫釵珥雜佩，罄所有以去。幻園知之，則坐小鞍車而垂簾，以習用二鐵械各縛弓韔於一端，置韔簾外，雙翹纖削若菱，戒御者衣帽坐作，悉如雇車式，嚮無賴麕集處于于來。則羣起扛車令翻，幻園出，張怒髯叱咤辟易，以縛弓韔之鐵械狙擊衆無賴，乃皆長跪乞貸死，崩角有聲。幻園於是大樂，策款段以歸。

## 某王爲亢掌櫃解圍

京師大賈多晉人，正陽門外糧食店有亢掌櫃者，雄於財而性懦，其遠戚平某素無賴，恆嬲之，亢爲所窘者屢矣。一日，載米入城，亢自督之，牛車數乘，絡繹於道。遥見平施施來，亢欲遁，平笑，以手挽之曰：「卜者言，予今日南行利，不謂適遇兄。前途挑青帘者，酒家也，盍飲乎？」亢辭以有事。平固邀之，亢不允，平大怒，曰：「邀汝飲，敍親誼耳，不飲，是無親也。無親者，何顧惜爲？昨家中適斷炊，君有米數車，當借石許，爲卒歲計也。」亢窘，請緩期。平曰：「君家妻子饑，亦食能緩期否？」

亢至是辭窘，揚鞭揮牛行，弗顧。平急解衣卧車轍中，叱曰：「老慳能斃我，驅車壓我；不能，予十石米。」亢無計，婉求之，不聽；請減其數，不許。時已薄暮，亢恐誤行程，淚如雨，聚而觀者如堵牆。俄有騾車轆轆來，至此，亦停轡，一峨冠丈夫下，問故，亢具告之。丈夫遽厲色叱平曰：「是汝言耶？」平怒曰：「是也，何預汝？」卧不動。丈夫不答，遽奪車夫鞭鞭牛，轟然一聲，大車壓平腹而過，平腹裂死。衆大驚，坊保咸集，丈夫曰：「渠自求死，生之胡爲？」趣亢行，曰：「汝勿恐，我自殺之，不爾罪也。」坊保將縶丈夫，忽南城御史至，叱保退，跪請罪。丈夫曰：「此皇城御道，而奸民横行若此，需巡城御史胡爲者？」御史唯唯，面如土。丈夫又曰：「有效尤者此爲例，壓死勿論。」言畢登車去。御史責坊保不早報，撻之。見者皆咋舌，有胥役曰：「此某王也。」

## 刀俠還餉

道光時，粤有解餉委員，過揚州，忽大雨，見山上一人來，沾濡徧體，欲附船行，云對渡卽至矣。船户不可，委員以其言切，許之。轉至對岸，給舟貲，登岸去。比至揚州，則舟餉三萬餘金均失矣。大驚，責船户，欲送之官，船户力辨非是。忽茶店中一少年笑曰：「此事豈船户所辦？」急問何人，少年曰：「汝輩中途有所遇否？」船户急曰：「吾固言附船者不可信，而官固欲聽之，必此人也。」委員至此亦悔之，因言狀。少年曰：「殆卽此。」委員問：「能爲我求否？」少年曰：「不能。」問其所居，少年良久始告曰：「從彼上岸處，即登一山，凡南行幾里，東行幾里，有小屋，門懸一燈，可夜往。至五更，即有一人出，向西行，汝可伏東，候其返，速跪求之。彼或哀汝，能返汝，彼若問何人，慎勿言也。」委員如其言，至五更，果有一人持鷄出，西行，若有所禱，且殺鷄瀝其血。委員遽跪其前，此人笑曰：「汝來，得毋爲所失銀耶？」曰：「然。吾身家性命，在此矣，願哀我。」曰：「已還汝矣，盍歸視之。然何人告汝？」委員怖，因言其狀。歸，船户笑迎曰：「銀得矣，滿船皆此物也。」視之，果然。至揚，則少年迎於岸，委員具以所遇告之。少年曰：「亦言我否？」委員曰：「不敢隱，已告之矣。」少年曰：「固知汝不敢隱。彼何言？」曰：「有與君一信。」少年曰：「速固執之，勿開視。」急持其信，誦咒良久，開之，則白鐵刀，蓋刀俠也。

## 黑衣人爲隸殺盜

道光時，某官遣隸以事西上，挈巨貲，道出殽、澠間。暮宿逆旅，坐甫定，逆旅主人見行李，忽驚起，顧客曰：「頃有人相尾否？」隸聞言，殊訝，主人指示行李上有紅印一，青印一，曰：「此固有之標識耶。」隸曰：「奇哉。吾晨起行時，未見有是也。」主人曰：「此盜符也。青者取物，紅者殺人。凡諸盜，各有所部，即各有符號。符號所著者，即表明其爲某部所發見，而他部不能爭。君試思之，頃間必有尾君後者，亦有人與君談否？」

隸思之良久，曰：「晨有二軍官，同餐於野店，與吾坐同案而略談，云自開封奉公往洛陽。餐畢先行，其馬甚良，頃刻已遠。日過午，中途有黑衣人跨黑驢，自歧路來同行。渠屢返顧，吾輩見其如此，則亦目之，渠似微覺，鞭驢逕去。」主人曰：「此皆可疑，君第慎之可也。」語畢而出。隸懼，欲舍此而去，則須前行百里外始有頓舍。方踟躕間，聞外呼湯沐聲甚急，覘之，則黑衣人坐堂上矣，益震駭。已而主人具晚餐，黑衣人與隸擁案對坐，隸勉食數蒸餅，不敢舉首，黑衣人殊坦然，豪飲大啖。時逆旅客滿，惟東廂祗二客，黑衣人飽餐畢，告主人，移裝具，宿東廂。主人以有客告，黑衣人曰：「吾偵之久矣，東廂甚寬，三人無礙也。」主人移行囊往，客拒之，主人以告，黑衣人指隸曰：「無已，其與此君共宿乎！」隸若喪魂魄，幾不能出言。黑衣人遂移行囊入，隸蒙被卧，二更向盡，無聲息。忽案燈驟明，黑衣人操刀起，隸涕泣，求免死。黑衣人笑曰：「吾不殺汝，殺汝者行至矣。速以繩授我，將有用。」隸伏枕稱謝，抽繩授之。已而燈又暗，聞有巨物撞門聲，纔三四聲，而門樞脱矣。隸被罩其首，不敢動。復聞人僵仆聲，聞黑衣人叱曰：「奴才，此種身手，乃向江湖獵食，寧不愧殺耶？」隸掀被視之，則兩盜已縛跪牀前，猶著軍官服也。黑衣人手鞭痛抶之，盜無語。

已而天明，黑衣人解盜縛曰：「念汝雛兒，暫饒一命。去去。」黑衣人顧隸曰：「今免矣，行李上有徽識，速剗去之。吾將適南陽，不暇與君同道也。」問姓名，不答，策驢逕去。

隸事畢，歸途，更問舊主人，亦迄未復見。越數年，隸偶見刑部録囚，有殺人犯某當處決，則向之黑衣人也。亟詢其顛末，告主人，爲營脱之。乃往見黑衣人，告以故，黑衣人曰：「汝事某當道者耶？」曰：「然。」叱曰：「去去，吾不受鼠輩惠也。」復詣刑部，自訴實殺人，不宜枉縱。刑部堂官以當道所囑，疑有他故，相視色動。黑衣人拍案罵曰：「賊官，國家法度，豈汝逢迎上官之具耶？汝欲枉法，老子決不任爾。」堂官大驚，亟使人牽之，則匕首已自陷其胸矣。

## 高螺舟載參將柩返國

仁和高螺舟太守人鑑以翰林起家，道光時，奉命册封琉球國王。禮成，散步使館外，見一屋有棺焉，前和題識曰「天朝參將某公之柩」。詢之，則乾隆朝護送册封之使至琉而以病死者也。問何不歸，曰：「海船忌載柩。」高曰：「俗忌耳，何足慮？吾當歸之。」謀於副使，副使不可，高曰：「吾兩人，猶彼也，萬一不幸，亦無歸乎？請以吾舟載之，雖沈溺無悔。」而一舟之人亦皆執不可，高怒曰：「此吾舟也，吾爲政。」卒載之行。未一日，風浪大作，舟中人咸崩角於高之前，請棄柩，勢洶洶，不可止。高歎曰：「彼在外國，固幸無恙，吾載之歸，反棄之海，吾何以對死者乎？汝曹可爲設祭，吾當祝告死者以不得已之意焉。」

衆乃舁柩至船頭，又數人爲陳設祭品，又數人告具於高。高衣冠而出，登木而坐，謂衆曰：「速投之海。」衆争前挽高，高叱曰：「吾以一柩故，累爾衆人，不投之海，無以對生者。然吾不與同投於海，又何以對死者？吾意決矣。」衆環顧，罔措手足。正相持間，風浪亦息，高笑曰：「舟平如席，汝曹何紛紛乃爾？姑徐之，風作，再議可也。」於是仍舁柩下。而自此風恬波静，安抵粤東。參將故粤人，訪其家而歸之。

## 楊光潔好施與

楊光潔，字玉川，黔陽例貢生。樸厚沈毅，好施與，常慨然有范文正先憂後樂之志。父思錦欲建義學未果，光潔與弟光洪力建經、蒙兩塾，約費萬緡，置田租數百石。嘗捐修學宫七百緡。歲儲穀四百石，每夏末開倉發給，不取償，年終藉以度歲者，日填於門，不稍吝。其諸子隆冬薄棉敝服，或以爲言，光潔愀然曰：「自奉不儉，彼門外餓夫，將安取資？」少時師友，數十年猶月送薪米，無德色。某童拙而貧，光潔日以粟課其文藝之多寡，試則備其資斧，數年名竟成。

## 謝廷恩斥財

謝廷恩，字拜賡。少貧甚，讀書裁盡《論語》，遽去而之農，又之商，南入閩，西入蜀，逐物貴賤，轉徙常贏。嘗與鄧某共爲賈，主計者誤以六百金入其帳，密歸之，戒主計者更易簿記。會有天幸，所居積恆有獲，累致鉅萬，及羨，輒散之。爲縣建義倉，構廩四十二間，貯穀萬六百石，捐金凡千三百斤。建育嬰堂，捐金二千兩。家置宗祠，捐穀若干斛。郡縣立羣禮廟，捐錢若干緡。學官於新進生例取束脩之資，新進生或貧乏無所出，則又爲捐四百萬錢。

曾文正追餞江忠烈

江忠烈公忠源初以公車入京，館曾文正公國藩邸，既下第，日事狎游，貲罄矣。文正勸之歸，許爲辦裝。明日，江不别而行，文正亟命駕追之。及於長辛店，則江方午饁，慰之曰：「以君之才，他日不患無所遇。但有親在堂，此歸殊難爲懷。」出百金賮之。文正返，客争問所往，曰：「追餞江岷樵耳。」客大愕，文正曰：「岷樵必以忠節名天下，諸君非其倫，異日當自知之。」岷樵，忠烈字也。

江忠烈徒步送友柩

江忠烈公少負才氣，好飲博，與人交，衷貌如一。有友死京師，忠烈貨衣物歸其喪，徒步送之。

謝選門贍養親族

嘉應謝選門，名雲龍。宰廬陵時，宗族親友之窮乏者皆歸之，其族人至於易姓與僕隸伍。或疑爲不情，抑知爲鄉黨之無以爲生者，委曲圖免溝壑，正其深於情耳。署中人衆，而約束極嚴，子弟之擅出宅門者，手笞之，閫署肅然。廬陵故優缺，在任數年，空無所有，以受養者過多故也。

郝金官助賑

道光時，懷寧伶人郝金官名噪京師。晚歲還里，至山東，直大饑，人相食，官吏方勸振，郝慨然以歷年所積之五萬金報大府，願振饑民。大府義之，將奏奬以官，郝固辭，曰：「我爲伶，誰不知之，卽得官，亦不爲人所齒。果能許我之子孫與齊民一體應試足矣，他非所望也。」允之。乃返旆，終老於京。同治壬戌，其孫同篪捷京兆。乙丑，成進士，爲庶常，散館，改吏部主事。

## 玉琵琶好施與

道、咸間，有居於武進、無錫間者，以玉琵琶稱，佚其姓名矣。其人性好施與，比鄰數十家咸待舉火，奔走若部伍，遠道之走求資助者無不與。雖甚自重，接人輒藹如，不喜交通官府競勢利，不蓄姬妾，不積財逐什一，故鮮忮求之害。鄉里多之，蓋不獨以技長也。

## 夫婦皆劍俠

懷慶郭某經商歸，雇小車一，俗所謂二把手也。屬俟黎明行，而未五更，車夫卽促之起。既就道，荒僻特甚，數十里無人烟，天又昏黑不可辨，且疑且懼。車夫似已覺之，笑而慰之曰：「客何必爾耶？客囊中所有，吾早知之，設將行不利於客，雖青天白日，豈無僻靜處，何必昏夜？特吾輩近不爲此，幸勿以夜行爲疑。」聆其言，始知其舊爲盜也，益懼，然無如之何，姑聽之。

行數日，沽酒勞之，從容叩其改行之故。則笑曰：「吾兩人向者自恃勇力，以匹馬縱横燕、趙，非一日矣。某年糾伴七人將行劫某處，至則已暮。見山前茅屋數椽，四無居鄰，屋旁一女，年可二十餘，偕其夫轉轆轤汲井以灌地，姿色甚媚。同伴中一人揚鞭言曰：『今夜宿此何如？』衆會其意，雜然應曰：『諾。』前有大林，遂共赴之，解鞍憩息，以待日落。凡吾輩見色而起淫心者，謂之採花，犯此未有不敗。人定後，五人者往，而吾兩人留林中以待。已而念以一纖弱女子，驟遭強暴，不知作何狀，乃潛登其屋後山靜聽之，則五人者早排闥入。而室內無聲，方疑訝間，忽聞女子語云：『汝竟高卧不起，亦太懶矣。』男答之曰：『汝一人，有何不了事，尚煩吾起耶？』少間，男又問共得幾人，女以五人對。男曰：『明明七人，何乃五也？是必尚匿其二於林中。吾當起，與汝往，共了之。』遂聯袂去。吾兩人大駭，俟其去遠，潛至室中偵之，則血流滿地，五人者俱身首異處矣。乃知此夫婦近古劍俠者流，吾兩人之得保首領者，幸也。於是棄行李馬匹越山遁，自此輟往業，以力自給。」

## 陳大强人以財濟貧

陳大，山左滋陽人。多力善鬭，嫉惡如讎。少時爲人負米入市，遇衆人圍而譁，陳問之，知爲人家姑虐養媳而死者。陳大憤，釋肩上米袋壓其姑斃之，因亡命走河南淇、輝間，爲人傭。

淇、輝固多盜，許某者，輝之富家也，謠傳盜將劫之，許懼，議防禦。或有知陳大者，謂許曰：「曷往求大。」許訪之，適遇大荷鋤自田間回，許揖之，問禦盜計。大笑曰：「傭工朝夕耕作，以求一飽，安知此！雖然，禦盜亦易事，散汝家財，盜自不來矣，何禦爲也？君見盜劫我窮漢乎？」許喪氣歸，雇武夫十餘人邏守之。一夕，月明如晝，萬籟皆息，忽屋瓦上有嘯聲如鴞，一偉男子躍下，衆呼盜至。盜曰：「陳大不來，安畏汝鼠輩耶？」伸手握一人喉而提之，如提鷄鴨然，其人悶死，餘皆竄，盜盡劫許家所有而去。

許聞盜言，知盜實畏大，明日復求大爲追盜。大曰：「易事耳，然追得之財物，當悉以濟貧乏。」許從之。夜半，盜果送所劫財物還，曰：「從陳大命也。」交畢一嘯而去。許畏大，不敢不如其言，悉散其財以濟貧民，賴以活者無數。再往訪大，已不知所往。當日武夫中有識大者，曰：「大亦盜也。」

## 金祥爲主致萬金

金祥，潮陽人。生八歲，父以貧故，鬻之於邑人陳子焜家爲僮。子焜性惠而慈，御下有恩，祥自幼純謹，故子焜尤優待之。已而子焜經商折閲，家日落，祥壯未有室，爲主掌會計，朝夕盡瘁，絲毫不入己，子焜益倚重之。某歲，子焜病腹脹，祥憂甚，衣不解帶，目不交睫，眼脂糊兩眶，而炊爇不少衰。未幾病革，謂祥曰：「若苦矣，我病累月，我妻若子，不逮若之事我勤。我無以報，還若賣身券，我死，聽若所之。」祥泣曰：「奴八歲事主，於今垂三十年，恩猶父子。奴之去留，不在券也。」子焜歎息良久曰：「雖然，子良苦，吾終還若券。」遂命家人出券與祥而歿。

祥哀號過於其子，竟留不去，謂子焜妻曰：「一家數口，坐食非計。」乃畫策營生，惟苦無資本，謀以舍後餘地畝許售之，得百金，悉以畀祥。祥則入城販紗，甫三月而兩倍其息，歸而喜曰：「主母無憂，富可立致矣。」又四五年而致產萬金，爲子焜子娶婦，并納粟爲太學生，又覓地爲子焜營葬。至是，有勸之娶者，祥曰：「予正以無室家之累，故得專其心力以報主恩。況今年逾四十，精力就衰，尚望娶妻生子哉？」聞者賢之。越數載，祥病且死，告子焜之子曰：「老奴馬牛之報盡矣。」出枕中一紙，則家計鉅細，與往來銀數悉載之，曰：「以此薄產，世守可也。」言訖而逝。或疑祥必稍有私蓄，竊發其篋，則無寸絲粒粟之儲也。

## 丐助來懋齋應試

蕭山西鄉來懋齋家奇貧，性慷慨有過人之節。得鄉舉，欲試禮部，而苦無資斧，於是奔走告貸親故之門，迄無應者。既而曰：「以云資貸，恐如我之貧終無還期，孰如成一會而籌集之，庶取次償楚，他人金錢無虛牝之擲，而一己之行旅庶以鳩集，且得從容措歸焉。」於是復奔走於親故之門者數日，始有七人認可，然皆強應之而心實否之。

屆期，來黎明起，掃庭除，潔杯盤，具旨酒佳肴以候。乃親故皆不至，適有羣丐過其門見之，意必有所謂喜事者，遂麕集户外欲得其杯盤餘瀋。斯時也，來方饑憒，乃出謂羣丐曰：「予之肆筵設席也，實以會試期迫，赴都乏資，欲藉親故集會，輸資應急耳。奈親故負我，酒肴遂爲虛設，孰若供君等之一飽。汝曹其偕來，汝曹其就座，吾將爲東道主而暢飲焉。」羣丐酣醱醲餉，既已，謂來曰：「吾儕蒙酒食之賜，固屬非分，然一飯之恩，胡能讓前人專美。今試問由此達京師需金幾何？」來曰：「但使途無饑渴，而安抵都門足矣。」羣丐應聲起曰：「是戔戔者，何難之有！吾儕願盡力焉。」遂侍送至京，或擔行囊，或負書笥，或扛肩輿，擁以就道，沿途以行乞所得供來食。逆旅主人往往嘉其義而奇其事，輒縷詢顛末，且厚有贈饋。既抵都，羣丐仍分道行乞，以所得資爲來之試費。

來既試捷南宫，出爲某邑宰，歸途過浙，甫抵里閈，親故之問寒温表慶賀者肩摩踵接，充塞門閭，來亦不甚介意。越數日，將之官，羣丐請從之任所，來恐有所不慊，又恐背前誼，方躊躇間，中有黠者似已窺其意，曰：「先生之作官自作官，某等之行乞自行乞，但使有效犬馬處，則吾等願藉之以畢餘生。若其他世俗之累，決不敢爲先生浼，且自浼也，請勿作再三之慮。」及來抵任，各行乞四方，惟昏暮時間一潛入署而已。來亦隨時資給之，然往往不受。時邑多盜，羣丐閒爲偵探，是以屢破重案，然頒發賞格時，懸牌累月，迄無向領者。

## 丐侍郝小峯疾

郝小峯，名植松。性抗直，喜詼諧，保定大族也。道光時，以選拔令江蘇，所至有長厚名，人呼爲郝瘋子，一時士大夫喜與之遊。以憂免官，從事幕臺，鬱鬱不得志。咸豐時，起復需次，同事多貴顯，小峯則垂垂老矣。居金陵，敝衣謁當道，當道誚其衣不中體，則答曰：「年老家貧，不似大人爲整衣褶時。」蓋昔有其事，分隔雲泥，人所不敢言者也。

後年餘，郝益困。一日，以事至妙香庵，有丐曝於廊，小峯大呼曰：「多年不見，何一寒至此？」丐錯愕，不知所爲。遽攜手入佛堂，縱談十餘年事，或歌或哭，某也賢，則伏地叩頭，丐亦叩頭；某不肖，痛罵之，丐亦罵。日西下，子弟請歸，命輿，與丐同行，觀者如堵牆。及歸，夫人迎而謂之曰：「豈真瘋耶？何顛倒乃爾。」丐者曰：「夫人勿怪，某與公不相識，而流離顛沛，所遇略同。如謂非類，則今日貴顯者，非昔時訂金蘭聯苔岑者乎？異日相逢，正恐以非類薄君家矣。承公雅愛，誓不相負，請勿疑慮。」自此同起居，共飲食，凡小峯一茶一飯，無不傾心料理，偶缺乏，踽踽出門去，歸必有所遺。小峯旋病喘，日夜服侍，溲溺必親至，病歿，丐痛哭嘔血。其子弟問姓名，不答，送櫬至江岸，對船大哭，聲振松木。揚帆出燕子磯，猶聞山顛叫號，淚下如雨也。

## 妾救嫡

河南洛陽縣民某有一妾，故尼也，既歸某，不習井臼之事，鮮衣甘食，終日嬉遊。其嫡弗善也，時時責讓之，遂不相能，詬誶之聲日聞於外，同處一室若寇讎矣。咸豐初，粤寇犯河南，攻之不克，大掠於鄉，某倉皇出走，不能顧其家，其家人猶能強步，寇且至，皆避去。獨嫡以纖趾不能行，自分必死於刃矣，妾奮然曰：「吾負爾去。」遂負之行，三日三夜，踵穿膝暴，屢仆屢起而不釋於肩。嫡撫之泣曰：「吾不知妹之愛我一至於此。」寇退俱返，遂相親愛若姊妹焉。有鄰媼問妾曰：「爾與嫡不相能，何出死力相救若此？」妾曰：「平日彼此凌誶，私忿耳，患難之中死生所繫，安有爲人妾坐視其嫡之死而不救者乎？」聞者益賢之。

## 湘軍將帥患難相從

湘軍之興，諸將帥患難相從，皆迫於師友之誼。如彭剛直之芒鞵徒步以赴江西之急，曾文正常以爲有烈士之風。若江忠烈之攻廬州，事前已奉朝旨，令勿拘城亡與亡之例，而忠烈堅持守土之責，省城既陷，卽仗義自投於水。新化鄒叔績，名漢勳，爲湘中漢學大儒。與忠烈同學至好，特往軍中訪之，尚居賓客之位，初未有職守也。及見忠烈殉難，鄒亦激於義憤，慷慨投水中。文正輓之曰：「聞叔績不生，風雲變色；與岷樵同死，日月增光。」蓋紀實也。

文正弟愍烈公國華與李忠武公續賓爲姻婭，三河之役，愍烈已卸兵事，留軍中觀戰。及忠武戰歿，愍烈亦從死。蓋由文正以忠孝文武爲天下倡，氣機鼓動，輕死重義，有發於不能自已者也。

## 曾文正加惠經學大師

咸豐時，曾文正駐師祁門，狂寇環攻，儲胥奇困，爲其一生行軍最苦之境。乃手寫遺屬，帳懸佩刀，神志湛然若無事。一日，忽憶及皖中多經學大師，遭亂顛沛，存亡殆不可知，遂遣人四出存問。存者貽書約相見於戎幕，亡者恤其細弱，索其遺文。如桐城方宗誠存之、戴鈞衡存莊，歙俞正燮理初，黟程鴻詔伯敷諸家，皆藉以得脫於險。

## 王壯武存問張老人

咸豐乙卯春，王壯武公鑫由楚邊逐寇於粵境，假道寧遠。張老人者，年一百十八歲，縣中不知有老人，饑寒鮮賙恤者。王入其縣，即遣人存問，爲置田宅，資其子娶婦，且召飲之。比還，復途過，省老人，老人已抱孫矣。乃邀之登九嶷山，合賓客部曲張宴山上。是日爲王之封翁生日，客以次奉觴遥爲壽，且旋其功。酒酣，悵然曰：「予常有三恨，恨任事太早，學業太淺，用心太苦，而多忤人。身遭時變，以士卒用力，人號爲勁軍。吾常恐世亂未已，將無以畢三恨，奉養二親，將奈何？」老人執爵起，慰以大義，合席舉酒極歡。及班師回楚，即乞假省親，於是離家已四載矣。

## 馬爲塔忠武死而哀鳴

咸豐乙卯，塔忠武公齊布有戰馬，本總兵烏蘭泰之馬也。烏陣亡，馬爲粵寇有，塔官湖南都司時，與寇戰，其卒得此馬不能騎，乃獻之塔。塔命圉人畜之。馬見圉人，踶蹶欲噬，强被以鞍轡，則人立而號，聲若虎豹，一營皆驚。塔聞之往視，馬悚立不敢動，其色黝潤如漆，高七尺，長丈有咫，兩耳如削筒，四蹏各有肉爪出五分許，徧體旋毛，作鱗之而。塔曰：「此龍種也。」試乘之，疾如驚電，一塵不起，亭午出營，行五十里回，日尚未晡，蓋兩時許，往還百里矣。塔大喜，自是戰必乘之。

塔既驍勇敢戰，馬又翹駿倍常，酣戰時，每提刀單騎突出，馬振鬣嘶鳴，馳驟如風雨，將士恐失主將，輒奔命從之。寇愕眙失措，不能當，往往以此取勝。由是寇望見卽駭曰：「黑馬將軍來矣。」或不戰而潰。一日，塔輕騎，遇伏寇百餘人追急，乃避道旁逆旅中，以馬匿芋窖，覆以草，祝曰：「若鳴，則我與爾俱死矣。」乃易服爲爨者狀，坐竈前。部署甫定，追者至，問塔曰：「見黑馬將軍乎？」曰：「未也。」追者徧迹屋前後，至芋窖數數，馬竟無聲，獲免。塔之薨也，馬哀鳴數日乃食，然受鞍，則踶蹶如故，無敢乘者，遂令從塔櫬歸於京師。

## 犬救主於火

南海陳林酷嗜酒，嘗從軍粵西，豢一犬，甚馴，出入必與偕。一日痛飲入山，至半途酒發倒地，卧林草間。值火焚林草，將及，犬乃投身淤泥，起而以身濺火，火息，則犬已憊不能起。及陳醒，犬已垂斃，但見野草半灰，犬卧其側，焦毛之中，泥跡尚存。頓悟其以救己而斃命，遂含淚破土掩之，再拜，誌其處而去。歸乃戒其子孫曰：「吾非犬，無以返鄉井，汝等識之。」此咸豐朝事也。

## 張星五出資犒師

天津富人有張星五者，曾在旗員海某處爲家奴，遂有海張五之名。又嘗納粟入監，後雖緣事斥革，然操白圭計然之術，卒以業鹺起家，擁資巨萬。咸豐辛酉，英人犯天津，張出所有犒其師，以保全津人生命財產爲請，英將許之，於是一切皆聽張所言。繼而和約成，文宗以其有保護鄉里功，寵賜極優，且給帑以償其犒軍之費。津民亦感其惠，集資如所費以酬之。英人既得賠款，亦撥款以償其進奉之資，復舉圓明園所掠之珍玩爲贈。張既驟得此大宗鉅資，一躍而至數百萬，壽八十餘而卒。再傳至孫媳時，猝遭回祿，珍寶房屋盡付一炬，并焚死兩人，聞所燬約值銀一百萬兩以外也。

## 韲頭陀殺衞隊

天台雁蕩以山水著於世，士之慕名勝好風雅者趨焉。嘗有知名士數人，以九日登天台爲黄花之會，吟詩傳盞，相顧甚得。忽層巒間一僧荷薪行歌而來，敝衣布履，髮鬖鬖齊眉，見客方飲啖，卽釋擔，不辭而據上坐，手撮肉數片仰吞之，傾壺就口，一吸而酒盡。衆顧之怪訝，然見其貌獰，亦微懾，不敢侮。僧見紙筆及詩稿，笑曰：「諸君大風雅，爲此好事耶。」援筆濡墨，亦題一詩於石壁，長笑而去。衆視其字，作米顛草，詩有「海風萬里吹衣袂，一髮天南自在青」之句。各顧所作，歎弗如也，悔不及問其名焉。

是夕，名士宿國清寺，則僧在廚下執爨，見衆人，仍操作往來如故。衆就與談，僧自稱爲韲頭陀。問以何地人，及何時出家，皆搖首言不知也。與之言詩，僧仍不答。明晨，衆相約觀日出，天未明，卽鼓勇登前山。遥見有人立峯頂霧靄中，東向而望，至前，乃頭陀也。兩手結蓮花印，向日誦佛號。少頃，日自海上來，紅霞一片，左右捧之，照四山草木巖石，皆作虹彩，還覘下方，猶黑暗沉沉也。衆嘖嘖稱歎，或有爲風輪星氣之談者。方酣暢，忽狂風自左來，草木盡偃，頭陀遽迴顧曰：「猛獸至矣，諸君毋動。」風始過，一虎跳躑而前，衆戰慄，幾不能起。頭陀袒臂搏之，虎絶頷而仆，僧荷死虎去。久之，衆神定，始相扶下山，入寺少息，不見頭陀，乃歸。出寺不數里，頭陀忽提一食盒來，啓之，酒食滿焉。謂衆曰：「前叨擾，今以此報，可乎？」衆方饑渴，就道旁列坐，肴美而腴，色白如腐，衆詫爲未見。僧曰：「此虎髓也，食之益有力。」乃飽餐去。

逾年，有重遊天台者，問憨頭陀，則久去矣。問何所，則不知也。蕭山來夢珊者，亦當日衆中之一人，後十餘年，自豫藩幕假歸，道淮北。淮北，盜藪也，來甚懼。藩署衛兵甲乙者，皆以勇聞，故盜也，使送來歸。二人有異志，覘知方伯贈來之千金在篋中，謀攘之，每次舍，輒以盜警嚇來。數日，入歸德界，兩人故促車入歧途，日暮，入一大林中。甲乙各抽刃叱御者止，遂曳來自車出，與御者對縛大樹上，獰笑曰：「來先生，十日來受驚否？先生患寇盜，今日送先生至地府，彼處安穩，無驚恐，可常住也。」

御者哀求，來瞑目無語。須臾，眼前覺刀光一閃，以爲刃下矣，忍不動。忽聞甲乙叩頭稱死罪，視之，曩之頭陀也。手戒刀，怒氣彪彪然，甲乙則列跪於旁。頭陀神采亦猶昔，謂來曰：「今日幸相遇，稍遲，無及矣。」命甲起，爲二人解其縛。乙覘頭陀稍暇，猝自地躍起，一竄數丈，欲逃去。僧哂曰：「鼠子尚爾耶？」一揮手，鐵丸橫飛出，乙已仆百步外矣。甲解繩訖，頭陀即以繩縛之於樹，戟指數之曰：「我使汝二人送書少室，而汝不返命，罪一也。又搆陷某兄弟，引官軍跡我於陸渾山中，幸我早避，不然，遭汝毒手，罪二也。作衛隊以後，誣良罔善，前後傾陷七十餘人，罪三也。」甲俯首無言。頭陀又曰：「我當初收汝部下，若何看待？衆兄弟於汝，又何等親睦？汝果以何而變心？」甲無言。頭陀笑曰：「今不汝容

事，於民間疾苦、州郡貪廉甚悉，乃知頭陀爲有心人也。

中出，渡三人而過。有茅舍百餘間臨水居，四面皆湖蕩也。頭陀與來宿焉，抵足談竟夜，皆豫省吏治

矣。」白刃一揮，人頭與樹齊斷。顧御者促馳，又十數里，河橫於前，頭陀出篳篥吹之，即有舟自隔岸葦

## 盜僧還黄某銀

天台黄某工技擊，善彈，爲浙撫帳下材官。一日，撫命解餉銀赴京，中途被雨，止旅店，見店主與一行脚僧争論，近審之，知僧乏旅資，主人下逐客令也。黄解囊代償，且招之共飯，僧大嚼不謝。未幾雨霽，已薄暮，黄更欲前進，僧尼之曰：「勿夜行，此中多盜。」黄曰：「某有彈丸在，毛賊不足患也。」僧微笑云：「願客前途保重。」黄遂策馬進發。行數十里，已昏黑，星光下見一人起草間，執短鞭尾之，呼叱不應。黄知其盜也，急取弓彈之，方意必中，丸爲鞭所擊而落。再彈，中其鞭，鞭折，復手銅丸十餘，連發彈中之，仍不退。丸盡，黄懼，驟馬前行，未數里，見空中電光相逐，漸逼其身。黄大驚，下馬伏地，迨電光漸滅，將跨馬復行，視銀，不翼而飛矣。

方駭怪間，途中忽來一僧，語黄曰：「君單騎夜行，何不畏暴客也？」遥指有林木處曰：「蘭若去此不遠，君若枉顧，亦可稍息征塵，來朝走馬未晚也。」黄以餉銀已失，或可因之緝盜蹤，許之，即牽馬與僧同行。行里許，至一莊，數十人列炬出迎。僧延黄坐廳事，入報主僧。少頃，主僧出，錦袍玉帶，皂衣人羅列左右，笑揖黄曰：「客識老僧乎？」黄視之，乃前店中僧也。主僧執黄手曰：「老僧，盜也。昨蒙盛意，知

君豪士，第君以彈丸自矜，故聊以相試耳。」因手出數丸與黄，曰：「此君所加遺也。君藝若此，非老僧亦莫敵，劍術未知，是君之短。君銀悉在，幸不疑，今且燕樂，明日送君行也。」乃命布筵，酒酣，各道生平，主賓意愜。讌罷，主僧笑曰：「余有小技，今日興不淺，當爲君一奏。」遂入。良久，短衣窄袖，擁長短數劍出，起舞庭中，寒光逼人，黄大驚。食頃，擲劍植地，如列戟狀，主僧已直立席前，笑顧黄曰：「君解此乎？」黄拱手曰：「上人絶技，弟子萬不及也。」主僧大笑。是夕，主僧與黄坐語達旦，所論多擊劍及彈弓事。天將曉，主僧以銀還黄，送之路口，贈以雙劍而别。

## 盗尼戒多殺人

徽州汪某以勇稱，有大賈延之爲鏢客，衛之入陜，道逢顯宦挾重資，約同行止。抵旅舍，甫解裝，有童子來投宿，繫騎於門外，趨至汪前，曰：「若囊中物，皆攫取而來，予當攫取而去。明旦君若緩發，恐見駭也。」汪訝而不敢言。夜過半，呼起行，諉爲倦，請後，約去遠，乃就道。十里入山徑，見車馱狼藉，童子坐巖上，指谿以示汪，皆死人也。汪大駭，童子曰：「此去山路惡，可速行。」汪叱衆急趨，以貪程，失住處，徬徨谷中。見山堰有草庵，求棲宿，一比邱尼年四十餘，引至堂東小室曰：「棲此，夜間多虎狼，勿亂窺，騾馬置苑後，無妨也。」一更許，聞扣門，徐聞尼曰：「取不義物也，譏其魁，何得多殺人，忘我戒。」即聞以杖擊物聲。汪衆悚懼，未及曉，束裝，謝尼而行。

## 曹子銘以義感盜

粵人曹子銘嘗策騎過深林，見盜賊羣居，意以爲彼等貧甚故至此，非好爲惡業也，遂以財物悉授之。行未數武，覺衣中尚有餘金，復至前，大呼曰：「余衣中尚藏有金，頃忘之，今盡與汝等，故再來也。」乃投其藏金。將去，盜賊大駭詫，且感泣曰：「余等爲盜既久，不圖遇有德若斯人者。今悔矣，願以前所賜金還公，自是當從事稼穡，不復爲此矣。」言已，向子銘拱手而去。其後，是邑竟無盜。

## 顧月波除鄰舟盜

山西顧月波，女士也。其父母以無子，令自幼作男子裝。酷愛武藝，能舞刀擊劍，又善彈，能中飛鳥數十，健男不能近。性豪爽，舉止端謹，無有知其爲女子者。曾作估，遠行長江，遇盜劫鄰舟，舟有母女二人及僕嫗，皆惶恐無人色。月波躍登鄰舟，拔劍斬盜三人，餘均遁。母女感再生恩，談家世，蓋母女二人者，爲某令之眷，令先赴任，遣僕護眷至署者也。並以長途多險，乞護送至署，月波慨然諾之。既至署，令感之甚，願以所救女素仙者字之，以報大德。顧再四堅辭，并以歸稟母爲言。令曰：「是無害。」遂作書邀顧母一言，專使送往。顧母獲書後，笑謂使者曰：「貴上不棄寒微，何幸如之！奈吾兒不能轉女爲男何？」使者復命，令大驚異，乃使其女結爲姊妹焉。

## 壯士爲人卻盜

太原朱某，故家子也。累試不第，年二十餘矣，貧甚，至不能舉炊。王某者，以狀元開府浙省，父執也，朱頗不欲干要人，雖困，未嘗一通訊。會太原有某令於浙，王詢知朱近況，具書招之，朱不欲往，母促之行。既至浙，王日詢其帖括之學，殷殷以取科名爲訓，朱唯唯而已。嘗作詩以寄憤，中有句云「孔老無文名，道德邁千古。子房無文章，勳業佐高祖。吁嗟豎孺輩，眼光以寸數。博得狀元郎，南面作開府。酸氣猶未除，滿腹秀才腐。」爲王所見，知其諷己，以其狂置之。朱不自安，見王，告歸，王亦不留，贈三百金。朱不受，王曰：「我與爾父有兄弟情，此戔戔者，乃我之奉嫂者，請爲爾母作甘旨也。」朱始受之。

朱束裝就道，頗鬱鬱，日以飲酒自遣。行至淮北，有二人尾之，貌猙獰。薄暮，寓一店，二人亦投宿焉。朱解裝，獨酌於中堂，縱飲高歌，目空一切。少焉，一壯士入，亦旅人之求宿者。至，則坐客已滿，壯士解裝沽酒，而無坐地，朱以手招之，曰：「同飲，可乎？」壯士卽就坐，談論頗相得。夜半飲罷，朱入東廂。少焉，有聲甚厲，朱於窗隙窺之，見宿西廂者二人執刀撲東廂，壯士以手揮之，二人皆仆倒。朱屏息不敢作聲。有頃，壯士入朱房，朱曰：「黃白物在某處，爾速攜之，毋相害也。」壯士曰：「誰欲爾黃白物耶？欲爾黃白者，已被我仆倒矣。我見爾襟懷磊落，故來護爾，孰知爾亦俗物也？」朱躍起謝罪，壯士已不知所往矣。朱大悔，嘗語人曰：「徒以一念畏死，於風塵中失此豪傑也。」

## 某客爲公子除盜

貴公子某，載多金入長安，有盜十餘，偵而隨之，公子亦疑其爲盜，悉戒備。會暴雨，遂不能按程，棲野店中，公子大懼。

先是，店有一人，居西屋中倚門望雨，公子見其昂藏修偉，異之，問曰：「途中未遭淋耶？」客曰：「幸而免。」遂邀與共飲。公子有憂色，客問故，以盜伺告。客毅然曰：「今夜但請高枕，吾將候之而甘心焉。」公子起謝，就安置，並令從人皆寢。

客亦閉户獨坐，舐窗外視，月照庭院，忽聞東壁垣間如鳥隼飛落，則有一人踰垣入院。客於窗罅以氣吹之，其人首落地。踰時又一人至，又吹之，凡十餘吹，而尸已枕藉庭堦。又一人入，四顧，客但以氣微噓其頂，似切瓜一片，其人抱頭跳出，自是寂然。

及曙，公子起，客啓户，見尸大驚。客乃告以殲之之故，且言有一後至者，但削頂而逸，或未至死。繼出一金盒，以指匙取藥彈於尸，皆化爲水。公子乃知其爲俠，厚贈之，不受，問姓名，亦不答，送之出，客跨衞拱手遂去。

後十年，公子在京師，與一喇嘛友善。嘗對弈，盛暑，僧汗流，不脱帽，公子固請，僧堅不肯除。一日，又對弈，公子戲以扇柄揮之。僧帽落，見平頂如劈瓠，不生髮，有一疤類大蓮蓬，公子笑問故。僧踟躕曰：「十餘年前，未嘗不頭角崢嶸也。緣爲盜，夤夜入人家，不知被何冷氣吹去頂皮，瀕死，許久創合，至今猶不敢脱帽露頂於王公前也。」公子曰：「是某年月日雨後旅店事乎？」僧驚慄，公子曰：「我即載金人也，兹汝已逃禪，且爲我友，不汝究矣。」

## 劉孝銘除假鬼

勇士劉孝銘，名純，保定人。生有膂力，兩手能舉重六百斤，人咸以勇士目之。喜遊俠，習拳勇，北方之鬻拳藝者過其地，必適館授餐，助以資斧，以是揮霍頗鉅。會父母相繼没，劉變産以資遠游。一日，行山中，日暮而未遇村落，幸月色皎潔得辨路。孑身行里許，見一古刹，破壁頹垣，門户荒蕪，似久無人蹤者。劉入，乃以巨石掩門，殿中塵埃堆積，劉就殿和衣寐。未幾，聞撥門聲，知有異，忽劃然一聲，牆角崩陷，於月光中見有巨鬼立牆外。時微雲蔽月，面目不可辨，惟目光閃閃，直視劉面。鬼望劉猛撲，劉急以棒擊之，呀然仆地，趨視之，赤髮青面，猙獰可怖，口吐鮮血不止。劉知爲非鬼，因復擊之，使斃。

天漸明，劉遂行，未五里，有村焉，腹飢，入食店。店主人訝之，謂劉曰：「山中多怪，夜來亦有所遇否？」劉一一告之。主人大喜，以告村人，爲置酒款之。蓋村中有盜某，常假作鬼狀，匿山中，遇孤行旅客則威嚇之，以謀取財物，人有因此而殞其生者也。

## 汪十四送美人歸

汪十四者，新安人也。性慷慨，善騎射。時遊西蜀，蜀山川險阻，盜至多，凡經商往來者，輒被刦掠。聞汪名，咸願聘爲鏢師，汪許之，遂與數百人俱，擁騎而行，聞山上發矢聲，汪卽彎弓相向，與箭鋒相觸，空中折墮，以故盜甚畏之，秋毫不敢犯，商賈盡得數倍利，盜心忮之而無如何也。無幾時，汪歸，而曩時往來川中者盡被剽掠，乃踉蹌走新安，羅拜於門曰：「願乞壯士重過西川，勿使嘯聚之徒大得志也，其許之乎？」汪曰：「諾。」挾弓矢連騎而去。盜於是又大驚，謀有以勝汪者，乃選數驍騎如商裝，雜商隊以行。近盜巢，箭聲颯颯來，汪發矢，後有一人持利刃向弦際一揮，弦斷矢落，汪遂就擒，置於山寨之空室，縶其手足，不得動。忽有美人向汪笑曰：「君豪傑，何就縛至此？」汪曰：「毋多言，能救我，則救之。」美人卽以刀斷其縛而出之。汪不遑謝，見旁有刀劍弓矢，悉挾以行，左挈美人，右持器械，行數百步，見一騎甚駿，遂並坐其上。盜聞之，疾驅而前，汪厲聲曰：「來來，吾射汝。」應弦而倒。連發十數矢，斃多人，盜縱之去。

汪從馬上問美人姓名，美人泣曰：「吾，宦家女也。父爲給事中，在京，今年攜眷至京，被劫，母及諸婢爲所殺，僅留予一人。所以不死者，必欲一見豪傑，可以無恨。又私念世間或有大豪傑能拔人虎穴者，故躊躇至今。今遇明公，得一拜嚴君，予乃知死所矣。」汪曰：「某之重生，皆卿所賜，當擔簦扶策，衛卿以行。」於是陸行從車，水行從舟，奔走數千里，同起居飮食者非一日，略無相狎之意，竟以女還之其父，而逕歸新安。

## 華宋待張秀才妻子

壽州張秀才年五十而死，有二子，方數歲。秀才病亟時，屬其友華某、宋某曰：「吾妻壯子幼，身後遺百金耳，惟二君有以處之。」秀才歿，宋與華計曰：「人生重友朋者，貴能託後。張君歿，吾當攜其妻子歸，其百金，君可爲之權子母也。」二子長，宋教之讀書，視若己子。十數年，二子相繼入州庠，次子某旋舉於鄉。年及冠，宋爲之授室，華出七百金爲買田宅，命二子奉母以居。二子泣謝，華曰：「是固而父金也。」

## 陳佝僂疎財尚義

陳佝僂，興寧人，盜魁也。疎財尚義，人皆呼爲陳佝僂大伯。黨羽衆，號令能及閩、贛，粵中巨盜及偷兒幾盡出其門下。他處暴客入境，必先關白，而所有盜竊等事，陳必先知。然所劫者多豪富不仁，貧家或被竊投訴於陳，即於原處得所失物，不少銖黍，以故人咸敬憚之。

族叔某不善其所爲，一日，叔耕牛被竊，遍求不獲，不得已，往語陳，陳頷之。俄而室外爆竹聲大作，出視，見爆竹懸樹枝絶高處，下繫牛一，即所失者。叔大駭，益憚而遠之。

陳喜周恤貧困及遠方流民，各省緑林中人往來者必作東道。一日薄暮，有數客造門求宿，身魁偉，自言爲陝人，陳款留飲宴。夜二鼓，客入房就寢，終席未言來意。陳疑之，潛加鍵焉。天甫明，而數十里外某鄉當鋪是夜三鼓被劫之報至，劫贓甚巨，鋪主固與陳有素，馳函誚讓。陳知非己部下所爲，大駭，急啓鑰，視數客尚酣睡未醒。因促起用朝膳，席間舉杯向客曰：「夜來禮多慢，幸毋以小故罪同道中人。鄙人適有一事欲奉告，然以事所或有，理所必無，故未敢耳。」數客微笑，似已喻意。食竟，辭出門，謂陳曰：「感君厚意，樓上貯有微物，聊以奉報。」陳返視樓上，則纍纍堆積者，即劫贓也。細察樓頂，僅一角稍移故位，餘屋瓦均無損。頃刻之間，劫巨贓於數十里外，一塵不驚，數客之爲，蓋神乎其技矣。遂急召失主，悉數給還。

## 石達開重義輕財

粵寇石達開初爲諸生，以財雄一方。慕游俠，好結納，顧不擇人，門下食客繁，多兩粵無賴子，惟日與健兒數十輩馳馬騎射擊劍舞槊以爲樂。

距所居十餘里有一山，當孔道，劇盜某竊踞之，殺越人於貨，過客無幸免者。有閩商挾重貲出此，聞之，憂懼不知所出，夙耳達開名，因往謁，備陳所苦，乞庇護。達開許之，留閩商於家，將爲擇健者衛送度嶺。盜魁大怒，率其黨百餘人登達開門，謀篡取之。達開聞盜至，即開門延入，語之曰：「壯士之所欲，貨財耳。第念閩客挾貲離鄉井，走萬里外，以謀什一利，亦良苦。今壯士欲攘爲己有，彼喪其貲，胡以東歸？惟有蹈溝壑死耳。僕不忍，故敢爲緩頰。」因問閩客所攜金幾何，曰：「五千。」則自啓其篋，出五千金，陳諸几，謂曰：「聊備不腆，敬以爲獻，代客請命。倘矜而宥之，僕不啻身受其賜矣。」盜與其黨相顧愕眙，太息曰：「人言石先生重義輕財，豈不信哉？吾儕所爲，殆非人。今重違公命，客第就道，無他慮，然所惠實不敢受，請辭。」達開大悅，治酒，爲閩客祖餞，兼觴羣盜。酒既酣，傾吐胸臆，恨相見晚。酒罷，客辭去，盜亦辭，達開仍以前金予之，盜卻再三，受其半。

盜既歸，感甚，思有以報之，偵達開生日，因持金玉錦繡之屬往爲壽。達開讌客三日，盜亦在座。有不慊於達開者，密報邑令，謂達開藏盜於家，恐不免爲地方害。令亦涎達開富，謀所以魚肉之者，立率衆往。座客尚未散，即并達開與盜擒之，置諸獄。達開與楊秀清故莫逆，秀清聞變，即以衆往劫出之，旋從洪秀全起事而爲寇矣。

## 程姓婢撫幼主

山左程姓者，寓吴中，有一婢，嫁農家葉氏子，咸豐庚申之亂，程全家避於葉，財物悉寄焉。不數年，程家屬相繼死，僅遺一幼子，在襁褓中，婢撫以爲子，使與諸子齒。俄而其夫亦死，婢守義不嫁，撫程子及其子俱成立，爲程子聘鄰村一女爲妻。成婚之日，請姑出，將以新婦見，而婢遽出自房，登氍毹而先拜焉。程子大驚，婢對衆自陳曰：「我非新郎之母，乃程氏婢也。主人不幸遭亂，流離死亡殆盡，我以郎君年幼，無人管束，故十餘年越主婢之分，冒母子之名，今敢不道其實歟？」於是具述顛末，并出資財盡以歸之。程子欲分其半以與婢，不受，乃使其妻以姑事之，而已仍呼爲母焉。

## 秋菊撫幼主

崇義醫士王德化，年五十無子，妻爲置妾，生子周晬，夫婦相繼死，妾典釵珥營喪葬，抱兒號泣，恨不欲生。婢秋菊慨然請曰：「主人惟此一脈，娘子徒死，不足塞責。宜勤於撫育，惡衣粗食，奴當任之，毋過苦也。」妾含淚謝。自此，秋菊日出爲鄰家操作，夜歸，織屨燈下，得值以贍口食。間獲贏錢，則投諸甕，積五六年，甕錢盈口矣。

無何，妾殂，秋菊出錢治具。既念已出傭，兒無依，乃使就學於村塾。師憐之，罔較所酬。秋菊旦送兒往，暮迎兒歸，形影呼吸，相依爲命。復倩良工繪主人妻妾像懸中庭，且夕命兒瞻拜，一室中儼如主人在焉。遇兒廢讀，秋菊輒對像悲啼，兒爲之感動，一意力學。十七歲入庠，秋菊喜，探牀頭錢又數甕，爲兒整廬舍，潔衣冠，將擇婦。里人薄其孤寒，鮮與論婚者，塾師獨器兒，以女妻之。秋菊具禮迎歸，兒婦拜像畢，請拜秋菊，走避，謝曰：「我，婢也，何可當小主人拜？」兒請自今事以母儀，秋菊曰：「此尤不可。秋菊昔事主人，未薦枕席，名分所在，敢與兩主母匹哉？」兒固請，堅拒不受，塾師勸再三，始允以平等見，於是兒稱曰姊，婦尊之曰大姑，外人呼曰姑娘。大姑以儲錢授弟婦，謝家政，然不敢自怠，恆紡績以佐薪水用。自是，家寖裕，兒無内顧憂，得卒業。

邑有富人喪耦，聞秋菊賢，遣媒聘。秋菊笑曰：「使我欲得丈夫，嫁久矣，待今日耶？吾主人大器，終有賴，彼骯髒翁，奚足動吾念哉？」媒慚而退。後兒舉孝廉，適秋菊六十初度，郡邑楔旌其閭。壽臻九十，以處子終，孝廉用姊弟禮服期年喪，殯於王氏先塋，享祀之。

## 粉面獅救書生

巴東巫峽形勢險峻，道途崎嶇，凡由武漢入蜀而就捷徑者，必經是峽，其隘處迂迴曲折，僅容身耳。峽中間有小肆，盜縱橫，或設黑店以陷過客，大盜粉面獅獨以大俠稱。粉面獅者，蜀人也。富膂力，能舉千金，而平居則柔婉嬌好，宛如弱女子，故得是名。獅雖爲盜，而刦富濟貧，扶善鋤惡，生平未妄殺一人。

一日，獅出遊，途遇一車，車簾四起，中坐一書生某及其僕，視其車夫，盜也。因趨而前，願附車行，車夫嚴拒之。哀於某，某許之，車夫曰：「人心不同，有如其面，安能必其無惡意耶？」某曰：「余知之。」

獅聞言，乃一躍入車，與某爲禮，遂問行蹤。某告以父宰江南，今遣余回籍就婚也。由是抵掌縱談，漸至同食同寢。車行五日，獅密語某曰：「車夫皆巴東刦賊，今當不利於公，再過三站，地闢而狹，將施其謀矣。」某大怖，獅曰：「有余在，二三孺子，直螳臂當車耳，不足介懷也。」某雖壯其言，然以其瘦弱如少女，未遽信。行三站，已薄暮，獅語某曰：「今晚當下毒手矣。設有變，請安眠，勿作聲也。」某唯唯。

夜半，獅聞車夫私語，因假寐俟之。少選，一車夫提刀入，後從二人，至某宿處，方欲舉刃，獅躍起，取寢枕擲之，先入者撲地而倒；後至者亦爲餘勢所蹶。獅乃揚聲曰：「鼠輩聞粉面獅之名乎？敢以非禮向乃公。」三人已憊不能起，泣而言曰：「素聞長者威名，今覿面不識泰山，余輩盲矣。幸長者之貸其一死也。」獅怒斥曰：「去去去，姑留爾曹命，可星夜奔赴前站，爲公子買酒壓驚也。」時某已起坐，向獅謝曰：「義士真神人哉！再生之德，何以爲報？」獅笑曰：「大丈夫見義而爲，寧望報乎？」至前站，獅出金，爲某置酒壓驚。酒次，獅召車夫語曰：「爲我送公子歸里，取得平安信來報我。若有怠慢者，公子不給汝書，爾曹生死，懸余掌中也。」車夫諾諾而退。獅又顧某曰：「前途當可無虞。余事冗，不遠送，後會有期也。」言既，一躍而出。

## 英果敏救吴武壯

英果敏公翰初作令於皖，吴武壯公長慶方以末弁爲果敏所器，倚之如左右手。時劉壯肅公銘傳、張勇烈公樹聲方各結團自保，武壯偶與之有違言。互鬬而敗，被獲，乃縛武壯於柱。果敏遣人往説之，壯肅、勇烈皆不可，曰：「必縣令自至，而乃可釋也。」果敏如其言，始得釋，武壯以是終身執弟子禮。果敏身後，歲時餽問不絶。

## 楊大頭使酒任俠

楊大頭，亳州某村之屠者，以頭大得名。尚氣力，使酒任俠，横於亳。亳之惡少年嘗伺其獨行，羣掩而踣之，具水火炮烙，慘毒甚，終閉口無一言，衆由是服之，奉爲魁。時粤寇擾大江南北，而西北復有回捻，大頭因擁其黨衆結砦某山，富人避兵來者，聲言保護，多脅取賂金，衆稱之曰將軍，自此不復居矣。有勸之擴張勢力者，皆不聽。楚師討苗沛霖，大頭輒要取其餉。已而苗氏滅，楊懼，詣官軍謝罪，遂被殺。

大頭名成，其父固文童，年五十，求入泮不可得，及生子，期其成名，故名之曰成。然性奇魯，讀數年不能識一字，得間，則竊從屠沽兒遊。父責之，終不改，乃憤死，大頭遂爲屠，其始亦一無賴耳。會所居村謡傳捻寇且至，村人懼，各棄家而走山。山去村才五六里，林壑深窈，有石洞，可容數百人，當是時，成亦在衆中。事起倉猝，不及裹餱糧，居一日，饑渴甚，登山巔，望村中炊煙縷縷，羣以爲捻果至，益不敢下。夜半大雨，衆掬飲之，得稍解渴。成語其徒曰：「賊三日不退，吾儕縱能求食四方，妻子皆饑餒死矣。晝間炊煙不多，捻必未至，恐爲土寇，即至者亦一分隊爾，吾儕壯丁可數百，亦足以制之。今大雨，彼必無備，可一戰也。」乃持刀而先，衆中有膽者從之，得三十餘人，人持竿或斧或刃。至村前，寂無聲息，成獨入村探望。頃之出，麾衆以往，則捻二十餘人方酣卧巨室中。衆入，始驚起格鬬，成手殺五人，餘慴伏莫敢動，遂盡執之。訊知寇將三日後來，此其偵者也。成得狀，即刲之如羊豕，而盡遷糧糗器具入山，空其村。三日後，捻果至，成豫置酒食於村中以毒之，又藏火藥竈中，捻多死，而村亦燬，遂引去。由是得名，歸者益衆。成遂造槍械，冶五兵，分其衆，半耕耨而半守望，更迭相代，竟無恙。

渦陽某氏子方迎娶，及吉期而寇至，一家皆逃依成，新郎亦被擄去。婦有色，成強取之，婦大哭，訴稱有夫。成問夫何在，曰：「捻擄之矣。」成笑曰：「易事耳。」即夕遣歸。不三日，其夫忽自至，自言捻遣來爲偵，因幸得脱，而不知成所爲也。

兵亂之際，有婦姑母子避難來奔者，其子溺婦言，負之行，而棄母於道，追呼之不應，乃息於道旁。寇至，見爲老婦，捨之，其鄰人見而哀焉，扶以免。他日，子復逐其母，且遷怒鄰人，鄰人告成。成召其子，温酒於壺，篝火於爐，以待之。既至，不復訊，親割其肉，炙以行酒，帳下百人同時舉刀，頃刻肉盡，呼號猶未絶也。執其媳，榜之百，配圉人，而廩給其母，以是衆稱公明。然馭下嚴酷，雖故人，一言不合，輒戮之。又終歲以蓄積耕種爲事，稍有壯心者不能耐，皆去之。方苗之敗，其帳下聞之，亦多欲執成獻功者，成微知之，故自首以求免，而不知適絓於禍，蓋非始計所及也。

## 小鏡子欲除貪吏

小鏡子，上海富室徐友山之火夫也，性任俠。友山工詩，善書畫，尤嫻經史，暇日，恆爲小鏡子述歷代興亡事，輒感奮。一日，小鏡子忽語徐曰：「今天下困苦若此，有崛起草澤間者，吾當爲之前驅，掃除貪吏也。」徐戒之曰：「吾家夙以富聞，汝讕言如此，破吾家者，必汝也。汝不能忍，其速去。」

小鏡子至是遂不敢聲，然主僕之情，則未嘗稍疏。粵寇搆難，蘇常無應者，乃與無賴謀，倉猝起事。城中無一卒，遂殺縣令，而蘇松太道乘間遁。小鏡子自命爲天下大招討，令徐爲軍師，無賴不用命，刼居民財貨殆盡，所存者，惟洋涇橋近旁洋樓數幢，時人有「天下大招討，不過洋涇橋」之諺。據城凡十三月，官兵至，不敢前。繼見城内無動静，乃破門入，實則匪早絶跡，小鏡子亦不知所往矣。徐尚存，官兵乃械徐，送之江寧，不待刑，自刎死。

## 徐樹人驢嚴問樵

咸豐時，丹徒嚴問樵太史保鏞弱冠爲名解元，春官報罷，暮秋始出都。行至山東，旅橐告罄，時通州徐樹人中丞宗幹方爲泰安守，初未識面，因書一聯使人投之云：「千里而來，徐孺子可能下榻；一寒至此，嚴先生尚未披裘。」徐亟迎入署，盤桓數日，瀕行，贈五百金。逾年，嚴成進士，入詞館。

## 郭壯武以博資濟人急

郭壯武公松林性豪邁，喜博。未顯時，除夕嘗與人博，獲鏹纍纍。既而同博有痛哭者，詢之，則負人鉅金，以百金作孤注，一蹶而不振也。郭得實，惻然憫之，即以所獲與其人。踉蹌返家，索逋者正列坐以待，郭狂笑，即偃卧敗絮中，索逋者無如何，迺詬詈去。

## 王古愚除患釋難

咸豐時，吳有劇盜，勇悍絶倫，自以爲萬夫莫敵，蘇撫欲捕之，亦束手。時宜興有王古愚者，精拳勇，家貧，授徒自給。貌陋甚。曾聯合文藝有拳勇者共十人，讀書講藝，人稱北郭十子。而無錫某即蘇撫門下士，會盜詣撫，欲貸萬金，撫方躊躇，某遂以古愚薦。撫見其貌不揚，使教其子，古愚怏怏不自得。嘗自習其技於月下，撫乃與談除盜事，古愚曰：「某之來，爲盜也。今置而不問，是知某之無能也。願得一見盜。」撫曰：「此非易事，事敗，我休矣。」古愚曰：「無害也。我一見其人，卽知其技之高下。技而高也，我縱之，技而下也，我決之，與公無與焉。」

撫不得已，折簡招盜，盜果至。古愚覘之，曰：「此可擒也。惟我一人敵盜，盜必死，苟盜之從者多，吾彼此相擊，恐盜且逸焉。假我二十人伏幕中，我以擲杯爲識，俾二十人羈其從者，我一人敵盜，盜必擒矣。」撫從之。古愚乃易青衣，僞爲童僕侍酒狀。俟撫出，卽擲杯於地，二十人皆出，盜之從者不得逞。盜知事急，卽拊几一躍，欲破屋而遁，古愚亦躍從之，持其足，力分其尸爲二，擲於地，並除從者，於是吳中盜害以除。撫嘉其功，思有以酬之，古愚笑曰：「天下之所貴爲士者，除患釋難，平危亂而無所取者也。惟願君此後不以貌取人，世之有能者，皆在布衣風塵中耳。」遂辭歸。

## 李撫民假明某以資

李撫民者，豫章人，以賣筆來往粵西。粵西鹺賈某，以其勤慎，薦之爲商夥。閱數載，積資數千金，因謀歸娶。既行，舟泊灘江，聞鄰船有長歎聲，竟夕不寐。訪其傔從，告曰：「主人隸旗籍，以主事出爲直隸州，分發來此。客冬權西隆令，不幸以災祲，虧帑半萬，將登白簡耳。」李心動，曰：「我代籌之，何如？」主人卽延入，告曰：「僕明姓，以交代上省，君能代謀，幸甚。」李曰：「幸有餘資，方謀歸計，今君適有急用，數亦尚可摒擋，得缺歸楚，無妨也。」卽傾橐畀之。明欲立券，李曰：「勿爾，我非權子母者。」乃結爲異姓兄弟，且曰：「兄乍到粤，苦無相識，弟能從我遊乎？」李曰：「諾。」乃偕往桂林，爲之措置。居數月，新撫軍來，則明之戚也，即檄署潯州府。時鹽務廢弛，革商追引，明知李深悉鹽務，即以委之。不數年，貲已鉅萬，久之，富甲一省矣。即娶於粤，營别業焉。遇豫章人流落者，必周之，曰：「吾不敢忘一傘一襆時也。」當道沈滯者有所諉諈，亦必應，曰：「吾無以報明，此所以誌也。」其子秉銓後爲浙江金衢嚴道。

## 杜憲英爲人除盗

咸、同間，汴有女子杜憲英者，爲周某妻，嘗與周分領土兵禦粤寇。周爲寇所擄，三年不歸，憲英母又殁，乃以錢數萬買得一婢，闊面長身，膂力甚壯，教以武事，從己出游阜城連鎮間，密訪周消息，不得，又由皖北間道至江南。一日，泊舟江港，有富室子弟結商人賚貲販運，而冒爲士人赴試杭州者，繫纜於憲英舟之左。岸有僧，寬衣大笠，趺坐擊木魚，别以短杖擔衣鉢，置之身旁，目眈眈視女。憲英轉視羣商，久之，太息去。遠聞鬻栗數聲，已而岸上有二三士人，散步徘徊，羣商方欲結納士人，爲偷漏關税計，揖而邀之舟中，煮茗閒話，各通姓名里貫已。士人縱論天下事，雜以文字科名語，農商語，兵語，青樓諧謔語，羣商於賣買經紀外，瞪目不能發一辭。士人曰：「吾輩一見如故，意氣極相得，公等果將赴試耶？」中一商曰：「實不相欺，薄有貲貨，前途關卡多，仰藉大力庇蔭，得免税金，抵浙必厚報也。」士人曰：「飲啄前定，萍水因緣，此小事，何論報乎？」拱而别，注目憲英舟。

羣商喜甚，各以言語相調笑，亦目之。時婢在後艙假寐，憲英怒目語曰：「身死財喪之不知，猶竊視閨眷耶？」羣商聞之大驚，密語久之，疑憲英爲盜船，長跽求免。憲英哂曰：「吾船無盜，適與君等共語船中，及向之趺坐岸上者，乃真盜也。君等家擁鉅貲，日處醉夢中，不見天日，豈知世路險巇哉？」衆諾諾。又曰：「處世需才，即兵戈擾攘中，挾貲遠行，亦非大有才者不可。苟自度無其具，寧坐閨中弄稚子，毋以買命錢空餌虎狼也。今身死財喪之不知，猶竊視閨眷耶？」羣商曰：「且爲奈何？」女呼婢出，曰：「此吾前鋒燕支將軍也。諸君畏怯者，請避岸上，否則安卧以待，慎勿露聲影，吾二人盡力當之，視諸君時命何如耳。」及夜，又聞觱栗聲甚近，女曰：「是矣。」羣商不敢出，亦不敢卧，急閉艙門，滅火屏息。時殘月初出，繁星麗空，略辨人影，兩岸蘆葦瑟瑟作聲。憲英念迎鬭則彼衆我寡，不易制勝，不如待其來，出不意以刺之。與婢約曰：「昏夜不辨彼此，以髻上明珠映月光爲記。」未幾，賊果先登商舟，前二人不可識，其第三人，僧也。昂首四顧，遽奪商船門。憲英手利劍，徑前刺之，應手而仆。其二人大叫曰：「上。」則競趨憲英舟。憲英揮劍，旋繞如練，婢手雙鐵椎自其後突出，光耀上下如轉球。賊方避劍，不虞婢椎之出也，左右撲刺，落水死。鏖鬭方急，商船後艙呼賊至，婢躍登蓬頂，左臂適中賊槍，忍痛棄椎易刀連斫之，賊亦負痛狂奔，東西分竄去。

於是發火四照，船頭蓬頂，皆血漬。羣商聞聲，亟出謝，人人面如土。憲英叱之去，使婢裹創卧，而獨坐待旦以備之。明日，將解纜，逆風大作，及午，有樓船十數自上游乘風而來，亦泊港外，探之，始知某督總兵官王某帥師巡緝盜賊者也。軍士先詰商船，羣商曰：「赴試。」曰：「赴試何以載貨，毋乃盜乎？」商曰：「我非盜，乃遇盜幸免者耳。」次詰憲英船，未及答，商曰：「是卽殺盜救吾屬者。」軍士見兩女子無一男丁，羣商又不類士子狀，疑其蹤跡，瑣瑣盤詰。憲英怒曰：「何多言，我乃手殺左山虎之中州杜憲英也。問我何爲？」語未畢，忽有一人自樓船躍登憲英舟，問曰：「英娘不識我乎？」女目之，方面偉軀，貌似相識，而鬑鬑有鬚矣。其人曰：「我卽河南周某，今帥兵緝盜過此，不意遇卿。」女猶不敢遽應，周乃曰：「卿不憶嵩山射虎時耶？」女曰：「弓衣金彈何在？」周曰：「置之洛水犀腹中。」蓋當時閨中隱語。問答既合，憲英不覺泣下，曰：「妾爲君子力已至矣。幸神明垂佑，相見於此，顧何以不周而王也？」周乃告以被虜後，說賊投降，主將王某愛之，使從己姓，授守備，從征江皖，歷保今職，賞花翎，賜勇號，且以提督記名矣。周問憲英何時渡江，婢爲何人，憲英言未半，諸商請見軍門，叩首船頭，謂受夫人活命恩，願獻五百金爲壽。憲英堅不受，謝之去，屬以後小心，謂不能復遇我矣。羣商皆感泣。周既了巡緝事，卽日引疾解官，攜憲英偕隱嵩山，讀書種菜以爲樂。婢歸，適某千總，勇過其夫。

## 俠盜爲人拒盜

李春輝，高陽名族也，家臨通衢。咸、同間，鄉多劇盜，各村皆設演武場，延拳棒師教練，爲自衛計。其族固大，因專設一場，以備練習之所，李亦從而學之。一夜，有盜踰牆入，可十數人，教師及守院者均爲所傷，盜撞扉幾壞，家人惶駭，不知所爲。危急間，忽一老工人持杖入，厲聲曰：「有老夫在，鼠輩乃敢爾！」盜以其老弱奔之，叟舞杖風動，當之輒靡，瞬息已擊倒十餘人，餘賊悉遁。主人始出，慰之曰：「今日幾破吾家，賴丈援救，得脱危險，敢忘大德！請自今始，凡余所有，當與丈共之。」且詢叟曰：「素未聞丈能武，未有加禮，英雄不自言，何也？」叟曰：「余，緑林之雄也，因事避此。本擬卽行，在此數載，相待極厚，知盜欲來，不忍離，遂效微勞，藉爲萬一之酬耳，何敢復望厚賜。且余與賊素有隙，今復殺其同夥，與余仇益深矣，烏能久居此乎？請從此逝，無爲主人累也。」

主人聞其言，大駭。既而謂叟曰：「丈可居此，況蒙保衞，始得室家無恙，尚未酬報，何遽離此？且戮盜十餘人，彼若再來復仇，奈何？」叟曰：「無恐，余去，盜亦不來矣。倘余在此，盜來正無已時也。」留之不可，贈以金帛，不受而去。明日，執諸盜送官，均置於法，餘盜竟不復來。

## 秦商遇盜還所劫

秦商某，遇盜於少華，盡驅其駝馬資裝以去，某單騎竄山中。久之，日暮，峯迴路轉，迷不得出，聞隔澗犬聲乃大呼。俄叢樹中有人應曰：「左轉。」乃左轉，得石梁，渡之，忽見麥畦縱横，似已闢治者。循陌行，得一村，或問所從來，以遇盜告。有蒼髯者招至一室，飛甍畫棟，大家也，命就西廂宿，餉以酒食。夜不成寐，更闌，聞門外人馬聲，亟伏門隙窺之，見騎馬者可百人，魚貫而入，擁資物可數十車，皆下馬，一一登堂，堂燒巨燭如椽。蒼髯者振衣高坐，騎者進謁訖，一一慰問，語隱約斷續不可辨。久之，騎者羣出，蒼髯者點首送之，止一人令住，其人頓倉皇失措。蒼髯者叱曰：「吾令若出，以驅除貪官污吏，而奪小民生計，何爲耶？」其人蒲伏不敢聲。立命杖之，杖訖，命去。尋更牽一人至，神氣索然，詰責尤厲，因但叩頭稱犯官死罪。亦命鞭之數十，鞭訖，復遣去，而堂中燭光一時並黯。

次晨，蒼髯者手一物授商曰：「持此無失，東去又左折，行叢竹中十數里，卽至官道，向南一逆旅中四十許人胖而微鬚，可以此授之，當得償所失也。」商夜窺所爲，知叟非常人，卽受之。如言至一逆旅，有果得其人，授以物，解視之，印信也。其人自陳爲華州知州，因事入省，昨爲盜劫，輿馬盡喪，僕從亦死，盜取印去而以物置逆旅中，送我至此，令守之以待君來。商視之，所失貨也，並駝馬亦在後廄，纖毫無失。

## 林琴南餽米於師

閩縣林琴南孝廉紓六七歲時，從師讀，師貧甚，炊不得米，林知之，亟歸，以襪實米，滿之，負以致師。師怒，謂其竊，卻弗受。林歸以告母，母笑曰：「若心固善，然此豈束脩之禮。」卽呼傭，齎米一石致之塾，師乃受。

## 蔣少穎祀師

武進蔣少穎，名樹德，同、光間人。生十二歲而孤。當九歲入塾讀書時，徇齊敦敏，如成人。一日，師出，羣童紛呶，則正色叱之曰：「師不在，當與師在如一。」師適歸，聞其語，大奇之，嘗曰：「是子可教，家貧不能具禮，無傷也。」師年老無子，則私自竊念，他日必奉養吾師。其後師卒，輒於歲時祀祖時，設位祀之，猶初志也。

## 周泰康捨金救人

粤寇擾寧波時，鄞周泰康亡命鄉間，夜伏叢尸中。朦朧間，忽聞呵道聲，竊睨之，有古衣冠人，隨數吏，按尸點名。以次至周，皆詫曰：「此江邊徐七麻子手中貨也，胡在此？」言已不見。周驚醒，念名在刦中矣，欲他適，然不過江，則他處盜寇多，難逃，不如就死爲得，因趨至江濱。先有男女數口，望洋號哭，詢之，云：「我等全家欲僱舟回鄉，而旅資告罄，舟子又居奇，將葬身虎口，是以悲耳。」時周囊中尚有三十餘金，自念死在頃刻，與其充賊囊，不如救人命，遂舉金以贈之。其人急呼舟近岸，促周同往。周再三辭，不得已，告以姓名居址，揚帆自去。周靜俟河干，日晡，大隊麕集，中有一賊酋身偉而面麻，執戟先驅，周以爲卽此是矣。因大呼曰：「徐七麻子，我待汝久矣，何遲也？」賊若弗聞也者。又連呼之，賊回頭微笑，探囊，擲一包與之，縱馬竟去。賊過後，檢視之，内包金釧及銀幣數十枚，遂買棹過江。尋至前一家，家故巨族，留與同居，贅之以女。後以販運成巨富。

## 余善人大類墨子

同治戊辰，江蘇巡撫丁日昌檄其所屬曰：「無錫縣人余治，煦仁孑義，迹近不軌，其捕以來。」治，字翼庭，號蓮材。其爲人大類墨子，日以天下之溺與饑厪於懷，奔走之而惟恐或後。又嘗擒劇盜王錦標等於泰州。江畔沙民往往蔑視官長，而懾服於余之一言，丁之欲捕余也，蓋由此。

余自得檄，立赴轅門，將所持刺付閽者以待命。丁壯其膽，延入，以客禮見之。語移時，丁起謝曰：「予爲讒所中，開罪實多，子真可謂善人者矣。」蓋余善人之稱，則固久著於大江南北也。余以任卹功，由諸生得保訓導，卒時年六十有六。

## 倪惠姑護主殺盜

同治己巳、庚午間，魯大饑，寇盜横行，膠州以東無一安樂土。膠東有鏢客倪孝者，工技擊，以其事母孝，故以孝名。女曰惠姑，年十七，美而豔，從父習拳勇，得秘傳。倪以盜多，道梗難行，家居授徒數十輩，膠之富人争以重金爲聘，以備非常。倪乃令其徒各領一隊，周巡警視，盜弗得逞，因憾倪。膠牧李某偶獲積盜，誣倪爲渠魁，捕致之，刑訊殊慘。倪極口呼枉，曰：「小人固捕盜者，非盜也。有膠之紳富某某可保證也。」牧乃命具保結釋倪。倪感牧德，願獻女爲牧侍妾，牧曰：「叟休矣，除暴安良，牧之職也。今釋叟，爲公，非爲私也。於法，無以部民女作妾者，叟休矣。」倪感泣而歸，由此感牧愈深，遇年節，輒登堂叩謝之。

越歲，牧因公被劾。牧吴産，將攜眷南旋，以歷官久，囊橐頗豐。倪知之，詣牧曰：「饑饉之後，盜賊充斥，小人老矣，不能隨護南行。女貌雖陋，然有謀勇，果使侍君左右，水陸險阻，無慮也。」牧鑒其意誠，納之。時惠姑年十八，從之俱南，行李以百計，僕從如雲，盜少不敢舉。盜法，凡偵得輜重可圖者，或以寡不敵衆，則通遠程夥合以謀。故舉事遲而夥益衆，志在必得也。

時牧已去膠數日，計程行三百里有奇，抵西魯界，覓宿所，有旅舍後室横通三院，牆高丈餘，僅一門容出入，牧欲居之。惠姑謂牧及夫人曰：「妾觀此屋，若爲謀閉行客者，逆旅主人必非善輩。夜深或有變，請主人静覘之，勿高作聲，妾自有制之之法，不使匪類得志也。」牧大駭。惠姑乃預爲布置，居牧於室之東偏，使二婢伏西室内，曰：「呼而後出。」出取玻璃燈安窗下，使徹院如白晝。已乃著箭袖青綢短襖，鋭頭皮鞋，鞋尖置鋼，鋒利無對，腰利刃。嚴裝訖，滅燭躍身登門額，屏息以待。

夜既深，寂無聲。店主人小燕青，盜魁也。窺牧輜重，乃預集羣盜之傑者，各操利器，躍登後壁，伺便而入，餘盜潛伏四周。先一人躍下，久而不出，曰：「何遲遲也？」又二三躍下，久又不出，乃相顧愕然。小燕青曰：「若輩了不長進，是何大事，乃尚須勞乃公耶？」遂躍入院中，欲脱關，刃已中顱，而不知其何自來也，跌十數武外。忽自空下一人，坐胸際，舉佩刀欲砍，而肩被制，臂軟不能爲力。凝神間，乍聞嬌音喚婢舉燈，至，一幼婦耳。惠姑曰：「我初至，觀其形勢，知是對手，果巨凶也。汝爲旅店主人，不知害人多少，待殺卻，惜污我刃。」乃割其耳，截其足，以藥揉之，血立止，時則天已曙矣。惠姑釋之去，曰：「留汝殘生，爲爾曹戒。」乃偕牧夫婦僕從，整頓行李，首途南下。

## 牛救盛氏兒

同治庚午，咸寧有虎患，盛氏兒方牧牛於郊，突與虎遇，兒自牛背墮地，牛以身庇之，奮其角與虎鬭，不勝，有他牛來助之，虎乃去，兒得不死，所牧牛以傷重而斃。於是盛氏長老咸集，皆曰：「此義牛也。」買棺斂之，穴地葬之，日爲作佛事，而使此兒斬衰治其喪，若喪所親者然，謂之牛孝子。

## 貓殉富人

晉有富人某，蓄貓甚慧，其睛金，其爪碧，其頂朱，其尾黑，其毛如雪，愛之甚，寢食與俱。貓亦親之，病則卧於側，出則候於門，若父子然。里有貴人子見而愛之，購以千金，不與，以駿馬易，不與，以愛妾易，又不與，乃陷之盜，破其家，仍不與。攜貓遁，至廣陵，依一巨商。商亦愛其貓，百計求之，不得，謀鴆以酒，貓輒傾之，再斟再傾。富人覺，攜貓宵遁，遇故人，附舟北行。渡黄河，失足墮水，船人救之弗得，貓見主人墮，叫號不已，亦踴入水。是夕，其故人夢之曰：「我與貓皆不死，在天妃宫。」故人跡之，如所言，因殮其尸，並貓瘞焉。

## 僧爲人返信銀

同治癸酉冬，江寧有爲人寄信銀者，行經龍膊子嶺下被劫，僅以身免。行十餘里，晚投旅店，閉門泣。俄鄰舍來一游方僧，口操北音，貌壯偉，聞其泣，扣門問故。具告之，且曰：「此銀乃數十家養命之物，今予既無以復命，期必死，而諸家待哺者何辜？是以悲耳。」僧奮起曰：「有是哉！鼠子敢爾，誓爲君索回。」止之不顧，曰：「予速回，則原璧歸趙，否則身殉，不累君。」言已，掉臂去。

食頃，有聲如暴風起，出視之，見一人從空而下，審之，僧也，顏色不變，置銀於几，果故物。大喜，因詢其詳。僧曰：「我往見若，若曰：『和尚何爲？』我曰：『適有急足信銀爲爾取去，可速還我。不然，且污我手。』盜大笑。再言之，羣以刀杖進。我足踏一人，兩手搏兩人，互擊之，衆羅拜歸銀，乃釋之而返耳。」店客聞之，羣來視僧，問其里居姓名，笑而不答。天明，某至鄰房謝，僧杳矣。

## 魁若時待師友之義

丹徒謝庭蘭，字湘谷。避亂至江陰，受古人義法於承受亶培元，讀書植節，幼與魁若時將軍玉同受業於老諸生李某，蓋魁父時官京口也。後數十年，魁官江寧將軍，謝亦館江寧。值馬端敏公新貽被刺，魁署江督，江寧教授趙某，謝同年也，衙參日，洩於魁曰：「公尚有舊同學在此。」魁曰：「吾久憶之，意其死久矣，君能爲我致之否？」趙曰：「諾。」即訪謝，謝曰：「吾不欲謁貴人。」趙固請，則以無衣冠對。趙假以衣，又嫌其華美。乃以葛袍進，謝曰：「得之矣。」侵晨，徒步往，具一刺，署曰「丹徒附監生謝庭蘭」。文巡捕睨而微笑，有老而傴者戒之曰：「此老先生，不可侮，須上報。」入少頃，內傳呼文武巡捕站班，啟中門，魁迎入。謝進揖，魁操丹徒音曰：「渴想渴想。」問近狀，具告之。魁曰：「君太自苦，余在行間，粗立戰功，姓名稍著人口，君宜聞之。若屈己相就，吾將待以故舊之禮，縱不敢以章服浼君，然必能溉君，不至如今之猶困童子師也。君太自愛，太自愛。」謝曰：「吾樂居此，歲得束脩六十千，尚有餘，可刻所著書。」魁曰：「此間有江南書局，有採訪忠義局，請擇一，當爲謀之。」謝曰：「書局有鄉人韓叔起在焉，不便與争。至採訪忠義局，則分鬼之血食，又不忍爲。吾老無子，願甘寂寞，感公雅意，謹藏於心，可也。」一日，魁語謝曰：「吾訪李先生後，先後冒認者數輩，吾終欲得一真者。」謝曰：「李先生子死於亂，有寡婦及一孤子居通州。」魁曰：「吾有四百金，請君致李，買田數十畝，俾其供朝夕。」謝曰：「當招李來親取。余貧士，驟見巨金，安知余不乾没耶？」因大笑。魁留飲署中，至二更許告别，魁顧從者請謝老爺轎。謝赧然，魁曰：「然則騎馬來乎？請坐騎。」謝曰：「喜徒步，特走來。」魁曰：「速備轎。」謝曰：「不可。」因命從者持燈送出。次日答拜，再屬趙道意，請入書局，又命中軍某堅請，皆辭之。魁始歎曰：「吾乃終不可屈故人耶，吾望之愈遠矣。」

## 紫鵑爲人理訟事

粤人某游於滬，悦一妓，名紫鵑，脱籍，攜之歸，將偕老矣。俄某以訟事破家，鵑自鬻於平康，以其貲料理之，訟始解。鵑再入青樓，鬱鬱不自得。某時往慰喻之，欲重爲脱籍，而苦無資，乃復至滬，將釀於舊友，久而無成。鵑在粤日夕企望，忽有言某已在滬物故者，遂服阿芙蓉膏死。同伴覺之，救治，復蘇。其事傳聞至滬，人咸義之，助某使歸，鵑亦卒歸於某。

## 趙升救幼主

粤寇擾皖，安慶城下之日，死亡滿道。去城三十餘里，有山曰龍眠，老人某結廬其中。歲暮老人樵採歸，聞絕壑下有啼聲，大疑，俯身大呼，久之，乃呻吟相答。老人急擲薪臥地，解縛薪椶繩垂之下，使束腰際，牽挽而上，壑中人乃喘息攀緣而履平地，臥地大悲。視其狀，爲蒼頭，年近六十，懷中一兒，約半歲。急邀至其廬，詰行蹤，蒼頭曰：「我，趙升也。服役於趙侍御家。侍御在京，主母及劉姨、許姨居安慶。又指懷中小兒泣而言曰：「此子爲許姨所出，主母愛之若拱璧。寇攻城，一家殉焉，我故救之以存其祀也。」

## 步氏兄弟保全舟客

廬州李某由寧波附海艘赴滬，共載者五十餘人，中有少年客，美秀而文，與李聯牀，談頗洽，李叩其姓名，則漫應之。中途，客附李耳低語曰：「君知舟子何如人也？」李曰：「不知。」客曰：「君不慣涉江湖，不知道途之險。我詳察舟子，非良善，其篙師亦面有殺氣，若曹居心叵測，惟我能辨之。計一路，惟某洲最險，倘經其處，不泊舟，當無患，君須識之。」李驚問曰：「舟果泊者，將奈何？」客笑曰：「君毋多言，幸有我在，彼何能爲？」李疑信參半，姑默識以覘之。

舟至某洲，未暮也，舟子果命繫纜，諸客僉謂尚可趁程，何遽泊，舟子不答。衆譁，少年以目止之。洲孤懸海中，四望無際，更無別舟。少選，飯熟，舟人但自飽啖，並不食客，衆飢而索食，亦不聽。久之，不能耐，舟子忽率其黨各執刀械進前，厲聲謂衆曰：「此地險要，向爲羣盜出没之區，汝等所挾貲可速獻我，當爲善藏之。不從我，有不虞，悔無及也。」客皆挾巨貲，聞言，互驚愕，迺哀告曰：「我等同舟，患難自當與共。薄貲固在，縱有不虞，亦全恃主人防衛，如可免患，不惜重酬，又何必勞君代藏也。」舟子怒目叱曰：「爾輩死在目前，猶嘵嘵饒舌，欲作守財虜耶？」言畢，回顧其黨曰：「不速了，復何待！」其黨争持刀械而入，諸客相視觳觫。

李依少年傍，亦竊自危，第見少年從容起立，喝舟子曰：「汝休孟浪，亦知步家兄弟乎？」舟子卒然斂容，答曰：「唯唯。小人不敢。」少年叱曰：「汝率黨入内，將何爲？」迺以肱一揮，即墮其最獷悍者五人於海。舟子等大恐，急棄刀械，環跪乞命。少年口中不知作何語，舟子等益恐，崩角叩舷，自稱無知冒犯，罪應萬死，願出貲別爲買舟，載衆至滬，以求贖罪。少年叱曰：「汝既知罪，姑貸汝，仍乘汝舟。再萌惡念，決不輕恕。」舟子等稽顙唯唯而退，乃命具酒食款客。至滬，同人僉德少年，謀有以報，悉笑而卻之。李私詢其寓所，少年笑曰：「我居無定所，君盍告我所寓，暇當相訪耳。」李具告之。後三日，少年來作別，問將何往，亦不答也。

## 劉壯肅殺陳總兵

總兵陳振邦剿捻陣亡，無子，其妻方娠，扶櫬南歸。至清江，忽有陳姓者，亦總兵也，自詭爲振邦子，欲奪其喪斂賻資。婦大哭，伏櫬上，某強推之下，顛而小産，婦憤甚，自縊。家人控告府縣官及憲司，皆相視嘿嘿。時劉壯肅公銘傳方奉檄赴山東，過此，聞之，大怒，命卒縛某至，數其罪，斬以狥。

## 虬髯客爲人解盜厄

同治時，川人某宦京師，有政聲，耄年解職歸。時值粵寇亂後，遍地伏莽，殺人越貨，數見不鮮，北道爲尤甚，行旅咸懷戒心。某輿馬行裝甚豐，所經皆山僻，以有僕從數人，自念當無他慮。一日，行山嶺中，忽鈴聲琅然，一客自後飛騎至，狀至修偉，虬髯如戟，睨視某車者久之始去。某驚駭，顧謂僕曰：「彼豈綠林豪客耶？不然，何目灼灼視吾車也？」僕故作暇豫態，曰：「彼手無寸鐵，必爲行路商賈耳。」某意終不釋，日未落，即投逆旅。坐甫定，遥聞歌聲清越，出隣室，潛窺之，則途中所遇客也，袒胸危坐，飲酒高歌。某愈疑，晚餐畢，即扃户寢，輾轉不成寐。黎明起就道，先衆而發，蓋冀客之追蹤莫及也。及日暮，投旅邸，而客已先在，笑曰：「公至何暮耶？僕俟駕久矣。」某益駭，唯唯而已。翌日，朝暾已上，將首途，客請同行，某念事已至此，姑安之。

於是車馬並發，客按轡徐行。正揮鞭縱談間，忽淒風四起，林木瑟瑟有聲，某悸甚，毛髮森豎。廻首四顧，一箭飛至，客接以手，曰：「此響箭也。少安，吾爲公除之。」言未已，劇盜四五乘怒馬至，客探囊，出一丸擲之，發箭者應聲落馬下，連擲數丸，無不中。近前視之，盜屍縱横，均貫腦死矣。括其囊，得數百兩，寶石珍珠無數，皆所掠商民物也。客曰：「僕老於江湖，窺盜跡無不辨。今窺盜垂涎公裝，尾公後者數日矣。僕以公寬和雍容，無時俗官習，故從公以相衛耳。今果得剪除醜類，大快事也。」并以盜贓歸之，曰：「此物取之不祥，宜存之地方有司，招失物者具領。」某感謝不已，歎曰：「君真奇男子也。

吾失物色於風塵矣。」贈以金不受，問其姓名亦不答，行數里揚鞭逕去。

## 周綠以頭顱報友

同治時，京師有巨盜周綠者，積案甚多，屢捕未獲。其室懸巨鏡，鏡前設榻一，周嘗坐臥焉。一日，捕至，方假寐，捕就趨縛，周躍身入鏡中去，而鏡自若。蓋鏡有機，首觸之，可轉出鏡後也。捕尾之，周自度不得脱，乃與俱行。至刑部署，悉承種種案，不少隱，遂下獄，死有日矣。周召妻子來，囑付一切畢，乃曰：「吾尚有一事未了。」既而曰：「已矣，汝等歸休。」周則遍向獄囚詢罪狀，大言曰：「若者固應死，若二人實不應死。」獄吏聞言，乃大觳觫，而防之愈嚴。當是時，刑部官吏方相慶慰，以爲幸獲周，今必死，除一患矣。無何，獄吏汗且喘，奔告曰：「周綠逃矣，又挾二囚俱逃矣。」部中人皆相顧失色，不知所措，既無可如何，姑懸重賞緝購。忽一日，一人與周俱來，自稱頃所獲得者。部中人皆狂喜，不暇詰獲狀，卽給金使去，而周以死。

方周之逃也，非真逃也。周有友某，嘗有德於周，周無以報。在獄時，使某妻先與之約，某日會於某茶肆。至期，周越獄往，則其人先在。周詰之，曰：「朝廷方懸賞購我，汝與我去，可得賞。」蓋其語妻子尚有事未了者卽此，又其所挾之二囚，卽周所謂罪不應死者也。

## 韡子李欲爲寶文靖市義

寶文靖公鋆以四川總督回京，一夕，在曲室與寵姬對酌，酒微醺，將就寢矣，忽見繡簾若被風吹起，突一豪客持白刃挑簾入，屈一膝，對寶言曰：「中堂安否？」寶驚問：「爾何人，黃夜至此何爲？」曰：「小人自成都一路護送中堂到此，今夕無人，故特來見。如不信，中堂且迴憶成都起程至某處時，宿某姓家，夜不成寐，戲索雛姬臂，並枕而卧，嫌其釧擱腦後不安，亟命脱之，置枕畔，明晨失之，忽忽曉發，不暇尋覓，有是事乎？此物當時即小人代收，蓋預藏之，以爲隨行之券也。」遂從袖中出金釧一，擲案上，觸酒盞，鏗然有聲。寶視之，果然，憶所言，亦驗。卒然問曰：「然則爾欲何求？」曰：「可薄給旅費回蜀。」問須幾何，曰：「十萬八萬不見多，三千五千不嫌少。小人乞賞，豈有奢望？惟中堂命。」寶曰：「畀爾五千金，何如？」曰：「謹謝。」寶復沈吟曰：「宅中現無此數，奈何？」曰：「是不難，就此夾室中某箱外有作何封識者，中儲黃金甚夥，何妨取三百以犒小人。」寶不得已，開鑰，如數予之。客受訖，就腰間解黃袱出而裹之，負劍於背，復拱手致謝。欲行，瞥睹案頭有白玉鼻烟壺一具，瑩然奪目，指曰：「此壺甚佳，但不審煙味若何？」寶瞋之曰：「爾亦識此雅趣乎？」曰：「然。小人不肖，頗有此癖。」便取壺傾煙嗅之，點首曰：「誠佳，但微覺未盡芳冽耳。小人欲奉借三日，待歸璧時，當請易以曩年所藏之品，還爲中堂壽，聊答厚賜，如何？」寶曰：「欲取，便取去，何託言借爲？」客笑曰：「金則拜賜，壺必見還，不敢欺也。」遂袖之，掀簾去。寶忽遥呼曰：「來，我尚有一言忘問爾。」客返身曰：「中堂欲問小人姓名乎？小人姓李，未嘗有名，平時儕輩因小人喜著短靴，輒以靴子李見呼。中堂如明日報步軍統領、五城御史一體嚴拿時，勿忘。」乃聳身過簷際，如鳥飛去，庭前枯樹葉，颯颯如雨下，久始定。

天明，寶急遣人報緝，並詳言昨夜所見之裝束年貌聲音，命捕役記之。復曰：「三日內必執來，當厚賞。否則將遷怒於爾等也。」官吏急派兵役四出窮搜，至晚，絕無所見。明日，忽有一役於正陽門外某酒肆見有一人年若四十餘，面瘦而額廣，目如愁胡下視，短衣窄袖，足躡皂靴，當爐獨酌，頃刻盡數器，復連呼取酒，詳察之，果李也。欲擒之，慮不敵，馳歸，告其夥，請共捕之。坊官有一黠者，聞而搖手曰：「此非常人，實不可以力取。我當先自往，動之以情，冀或有濟，衆尾我來，遥覘動靜，可也。」衆曰：「善。」此坊官某遂單騎直奔至某肆，下馬入門，便長揖曰：「李二哥久不見，從何處來？」李見之，笑拊其背曰：「甚好。我在此待君等久矣。」亟讓坐於己上，提壺酌之，戲曰：「君豈真問我從何來耶？祇欲浼我同往耳。」坊官俯首，曰：「不敢。中堂之命，大哥想早聞之，如能見憐，感且無盡，否則惟有隨二哥馬足之塵，相率偕逝耳。」李慰之曰：「我如欲累君等，早離此矣，何必久待？」因引滿，請各盡一杯，把臂徒步出門去。

李既偕坊官入城，直赴刑部，將上堂，顧左右曰：「此法堂也，例宜加刑具。」左右乃以械械其手足。少頃，承審司員升座嚴訊，厲聲問曰：「爾卽靴子李乎？」曰：「然。」曰：「前夜刦寶中堂五千金者，爾也？」曰：「五千金數誠不誤，乃中堂所賞，非刦也。」官曰：「玉壺想亦是賞與爾者矣？」李曰：「此小人求借一觀，今夜當送還，非賞亦非刦。」官怒曰：「爾誠狡辯，待我請命中堂，再嚴辦爾。」命先縶於獄，衆乃曳之下。至階，李請少憩，就靴中取斑竹煙管吸煙，且吸且顧曰：「此處監獄頹敗不堪，想歷年修造之費，均被堂司各員蠹盡，各營私宅去矣。我今捐助二百金，煩公等略葺牆垣，恐目前即有逸犯也。」言已，頓足一呼，鐵索寸折，上下桎梏如蛻脱，躍登屋瓦，三四轉即不見，衆相顧咋舌，莫敢誰何，懊恨而已。寶聞之，知其是夕必來，悚懼不能卧，室中環燃巨燭，令僕從持兵器，繞室三匝，待之。夜半寂然，喜其不果來。雞初鳴，忽見李從空際翩然下，僕輩瞪目直視，身如縛，噤不能聲。李直趨寶前，探囊，取玉壺置於几，從容謂曰：「小人前約今夕必自來，以此物見還，日間何必擾擾？中堂請試嘗此煙。小人日來將有遠行，更有一言，敢爲臨別之贈。中堂亦知當日開府蜀中時，吏治不修，紀綱隳壞，臣門如市，賄賂公行，轄境士民銜之刺骨。天災人禍，必有一焉，可立而待也。小人前奉假五千金，原欲爲中堂市義，稍濟窮乏，冀贖前愆。豈知見利忘死，區區之數，猶難割愛，人之憒憒，孰過於此？想中堂上既不畏國法，下復不恤人言，猶幸天假手於靴子李其人，得以旦夕制其死命，使其有所畏憚而不敢肆行無忌。中堂如日後稍知悛悔，勉爲善人，或猶得保首領以没。不然，靴子李隨時可來致候也。中堂幸自愛，靴子李行矣。」言已，一揖而逝。

## 隱俠脱滿翠亭於罪

壽州有俠，不知其名，相稱曰隱俠。俠行天下，多手賊達官與有權力之人，若無勢而非所名者，不屑也。未幾，漕督某爲所侵，乃下符州牧，致此俠，曰：「不獲，即以縱盜糾若官。」牧大恐，或曰：「是需滿翠亭者。」翠亭者何？則能風影索賊者也。遂召翠亭。翠亭辭曰：「凡盜，即無蹤，皆著翠亭手。此江淮異人也，安致力？」牧怒，叱之曰：「此漕帥下符所索盜，不獲，則彼糾我官，我死汝杖。」翠亭曰：「願死杖。」牧乃立致翠亭妻子於獄，迫翠亭行，曰：「急努力，苟違期者，妻子杖死矣。」

於是翠亭哭而行，行楚、豫間三年，跡之，終不得，歸至金陵，宿旅舍，抵暮，微被酒，因涕泣，慷慨自語。忽聞樓板有聲，自樓下一人，呼曰：「翠亭良苦！」其人目炯炯，腰一劍。翠亭大駭曰：「若爲誰？」其人笑自指曰：「若索此三年，今來面，猶不識乎？翠亭虛得名矣。」翠亭惶恐謝，忽不見，翠亭歎曰：「俠則聊視我面，此欲一出其技耳，安望其更來耶？」頃之，俠更來，攜酒飲翠亭，既醉，即卧翠亭榻。翠亭愕，欲縛之，手軟終不敢，因亦睡。比曉視，則户閉而榻空矣，翠亭又大驚。一日，俠復至，語翠亭曰：「若歸，可至壽州三十里界亭待我。」及翠亭至，俠先之矣。語翠亭曰：「而先歸，白而州主，我劍俠，非盜也，豈州縣所能捕？而我之來，凡以爲翠亭也。當受械數日，俟出壽州界，則行，倘不利於而公也，則吾劍血濡縷，取其首去矣。」翠亭曰：「不敢。」後出界，果械存而人不見。

## 畢道遠待潘芸閣

潘芸閣河帥錫恩爲江督李文恭公星沅疏劾罷官，咸、同間，粤寇之亂，芸閣家産蕩然，孑身至鹽城西鄉之丁馬港，訪其門生畢道遠，借貲入都。畢適至鄰鄉收租，芸閣踵門呼畢門者出，曰：「畢道遠在家否？」門者以儀觀甚偉，不敢輕之，延之入廳事，請村人淩舉賢陪談，急促畢歸。畢於屏風後竊窺之，大驚，卽肅衣冠拜謁。芸閣掖之，曰：「世亂，毋行此禮。」留宴數日，謂畢曰：「吾從君貸百金赴都，就諸兒曹以畢餘年。」畢出金奉之，並親送至王家，視其上車而去。後潘卒於京師。

## 程長庚脫某道罪

名伶程長庚，字玉山，人呼之爲大老板，其掌京師三慶班也。有道員某以非罪被劾，當褫職，旨將下矣，某憤不欲生。戚友來慰問者，僉爲之謀，某躊躇久之，忽拍案而起曰：「道在是矣。」則羣起亟問之，友曰：「玆事回天大不易，非樞府斡旋不爲功。方今黜陟大柄操之恭王，長庚爲王所賞識，得其片言，寃可立白，曷姑求之？」某亦瞿然曰：「誠然。幸嘗與長庚通款曲。」則亟偕友往，婉言告長庚。長庚曰：「僕溷跡輭紅，方以曲藝進身自愧，自好益復齗齗，嚮於王公大人，雖促膝抵掌，未嘗干以私，尤不敢與聞官事。矧人微言輕，言之亦未必有濟，敢敬謝不敏。」

某固請不已，友亦爲之陳懇，長庚曰：「幸被劾誠非罪，差可措詞，當勉效棉薄，視機會何如耳。」則亟謁王。值王憩寢，良久，僅乃得達。王則詗謁者，啓事官之職如古謁者。謂將命胡遲遲也，並爲長庚道歉忱。長庚白來意，王始有難色，謂旨已交擬，恐不易保全。既而曰：「爾果不輕干人，事雖難，吾當盡力圖之。」長庚稱謝肅退。王曰：「少休，勿亟，吾正欲與爾閒談也。」詰朝，諭旨下，竟無某道褫職事，則參摺留中矣。

某德長庚甚，賫厚幣，自詣謝，長庚拒弗見，餽物悉返璧。命侍者出，傳語曰：「請某官還以此整頓地方公事，毋以民脂民膏作人情也。」」且從此不與某道相見，有人問此事者，長庚且力辨其無。

## 程長庚爲某園挽危局

都中某戲園門前冷落，座客寥寥若晨星，園主坐櫃旁，乍見程長庚過，卽疾趨而出，殷勤問好，並訴艱難困苦之狀，乞其助。長庚怦然心動，乃謂園主曰：「爾毋恐，有我在。」園主聞言，揖謝者再。長庚曰：「速四出馳報，我將爲爾挽危局，卽當登臺唱《戰長沙》也。」園主欣喜過望，遣人四出招徠，凡在他園之聽客，一聞「大老板戰長沙」六字，罔不舍其原在之戲園，而倉皇奔至某園。於是某園得利市三倍焉。

## 程長庚賑伶界

同治甲戌冬，穆宗賓天，都門各戲園照例停演二十七月。時戲園有三慶、四喜、義順、和源、順和等數家，合各項角色計之，不下二千餘人，有將流爲乞丐者。程長庚憂之，乃以平日所積，易米施粥，以賑伶界之無食者。咸感之，爲立長生木主，曰「優人大成至聖先師」。

## 程長庚徐小香恤同儕

光緒辛巳，孝貞后崩，歌臺闃寂，優人大困。程長庚與徐小香固同在三慶班，至是，則哀之諸富貴子弟，醵金以拯之，貧苦之零碎角色，皆間數日得小米五六升，遂賴以存活。

葛四待楊三

都中蘇班名伶有楊三、葛四二人者，皆蘇人，皆唱崑丑，二人交至密。鬻技京師，楊嘗語葛云：「君技勝我，所在皆可求食。君在京，則人皆賤我矣，君能去乎？」葛曰：「諾。」遂去。之河南，之山東，所至爲人所重。楊自是遂獨以技名京師。葛暮年病盲，仍留山東不去，曰：「我不負楊也。」既盲，仍時演劇，每演，必《尼姑下山》一劇，神采飛動，臺步整齊，背負一人，其行如駛，見者不知其盲。蓋精熟既久，權衡在心也。論者多其重交游，不輕然諾，故挽之演劇，爭厚餽之。楊在京，亦時與通問訊，兩家往來如姻婭。葛子文玉，小名虎子，亦能唱崑曲。扮武生，身段絶佳，惜喉閉不能發音，然已矯矯於世，人謂葛四醇厚，宜有子也。

楊繼周夫人睦姻任恤

建水楊繼周提軍萬才之夫人曾氏，亦建水人，年十八適楊。楊以武功起家，貴至專閫，而周荆釵布裙如平時，散其餘以爲睦姻任恤事。楊敬之，語人曰：「吾得一意治軍忘家者，吾妻力也。」

善子健焚券

蒙古善子健，名康。性伉直，重然諾，京口駐防也。幼習商，人有緩急，署券而乞其假金者，無不允，至期不償，亦聽之。光緒初，里人某假金數年而本息無歸者，一日，遇之於城南，偶詢之，某囁嚅無以對。乃偕行，行近古塘，某垂涕而道曰：「某實負君，殊無顏以見君矣。」奮身欲躍入，善亟攬其衣，慰之曰：「余今亦信君之貧，當燬券，不汝責也。」及歸，遂焚之。

## 鮑增祥爲許程雪冤

光緒初，歙縣某令，書生也，愚而墨。寵二胥，曰王耀，曰三多，恣横一邑，豪奪巧取無虚日。歙人許頌康薄有貲，其戚程某爲武生，富過許，有質庫一，在縣北富堨市。許以事積忤二胥，適邑有盗案發，二胥乃虚搆左證，誣許、程爲逋逃主，執以入獄。許、程不勝搒掠，兩股肉盡糜，遂誣服。獄成，上江督皖撫，不日出決矣。

鮑增祥者，字紹廷，歙諸生，舉秋試爲副貢。能詞，工畫梅。家無儋石儲，得錢，輒散去，儒而俠者也。聞其事，大憤，乃攘臂爲文，獨署己名上徽守，白許、程冤。守召增祥詰之曰：「獄已成，汝横來干涉，案出入甚大，誣平民，猶反坐，況官長乎？汝能任此責，吾爲轉詳大府；否則不如已也。」增祥毅然曰：「諾。刀鋸鼎鑊，某一人當之，不以累衆也。」書遂上，二胥猶不知，日盼金陵回文至，決許、程於市。歙故無劊手，走休寧假以來。是時侯官沈文肅公葆楨督兩江，政尚嚴明，得書，廉得其實，乃大怒，立馳釘封付徽守，釋許、程，梟二胥示衆。守奉檄坐堂皇，召二胥至，陽陽如平時，示以檄，始色變無語。縛以赴市，守親監刑，即以休寧劊手奏刀焉。某令聞變，飲藥死。

## 鮑增祥斥方伯松

方伯松者，歙人。少無賴，以博蕩其產，婪索閭里，邑人苦之。天主教士來歙，方首先皈依，稱信徒，益號召羣不逞以濟其虐。方不識字，諸生某某等爲之任記室。赴訴者日恆數十人，半田產錢債事，方頤指記室，録其詞畢，即授券於其黨，往各村索債，使母子毋有稍欠，券皆數十年陳舊物也，日暮，歸，悉出所收以獻，無稍缺。方妾誕日，邑紳皆上壽，壽禮至盈屋，西教士固不知也。遇獄訟，方第署片紙付縣令，令悚息奉行，如得大府檄，胥役輔之，四境騷然，至不敢偶語方名。

鮑增祥久客於外，初歸，聞之，大憤，曰：「世安得有此！」謀走省，控諸院司。方聞而笑曰：「此豈復梟王耀、三多時耶！」鮑怒愈甚，星夜去。方揚言將以衆毁鮑廬，鮑子鶚，是時舉於鄉，夷然弗爲動，方亦卒不敢往也。鮑卒白皖撫，郵書上海法主教某，斥方出教籍，徒黨悉鳥獸散，方始斂迹。

## 俞默庵救孔才

婺源俞默庵，名應鈞。性倜儻，尚游俠，與將軍金順友善。光緒初，以光禄寺署正從金征新疆，總營務處事。翼長孔才，新疆土豪也，深服俞，以兄事之。迨金鎮伊犂，劉襄勤公錦棠前鋒回軍崔三陝西降回。馬隊十八人出市馬，路劫民車，俞巡汛過其地，民呼救，檄孔往，殺十八人而無供。左文襄公宗棠大怒，欲以事誅孔，簿責金以孔所以殺十八人狀。孔見俞，泣曰：「大兄有子四，弟不幸無子息，左侯欲甘心於弟久矣，可奈何？」俞攘臂奮然曰：「唶，何至此？我乃檄爾，我自當之，左宗棠獨斬我。」挺身往。文襄大怒，命解蘭州，擬斬監候。當是時，聞俞名者，知與不知莫不色然曰：「天下奇男子。」入獄，大吏不忍拘，而官僚士庶日造於門。遇故人，輒豪談命酒，自忘爲囚繫中人。會德宗親政，大赦，而俞終於獄。

## 舒雅佩救販馬客

皖人舒雅佩，不娶，以拳勇著稱，能步行牆垣。他技師與人角，多隕其要害，舒惟仆人而已，未嘗戕一人也。嘗遊正陽關，遇販馬者，挽其袖止之，曰：「子面色有異，不治將死。」販者怒，將毆之，或告以舒名，乃止。詢以故，舒曰：「子臂此時覺酸乎？」曰：「微覺之。」曰：「是矣。一小時以前，有按汝背者乎？」曰：「有之。」曰：「何人？」曰：「遇一少年於郊，不相識也。欲以所乘跛馬易吾駿騎，拒之，因相詈也。渠一拍而去。」曰：「是矣。此點穴也，一周時將死。」乃以藥飲之，販者覺腹痛，須臾，吐黑血塊數枚，如棋子。舒曰：「此無事矣。」販者止而謝之，不顧去。

舒去里許，遇少年，少年引手，欲致毒於舒。舒走且避，無已，乃與之搏。手數交，少年忽噤其口，若癡。舒徐返，招販者與藥，曰：「以此蘇之，且釋汝仇。」販者如言，少年釋，慚不可仰，追舒，渺矣。光緒辛巳，舒死，年九十七。

## 瓊州盜除暴

某甲，瓊州人，佚其名，海上之雄也。瓊州地鄰香港、澳門，火器易致，故盜之悍者遠過內地。甲在海上尤恣睢，官軍不敢捕。聞海豐某爲富人也，率衆往，將劫之，使其徒散居酒肆中，而先往偵焉。夜伏屋上，俯而窺之，則某方與客議奪某農産，所以羅織之者甚悉。甲備聞之，歸告其衆。明夜亟往，執甲數其罪，痛抶之，令盡出文籍簿券悉投之火乃已，榜其罪於門。其徒或有欲掠之者，甲曰：「吾來此，以除暴也，掠之，將失此義。」舍之去。某姓不失一物而破其産，謂盜有意誣之也。然事已播矣。

葡萄牙商人某擁厚資，戒備甚至，甲初賚緣其僕爲之御。一日，遊於郊，行稍遠，甲遽捽商背，如提小兒，以土窒塞其口，揚帆去，其家大驚。明日，得書於案，要銀幣二十五萬，令送致某地。如言送往，未及至，已攘之途中，所謂某地者，蓋以誑葡人，非真也。明日，其家樓上巨箱中忽有鼾聲，發之，葡商出焉。問往還之境，云數日未見光，恍恍惚惚，不知何以至此也。

甲嘗刦某地，其家知而備之，既入而伏起，身被三鎗，猶能躍垣以走，越數十百廛如飛，衆莫能逐。已而創發，墮茅簷下。室中母女二人，聞而出視，遂拯以起。女知爲盜，欲市恩，乃朝夕護之。既少愈，躍然起，遂去，越日，投千金其室。女猶未嫁，其壻貧儒也，疑其不貞，將離婚，女聞之，涕泣欲死。甲一夜面其壻，親責之，聲色俱厲，壻不爲動。月餘，有爲媒於他姓者，合巹之明晨，乃知仍曩女也。審其貞，乃無間言，甲亦不再見。

## 義婦爲人乳子

戴蓮谿太史鸞翔之長子爲廣東令，未久，卽卒，其妻方孕，而宦橐蕭然，不能久居。時蓮谿猶作宦中州，乃扶柩北歸，將往依之。行至湖南，休於逆旅，妻産一男，然苦無乳，兒日夜啼，妻亦抱兒而哭。逆旅之隣有婦人來視之，曰：「患無乳耶，何不僱孎婆？」妻曰：「異鄉棲泊，何從僱募？且資糧匱乏，尚懼不足以達所居，能議及此耶？」又泣曰：「未亡人止此一塊肉，兒死，我亦死矣。」婦聞之，大不忍，久乃言曰：「吾家幸温飽，固非爲人作孎婆者。然聞若言，吾心惄下。吾生一子，甫數月耳，可以吾湩食若子。雖然，必歸而告吾夫。」

言已，遽歸，以語其夫。其夫怒曰：「吾家幸温飽，豈爲人作孎婆哉？」婦曰：「固也。然此兒死，其母亦必死。二命所關，豈容坐視？我則旣言矣，君無阻我。」乃屬其子於他人使乳之，而自從戴妻以行。

戴妻問月需錢如干，至中州，當言於吾舅，必如約。婦怒曰：「吾豈爲人作孎婆哉？哀汝耳。雖自汴還楚，舟車之費，吾亦自具，不需汝錢也。行矣，無多言。」遂發湖南，道湖北，而至於汴。蓮谿夫婦皆感泣，曰：「微此婦，吾得有此孫耶？」厚酬之竟不受。蓮谿乃使其妻盛服拜謝之，又具盛饌與之讌飲數日。臨行，語之曰：「歸楚之費知已備具，夫人高潔，超邁尋常，然太不爲吾夫婦地矣。薄具車徒，幸勿卻焉。」乃資送之以歸。

## 謝子受助陳國瑞女

陳國瑞居揚州，以詹啓綸毆傷人命，彊梁干涉，抵啓綸罪，遂謫戍黑龍江，尋死戍所。有一女年十四五，自關外走京師，因閻文介公敬銘哭訴於醇賢親王，王奏請資送其柩回南，一時争言其女爲緹縈復見。

女許字雷太常以諴之孫，國瑞有數千金，在妾某氏所，合官吏賻贈，殆將萬金。嫁女時，妾爲之主，資從甚薄，雷漸不能自給，女數告貸於庶母，後遂厭之。妾居揚州尼庵，以數千金資其母弟開錢肆，女益憤，自率健兒奔入庶母所，以索還雷氏原聘朝珠爲詞，搜其金飾數事去。庶母馳赴甘泉縣署，報白日搶刦，縣令林之蘅飭役逮捕。女訴之於淮揚道，道爲臨桂謝子受，習聞女賢，欲緩其獄，甘泉令乃徑以搶案具詳。謝傳見女，問其詳。女青裙屏飾，舉止端詳，陳説庶母寡恩及家世衰微狀，涕淚迸集。謝惻然，移書陳舫仙廉訪，飭令細查情節稟覆，毋鹵莽。又屬令諭其庶母資雷千金了案。後謝行部揚州，金遷延未繳，女復訴，謝爲假坐揚州府大堂，飭甘泉令立提陳妾之弟至，責令即具金交女。此光緒壬辰事也。

## 何元爲人除盜

光緒初，某邑有丐何元者，家負郭。忽東城牆崩，一家壓斃五口，元得生。時方弱冠，零丁孤苦，無期功強近親，遂流爲丐。性素鯁，寧乞，不貸戚友。隣人憫其饑，予以殘羹，不受，惟米薪受焉。有富紳欲留爲僕，元曰：「大丈夫寧爲鷄口，毋爲牛後。某卽窮餓以終，豈肯屈身奴隸耶？」紳感其言，時賙之。元無隔宿糧，乞有餘，卽以惠同儕，或自不食，而轉以餉諸丐之老者病者，故當時號之爲義丐焉。

某紳富資財，久爲羣小所覬。一日，元雜衆盜中，聞有行刦某紳之議，薄暮，元潛入紳家後園，持棒蜷伏樹下。更定後，衆盜蜂擁至，踰園牆過，方欲跳下，元舉棒踣其一，再登再踣，連斃三人，盜乃懼而散。紳知之，亟肅入，酬以金，不受，去。

## 白勝魁不盜其鄉

光緒初，吉林有劇盜白勝魁者，驍悍無倫，精擊刺，身輕善超距，越峻牆如履平地。行劫，不殺人，亦不合夥，無論遠近，皆獨赴之。凡入事主家，破門而入，搜刮金資，拒則無幸。然不擾其鄉，其所居之地，周三十里以內無盜劫，有則白爲之捕，而追贓給主，羣盜憚白勇，相戒毋敢犯。隣里貧人不能舉火，輒周恤之，凡以急告者，無不應，亦無不滿意而去。以是一方之人愛而敬之，羣稱之爲白大爺。

## 鐵漢還所盜物

宣城富家韓氏嘗被盜，喪金資巨萬，報官捕治，不得。已而主人死，一子名少坤，才八歲，寡母謝撫之。煢煢幼弱，不能理舊業，族人之強者咸魚肉之，主計者復狼狽爲奸，不數年，零落殆盡。母子傫然，無所爲計，所居宅亦售於人。一夕，母績子讀，時將夜分，中庭月明如水，謝望月而歎。忽中庭有人應聲曰：「夫人毋悲歎，郎君能讀書，他日必有成就，亦僅十年辛苦耳。」韓大驚，良久無聲息，開門出視，明月滿庭，寂無人蹤也。回顧，則案有皮篋一，不知何來。亟啓之，則纍纍者黄白充其中，間以珠玉。謝一再審視，則多半數年前所失者，知頃間語聲有自來也。急戒兒勿多言，仍苦守如故。

少坤長，應試入泮，旋舉孝廉，以大挑官浙江知縣。謝於是出所藏，贖舊宅，更新之。少坤性本聰穎，尤善應對，頗爲上官所器重，作令數年，宦囊頗豐。一日，吏報獲一大盜，親鞫之，盜神氣自若，問姓名，自稱爲鐵漢，不肯言真姓氏。命掠治之，盜運氣以禦，刑具加之，皆無如何。已而盜仰視堂上曰：「汝韓少坤耶？十年前四月十八夜之言，猶記之否？盍詢汝母。」少坤瞿然，命且收禁，歸告其母。母命檢篋，則篋上蓋有鈐記，正「鐵漢」二字也。謝欲釋之，少坤不可，曰：「此爲某巨室案中要犯，若釋之，則官且不保。彼不過以掠我者還我，未足云恩。我今公事公辦，是亦足矣。」謝氏曰：「當日窮居之際，終日勤勤，不足一飽，彼若不還，母子久爲溝中瘠矣。且非若輩肆劫於前，則區區者亦并入債家之門耳。彼取之有餘之時，而給之不足之日，此惠安可忘也？」少坤乃曰：「今釋此人亦可，但令彼以恩人自居，恐事若宣布，外人追論及之，昏暮去來，不無妄測，不如滅口之爲善也。」謝未答。忽白光一道，射窗而入，窗櫺盡折。有短衣窄袖立於前者，鐵漢也。笑顧少坤曰：「很哉。乃以怨報德，且挾持若母耶？」少坤木立不知所云。一轉眼，白光滿室，如觸電者。須臾光過，鐵漢立屋脊上，捧三尺劍，拱手曰：「再會。」少坤神定覺痛，則兩眉皆連皮削去矣。是夜，獄中報失大盜，少坤遂病悸，神氣索漠，不能理公事，乃罷官歸。

## 周五散所盜財物

花蝴蝶周五者，關東騎匪之渠魁也。先世本遼陽富室，有地百五十餘晌。父步臣，僅生五一人。九歲，爲騎匪所刦，限三日以萬三千金往贖。步臣痛子情切，亟措貲如數，贖之還，自此驚懼成疾，鬱鬱死。

五幼失怙恃，遂日弄槍棒爲事，暇卽倩人與之講《春秋》或《史記·遊俠列傳》，久亦能自涉獵。迨十八歲，又爲騎匪擄去，索多金，始縱之還。五控之官，官涎其富，索賄若干，始允代爲緝匪。匪恨其訟己也，更糾集黨羽，夜入其家，縛之柱，搒掠幾死，傾篋倒笥而逸。五因鬻其家產之半，募健兒練團，誓與匪决戰。官仍涎其富，謂有謀逆心，因之獄，又賄三數萬金，始釋之，自是家資蕩然矣。

五出獄，則結死黨百餘人與騎匪爲難，復殺官吏以洩憤。所刦財貨，自給日用外，皆散之無告貧民。不二年，人命重案累至四百餘起，官檄三省重兵會拿，五因走京師，被一相識無賴所賣，爲緝捕局兵所擒。有見之者，謂其身長五尺餘，雙目奕奕有神，自云：「兩臂有千斤力，余仇已報，今雖死，亦無憾矣。」

## 盜還珠

有舊家子某，中年落魄，不得已，授徒自給。一日，以祭掃歸，居停贈之金，其地故離家不遠，步行可達。時夕陽在山，炊烟四起，方踽踽獨行，突有暴徒自林中出，刼其金，懊喪欲絕，植立如木偶。時已薄暮，忽有漁艇自遠至，一童持棹，一老者虬髯坐船頭整網，既近岸，喚某不應，乃近詢之，始悉顛末。老者延入艙，備詢家世，生告以父爲某，幼時家被盜，資產盡，今又遭危，實命不猶，更何言哉！言已，晞噓久之。老者聆其言，若有所思，既而曰：「君先人以何時棄世？」曰：「十三年矣。」曰：「老夫亦曾見之，別十餘年，家道至此。今日相逢，殆非偶然。」遂烹鮮款客，意至殷，且送之歸。臨別，授以一布囊，曰：「老夫家貧，今與故人子遇，不克盡禮。此數升者，聊供朝夕，愧不能多也。」某意其中爲米，謝而受之。抵家啓視，乃珍珠也。大驚，急尋老人，已不知所往，某家以此復舊業焉。或曰老人卽前刼其家之巨盜康某也。

## 犬救老丁

陜右張介夫別駕有僕曰老丁，黑而頎，巨瘢生其面，如連錢，自左頰被右額，奇醜不可名狀，介夫言丁蓋義僕也。

介夫居三原之東村，村去城三十餘里，中隔以山，林木陰翳，猛獸多藏之。光緒癸巳，虎暴至，嘗一日傷二人，行者非結隊不敢過。是年，介夫母病甚亟，醫來診，具方劑，促速煎，遲恐有變。而東村無藥，藥必購自城，介夫兄弟二人侍疾，老丁獨奮然請往。家有獵犬，毛純黑，壯偉如犢，且猛甚，獨馴於老丁，常從之出入。是日，老丁入城，犬爲之伴。及還，日已曛矣，老丁獨與犬越嶺急歸。行未及半，虎自林突出，老丁急納藥於懷，而徒手蔭樹後。虎怒吼前撲，樹立折，老丁亦仆，樹壓老丁身，虎嚙老丁，爪牙僅及樹。犬忽騰而前，嚙虎陰，虎負痛，躍跳過山，並挈犬去。老丁急推樹起，面爲樹皮所刺破，血流不止，就地握沙土傅之，懷藥以歸，介夫兄弟見狀，皆大駭。母得藥以愈，老丁尋亦無恙，惟面上沙滓與血肉相膠結，迄不能去。越日，得死虎於山中，犬首猶綴其胯下也。

## 羅大春哭楊輔清

粵寇之酋楊輔清，自徽州敗後，卽出亡於美洲舊金山，爲美洲三合會之鼻祖。光緒甲申，孑身返國，往依福建陸路提督羅大春。大春，亦以粵寇投誠者也，以與輔清舊交，厚款之。而大春左右皆舊部，故識輔清，向之求珍寶，輔清曰：「余昔固多此，今居海外數十年，國破家亡，孑然一身，來依羅提督，有則任爾等取之。」諸人不悅，陰告閩督香山何筱宋制軍璟，璟卽日移文大春，必欲得輔清。大春爭之不得，卽與輔清同往。璟留之署中半年，令草生平事略，及太平戰史。書成，殺之。大春往救，不得，撫尸痛哭而返。

## 周媪善撫所乳兒

乳媪周氏，瀘州人，役於陶東明家。陶子開永，生三月，即傭周哺之，撫之如己出。他乳媪受傭，必高其直，且恒以去挾主人，而又不盡心哺兒。周力反之，索直廉，多給之不受也。周夫死，值開永病，歸家視夫殮即返，往返纔一二日耳。未幾，東明没，婦張氏以身殉，開永甫八歲，賴周之撫育以成人。感周德，奉養如慈母，周遜謝，退，必雜僕婢中同服役。開永泣請之，則曰：「吾寡人婦，夫子皆没，命固窮，吾安之乎？」開永多病，周代其婦操家政，有條不紊，不知者以爲母子也。

## 松嫣有俠女之稱

天津鄭某，業鹺，妻黄氏，無子而賢。買一義女曰松嫣，性慧，事鄭夫婦先意承志。會鄭運鹺至江淮，中途遇盜，沈諸江，族姪某從溺而未死，乃乞食歸報黄。復日夕奔走，謀得鄭骸骨，又奔走爲之營殯葬，且鳩宗族之長與戚友之勢而才者訟之官。於是黄德之，使司内外出納，且撫以爲嗣。

時嫣年十六，忽亡去，黄大恚恨，左右復媒孽之，謂其早具貳心矣。嫣亡走京師，投身曲院中，聲譽隆起，少年豪貴車騎盈門，顧嫣自矜重，弗少假借。王五者，京師大俠，世所稱爲大刀王五者也。酒酣以往，見嫣，傾倒之，嫣遂委身焉。王日餽以金玉錦繡，悉屏弗受，強之，乃悽然曰：「君以妾爲何如人乎？妾而重金玉錦繡也，彼豪貴少年，固足以挾持妾而左右之矣，又安敢以辱君？君必重妾以金玉錦繡，天下美人多矣，又安取於妾？君之寵妾，妾弗敢知，妾之敬君，以君爲大俠耳。」王動容，益感嫣義，思所以報之。

時鄭之族姪某掌家政，事無巨細皆專之，黄弗能制，抑鬱死，某則居然主人矣，横恣鄉里，族衆以目。一夕，盜入某寢室殺之，挈其頭去，家人控之府尹，大索竟日不得。夜半，劍光撼窗欞，擲某頭於府尹卧榻側，尹大驚懼，獄遂緩。而嫣則素車白馬，至鄭家，登堂，拜黄之靈，且言：「某殺主父，當其歸報主母時，吾見其進有憂而退有喜，主母不知也。」於是復拜鄭之木主大哭，哭畢，登車去。鄭之家人相顧錯愕，而鄰里環觀者咸爲感動泣下，曰：「是非古所謂俠女耶？」其後，京師豪貴少年訪嫣，莫知其所在。或曰在五所，或曰嫣歸未久而病隕，或曰光緒庚子之亂，五及難，嫣以身殉。

## 葛三易衣代徐寶山

丹徒徐寶山爲鹽梟時，所部子弟幾二千人。有葛三者，大頭目也，勇鷙猛悍，百人不可近，而慷慨忠義，尤非人所能及。某年，徐率數百人以鹽船百艘至泰州，爲官軍所逼，困於江村茅屋中，百計不能脱。第官兵畏徐暴，亦莫敢攖其鋒，乃揚言祇願得徐抵罪，附從者悉免。徐愈急，左右咸泣，莫能仰視。葛至是排衆直前厲聲曰：「事危束手，作兒女子哭泣以了之耶？」徐收涕詢之，葛曰：「官兵欲得而甘心者，君一人耳。我貌類君，請易衣以僞亂真，余衝鋒出而君脱矣。」徐從其計。葛易衣畢，口啣利刃，手執快炮，狂呼一聲，如風而前，且曰：「我徐某也，當吾者死。」官兵錯愕莫能舉，開壁讓之，以故葛出重圍，身未着一彈，官兵果以其爲徐也，解圍去。是役也，徐甚德葛，視之如兄弟矣。後徐反正，官遊擊，而葛販鹽如故。

先是，鎮江木商運木，胥由江行，以避稅改由內河，葛審其隱，年責商償二萬金，且誅求無已，將絶其行，商因訟之於江督劉忠誠公坤一。劉按狀實，檄徐捕葛。時葛住泰縣之口岸，徐率千人往，若臨大敵。陰令人召葛來，勸降。葛曰：「今日之事，有死而已，終不能奴顏婢膝向若輩求生活。」徐無計，乃遣葛遁皖之壽州。事爲劉所聞，檄徐急，且曰：「苟不得葛者，汝即葛也。」徐念易衣事，抵死不從。劉乃詭謂徐曰：「葛既豪俠，余亦欲得其人以官之耳。汝其召之來。」徐奉命召之，葛至，無難色，越日，斬葛於東市。

## 奕諒以金周八旗貧户

官吏有行賄恭王者，輒貯酒甕中，如宋趙普海物十瓶事。淳郡王奕諒知之，默識焉。一日，至恭王邸，坐而長歎，恭詢之，淳曰：「予嗜飲，無錢沽酒。貴爲天子叔，而不能謀一醉，是以歎耳。」曰：「弟有佳釀，奉兄如何？」淳曰：「甚美。然必須兄自擇也。」即擇素所識者，命人舁歸。啓之，皆黄白物，遂以周八旗之貧户，一日而盡，恭大怒而無如何。

## 鄭十六舍身救同胞

鄭十六者，粵西盜也。重信義，輕財任怨，雄武有力，祕密社會中人以故多歸之，推爲黨魁，化號劉義，隱以劉永福舊名自稱。然以武犯禁，不容於內地，於是率其徒投身海外，至荷蘭屬地之文島，傭作於吧叻工場。

方其時，荷屬之吧叻頭華人爲荷人管理吧叻者。率求媚於甲必丹，華人爲荷官管理華人者。蠅營狗苟，殘害同胞，凡吧叻之工人，工作則晝夜勞苦，求值則曲折萬端。工場向例，擔泥井則數人爲一班，如一班之十人中有二三力弱體病者，則苦工竟日難畢，必繼以夜。如有以力不足告者，則鞭撻隨之，血流肉爛，不稍顧恤。其刑罰之毒慘無人道，真令人目不忍覩。有憤極出怨言者，則挐工頭報告吧叻頭，吧叻頭則送之甲必丹，判苦工修路數星期不等，工人之弱者往往自經死，強者則越山而逃。傭值月一發，未至期，或有需錢物者，則吧叻頭遣其戚眷以錢物貸之，重利取償，至月終會計，必令其一一清繳，發後數日，又聚賭以盡其工值，因是吾華之充工人者，百無一二生還矣。久之，弱者委溝壑，強者匿山林，然逃亡之區，得食大難，不得已，流而爲竊盜。劉之義兄弟亦多亡匿山中者，偶爲吧叻頭等所見，則羣以槍砲斃之。

劉悲同胞之受害如此，乃號召徒黨數十人，亡命走山中，時出劫吧叻頭，或執富者勒贖以濟其徒。各吧叻工人聞劉之名，從者漸衆，馴至數百人，忽聚忽散，勢如流寇。文島、九港乃大起恐慌，聚衆而保者有之，遷地而避者有之。劉乃劫檳港，又劫流石，荷官迺請重兵征之。劉固無火器，然兵多，則散而之四方，兵少則又聚而與之抗，商旅結隊行者，咸有戒心，村落保守者，則閉其栅，如是者數月。

文島總監乃設法加一千盾賞格以購之。時劉適患病，卧匿於流石大山下之茅屋中，值度歲，其徒視其病，且飲之酒，醺然醉臥，爲偵探所偵知，報吏捕之。圍之數十人，然尚格鬬數小時，傷數人始就擒，以劉之孔武有力，身無完膚，乃猶縛其手足於車。軍警列隊押赴流石關都律，監數日，傷愈，公開庭訊。直供不諱，且厲聲歷述甲必丹、吧叻頭等之酷虐狀況，力斥之不已，旋解至文島鞫訊，復歷訴工人被虐情形。吧城荷官定死刑，文到日，荷官及甲必丹鍾懷勳監視其上鈎棚。劉致敬於懷勳，侃侃而言曰：「君爲甲必丹，素愛同胞，使九港中爲甲必丹者，盡如君，劉固視如兄弟，又何至擾亂地方如此？今日之變，皆某甲酷虐工人之所致也。故某甲欲見我，我大駡其爲吸同胞血之臭人，我固深惡痛絕而不之見。荷政府苟不改良吧叻辦法，今日死我一劉義，明日更不知又生幾許劉義矣。我固舍一身以救同胞者，願假君口，以告荷官，速改良吧叻辦法，俾我後來之同胞免遭酷虐，則我死亦瞑目矣。我非真名劉義，實鄭十六也。」盾，荷蘭幣名，每盾合英幣一先令七辨士零。

言時，鬒髮翕張，既而從容就刑。懷勳紀其臨刑所言，告之荷官，荷官據以上聞吧城總督。至是，始悉工人困苦，特派幹員作文島總監，辦理善後，稍稍改良吧叻辦法，不任吧叻頭違背人道。凡匿山中者，一律赦其無罪，仍聽自由分投吧叻傭工，前欠吧叻頭之款，亦令悉免，文島、九港地方，於是始復治安。

## 驄救譚九

光緒時，固原有回人販馬者曰譚九，嘗往來大河南北。曾於紅廟子得一驄，奇瘦見骨，毛疎如衰柳，衆大詫，譚獨以爲駿，出重價購之。日飼三斗料，如不飽，乘之行不三十里輒止。牽之市中，無回顧者，衆益嗤之，譚亦不動。妻孥請賤售，不許，善畜之如初。每賣馬，空其羣，獨騘無主者。閱三四年，譚驅馬過汴梁，又盡售矣，腰數千金，僅與騘徐歸。

一日，譚道經化平，去家尚三百里，日未午也，倦甚，入村肆稍息。有數少年過譚前，審視之，作隱語以去。譚老於江湖，識其言，知非善類，亟起欲出，數少年已復入，把臂堅止之，語漸不倫。譚方窘急，騘繫柳陰下，遽嚙斷其索，側身前，蹄二人，皆仆，俯首就譚，譚疾跨其背。他少年方挾械至，騘疾馳如風，瞬息已遠，少年發彈中騘股，騘奔益急。譚昏惘，幾不識路，騘亦不受羈勒，但時見高山茂樹，時見平原曠野，浮塵四噴，如風如霧，度不爲己禍，亦姑聽之。日昏月上，至一村，騘忽止，則抵家矣。大喜，急躍下，叩門入，卸裝既畢，出牽騘，不動，視之，僵矣。股被數丸，血尤殷也。

## 牛爲吴氏父子復仇

宜興銅棺山農人吴孝先家有牯牛，力而有德，日耕田二十畝，雖饑甚，不食苗，吴實之，令其子希年牧之。一日，牛方食草澗邊，忽一虎從牛後林中出，意欲攫希年，牛旋身轉向虎，徐行嚙草，希年懼，伏牛背不敢動。虎見牛來，且踞以俟，意相近即攫牛背兒也。虎將近，牛遽犇以前，猛力觸虎，虎方垂涎牛背兒，不及避，踣而仰偃隘澗中，不能輾轉，水壅浸虎首，須臾，虎斃。希年驅牛返，白父，集衆舁虎歸，烹之。

他日，孝先與鄉人王佛生爭水，王富而暴，素爲鄉里所怨，皆不直之而袒孝先，王益怒，率其子毆孝先死。希年訟於官，王重賂邑令，反坐希年，希年斃杖下，無他昆季可白寃者。孝先妻周氏，日號哭於牛之前，且告牛曰：「曩幸藉汝，吾兒得免果虎腹。今且父子俱死於讎人矣，皇天后土，誰爲我雪恨耶？」牛忽長鳴，犇至王家，王父子三人方延客歡飲，牛直登其堂，竟觝王，王斃，復觝二子，二子斃，客有持梃與牛鬬者，皆傷。

## 猿爲卜三報仇

光緒時，黔人卜三以輕財任俠，家中落，夙豢珍禽奇獸多易米爲炊，所不忍棄者，猿耳。已而益窮，挈猿走四方，演劇於市，博升斗自給，與猿相依爲命者數寒暑。

尋游印度，復自印之仰光，居仰光踰月，獲數百金。其鄉人有行賈於法屬某埠者，寓書見招，既至，所得尤豐，鄉人涎之。一日，有鄉人約往演劇，私發其篋，白金粲然，心大動，挾刃而出，要諸歸路，殺之，投其尸於山澗，日暮徑僻，初無覺者。鄉人歸，將以數日後鳴諸警署，詭言卜失蹤。夜午，警吏突至，執鄉人以行，鄉人愕然，不審發伏之所繇也。

先是，鄉人候卜於道，卜不及見，猿已瞥覩其獰狀，猱升木末，覘其所爲。事已，猿隱躡其後，見鄉人入市肆，亟躍入警署，倉皇牽警吏衣，警吏意必有異，尾之行，導至澗曲，卜尸在焉。警吏顧猿曰：「是矣，兇人安在？」猿復前導至市肆，遂逭。警吏大驚，懼猿去，無左證，然已叩門，姑聽之。門啓，並逮肆中數人歸署，不意猿已先在。見鄉人，若甚憤者，舞棒代刃，效殺人狀，歷歷如繪。鄉人氣餒，不敢置辯，因搜其贓據兇器於肆。翌日，執付法庭，盛傳猿爲原告，觀者如堵。猿反復摹效，窮形盡相，鄉人皇悚自承，頃刻讞定，處以繯首刑。

## 蘭仙待勒省旃

新建勒深之，字省旃，方錡子也，爲光緒朝貴公子之一。倜儻不羣，蹄落無檢局，衣服飲食宫室車馬聲色之奉幾駕王侯而上之。嘗客吴門，眷妓張少卿，製聯贈之云：「少之時戒之在色，卿不死孤不得安。」以是罄其父産，而猶不悛。某年，在京師，稱貸於人以事狎游，方出伶之門，即入妓之室，浪費無度，到手輒盡，囊有金不留至詰朝也，時姬妾亦星散矣。

久之，鄉人厭勒告貸之數，爲之具行李，購船票，遣伻伴之南旋，將道滬以返贛。登舟之明夕，散步甲板，猝遇其舊妾蘭仙。初，蘭仙自出勒門，入天津女閭，一年餘矣。將徙滬，遂不期而與之遇。至是，詢知其落魄之狀，深憫之，語之曰：「君不聽妾言，至有今日。盍從我游，免凍餒乎？」未幾，舟至滬，勒乃給其伴，使他適，從蘭仙至英租界。蘭仙舍館既定，則別賃一椽，俾居之，給以衣食之資，如是者將兩年。南昌之戚友知其已受旅京鄉人之資遣而猶不至贛也，大疑，詢在滬贛人，無所聞。久之，始詗知其狀，謂此與戴緑頭巾者何異，則羣引以爲恥，乃亦爲措辦旅費，迫令上汽船。及歸南昌，則大病，醫謂餐品忌穀類，宜食鷄，鷄不能購，則乞於戚友，日始得一飽。月餘，戚友之饋絶，遂窮餓以死。漢軍宗嘯吾司馬曰：「不意勒少仲乃有此兒。」少仲，方錡字也。

## 周某知財之宜散

周某，皖人，佚其名。父故爲茶賈，商於吳，因家焉。周席父業，積産數萬金，顧喜揮霍，性任俠，尤樂結賓客，門下寄食者常數十人，人皆稱之爲孟嘗君。每歲暮，必懷金以出，見貧困無以卒歲者則與之，得金者問其姓名，隱弗道。又常施棺掩骼，逢盛夏，則施治疫諸藥品，以是里人争德之。然坐是而家日以落。嘗慨然謂其友曰：「財之爲物，能聚尤貴能散，特視其用途何如耳。」

## 柏愛才開會濟貧

湘江義丐柏愛才少有氣節，生平嗜好惟詩書，終日不釋手。會某邑水災，各省皆設法賑濟，愛才憐之，以家貧無力，不得已，行乞於市，日出而往，日入而返，如是者數十日，得十餘金。一日，某地特開大會於濟貧園，以所售券資悉作賑費。男女與會者數千人，愛才亦往焉，齎所得金付之，並登台演講。衆感其言，乃將金飾銀幣紛紛擲於講台，頃刻得數萬金。

## 某令資助吳兆泰

吳兆泰諫停三海工程，時德宗怒叵測，戚友莫敢至，吳杜門謝客。一日，有分發安徽知縣來見，門者卻之。某固請，吳乃出見，甫通款曲，即問此次處分當若何。吳謝不敢知。又問君有債負否，曰：「作京朝官自不免，幸素節省，不過八百金而已。」某因曰：「某見近日言官盡喑默，惟君能直言。然揣上意，恐必去官。知君清苦，故爲備資斧。」吳愕然不敢受。某曰：「此是公義，君不特不可辭，且不應辭也。」因探懷，出六百金票相贈。越日，又送四百金至，曰：「還債外，可更以此爲歸計。」越日，命下，果如所料。

## 張弼士欲毀家與德人競

歐洲郵船經新嘉坡而至香港也，獨德國公司明定華人不許乘頭等艙之例。時張弼士權我國駐坡領事，以事將返國，遣人持名刺向德公司購頭等艙票，公司執事以張爲華人，格於例，堅不售。張乃登廣告於西文各報，招聘船員，購造商艦，往來新嘉坡、香港間，專載華人華貨，價照德公司減半，蓋誓毀家以與德公司競也。德公司經理人見此廣告，異之，詢知原因，知張之財力既足及此，即以營業言，張亦不至大有損失，乃挽人詣張婉謝。張亦慮搖動其他商業，告以「若能除去華人不許乘頭等艙之例，則余此舉可已，否則寧毀家以爭吾國人之體面也」。德公司允之，由是此例遂廢。

## 袁某爲人市義

盜袁某性戇直，其爲盜與衆殊，孤寡不取，老弱不取，即其所取者，亦半數而止，必留有餘畀其人，使別圖生業，人乃以義盜名之。袁嘗於歲暮偵伏叢莽中伺行人，俄有某商囊貲過焉，驟出要之，商棄橐走，啟視之，白鏹充其中。亟招商返，曰：「余得十金度歲，足矣。是纍纍者無所用此，今以還君。」商喜過望，囊資欲行，則又曰：「前途如余輩者尚多，余既得君資，當爲君衛。」乃送之越境而止。又嘗值歲饑，鄉有大户某甲囤穀不肯賤售，輒糾黨劫之，盡取其穀，遍招貧户至，計口授食，頃刻而盡。乃向甲謝曰：「余且爲君市義也。」甲慚悔無語，衆皆快之。

袁每歎曰：「今之世殆無一非盜也。上者盜國，其次盜名，至如吾儕之盜財者，則指不勝屈。然吾之盜，猶盜以予人，彼之盜，則盜以肥己而已，此其所以異也。」

## 陳大忠爲主鳴冤

光緒時，永嘉李大華與其戚經商，獲利頗豐，乃廣置姬侍，常有捲資遁者，晚年餘三人。妻徐氏生子焜，長姬胡無出，次姬張生子燿，四姬林生子燧，最後得蘇妓郁珍娘，生子女各一，女曰蒨姑，三歲而夭，子曰炳。

大華既富，嘗往來南北，擴其營業，不稍懈，故罕家居。徐佞佛，常居尼庵，家政咸操之郁。焜素驕縱，頗不直郁，恆與炳相持。未幾，徐病死，大華知之，歸自京，以郁能治家，立之爲正室。以徐曩與胡相得也，畀年金畜焜，並命嚴守之。及焜長，大華爲娶於韓，亦令從胡居。韓賢，焜事頗多匡正，焜乃稍自斂。

有世僕曰陳寶忠者，義俠忠愨。其子小忠，以柔順得大華歡，令治事內室，郁亦嬖愛之。時諸姬之傾軋益甚，而林獨和平，不争執短長，衆亦不爲意。林之子燧，忽患毒瘢，面部纍纍皆徧，大華厭之。生十四歲，誠篤好學，惟不慧，延師教讀，三年未畢《四書》。林以焜、炳等相争競，禁燧弗與往來，益不問家事，冀免衝突。值大華之父文暉冥誕，燧往拜，屋後有園，中有亭池，亭周植花木，燧久不往視，伺大華晝寢，潛至園，園門扃，拾竹片以代匙，竟啓，燧入。睹樹上青梅涎甚，取石上投，有聲轟然。忽聞亭內似有人語，躡步從窗隙窺之，旋見郁自前門出，見燧，厲聲叱問，燧素懼郁，匆匆挾青梅三四歸，以郁事告林。林沈思有頃，問亭中有它人否，燧曰：「似有人語，細不可辨。窗際懸黑衣，似小忠也。」林大憂曰：「孽子禍機伏矣，勿聲揚。」益嚴禁燧，弗令出。

初，徐遇諸姬厚，諸姬嘗相過從。及徐死，胡與郁不洽，林素中立，終歲或弗相見，惟張以郁優待故，常至郁處，益諂事郁，郁喜，倚爲腹心。郁惡燧之窺其祕也，張亦憾燧之恆侮燿也，遂協以謀林。大華飲於戚家，醉回，過僕人陳貴房，聞譁笑聲，疑焉，穴窗窺之，見貴持繡鞋，戲弄曰：「林姨所遺也。」它僕止之曰：「毋揚聲，主人且回。」大華憤甚，亟叩户，户扃，不得啓。郁方自內出，大華盡以所見聞告之，郁急止之，曰：「子姑睡，醒而察之可也。」乃立召貴，則已遁，所弄鞋，遑遽未將去，取視之，林物也。遂逐林，又以燧貌之陋也，并斥之。林涕泣自辨，卒不聽，率燧回母家，哭而過市，盛揚郁淫及廝僕之事。郁聞之，憾甚，益思致之死地矣。

焜雖驕縱，然負氣，惡見不平事，雖聞人言林之寃，恆欲一知究竟。一日，至林處，林具以前後事告焜。焜益怒，返，欲俟便刺殺郁，取酒痛飲，醉。韓睹狀有異，餂以言，具得其情，奔告胡。胡驚且恚，曰：「必而也，將四姨我矣。」哭而自搥。焜懼，涕泣自陳，誓不妄作，自是閉戶讀書，不預外事。然焜事，郁已具知之矣。

郁以焜及胡氏之與林也，將爲一網打盡之計，謀之張。張曰：「若焜輩，易與耳。」因具爲畫計。郁迺乘間爲大華泣曰：「林姨之事，子所親見，證據具在，今焜以爲誣，疑妾指使，常至林處道妾短。妾不難一死以自明，其如子何？且夫人之死，焜有言焉，子又弗圖，因而寵之，此焜之所以不平也。且聞焜有異志，盍察之。」時張在側，因譖曰：「夫人言良信。不然，子逐林也，而焜證其誣。且焜雖不法，素質直無城府，今其事祕，此必有人爲之借箸者，子必慎之。」

越數日，大華如鄉，郁召焜，飲以酒，因託故入，使小忠僞與婢談林事。焜從旁問之，小忠具道林病重，貧不能延醫，且死。焜聞而大憤良久，小忠更熱酒進，焜復飲，大醉，抵足痛詈郁，郁佯不聞。小忠因勸曰：「小主素善林姨，盍往省視，果憊，稍周濟之，亦見舊情，且陰德也。」焜卽趨訪林，未入門，則燿已先在。焜曰：「若來何也？」燿曰：「母命饋藥於林姨也。」焜叩門，大華方自鄉回，過而見之，怒甚抵家，郁使燿語焜曰：「父方盛怒，往必無幸。頃欲殺我，母命我暫避兄處，且告兄毋往，俟父怒息往與俱謝可也。」焜益懼。大華所使召焜者亦至，佯促燿去，焜避入內，弗敢出。燿至，因告大華曰：「頃在兄處，渠方詈父髦，父往召，渠言曰：『林姨厚我也，而父斥之。今往省林病，父怒我，迺使使來召，此必有意督過之，敗吾事而又以爲罪，有死而已。』其蔑敢見矣。」大華問使者，始不肯道，固問之，言同。大華浩然長歎，淚下如綆。郁亦泣曰：「以我故，而子受其侮，吾罪甚重。不如赦焜而斥我，則父子安矣。」大華復大怒，將自往捉焜。張適至，詰得故，則猶豫曰：「林姨落落，罕與人接，且貌寢，吾謂愛之者特貴耳，固不然耶，雖然，是殆宿緣，子必恕之。」大華憤而暈，久始甦，遂病。

一日，張使人謂焜曰：「父以汝故病，且日不可不早自來謝。」焜益疑懼。未幾，又使人來，矯大華命召焜，速來自投，當爲父子如初，不然，且置之死。焜至，大華弗見，焜欲返，張嬲與談瑣事。郁持藥入，曰：「焜之遺也。」大華嗅之，氣惡，召焜，囑自飲。焜不遽接，郁即擲杯於地，痛哭曰：「賊由焜也。」焜皇急，無所爲計，大奔返，家人盡哭，韓泣曰：「子冒不韙，脱身歸家，謂可倖免邪？不如逃之。」胡以爲是。焜曰：「逃將焉往？」韓曰：「不如往吾母家，匿弗出，旦暮所需，母能供汝。」焜匆匆去。而健僕三四輩至索焜，胡詭言未回。返復命，郁又證胡曰：「與知之。」將治胡，胡聞而自經，韓亦歸母家。

郁又遣使偵焜，知匿韓所，訟之官，提焜。臨訊，焜已知胡死，痛不欲生，侃侃陳前事自白。官弗聽，杖之，焜不勝痛楚，遂誣服。焜之外舅韓某，亦宦裔而式微者，戚某，居要津，勢頗盛，韓求設法救壻。某素善大華，知焜寃，馳書責大華。大華自聞胡死，頗疑事有異。陳寶忠者不義其子，禁之不可，徐死，迺老，召小忠，不得，怒，析之，誓弗相見。寶忠老，多病，持齋奉佛，益不聞外事。至是或告以李事，寶忠大驚曰：「主母僅此一塊肉，迺以妖狐之譖，遽興大獄。且吾事李氏三世，主人遇我厚，雖老，奈何坐視？」扶杖出。長子大忠，任俠有血性，商於外，時方歸家，聞之，亦怒，與共謁大華。寶忠爲述林、胡及焜之寃，大華不信，寶忠年老氣促，憤塡胸臆，嚙指出血，濺大華面。大華大驚，因竭意慰之，意頗感動。

郁聞寶忠來，使小忠往瞰，大忠見之，捉之入，因闔門而扃之，厲聲語大華曰：「主人家事，弟盡知，吾以主人故，不敢愛弟，主人何弗悟？」寶忠起，提壁上劍，將殺小忠。大華急止之，寶忠曰：「吾老，不能多動作，大忠爲我問之。」大忠接劍，謂小忠曰：「速言之，支吾者，立抉汝首。」小忠懾伏，盡吐實。大忠曰：「主人今已悟邪？」大華強起，取劍將出，大忠亟抱持之，問將何爲。大華曰：「往殺淫婦。」寶忠納之座，曰：「姑緩，毋急急。主人老，非彼敵也。且家中廝僕悉爲其黨，主人更安所使乎？」大華無言，長歎而已。僕以書進，啓之，韓之戚某所遺，責大華昏聵，顛倒是非，且曰：「已囑令親韓公訟之省，事發，君何顏見人？」大華閱竟，囑大忠以肩輿至，往縣，匆匆去。寶忠命人縛小忠，隨大華之縣。家距縣署十餘里，時已暮，達署，夜闌，大忠爲擊鼓鳴冤。官以大華爲紳富也，立訊，卽夜提郁、張，而釋焜。焜見大華，相抱痛哭。焜屢受杖責，體無完膚，一慟而絕，竟不救。大華亦暈絕，既醒，安輿送回，則無家矣。

先是，郁以焜事，賄差役斃之獄，論數未得當，不及問寶忠事。及見大華挾小忠去，則大懼，乃急捲細軟，縱火焚屋，挾炳遁。張及子燿以方共謀畫，宿郁處，燼焉。大華至，暫息焜處，以人迓林母子。林不忍卻，至則大華已死，大哭，與焜共葬。大華置田宅頗夥，契券悉毀於火，林素不問家事，不能清理，因盡售別院，遷於省，寓於所設之肆，燧主其事。逾年，悉倒閉，復回永嘉，依韓以居。寶忠已死，大忠不忘父志，頗周恤之。

## 李大茂爲人報仇

蕭山李大茂業商，性豪俠，惡見不平事。嘗至友人劉某家，劉懦而怯，妻王氏悍而妒，劉畏之，無子不敢娶妾，私一婢，有姙，王知之，方持鞭撻婢，呼號甚急。李聞而異焉，問劉，劉支吾曰：「婢偶竊物，山荆施家法耳。」李心疑，曰：「婢雖微，亦人子也。毋乃太過？」劉不能置詞。已而婢哭聲漸低，而鞭撻叱詈之聲益厲。李怒甚，推椅起，逕入視之，則見婢上下衣盡去，徧體有血，奄奄待斃。李憤，直斥王，王亦惡聲相向，李直前批其頰，挈婢逕出，聲言且訟之官。王羞憤號哭，謂劉曰：「不報此辱，與俱死耳。」劉曰：「彼雖無禮，言固當。」詞未畢，王猛撲劉，嚙其臂，劉大痛，急言知罪。王意未解，披髮伏地，欲覓死，劉長跪，誓不與李共天日，王稍解。問將何以報，劉曰：「召之來而責之。」王唾曰：「僅此，便了事邪？男子而不能庇一婦，受人凌侮，猶弗知報，爾不羞死，吾且憤死矣。」劉曰：「然則奈何？」王曰：「必殺之。」劉戰栗曰：「殺之邪，余安能此？」王又唾之，曰：「昂然大丈夫，膽小如鼯鼠，猶不知羞？」劉不能答。王怒，捉其耳，力撕之。劉大呼求宥，且曰：「吾必召之來，自處之可耳。」王始允。

劉出詣李，李方詳問婢，具得狀，怒不可遏。劉至，則力抶而逐之出，劉欲有言，李曰：「若非男子，若非人，吾不屑與爲友。速去，毋溷乃公事。」劉不敢再言，惘惘歸。王問李來邪，劉不答。王迫之，則囁嚅曰：「彼赳赳，吾實憚之。且彼安肯來。」王大怒，連唾之，劉勿敢辨。時已夜，挈健僕數輩攻李，李已聞，亦集衆相抗。李固健，直前搏王，投之河，衆急救，幸無恙，狼狽而回。劉有姪庚生，亦虎而冠者，商於外，聞之，怒曰：「嬸雖狠，伯與彼友，且我家殺婢，何預彼事，輒敢恣肆，謂劉氏無人邪？」尅日返，集衆謀報復。未發，李知之，出不意先攻劉，劉不及防，大奔敗，李火其居。庚生雖猛，頗饒心計，知不敵，倉皇遁，向鄰人借煤油火種，隻身造李家，亦火之，盡殺李之妻子及所救婢。李返，則無家矣，知庚生所爲，大怒，糾衆復攻劉，殺劉及王，而庚生已遁，不知所之。怒曰：「賤奴，避將安之？不殺汝，乃非我。」遂盡鬻産業，遨遊各地，冀遇庚生，卒不得，輾轉入漢，資斧不繼，流爲丐。一日，李見貴官過，輿馬僕從甚夥，睇之，怪與庚生相似，因尾之，入一公館，榜於門曰劉公館。

先是，庚生避仇出，至江北，有達官某遇盜劫，庚生饒膂力，乃救之出險，官感其恩，認爲義子，遂得要差，未久也。大茂默誌之，退，籌思無計，躑躅道周，見地有物，拾視之，乃一大珠，喜甚，旋自念曰：「此必何處貴婦人所遺，度今方悔恨欲死。吾得之無用，不如訪而還之。」翌日，盛傳富室王某失珠，覓得者賞若干。李挾珠往，返之，王大喜，重酬之，不受，曰：「吾丐耳，需此何用？」問所欲，曰：「得一席地安身，足矣。」問能書乎，曰：「粗知之。」授筆令書，雖未佳，然清秀不俗，因留任書記。王詢其出處，具告之。問仇何名，弗隱。王大驚曰：「劉庚生，若仇讎邪？」李曰：「然。主人殆識之？」王太息曰：「是吾仇也。吾有息女，字本邑鄂氏，庚生恃義父勢，強委禽焉。拒之，則以勢相壓，今尚未決也。」李曰：「吾今必致之死，顧弗得其機，主人苟假手爺一，必爲主人除害，決不相累。」王不敢允。李出，忽報庚生以人至，約期娶女，王憚其勢，卒許之。李喜曰：「計在此矣。」及期，庚生親迎，李挾利刃伺庚生入，即輿中曳以出，立抉其首。衆大驚，王痛哭曰：「子滅吾門矣。」李慨然曰：「主人弗慮，李大茂非闒冗漢，且吾固言弗累主人也。」即趨縣自投，侃侃述前後事。官爲動容，諭之曰：「爾義俠可嘉，然殺人者死。爾既自首，吾亦弗能庇爾，姑往就監。」李毅然曰：「生平惡吏役齷齪，義不爲所辱。」出利刃，自刺其腹，腸胃迸裂，亦死。王感其義，爲殮而葬之。

## 犬爲石鐵雪冤

崑山石鐵擅膂力，設飾肆於千墩鎮。一夕，有賊入其室，石覺，執而扑之，賊哀呼乞免，乃縱之去。明年，賊又至，竊其寶匣，置貴重首飾者，銀肆中謂之寶匣。將出，石又覺，以寶匣所值甚鉅，奮起奪之。賊力拒不捨，互扭至門外，賊出利刃示之，不懼，捉其臂，益力。賊乃謂之曰：「我去年遭汝毒手，今亦當使汝略受痛苦矣。」言訖，即猛刺其手臂諸處，血淋漓下，石仍不釋。時夜已過午，鄰人皆深入睡鄉，呼救無應者。相持數小時，天將明，賊恐不得脱，一刀中其心房，乃死。時宰崑山者爲蜀人龔世潼，聞報，蒞鎮檢驗，緝兇手，獲之，一鞫而服。龔夙以糊塗稱，遷延數年，未正法。繼任者俞某，亦持救生不救死之説，即賊，亦自以爲不死矣。石家蓄一犬，甚猛，一日，俞以催科至鎮，儀從甚盛，甫下輿，犬突自人叢中躍出，嚙俞衣，不釋。俞異之，竊念此犬何自而來，得毋有憑之者，因默祝曰：「爾果有冤，且去。某當爲汝伸理也。」犬果摇尾去。俞歸，立命檢舊案，得石鐵事，知兇手尚在囹圄中，沈冤未雪，即日申請上臺，提出斬之。

## 蘇有彪歸劉璈骨

光緒朝，河南豫正營之駐河南岸者爲南路統領，其中營幫帶蘇有彪，台州人也。初從黄金滿爲盜，台守湘潭劉璈治盜嚴，先後獲一百七十餘人，有彪與焉，皆就地正法。行刑日，盜左右分兩行跪，殺時，自右行始，至三十餘人，刀口漸捲，須斫十餘刀，頸乃殊。有彪雜左行中，忽大呼曰：「技若此，能殺人乎？速易人來。」劉遥語之曰：「釋汝縛，能代此職否？」有彪曰：「能。」乃去繩索，付以刀，有彪飛步至右，少選，誅訖矣。至左行，刑至己所跪之處，逡巡不前。劉又語之曰：「汝可爲殿，速依次斬之。」頃刻左行亦竣，釋刀跪堂下，願受刀。劉曰：「今宥汝，能不再爲盜否？」有彪曰：「果得温飽，誓不復爲。」乃挈之回署，充什長者三年。

劉旋以擢臺灣道去，有彪從之。光緒甲申中、法之戰，我師敗於馬江，劉亦以貽誤軍機被劾，發往軍台效力，時年已七十餘矣。族戚幕僕皆星散，侍姬亦囊財物而遁，有彪獨慷慨請從。至黑龍江，遽病卒，有彪斂之厝山下，自行乞以存活，年餘，負遺骨南行。

及抵道口鎮，宿逆旅，夜半，有盜至，毁門入，無所獲，盜以隱語自嘲，有彪亦答以隱語。盜聞而詫之，曰：「若豈同黨耶？」有彪曰：「然。」問何以至此，有彪述崖略。盜肅然起敬，出白金數十兩贈之而去。十一月中旬，至朱仙鎮，忽大病，泣告逆旅主人曰：「我死，而委主人遺骨於外，不能正邱首，殊可痛耳。」時許州城守王某往開封，道朱仙，至此就食，聞哭聲詢之，有彪具以告。王曰：「無慮，我與汝主人爲同鄉，且姨表兄弟，劉子適見訪，貸資歸匱。今既與汝遇，當專馬往告，許州距此百餘里耳，三日後可相晤也。」越翼日，劉子馳馬至，擕骨以歸，即以有彪介紹於王某。及王充南路統領，遂以之爲中營幫帶。

## 唐才常哭譚嗣同

瀏陽二傑以義俠並稱於時，譚嗣同、唐才常也。光緒戊戌之變，唐哭之慟，欲航海復仇不果。庚子漢口之役，蓋素志也。其與譚訂交，生死不渝，足愧當世，輓譚七十二字，一字一淚，實一字一恨也。聯云：「與我公別幾許時，忽驚電飛來，恨不攜二十年刎頸交，同赴泉臺，滿贏將去楚孤臣，簫聲嗚咽；近至尊剛十數日，被羣陰搆死，忍拋棄四百兆爲奴種，長埋地獄，只剩得扶桑英傑，劍氣摩空。」

## 汪穰卿好施濟

汪穰卿舍人康年，杭之錢塘人。甬人周雪舫嘗謂杭人多慳吝，而獨賛穰卿，蓋穰卿家食貧而性好施濟，遇人有急難輒解囊相助，有以旅費困乏告者，果確知之，即解囊。某歲，有人倉皇過訪，謂適需旅貲，無可謀，時穰卿實亦無餘貲，乃質皮裘以與之。光緒戊戌政變時，有尤某某者倉猝離滬，登舟矣，缺銀幣三十圓，密屬人商諸穰卿。尤某與穰卿不甚洽，至是，乃自持銀送諸舟，鄭重而別。

其從兄伯棠侍郎大燮、胞弟頌閣訓導詒年之性情，亦皆與穰卿相類。伯棠仕宦於外，每歲暮，輒寄金至杭，贍其族人。頌閣僑滬久，有以急需向貸者，亦頗竭力以應之。雪舫每云汪氏昆仲在杭人中爲絶無僅有，則以此數人之境遇，固非席豐履厚也。然雪舫所識之杭人固不多，其言絶無僅有者，亦就其所識之數十人而言之耳，非篤論也。

## 汪穰卿爲農人雪冤

上海梵王渡農人某方耕於田，忽被一西人某以鋤擊其腦，幾殞命。初無爲之伸雪者，汪穰卿聞之，急出四百金，延律師瓊長訟於其國之刑官，卒得直。某監禁三年。

## 汪穰卿不畏外人

上海公共租界漢口路某某珠寶商爲某洋行夥所紿，耗貲巨萬，訟於其國之領事，不得直，其夥轉從而宣言曰：「洋行初不販售珠寶，彼自與吾夥訂約，雖假用洋行名義，實不負責。」汪穰卿聞之大憤，爲綜記其始末，欲載之報，俾後來者勿蹈覆轍，不以其外人而顧忌也。然珠寶主人方懾於西官之威勢，力懇穰卿勿宣布其事，穰卿不得已，乃罷。

## 汪穰卿不恤賈怨

汪穰卿外和而內剛，有不稱意事，未嘗形諸詞色，或忤之，雖極人世所至難堪之事，初不出一言以相報。久之，始假他事微露其意，使人自愧而已。然利害所在，輒侃侃力爭，一意孤行，雖賈怨，不恤也。光緒戊戌冬，孝欽后欲廢德宗，立端王載漪子溥儁爲大阿哥，輿論大譁。上虞經蓮珊太守元善方筦上海電報局，發電爭之，孝欽震怒，將殺之。或欲爲之伸訴，集衆議其事，或言所延律師爲南洋正法律官某，方與政界相暱，恐不能得力，宜易人。座有某客囁嚅而言曰：「是爲某所薦，辭之恐開罪。」時穰卿在座，乃曰：「今但籌所以救蓮珊之策耳，餘勿復言，我主之可耳。」

## 陳禾青聲責凌辱婦人之罪

蘇人有孫、李二人者，光緒時以捐納均官部曹，攜眷在都，居江蘇會館。二人初無隙，一日，孫妾與李妻以小故口角，孫助其妾，遽掌李妻頰，李之女僕出護其主，亦爲孫所毆，李不與孫較也。陳禾青女士聞之，大怒，曰：「孫爲男子，何得凌辱婦人？且何得庇護已妾而凌辱友妻？」乃召集同鄉京官之女眷開會於某所，宣布孫罪，附以條件三：一，孫向李妻賠罪。一，孫向李之女僕道歉。一，孫親書認罪筆據。又聲言如或不從，當以女界全體名義控之於都察院，必得直而後已。孫無如何，唯唯如命。禾青，溧陽人，爲汪穰卿之繼妻。習書史，知醫。

## 陳禾青爲董氏復田

光緒初，江都董韞卿尚書恂官户部尚書兼總理各國事務衙門大臣，嘗以所得官資購邵伯田千畝，屬其壻齊某爲經理之。齊，即邵伯人也，甚狡。當董在時，歲以所得田租易銀寄京，毫釐不敢少。及董殁，齊知其子之易欺也，則歲寄十之四五。既而董子及孫相繼死，齊遂歲以歉收及佃户抗租爲辭，絕無所寄矣。董之妻及其兩孫媳懦弱無援，弗能爭也。某年，陳禾青從其夫汪穰卿入都，適賃董屋，朝夕過從，詢知其故，知齊非易與，且佃户卽其鄉人，知有齊而不知有董者已久，非可以口舌争也。時董之門生有官京曹者，乃屬其具呈於江督張安圃制軍人駿，瀝陳齊之無良，董後裔之被欺，請飭縣懲治。又自率人至邵伯，竭數月之力，始將董田悉數奪歸，歲得租金一二千圓，自是董之生計始稍裕。

## 春蘭出幼主於火

吳郡程姓有婢曰春蘭者，性和藹，且勤儉，主人視若愛女。某夜，家失火，主人奔，春蘭寢於後樓，方伴其五歲幼主眠，驚而醒，火已及樓，梯焚矣。春蘭抱幼主欲自窗躍下，恐傷之，乃急取棉被裹之，繫以長繩，握其端，自窗下及地，而春蘭眉髮已爲火所灼矣。春蘭旣救幼主，乃奮身躍下，傷肱。是役也，幼主安然無所傷。

## 陳伯商尚義好俠

會試之年，各省士子紛集京都，輒於闈後擧行團拜，以宴其在都之正副座師，屆期，座師必至，且別備筵席送座師之邸，饗師母也。光緒某歲，浙江己丑科團拜，是科副主司爲衡山陳伯商編修鼎。先期，語其門生汪穰卿曰：「聞同門有六人化去，以貧故，其家屬無以給朝夕，盍以團拜費移助之，吾將捐五十金以爲之倡。」穰卿退而商之諸同年，則皆諾。獨某某抗議，謂：「老師好義，可自爲之，何必強人以所難？諸君樂輸，吾亦不之阻，吾則不出一文也。」其後編修果出五十金，諸同年所醵逾千金，惟某不與。

然某固以富聞於時者也。編修講求經世之學，家固貧，尚義好俠，以好駡坐，爲世所嫉。

## 俠盜取貂褂賑饑

光緒丙申，張文襄公之洞督鄂，某日，漢口石碼頭之泰生典忽報仁義司巡檢來訪，坐既定，遽曰：「貴典質有貂褂否？」夥曰：「未也。」「然則巨珠五粒，必有人來質之。」曰：「亦未也。」曰：「果乎？」曰：「斯炯炯者，容能不繫於心，而作泛常小件視之乎？典業約法，物質百千以上者，必集同人酌之。斯二者，皆非質百千物，安得不知？」巡檢曰：「予不能信，以貴典近十月質簿假予一閲。」簿至，倩其隨來者閲之，曰：「無也。」巡檢色忸怩，乃曰：「恕予冒昧，予奉上官命督責，不得已也。」

先是，巡檢奉郡守札，謂：「老帥之眞珠鈕貂鼠褂爲盜竊去，門無罅隙，箱綰鎖置之於地。室爲九姨太太卧室，物乃醇賢親王所贈者，故老帥怒，追甚力，予故有是冒昧也。」言竟去。

某夜，文襄得一柬，書曰：「山東義民某某告汝知，汝衣，某取去矣。山東大旱，饑民載野，故假汝衣賑之。汝得自醇，醇得自某，某括山東脂膏而得，今返賑諸山東之民，汝宜無憾。汝再擾湖北之民，予必取汝首。愼之。」柬旁置犀利匕首一，文襄懼，寢其事。

## 吴趼人焚券

有負吴趼人二百金者，久無以償而病，病將死。趼人往視之，其人曰：「吾負君金，今垂死，當誓之來生爲犬馬以報矣。」趼人曰:「吾亦負人金,而未能悉償也。君毋憂,不責償矣。」歸而取券,而其人焚之，並贈以二十金使爲醫藥費。趼人嘗自號我佛山人，南海荷屋中丞榮光之裔也。

## 大刀王五疏財尚義

光緒時，京師大俠有疏財尚義之大刀王五者，以保鏢爲業，能手定法律，約束河北、山東羣盜，其所劫，必贓吏猾胥之不義財也。己卯、庚辰間，直隸劫案數十起，逐捕不一得，皆心疑王，以屬刑部，乃由五城御史發卒數百人圍其宣武門外之宅。王以二十餘人持械守門，數百人弗敢入，日暮，吏卒悉散歸。

明日，王忽詣刑部自首，時總司讞事兼提牢者爲濮文暹，異而詢之，則曰：「曩以兵脅，故不從命。兵既罷，故自歸。」詰以數月刼案，則侃侃直言具爲之者，或徒黨，或他路賊，無少遁飾。濮固廉知其材勇義烈，欲全之，乃曰：「諸劫案固於汝無與，然以匹夫而廣交遊，恣飲博，不得爲善類。吾逮汝者，將以小懲而大戒也。」笞二十而逐之。癸未，濮被簡爲南陽府知府，將之官，資匱，憂甚。一日，王忽求見，既入，則頓首曰：「小人蒙公再生恩，無可爲報。今出守南陽，途中必多暴客，非小人爲衞，必不免。且聞公資斧不繼，特以二百金爲贐。」濮曰：「今已得金矣。」王曰：「何欺爲，公今晨非貸百金於某西商而議不諧乎？無已，盍署券付我，俟到任相償，何如？」至執鞭弭以周旋左右，則計早決矣。濮力辭不得，署券與之，遂同行。至衞輝，黄河方盛漲，金垂盡，乃以語王。王笑曰：「區區何足難我！」言畢，乃匹馬要佩刀去，從者皆疑其往劫也。薄暮歸，解腰纏五百金擲几上。濮曰：「此盜泉也，吾雖渴，決不飲一滴，速將去。」王大笑曰：「疑我劫乎？區區五百金，何至無可貸？此固某商所假，不信，可召而詢之。」乃書片紙令從者持去。次日，商來，以券呈，信然，始受之。既送王至南陽，仍還京理故業。

御史安維峻以建言獲咎，戍軍台，王實護之往，並任車馱資。王夙與譚嗣同善，戊戌之變，政府捕譚，王勸譚出奔，願以身護行，譚不從。及譚死，王潛結壯士欲有所爲，未成而庚子拳禍作，遂及於難。

## 白巧兒護主禦盜

光緒庚子之變，池陽李心台方致仕歸，時夫人公子俱死賊，傭農家婦白巧兒者供縫紝之役。李惟觀書自遣，或載酒遊鄉市間，尋野老話農事，遇疾苦貧弱者輒助之錢，或米麥。無賴者流遂疑李富厚，謀劫之，巧兒告李，李笑之，慢不爲備。

一夕，李方秉燭讀，有數盜破門入，執李，問金所在。李戰慄不能語，盜持刀加頸嚇之。正爭持間，忽一人自梁上躍下，舉棍猛擊賊，賊不勝，抱頭而遁。李驚定，審視之，則巧兒也。問何以能此，巧兒曰：「此非旦夕之功。吾夫嘗耕崖下，吾往餽膳時，欲繞道去則膳冷，故嘗就捷徑從崖躍下。初亦甚不易，後則不覺苦矣。」李曰：「子今日何由知盜之將至？」巧兒曰：「余待之數日矣。」李謝曰：「微子，吾幾不保。今而後請毋自儕於僕也。」巧兒謝不敢，仍尊之如初。數年，死，遺産悉歸巧兒，李之命也。

## 鄧劍娥出芬蘭人於死

光緒庚子，張家口技師鄧魁之女劍娥，既擲俄將於地，俄將起，率其衆竄去。俄將之妻以劍娥言詞温婉，遽傾心焉，乃使所傭華僕告劍娥，邀與偕往。劍娥念不去且示怯，即與同諧西餐館。大開夜燕，多貴賓，劍娥雅能矜持，衆皆嘖嘖稱異，宵分送歸。俄將以劍娥之母卒未葬也，使役夫六十人來爲營葬。劍娥問役夫皆俄將拘以來者，則悉遣之去，往謂俄將妻曰：「此曹皆吾同種，何忍役之，勿再遣來也。」俄將妻大驚歎。劍娥自負土成墳。一村皆以劍娥故，得免俄兵之擾，無不感之，於是俄軍自統帥以次，其攜妻室以來者，皆願從劍娥受技擊焉。

又數月，劍娥能俄語，改俄裝，跨鞍馬，日從俄營馳騁往來。時俄以戰勝國自居，氣驕甚，於華人多所陵藉，劍娥目擊其狀，心憤甚，知力不能救，亦不多言。久之，益與俄女界狎，乃知俄人中有波蘭人、芬蘭人、猶太人等，皆亡國之餘，頗具恢復之志，乃稍稍籠絡之。俄看護婦中有某女士者，故波蘭人，年四十餘，與劍娥尤契。劍娥之教俄人以技擊也，往往授其粗而匿其精，獨於女士不憚指點，久之，始各以心事相白，於是交益厚。

女士有子年二十餘，在俄營爲隊長。其人魁梧奇偉，舉止有威，嘗畢業於柏林大學，知朧丁、英、法文字，尤邃於數學，善拊士卒，望之，儼然不可犯，而語言則温雅如文人。一日，遇劍娥於其母前，其母爲之介紹，一見驚曰：「此亞洲人耶，何似吾竇蘭之甚也？」劍娥不知竇蘭何人，以問女士。女士曰：「此吾子未婚妻也。其父爲政府寃殺，渠銜哀而死，吾子至今念之。」劍娥知失問，遽俯首不言。越日，女士來，請教其子，劍娥曰：「吾不授男弟子。」力卻之。然與女士往還既多，即不得不與其子時時晤面，其子時出射獵，有所得，即以餽劍娥。劍娥既與俄人酬應，漸諳西禮，竟受之。

曩時，俄將妻爲劍娥最先熟識者，見劍娥之厚於他人也，心滋妬焉，又疑劍娥於技擊多祕者，不以悉授也，乃漸疏之。一日，見女士母子與劍娥飲於餐館，切切私語，不知爲何，於是出以告人，謂劍娥與某隊長有婚約矣，然劍娥乃自此不常與女士往來。一夕，劍娥已寢，忽聞叩門聲甚急，出視之，大雪滿天，女士立風雪中，面慘淡，幾無人色。劍娥延女士入，坐未定，淚下如雨，曰：「吾死矣，夫何言者！」再問之，乃知其子固虛無黨人，恫其國亡，謀所報復，其投身軍隊非他，蓋爲灌輸此主義於軍人也。不意爲俄將覺察，並搜得其文籍報紙等，已開軍法會議，審訊定罪，將槍斃矣。幸部下因平日之感情，特密以相告，吾國亡夫死，僅此一兒，今勢處覆巢之下，夫何言！」劍娥曰：「吾當爲夫人計之。」女士曰：「計將安出？」劍娥曰：「計誠有之，但恨無助者耳。如夫人言，郎君既得軍心，其部下能爲之出死力，夫人盍一探之。天明，更晤於某地可也。」

於是劍娥急裝佩槍劍，家本無他人，劍娥出，即反闔其門，與女士匆匆分道去。是日，俄司令部以獲黨中首要人物，則闔營戒嚴，守衛之士交槍爲列，自統帶以下皆詳細詰問，然後得出入。邏兵三十人，負槍實彈，守囚人密室，室四周皆垣，繞之以棘，上架以樓，人出入，皆自樓梯，如地窨然。時天大寒，俄兵以軍令嚴故，思酒不得，羣忍寒相怨詛。囚二日無動靜，第三日以天明行刑，方夜半，俄軍倦且寒甚，皆相擁背以取暖。忽有香氣自壁隙來，如麝如蘭，莫可名狀，俄兵皆魘，恍惚見白衣人過前，欲起問，而口舌手足皆不能動。久之乃蘇，視囚，囚不見矣。亟報司令部，統帥鞫三十人，無異辭，問衞兵，皆不見其出入。惟大尉高尅四夫者，言己所蓄芬蘭犬夜半忽狂吠於門，起視，則無他，方卧未酣，而吠聲又作，當時頗驚訝之，意囚之逃或此時也。於是俄軍中人頗有疑及劍娥者，遣人瞰之，已莫知所之矣。隊長之母亦於同時失其蹤。俄急通電西伯利亞沿道大索，不得，其事遂寢。

## 朱子谷爲微波報仇

朱子谷，同安人。父璧，諸生也，能技勇，嘗營國外貿易，繼遷南洋英屬地。子谷能傳父技，弱冠，卒業某中學校。光緒時，留學歐西，入愛丁堡大學。課暇，爲賽跑、角力、擊球諸戲，有不服者，試與角，皆一揮迸仆數步外，嘗於大運動場試演，仆著名力士十餘人。

有同學微波女士者，籍威爾士，美目纖腰，妙絕一世，自以歐洲名族，視黃種人蔑如也。子谷勇名既著，微波始稍稍加禮。一日，子谷方獨坐室中，微波翩然入，促膝談心，久之乃別。越數日又至，子谷以其無因至前，頗疑訝，乃從容叩之。微波曰：「無他，慕君勇耳。」詢其家世，則微波父亦一競技者，且嘗從日本人學柔術，歿數年矣。子谷意武士愛同道，因不疑。往還年餘，向之求婚，微波曰：「可，但有一事能爲力，則此身卽君有也。」子谷問何事，曰：「非君不可，時至當告君。」子谷笑曰：「然則決鬬耳？」微波曰：「然。」問何人，則不言。又月餘，微波語子谷曰：「其人至矣。」與子谷往觀之，則德國力士，自稱爲孫唐弟子，方登臺獻技，兩手擒一巨熊示衆。微波曰：「當日吾父卽斃其手，君或能勝之。」演訖，擲熊鐵柙中，熊猶活也。子谷審視久之，曰：「其人膂力殊勝余，然技藝疎陋，非勁敵也。」微波喜，於是約期與角技。

及期，兩人登場，德人右手嵌金剛石指環一，精光眩目，卽先與子谷握手，子谷覺有異。交手不數合，騰足，德人立仆，脅骨盡折，斃矣。子谷亦覺酸楚，已而上及肩，微波急送之醫院，醫院驗爲血管中毒。子谷因疑指環，取驗之，果有毒質。治久之，幸不死，終成偏中。微波時時來病榻，一日探以言，子谷知其意，哂曰：「我已偏中，胡累汝爲？既有此心，便速決之，不必囁嚅也。」微波赧然去。後別嫁，贈子谷金資巨萬，子谷悉受而投之泰晤士河。

### 鳳仙爲人脫籍

鳳仙者，某邑之俠妓也，居北里有年，積資頗厚。某有所善校書銀福，將從良，爲鴇所厄，鳳仙遽出金貨與之，銀福得脫籍去。

### 張致安救姚生范

光緒壬寅冬，張致安權醴陵令，循故事閱獄。見獄囚姚生范，知其爲庚子富有票案中人也，循閱其几，則置有《新民》、《大陸》、《清議》各報，以手翻閱，不言卽去。自典史至獄卒皆咎生范不應讀此新書，以爲必獲譴，雖生范亦自危之。未幾，舉學堂考試，所命有「民爲貴社稷次之君爲輕」、《四書》義及「鐵血論」、「權限說」等試題。生范曰：「異哉，專制政體下，亦有此具世界眼光人物乎？」已而，其家丁管獄者某日必至，至必與傾談，初以爲監視有他舉動否，其職應爾也。久之，某逾十數日始至，問其故，則言：「本官有門人陳天華，在日本結學生軍，謀與俄戰，本官諸助餉六百金，今赴省匯款歸耳。」由是知其爲維新人物也，乃上書干之。一日，提牌至，遝延生范至内花廳，其幕友黎尚雯、張淦泉及其弟致芳、其壻盛豈凡皆在。致安曰：「今創自新習藝所，延君爲所長，兼任演說，請擬章程，即日開辦。聞君算學甚精，諸弟及小兒并爲教授之。」即日移居所中。越日，典史某固爭以爲久必逸，致安怒曰：「彼逃，咎在我。」乃由縣鈐文書給典史，始無異詞。開辦及三月，成績炳然，致安曰：「姚某有用材，必善全之。」

趙次山制軍時爲湘撫，亦維新派也。致安以爲請釋必有效，乃彙其所著演說稿及習藝所成績牒之，至以官階及闔家生命爲保。批未至，致安去任，會巡撫批至，准提入省城自新所查看。明年甲辰，論釋，致安爲之謀曰：「今者新幕已揭，爲君計，宜速赴日本學法政，數年歸國，或進或退，自綽然有餘裕。」生范一一如其教。行至上海，旅費告罄，范源廉佽助之，乃抵東京。致安，字濟卿，貴州遵義人。生范，字南滂，湖南慈利人。

## 潘元養主人眷屬

潘元者，山陽人，傭於清河法部郎中王錫祺家幾四十年。光緒己卯，隨錫祺東渡，游歷日本，習日語，自編《東語入門》二卷。

先是，王氏有質庫設於淮，親族每藉端尋釁，元苦心調停，困乏者，則請命周濟之。甲辰，王氏破産，有司故與錫祺有隙，因拘留之於典史署，幽居二年，元朝夕服役，一如平素。復迎其主之妾與子留養其家，饔飧無缺焉。

## 金鈴子代主受罪

江南施某有僮曰金鈴子，事施謹，性敏慧，甚愛之。有某翁者，家小康，年五十，僅一女，曰華仙。清明，翁挈女謁墓，乘小輿行山谷間。施亦挈金作踏青之游。邂逅乘輿，詫之爲絶色，乃私問金曰：「此誰家麗姝也？」金漫應之曰：「當偵之。」已而穿林渡澗，施遂與輿失，徘徊間，亦不見金，乃獨步歸。日暮，金不還，大驚，四出偵之，杳無跡，方謂金不願爲奴，乘間逃耳。

金之失也，乃尾輿而行。至墓，輿夫休於樹下，金僞爲樵者，與之瑣瑣閒話，乘間問輿中人姓氏里居，得其詳，大喜。欲返告其主也，顧迷途，苦不得施。又探懷，則驚懼異常，蓋施授金一簡，使送之友人某，置諸懷，探之，失矣。方皇皇，而遠聞呼聲，則輿夫已追至，執至翁前曰：「汝何人，不畏死耶？其速言姓名，否則笞汝死。」金呼寃不置，翁怒曰：「此簡非汝爲者耶？」金聞之，知必施之簡爲翁拾得也，又知簡中語之輕薄也，故以啓翁疑，然實不知簡作何言。以其因失簡而禍主，何如即自承以代罪，則亦不負主人待己之厚也。思已，遂自引咎，詭言：「姓徐，士子也，以戀華仙故，而僞爲樵子，伺華之出，修此簡，欲藉以通款曲，然罪在我，無與華事。」翁見金衣服修潔，不類樵，復聞其自承之語，遂深信不疑。

於是命與夫縛金歸，拘之暗室，復以顛末詢華仙。華被詰，驚懼并集，翁遂以污辱閨闥之罪控於官，金自承如前。而同時有控私鬻奴僕者，先金受鞫，金窺之，識爲施也。忽悟曰：「得毋以我而興訟乎？若然，則負主人不淺。」及察官與施所問答，果爲己也，不俟言畢，乃大呼曰：「金鈴子在此也。」施驚視，果金，問官相顧失色。金前，述其詳，且曰：「吾前不欲禍吾主人也，今等是禍矣。金不出，吾主必不得生，曷若直陳之。」問官察其實，於是施之疑案頓釋，而華之奇冤以白。

惟控施者則聞風而遁，蓋無賴假以圖施錢者耳。施授金之簡，爲豔詩二章，初無他語，亦未署姓名。翁至此，亦知非爲華也，疑亦破。官薄責施而釋之，而厚嘉金。案既結，施亦感金，不以奴隸待之，相視如兄弟。

## 太原丐救某翁

丐無名，行乞於太原，衣襤褸，面目黧黑，無冬夏，裼其肩，膩白，不類其貌。攜鐵棒，弄不去手，若甚輕者，人亦莫審其重輕。遇吠犬，獰笑而過，從不與校。遇富人，亦如之。長日寡言笑，惟日之薄暮輒登高睥睨，引吭而歌，聲類哭，與至舞棒，城下羣小兒相與笑之不顧也。某翁者，以武藝雄一鄉，與丐善，丐絕不言技，欲丐共事，不可，丐如故。鄉人多忌翁，丐知之，進爲翁勸，不聽，舍之去。一日，翁夜行，突遇兩暴客，力不勝，幾殆矣。兩暴客忽皆倒，則有策鐵棒前立者，丐也。翁慚，欲逮兩暴客，丐止之，自是義丐名大噪。一日，丐奔翁許，謝曰：「叟幸自愛，丐去矣。」言已，踉蹌去。

## 丐爲商夥折僧股

湖南某邑有游方僧募於市，視商店大小而定價焉。其所索，缺一不可，市人見其貌惡而言戇也，畏之，不敢與較。後至某醬坊，索錢二千，坊夥某心不能平，故以錢二百予之。僧接而擲之櫃中，夥責其無禮，僧乃謾罵，夥大怒曰：「今竟一文不給，當如何？」僧遂以一手撥階前長石置於櫃。夥本有膂力，玆又負氣，乃以兩手勉提置原處。僧不語，忿忿而去，一市粲然，僧自此絕不復至。

夥爲鄉人，距家百餘里，歲暮必歸，路偏僻，往往數十里無人烟。祀竈後，夥返里，久行曠野，忽覩茅舍，意欲吸烟小憩。入門，則僧危坐其中，蓋僧爲夥所窘，卽欲致之死，訪知此路爲彼所必經，故結茅爲廬以待之。見夥至，曰：「汝亦來乎？」夥曰：「然。」心知必不免，謂僧曰：「姑容我吸烟乎？」僧曰：「可。」

時突有羣丐過，中一丐呼夥曰：「某掌櫃歸家耶？」夥視之，某丐也。每遇朔望，各店施丐錢皆鵝眼，夥獨給以大錢，丐皆頌之。此丐常乞於市，故識夥。羣丐方坐於地，夥以僧將與爲難語丐，丐目僧曰：「此我邑中善人，吾等既相遇，必不能爲汝所侮。」僧怒目大叱曰：「餓鬼尚敢與金剛較手段耶？」卽起立，擦掌摩拳，而羣丐七八輩猛起，力撲僧倒地，欲死之。夥曰：「不可，彼雖不良，我不能以人命拖累。若滅其迹，王法何存？汝等但重懲之可也。」丐乃折其股，并斷其手指焉。僧竟不死，年餘，或在別縣見之，匍匐而行，亦在街頭乞食矣。

夏老五以銀贈人

光緒戊申季冬，浙江石門灣有盜劫小汽船，鎗斃多人。當肆劫時，一爲首者曰：「我夏老五，鹽梟也。以緝私嚴，改而從事於博，又不如我意，乃不得已而爲盜。且亦非欲殺人，以欲令船停之故，聊示威耳。若欲捕盜，捕我可也。」有船客中鎗死，其母在旁自請死，曰：「吾子死，吾無所得食，亦必死，不如併殺我。」夏乃以他所刼銀幣五十圓畀之。

葉鈞葬楊卓林

楊卓林，民黨也。居滬，籌運軍械，欲起事，以倉卒謀泄而敗，乃大呼曰：「吾得死所矣。」揚州某鎮者，故會黨叢集地，卓林密結其渠魁，欲謀響應，先刺殺江督端忠愍公方以舉事，部署既定，挾炸彈及二友以行。事爲湘人劉復權、蕭子翼所聞，中途遣人告忠愍，遂被逮。忠愍以卓林大俠，又爲黨中魁傑也，檄道員朱恩紱鞫其獄。恩紱反報，謂卓林罪涉疑似，不可殺，必欲強我誣殺者，寧免職，不爲也，獄用是久不決。而警監何黻章欲要首功，力言卓林有罪，並及同逮者二人。忠愍乃故遣恩紱之滬，親鞫卓林，兼訊二人。卓林知禍已迫，二人且不免，乃一以自任，且駡且起，前掀案，案折，曰：「事與彼二人者無涉，我志不遂，死耳。天下豈有畏死之楊卓林耶？速殺我，毋及無辜。」遂以光緒丁未二月七日死東市，而二人卒得脱。卓林既死，人無敢視者，萍鄉葉鈞收葬之於金陵。

## 徐曉秋欲救秋瑾

上海徐曉秋，名彭齡，官錢清場鹽大使。光緒丁未六月初某夕三鼓，閽人報客至，謂客不自道姓名。時徐已睡，披衣出見，則紹興知府貴福也，神色倉皇。徐驚問曰：「公何來？」貴曰：「擾君睡，至歉。請爲我備一舟，將他往。」徐曰：「某向不辦上司差使，亦不迎送，實不敢破成例。」辭未畢，貴曰：「否否，我自出資，煩代雇耳。」徐曰：「公從何處來？」曰：「來自省。」曰：「然則原舟何往？」曰：「西興雇舟時，言明僅至錢清也。」徐曰：「公自有坐船，何必雇？既雇矣，何又中途易舟？某實不解，非詳告，不敢奉命。」貴乃以欲盡殺大通學堂員生告之，且云已奉中丞令矣。徐驚曰：「徐伯蓀亦素識，其人溫雅若處子，安慶之事，必有激之使然者。徐伯蓀名錫麟，山陰人。時在安慶起事，槍殺皖撫恩銘被戮。大通學堂即徐所辦，秋瑾爲校長。秋瑾爲女子，更何能爲？且學生無辜，安可以『莫須有』三字殺數百人，此於學界前途極有影響。某在此創辦大小學校七，深知紹興辦學不難於籌款，難於招生。大通學生若見殺，則人將視學堂爲賈禍之媒介，避之若蛇蠍，誰願入校求學？今願以全家保大通學生之不通謀。」貴不省。徐曰：「此間荒僻，深夜無由雇船，請在此度夜，辨明，卽送公返郡可也。」貴不得已，乃留宿焉。

是時，徐卽飛書至郡，託山陰令李鍾嶽爲之設法，略云：「頃太尊來署，急迫慌張，現於詞色。再三探詢，知以皖事將與大獄，欲盡殺大通全校教員學生，此事關繫學界前途至大。余與彼中辦事人無一面之交，祗以余在此瀝心血，售私産，辦七校，若實行殺戮政策，則此七校必皆墮地。萬懇盡力主持，密告秋，令全校人遠避，勿入虎口。太尊阻留在此，余函到時，屈指必在黎明，太尊午時始能回署，君儘可從容布置也。」

李得書，更衣，自至校，以徐原函示之，促令速離，並將原函焚化以滅跡。蓋李爲畿輔進士，以即用知縣分浙江，家貧性介，時患不給，徐每周濟之。曾權鳌金，與商民衝突，及令山陰，又與士紳齟齬，皆徐爲之解釋，故李感之次骨，徐所言，無不奉令維謹也。秋得訊，即告全校職員學生遣令歸，毁學生名册，自策馬出城，行至西郭門外，忽憶所遺皮篋中儲要件，乃令圉人歸取。圉人年幼，嬉於市，秋俟久不至，返校自取，且毁要件。忽見十餘學生仍在，乃以事約略告之，促令急行，而諸生不忍棄行篋，秋亦監視學生出後再行。正料理間，而兵役遽至，李猶密諭差役捕男釋女。孰知秋已易男裝矣，乃遂遭捕。至山陰縣署，令自報姓名，李目秋曰：「爾乃校役張八斤也。」秋曰：「否，我實秋瑾。」李顧書吏曰：「速列册，彼乃學生周敬耳。」秋曰：「否否，我非學生，乃校長秋瑾。」李頓足氣塞。蓋李受徐委託，意欲爲秋地，而秋矢口直陳，及悔悟，已以真名入册，無可解脱矣。

秋既入獄，徐聞之，飛櫂至郡，詣貴，力請承審是案，貴不許。李又請貴札委徐承審，貴以惡聲報之。徐知貴將殺戮邀功，不足與言，乃挈其子蔚伯同至杭州，見提學司某。某性懦，謂徐曰：「此案固冤，然中丞與貴守皆無一字來司，無可言之於中丞者。且貴爲旗人，奥援至廣，不可攖其鋒，君宜慎之。」徐怫然曰：「教育爲公專職，學生託公蔭庇，不知其冤，猶可言也；知而不言，人其謂公何？言而不用，心亦可安？公以無公牘不易措詞，某願以單銜具牘，稟求主持，公卽袖某稟向中丞力陳，若以貴爲旗人，畏其多奧援，公厚愛我，戒勿攖其鋒。然此案關係全省學務，影響及於全國，某卽以此褫職定罪，亦甘之如飴也。」某無言，許俟牘到詳撫。

徐歸寓，命蔚伯繕稿，辭約萬言，黎明繕正印發。辰刻，徐往見，某曰：「事不及矣，頃從撫轅來，今日偕臬司同見中丞，謂秋案已電京，請就地正法。我卽言徐某來省，力陳此案之冤，稟請本司轉詳兩院。撫軍拍案大怒，謂：『徐某膽敢爲大逆不道謀反叛逆之人說項，脫不念其居官聲名好，辦學熱心，必登白簡。令其速歸，勿越俎代謀，有干令甲也。』」徐聞之，氣沮而出，卽渡江，再至郡。會秋將受刑，方自獄提出上縛，兩目突出二三寸，有紅絲牽繫，搖動如轉球。與刑幕諸人討論，或謂驚恐所致，或謂預已服毒，究不知其何故也。秋既死，徐囑李保全他人，是以貴命李查抄秋氏母族家屬，李先令人教以口供，獄中諸生亦均一一教之，終李之任，未嘗刑責一人。貴以李孱弱，詳請撤任，易以惡名素著之某酷吏。徐宦越久，從游者數百人，潛令門下士主清議，故某亦不敢淫刑以逞。李以無罪去官，憤當道之暴，氣急成痫，懸樑自盡。

### 曹再韓津貼栗某

栗恭勤公毓美治河有聲，薨後，勅封誠孚大王，立廟祀之，例定歲給津貼一百四十金，由河南河工八廳支付。光緒戊申秋，恭勤之孫候補巡檢曰養泉者病故，署藩曹再韓方伯憫其貧，自捐三年津貼銀六十兩，復令八廳支給三年津貼銀四百二十兩，存莊生息，爲其遺族贍養費。

## 王玉峯賣伎助公費

漢軍王玉峯以三絃鳴於時，光緒戊申，京師自治會、閱報社、戒煙公所等皆欲延之售技以助公費，玉峯樂其有益於人而不費也，則竭精敝神以應之，先後助義舉者不可勝計，或累日不息，手指盡腫。其師治平聞之，歎曰：「可以止矣！」玉峯事師謹，所言必聽，至是爲之少休。玉峯雖以技稱，而喜書史，又留心時務，暇則令人誦書説報以爲樂，聞及國事，輒太息。

玉峯爲人謹小節，審禮義，凡寡婦之家及以不孝不廉聞者，皆不往，人以是咸重之。性好音律，箏琵簫管之屬，無不精妙，而三絃尤工，故世稱三絃者，必曰王玉峯。

## 錫嘏讓洋貨店

京都大柵欄福壽全洋貨店，光緒某歲，以多占股本之某死，逋欠多而倒閉，商會稟官，以存貨及店屋器具出售彩票，其票數及得彩之號數悉依湖北籤捐票。有滿洲錫嘏者，陸軍部司員，亦股東之一。商會如其股分之數以票與之，及籤捐票號碼出，頭彩爲錫得。乃該店全基估值銀十萬元，是夕，有人願以十萬兩轉購之，錫不允。次日，言於商會曰：「吾與某，友也。人死店閉，家無以爲養，吾不忍坐視，願舉頭彩所得悉與之。」此事一傳，錫之義聲震京師。時山西提學使亦名錫嘏，適於是時死，年已七十矣。或爲之語曰：「錫嘏福壽全歸，福壽全歸錫嘏。」以命對，莫有能對者。

## 梨渦救人

梨渦，某之愛姬也，曰梨渦者，狀其態也。

有某撫者，習於聲色，某局長嘗出重金求豔姬以進。於蘇，於滬，於揚州，得美妓三，欲更求其一以合四美。最後，乃得雛鬟於無錫，餅師女也，年十五，天足，著布衣，繫犢鼻褌，與家人雜作，而修蛾曼緑，雲鬢天然，不以操作故，稍損其媚，膏沐既加，神采頓發。入門時，撫已老，而姬侍皆盛年，間有外遇，獨姬年幼，而謹慎自持，内外無間，以是得主人憐。

某以文學名於時，司文牘，嘗以事入白，值姬侍側，猝不及避，撫曰：「此某先生，非他人比，不必避也。」於是中坐，某與姬東西列坐。某懾於珠光玉澤，不敢仰視，撫笑曰：「君樸愿乃爾耶！」越日再見，則命姬再拜執贄，從習文字。姬慧甚，不及一年，已能閱小説，作短簡，久之，亦能爲小詩矣。

既而某投身秘密社會，爲其諜，撫不知也。一夕，某方寢，聞窗下彈指聲，問之，則姬也。某隔窗小語曰：「感卿厚意，然苟且之局，非可以終，一旦敗露，彼此俱失，願卿察之。」窗外應曰：「君誤矣！此來爲君及一干人命，寧有他耶？」卽從窗隙塞一紙卷進。取閲之，祕密黨人名册也，己名乃在第十五，知有告密者，大駭。姬隔窗囑曰：「君速去，主人已閲此册一過，明晨當有達官過境，主人往迓，日中必返，返將窮究，宜速行。」語既，卸臂上金釧置窗櫺間，曰：「速去，卽以此爲貲斧，勿遲。」某方欲再有言，而已遠去，某遂行。已而某客青島，以賣文自給，猶念美人之貽，時時出金釧把玩，不忍售。又三年，聞撫死，婢侍皆星散，頗時時念姬。一夕，有美少年來謁，不俟請，直入內室，夫人大驚，少年自脫帽，則雲鬟猶昔也。詢知自撫去世，落泊無依，於報見某文，因輾轉尋訪至此。夫人素妬，然見姬委婉，又念昔年拯救之誼，乃善待之。

## 朱芸姑出主於火

和州有葛曼卿者，好施與，三十年如一日。宣統庚戌，皖省患水，有朱某者，無爲産也，家八口逃難至和，死者過半，僅祖一孫一，又瀕死。旁有十餘齡一弱女，哀號竟日，所得錢不足購一棺，而女且餓死。葛憐之，命僕買薄櫬，殮叟及童，葬之於義塚，舁女歸，灌以湯，三日而興。問其姓名，曰：「朱芸姑。」感葛不已，願賣身爲婢以自贖。葛曰：「老夫豈望報耶？汝可爲孫輩司針黹。」芸姑許之。辛亥春，某日薄暮，葛卧室不戒於火，無力自脫，須臾，火焰中忽有一人負葛出，則芸姑也。又月餘，葛病，芸姑侍奉湯藥，不解帶不交睫者兼旬。葛死，芸姑欲以身殉，後經他人以勉事少主爲言，始寢。

## 鑽天燕子拯武官

東三省鬍匪鑽天燕子，頗有聲勢，出没於營口、牛莊、海城、蓋平一帶，其人工詩善書，江南文人也，故亦曰江南燕子。武官某素不識燕子，辛亥春，以爲人誣陷，將處死刑，燕子重其爲人，獨力援救得免，復資助之，使往俄京留學焉。

## 李麻子殺人而賻之

李麻子者，川西大盜也。一日迫於追騎，三晝夜不得脫，衆罷甚，將棄所得以逃，李咄之曰：「棄則心散各自顧，復能相救耶？且四面合圍，逃將安之？是皆死矣！前有古刹，趨之，吾自有脫險計。」衆如命，趨刹中，闔扉而加石焉。追者至，圍之數匝，李命從者出餱糧，焚敗扉亂草以爲食。捕有乘垣者，李出手槍擊之，墮二人，乃從容團坐而食。食已，疾呼裝礟，則各向腰際出鐵圈一，圈有螺旋，逐節聯合之，頃刻間成一巨礟。入藥數升，碎破斧爲彈，數人肩之，一人執火立其後。料量已，自闢其門，門闢，礟發，仆捕數十人，卽冒煙衝出，繼以排槍，捕驚潰，無敢再追者。李命遺銀二箭以賻死者，曰：「吾儕殺人，非得已也。」

## 劉翁救王麗姐

山西盂縣王某家小康，夫婦年皆五十餘，有女麗姐慧而美，嫁於柳樹屯。屯距城四十里，往返皆以車，馬爲王所自畜。麗時歸寧，一日，將返家，王命老僕駕車送之。至中途，突有羣兔躍車前，馬驚奔而車顛，麗仆路側，老僕逐馬去，女幸無恙，坐地以俟之。是路也，不通大鎮市，鮮行人，夕陽西下，麗起立四顧，不見人跡，乃伏地大泣。既而一老翁至，見而問之，麗爲之詳述始末。翁憫其將露宿也，告之曰：

「余劉姓，家白草村，離此僅里許，且止吾家。今已晚，翼朝當送歸也。汝本弱質，留此殊險。」麗甚感之，遂偕翁至其家。

翁年已六十餘，賣菜度日，家惟其妻而已。翁攜麗歸，妻問之，翁備述其事，且以己意告之。嫗曰：「奈無餘屋何？汝固老耄，然百歲，亦男也，男女之嫌，可不避乎？俟吾熟籌之。」已而曰：「隔壁王娘家僅母女，曷寄之於其家，姑往商之。」嫗歸曰：「大娘雅不願，求之再，今首肯矣。」遂導麗去，且囑大娘善視焉。翌晨，往視之，無跡，詢之王，王曰：「汝夢魘耶？女郎何自至吾家，而汝家又何有女郎耶？」互有辨駁，風鬨於外，翁亦至，觀者更不辨其真僞。大娘辯給，嫗非其敵，翁謂嫗曰：「汝且歸，予往告其父母。」言已，匆匆去。翁喘奔至城，時已亭午，麗之父母方望其僕之回也，忽聞警耗，遂訟之官。

官傳案詳詰，大娘哭訴曰：「劉叟與亡夫素有隙，今將借此陷害，幸詳察之。」翁忿甚，幾不成語。官因之直大娘而責翁，且收押焉。翁緣救人而得罪，忿而病，遂死。嫗聞翁死，撫尸痛哭，自刃於堂上。官駭，再傳大娘訊之，供如前，施以刑，乃始供曰：「吾有女，將嫁矣，貧不能辦奩。某夜，適劉嫗攜女郎至，且請借宿。女郎飾甚眩，衣亦麗都，所值甚鉅，遂與女謀而勒之死，置尸於村北關帝廟，倒之井中。」官遣役往搜之，果得井，命起尸出，則非女郎尸，爲白髮老僧也，衆更駭。有識之者，則謂爲關帝廟之住持。官於是詣廟，甫入門，聞呼冤聲，二僧年皆二十餘，形甚惶恐，役即捕之。俄而一女郎出，伏地稱冤，官詳詢之，始知此女郎卽麗也。

先是，關帝廟老僧於是夜聞有人投井聲，呼二徒往救之，徒皆不允，老僧遂入井。先以繩繫女上，二徒見女美，且氣尚未绝，謀畜於廟，又恐師敗其事，佯爲導之上，遂斷繩而斃其師於井中。官既得情，判二徒抵其師，王家母女以罪坐死。麗以身被姦，初不欲生，判既下，因亦自縊。而送麗之車夫以失麗故，亦縊於某村之樹間。

## 貝如笙代人報仇

貝如笙者，武弁子，沖齡失怙，習飲博，母禁之，輒踰垣作永夜遊，黎明，復踰垣入寢，如是以爲常，母弗覺也。不數載，家漸落，而猶足自給。及母以天年終，酣飲肆博，益無忌，坐是貧如洗。然性豪爽，疾惡如仇，遇不平事，往往代人報仇，濟人之急，未嘗自爲德，受人之施，亦視爲無足重輕，絶不一言謝也。

一日，貝入市，值某甲捽一鄉人，幾殆，鄉人乞饒，甲罵益厲。貝遂撥衆而入，問其故，則鄉人負柴入市，荆棘刺甲衣，裂一小縫，鄉人釋擔謝過，甲堅責其賠新衣，故被毆而乞憐也。貝聞而笑曰：「此事易易，爾可釋樵，衣之值，我償之可也。」旁觀者亦爲緩頰。甲本惡少，謂貝意在袒樵，遷怒及之，復擊樵無算以辱之。貝以排解爲波及，怒甚，俯拾巨石，力貫甲首，甲未及防，額破腦出，斃於市。觀者多恐株連，鬨然去，貝從容自言曰：「殺人償命，罪有攸歸，貝如笙豈嫁禍他人者？」遂赴縣自首。樵者隨至，爭認殺人狀，令以一命不二抵，嚴刑鞫首從，屢訊無異詞。後訪知緣由，義貝，乃以樵論抵，監禁待決。至是，貝亦以從兇應充軍雲南。起解日，鄰里多有資助，以是行路得不苦。既達戍所，派令飼馬，得乘間逸歸。甲無親屬，其事遂寢。時樵者已迭遇恩赦，得釋出，自是二人遂結爲刎頸交。

邑有惡紳，欺壓良懦，爲害一方，貝每覿紳面，輒言其家庭穢史，故使聞之，甚則拾瓦礫擊其臀，掬污泥傅其衣，紳送之於官。令以案無實證，終難置之死，笞數十，枷數月而已。卽置之囹圄，釋則罵如故，紳無如何也。嘗語紳曰：「爾之技止此，不能死我，我之罵固自若也，吾何畏哉！」一夕，紳宴客酒樓，主賓與正酣，貝潛入，蛇行至桌底，力持桌足掀翻之，杯盤匙箸，窣窸齊鳴，殘羹冷炙，污客衣殆徧，菜汁滴瀝自身下。貝乃起立，笑揖衆客曰：「此誤也，非故也，諸君勿苛責也。」衆一鬨而散。紳毀冠裂裳，詣縣自陳，令拘貝至，杖之，置於獄，仍不悛。姦盜之犯，率遭其詈，獄中爲之語曰：「寧吃黃連湯三斗，莫教貝公一開口。」後逸去，爲紳偵知，聞之令，令以逸犯上詳，而其時已在赦後，置不究。

## 朱太君樂善好施

諸暨朱太君爲蔣觀雲大令智由之婦，伯器協統尊簋之母也。相夫教子，有賢聲於時。其治己以勤樸聞，而樂善好施，親黨之急，有求而予者，則令書券，而率燔之以爲常，曰：「不取其券，則彼有易財之心，將輕用之。然吾以周之也，非以質之。」每歲冬，輒以棉衣惠窶人，必自料檢，或手紉紩之，曰：「人作，則以爲施衣也，率易綻，且減料而絮惡，貧者不得實其用，徒施捨之名何！」

# 清稗類鈔

## 技勇類

### 世祖馳馬如飛

順治某年八月十九日，世祖幸南海子校獵，學士范承謨、陳敳永從。海子縱横各四十里，上馳馬如飛。顧問陳安在，近臣對馬劣不能及，上乃命選天閑之駿使學士騎之。學士馳及駕，上問曰：「若知馬良否？」學士曰：「馬脊勁而蹄鋭，馳而若無動，良馬也。」上笑頷之。又問：「習騎乎？」曰：「少而習之，終不如八旗諸臣之嫻習也。」上笑以爲然。每日合圍四五，奔逐必十餘里，草深及馬腹，上不以爲勞。舉火讀奏章，命學士批答，一更乃已。

### 惠順王與喀使角觝

國初諸王披堅執鋭，撫定遼瀋，禮烈親王諸子中，如克勤郡王、穎毅王，平定山左，各著勞績。惟惠王以年幼未從軍，然天授神勇，衆罕與匹。生有髭鬚數十莖，人咸異之。順治中，有喀爾喀使臣至，與近臣角觝，俱莫能攖。王聞之，請於烈王，飾爲護衞，入與使臣鬬，應手而仆。世祖大悦，賞賚無算，時年甫弱冠也。後嘗告人曰：「此間殊寂寞惱人，未若諸天樂。」烈王方訝爲不祥，未逾年，薨。

## 舒穆祿射中太和門

豫德親王下江南，王鐸、錢謙益等迎降，王未察其誠僞，命都統舒穆祿、譚泰往偵之。舒至太和門，門扉爲生鐵包裹，甚堅厚，舒射，洞之，明人驚爲神。嘉、道間，其箭猶存，每值翠華南幸，有司輒飾其楛羽以示威德。

## 阿里瑪擲巴圖魯占

國初有驍將阿里瑪，能自握其髮足懸於地，又能舉盛京實勝寺重踰千斤之石獅，戰功甚鉅。入京後，所爲多不法，世祖欲置於法，恐其難制。有巴圖魯占者，勇亞於阿，命往擒之。占至阿邸，故與語，猝握其指。阿怒，以手拂占，擲於庭外數十武，曰：「汝何等人，敢與吾鬭？」占以上命告。阿笑曰：「好男兒安惜死爲？何用紿也！」因受縛，乘車赴市曹。至宣武門，阿曰：「死則死耳。余滿洲人，終不使漢兒見之，誅於門內可也。」以足絓城門甕洞間，車不能行，行刑者從其言。阿延頸受戮，其頸如鐵，刀不能下，阿自命占以佩刀割其筋，始斃。

## 褚庫巴圖魯縫頸

褚庫巴圖魯，姓薩爾圖氏，少爲禮親王牙將，勇冠一時。攻宣化府城，首登其堞，頸爲明兵所刃。褚左手撫頷，右手猶手刃數人，僵於城側，氣僅屬，城因以破。醫云其喉未斷，使婦女撫吸其氣，猶可生。乃命妓如法治之，縫其頸，果復生。順治中，從世祖幸南苑，彎弓逐獸，馬蹶，頸復斷，遂卒。

## 胡邇光用銅箸

無錫胡邇光，順治時秀才。精武藝，善用銅箸，時號無敵，異人授也。其銅箸有大有小，大者長二尺，粗一指許，臨大敵用之，小者長尺餘，細不盈指，平時應急用之，半藏於袖，半出指端。一日游市，見僧索錢某店，邇光謂僧貌非良，店遂無所予，僧齗齗，邇光不措意也。後往武當禮佛，中途寓一庵，庵僧出款，貌似相識，意殷殷。晚餐畢，忽聞礪刀聲，心動，視户已鎖，始憶似某店丐錢僧也。禮佛例不得攜械，倉卒無所得銅箸。適見案間餐具未收，有飯箸二擱甑上，取藏於袖以待之。僧啓門持刀入，叱罵曰：「爾猶憶某年事乎？」挺刀直砍。邇光以飯箸抵之，少頃，中僧手腕，刀落墮地，僧反跪頓地乞命。邇光曰：「從此釋怨，可乎？」僧叩首聽命，明晨厚款而別。

## 陸桴亭梅花鎗法

太倉陸桴亭深曉兵律，通武藝，其梅花鎗法爲峨嵋山僧指授。僧得兩弟子，一爲某總制，一卽陸。相傳陸家居時，忽來一遠方人，執弟子禮入謁，請留授業，納之，時與講誦，其人亦能了了。久之漸諗，乃以技勇炫，陸喜，遂以槍法授之。數月辭去，不復至。未幾，鄰境典鋪被盜，其主翁罪保守者曰：「若受千金之聘，而失禦以齎盜，是技之劣也。贓盜無獲，奈何？」答曰：「余生平恃以無敵者，一鐵桿耳，獨峨嵋僧梅花鎗能勝余。是法傳派在太倉陸某，詰之，盜有在矣。」主翁以所言爲證，請當道問陸。牒至，州人力辨其誣，事乃寢。然盜終未獲，保守者以主人不悦去。陸亦頗疑請業之遠方人，適有所往，舟行晚泊，夜半，忽有人破篷挺鎗入，陸起，奪鎗倒刺之，其人負痛遁，燭之，不知所在。或曰失事家仇陸，故使賊謀害。或曰卽請業之盜，效逢蒙之殺羿也。

煎海僧用鐵刀

江陰有煎海僧，初爲名諸生，所用鐵刀重八十斤，力能舉之。大兵圍江陰，率壯士五百人守城。其婦亦能詩畫，至是，乃自殺，曰：「不貽君内顧憂也。」典史閻應元命其率五百人突圍求救，往返數四，少三十人，獨提刀引之出。城破，披剃居小島，五百人從之，煮鹽自給，因以煎海僧自號。嘗擔鹽出賣，鹽重四百餘斤。大吏遣使招撫不降，遂自殺，五百人皆從死。

三山和尚勇力絶人

和尚，銅仁人，姓吳，名以幻，明故將軍無錫何以培家將也。勇力絶人，豪俠尚義，避讎襲僧服，順治初棲止無錫之三山，故人字之曰三山和尚。

三山在太湖中，爲羣盜出没地。有盜夥刼其衣囊，和尚疾避下山，手挈盜舟上，覆豐草中，隱身舟下，匍匐伺之。盜下，猝覓舟不得，心駭，欲捨舟遁，又無他途可通陸，惶遽甚。和尚兩手掀舟起，奮呼曰：「舟在此。」盜視舟倒覆草間，負矗立者赫然一和尚也。大驚，叩首乞哀，曰：「師，神人也。後弗敢犯矣。」乃攜舟，從容置之湖，盜羅拜，謂和尚不可當也。

明總兵黄蜚屯軍湖中，曾分兵攻無錫南門，與大兵戰。和尚適以事過其地，倉猝無所得兵器，乃入民居，得切麵刀及板扉各一，左手持扉作盾，捍刀矢，右手舞刀大呼，突陣助蜚兵，横截馬足，馬仆截人，所向披靡，大兵遂奔避入城。

## 僧普濤用手槍

王蘭皐，籍江寧。少游山左，值謝遷亂，避長山之醴泉寺，與王阮亭、西樵昆仲相友善。時阮亭未弱冠，詩才清妙，蘭皐歎異之。寺有異僧曰普濤，自黄山文殊院來，茹葷酒，性伉爽，蔑視大衆，於阮亭獨敬禮有加。一日，普濤與蘭皐攜酒登長白峰縱飲，仰見羣雀翔飛，出手槍舉手彈數雀隕地。蘭皐問何術，亦不答。醉坐盤石，倚大樹，方仰天發嘯。忽神色變易，抖袖向空，見白光起如匹練，遂騰身躍地，風泠然，觸人作噤，已不知所在。蘭皐駭甚，亟返寺寢。夜半，推扉入，手皮囊，滴血涔涔，懼而匿走。普濤啞然曰：「子勿畏，我去救一方塗炭耳。」指囊曰：「此中貯巨寇首級，子盍一觀。」出懷中小匣，取黑丸一，投囊，囊洞然聲裂，洩水斗餘，蹶然縮。越日，果有人來山，言賊犯淄川，將肆屠殺，若有神兵鼓風而至，賊首皆斷，餘衆紛竄，又得官兵追殪，新城等處圍已解矣。始信其有神術，密叩之。答謂：「今值太平，身當隱，與君有緣，故爾周旋，幸勿語阮亭。渠貴人，且爲當世詩學正宗，不願使形諸歌詠，致留後人口實也。然子亦當貴，我有祕字留贈，不有急難勿輕啓。」出紅紙裹，封甚緊，蘭臯受而藏之，尋別去。

其後蘭臯任兩浙鹽政，閩耿精忠開藩，檄取鹽課助軍，時浙中被兵，庫儲不繼，遲未應命。耿怒，劾逮來閩，將加不利。正惶懼間，憶及僧所授祕字，夜露禱於空，發其封，乃黄紙符二，旁書焚噍之。乃焚一，吞其灰，頓覺體足輕舉，似有人提之空中，有風御之行，直達耿寢室，抽壁上劍，飛舞帳前。耿偕其妾裸跪牀下，戰噤惕息，蘭臯斷其鬢寸許，擲劍而去，仍飛行至寓，案上燈熒熒，疑爲夢境。翌日，耿傳帖令王旋任，卽乞休，移家紹興。

## 褚復堂用四平槍

褚復堂，名士寶。負膂力，好技擊。及友畢昆陽武君卿，遂精槍法，横槍旋轉，號曰四平槍。明末曾官伏波營遊擊。有獨骨張擎者，横行市廛，衆請褚除之，褚曰：「必先觀其技而後可。」衆乃設席宴張，並及褚。張自誇其勇，酒酣，攘臂而起舞，褚徐以箸向其胸點之，曰：「坐。」蓋褚善用氣，已運神功，中其要害矣，而張不知也，終席默坐。翼日，張死於亭橋，徧體色青如靛也。

## 李賽兒弄九連環

磁州李甲，以同姓娼爲妻，既入門，盡棄舊習，夫妻督耕爲活。頻年蝗旱，娼之父母相繼歿，其妹年二十新寡，曰賽兒，有絕世姿，擅跑馬踏繩之戲，尤善用九連環。蓋以熟銅製環似釧，其數九，嘗擲一環於空際，約三四丈，復擲一環迎而拼之，其聲鏗然，兩環相套如連環式，連擲連拼，九環連絡，誠絕技也。父母未亡時，蓄一僮，年十三，首雙角，善觔斗撲跌，曰小三兒。甲以妻父母歿，招賽與小三同居。未幾，以年穀不登，與妻謀江湖賣藝，甲固擅拳棒，娼有搬墵翻桌諸術，可假此以避饑饉也。娼慮賽無依，賽願與俱，謂以薄技佐之，可無慮也。娼曰：「慮妹青年無偶耳。」賽曰：「人盡夫也。小三漸冠，當收爲男妾，途中當意者商而擇之，何慮爲？」甲大喜，檢點鎗棒戲具，並召徒黨數人，先赴鄭州會場。

賽至鄭州，鳴鑼擊鼓，作連環戲，觀者讚歎。是夕，有旅鄭之湖州賈，招賽飲，明日，贈綾錦數端，衣服爲之一新。武生某復眷賽，以駿馬繡鞍爲纏頭。於是賽衣新衣，薄施脂粉，獻跑馬之技，以一足立鞍上，鞭馬急奔，蹁躚漫舞，略無喘息。數夕，賽以所得貲約數百緡盡交甲，曰：「妹聞南人好奇尚新，且多紈袴子，揮金如土，此行或可致富。」甲曰：「善。」即以所得爲賽製衣衾，其他稱是，凡所經水陸輻輳之所，獲資無算。

旋由江淛入閩，至建寧一村，居民數千家，有貴人子某生，年二十許，喜拳勇，尚未娶。甲至，或以告，生具酒食邀至後園空隙處演其藝。甲與夥奏舞盤、使棒、接毬諸劇畢，娼始登場，紅襖青褲，烏綾束眉際及腰，持小花瓷缸通身環繞。復疊桌五層，高齊木末，盤旋而上，仰卧其間，以兩小足承大瓮，重數十斤，舞弄久之。去其瓮易小木梯，直竪足底，使小三兒束髮金冠，綠緞小襖，披四合雲肩，大紅繡褲，躡登雲履，直立梯上，翻穿梯空，忽大叫一聲，自空下墜，旁立大漢，徐以兩手擎小三兩掌，作豎蜻蜓狀。飯罷，賽著桃花色小襖，大紅繡袴，弓鞵底繫金鈴，行步有聲，外罩綠大呢合衫以出，向生欠身萬福，生起身還以半禮。賽卸合衫，以手拍左右腿數下，掣釧作連環戲，歌九連環小曲。戲畢，賽謂生曰：「聞公子雅善拳法，能賜教否？」生諾。於是生與賽略走數圍，曰：「同出少林，何分高下？」明日，生使人求婚於甲，願以萬金爲聘，甲允之。

## 聖祖射獲諸獸

聖祖西巡，去臺懷數十里，突有虎隱見叢薄間，親御弧矢壹發殪之。父老皆歡呼曰：「是爲害久矣。鑾輿遠臨，猛獸用殛，殆天之除民害也。」因號爲射虎川。

易州西南有北魏太武御射三碑，自誇飛矢逾崖，刊石讚功，至於再三。是役也聖祖御駕過此，勒馬而射，連發三矢，直逾峯顛，居民遂呼其地曰三箭山。

聖祖嘗以三眼神槍刺虎，又力能挽強，每用十二把長箭，圍中射鹿，率貫腋洞胸。

聖祖晚年嘗於行間幄次諭近御侍衛諸臣曰：「朕自幼至老，凡用鳥槍、弓矢獲虎一百三十五，熊二十，豹二十五，猞猁猻十，麋鹿十四，狼九十六，野豬一百三十二，哨獲之鹿凡數百，其餘射獲諸獸不勝記矣。又於一日内射兔三百一十八。」

## 許子遜髮辮上指

康熙時，王文簡公有詩弟子許子遜，由進士官福建知縣。雖文士，絶擅拳勇。嘗補武平令，縣境與粵東某縣毗連，兩縣民以争山地械鬭，許馳赴填戢，粵民殊獷悍，羣起毆抶許，則敗，皆讋服，弗敢肆。後以年老乞疾歸，息影里閭，逾古稀矣。一日，有山東老僧踵門請角藝，許延見，從容語之曰：「若與僕皆老矣，心雄髮短，胡競勝爲？矧兩敗必有一傷，夙非怨讎，卽亦何忍出此？何如各奏爾能，以優劣爲勝負也。」僧韙之。於是會射，則皆中的；較力，則舉任相若，旁觀者末由稍稍軒輊。許窺於微，知僧實有勝己處，乃與之約：「吾曹孰勝負，以翌日爲期，視一事之能否爲斷。」則置酒召賓朋，席間，許忽默坐運氣，令髮辮上指，卓立若植竿然，其辮繩蔛垂飄拂，若矛戟之繁飾也。僧無辮，謝不敏，竟伏退。此沛公所謂吾寧鬭智不能鬭力也。

## 吕尚義善槍

康熙初，有吕尚義者，大庚人，世居南源山下。其地在大庚、崇義二縣間，土田肥美，然毗連廣東，層巒峻嶺，爲盜淵藪。山有錫鑛，羣盜嚚聚開采，峒老錫竭，則四出剽刦，人莫敢居。惟尚義結廬其下，數十年盜莫能害。尚義與妻俱善鳥槍，百步可三發，無不中。每盜至，夫婦雙槍並放，若連珠然，歲殺盜無算。

廣東萬猴山有盜魁藍姓者，率其黨數百人，白日持槍砲過大庾嶺，昌言往南源殺尚義。時尚義妻已死，一女亦能用鳥槍，父女二人共殺盜百數十，餘盜皆走匿山谷。南贛鎮總兵聞之，命兩守備以兵來，尚義曰：「官兵來，甚善。盜在山谷，第隨我來，可盡擒也。」兩守備以林深箐密頗憚之，不得已，從尚義往。尚義鷹目，雖百步外，盜伏草莽中皆見之，發槍即中。盜驚起，踰山走，官兵莫敢捕也，得所遺器械以歸。於是大庾、崇義兩令爭欲署尚義爲捕頭，悉謝之，曰：「農民不願充役也。」縣令聞於大吏，大吏召尚義欲官之，尚義曰：「小人不願官也。苟有事，不敢辭死。南源有吾女在，可無憂矣。此外如有山盜入兩縣境，請從官兵捕之，盜聞吾至，即走耳。」大吏喜，厚賚而遣之。然山盜自是役大創，終尚義之身，不敢復涉其境。

## 三賢閣道士善競走

禾郡青鎮三賢閣道院有「門外不泊江北船」之說，其事甚奇。相傳康熙間之江北船來鎮者，皆泊三賢閣下，舟中人之黠者往往盜院中物，道士得其故，逐之。江北人怒，糾衆與道士角。道士精拳勇，善競走，一騰躍間，數十人俱顛撲，衆無如何，乃解維去。越一載，道士方倚扉閒眺，忽見水次來一小舟，已近岸，道士叱之。艙中突出一少婦，年二十餘，貌中姿，雙趺纖瘦，手指道士慢罵。道士怒甚，勢將用武，婦忽躍起，以雙足擬道士肩，道士接而擲之艦首。婦既踣，默不一語，掉舟竟去。二年後，閣下又有一舟來泊，道士知爲江北船也，又叱之。中一女郎出，年可十五六，貌美麗，身材嬝娜，弱不勝衣，其雙鈎較前婦益瘦削，見道士亦躍登其肩。道士念此易與耳，思更擲之。手甫舉，覺來勢猛捷，一瞥眼間，足趾已及肩窩。道士知受傷重，卽逃歸，女亦不追，一躍登舟，揚帆自去。道士令徒輩解衣視之，見足趾所着處傷痕暈黑如墨，旋死。自是以後，奉官命禁止江北船泊三賢閣，著爲例。

## 劉千斤行及奔馬

寧國劉千斤多力，能運四十斤鐵錐，故名。貌魁梧，行及奔馬，日可五百里。嘗仰天而歎，里有寧某過之，曰：「孺子何歎？」曰：「吾負奇技於天下，而食不飽，故歎耳。」寧曰：「孰使若負奇技者。然志在一飽是不難，亦聞有劉將軍乎？」千斤曰：「聞之。」寧曰：「此吾故人，好奇士，其幕有十友，皆天下之至勇。近亡其一，孺子可往也。」千斤遂以寧之介紹書見劉。劉閱其技，謂可作第十人。千斤自以天下之豪無出其右，今乃作第十人，頗怏怏。

劉治宴定坐次，千斤居末，視第一坐爲一白晳少年，柔弱如處女，陰念曰：「此書生不能勝匹雛者，叱之可倒，烏足以言至勇？」意愈不平。值烽火起，劉厲兵以待將戰，軍門戒嚴，無敢動。少年乘小駒出千斤前，語曰：「將軍戰，當以子爲前驅。君姑待，視電光所指，乃摧拉之。」千斤訝其言。兵接，少年突圍，果見電光長丈餘，繞敵軍，譟而進，潰其師。千斤十盪十決皆如意，斬首以百數，獻馘至劉前。劉坐帳上，方與少年弈，大駭，方知爲非常人。飽食年餘，忽軍中傳少年遁去，遺一書，中無所云，書項羽垓下歌，將軍惡之。數日軍覆，將軍歿於陣，千斤倖以身免，以爲天下無復有用之者，歸鄉里爲老農。康熙間，人尚見之，年八十餘。退讓不類武夫，間談及往事，輒欷歔流涕，謂人曰：「天下清平，諸君無尚勇也。」

## 秦光甫手出大車

沈邱秦光甫，偉丈夫也，有僑狄之長，其足尺有四寸。嘗入市，遇有駕三牛之大車陷泥淖中不能出，御者知其擔稭之可四十捆，而絶有力也，哀之，則脱三牛於軛，徒手出其車。康熙乙卯，安親王伐吳三桂，求武士，或薦之，遂爲稗將。以軀幹肥碩，驢馬之健者不能勝載，刀矛入其手輕慓不能用，王乃爲鑄三十斤之鐵鎗，並以駝爲其坐騎焉。

## 僧定因用鐵鈀

康熙庚辛間，泉州有僧定因者，膂力絶人，精拳棍，弟子數百人。每遠行，輒煑米數斗盡食之，途中可數日不食。時漳州有虎，食人畜無算，太守必欲殪之，集兵丁持械往，虎負嵎眈眈，無敢近者。定因適以事至，衆望見之，譟曰：「事濟矣。」羣走告之。定因曰：「殺虎，易耳。顧須鐵鈀五十斤者乃足制之。」遍擇無當意者，一纔十五六斤，曰：「此稍可用，然恐鈀折，不能制其死，須命弟子持槍同行。」未至十步外，虎怒，騰起數丈，直撲定因者三。定因待虎撲落未起時，急以鈀擊虎首，虎哮吼，鈀折，弟子直以鎗刺之，自喉達尻，虎立斃。官重賞之，曰：「吾爲民除害耳，非求賞也。」不受而去。時鄭成功方據臺灣，定因弟子精拳勇者多渡海從之。或勸定因往，定因曰：「老僧閒散久矣，此諸少年事也。且吾在此，爲之訓練勇士，所得顧不多耶？」

## 宋牧仲精騎射

宋牧仲尚書犖精騎射，百步穿鼓子，百發百中。十歲隨其父文康公於喜峯口，飛騎逐黑白兔，至塞外，得兔而返。判黄州時，率健卒出獵，一日射三虎，後連殺十餘虎，黄州遂無虎患。

## 姚啓聖全家武勇

會稽姚尚書啓聖，生而倜儻，以豪聞。甫冠，以諸生遊通州，得權知州事，杖土豪，殺之。尋棄官去。遊蕭山，遇二健兒掠二女子行，有老父隨之哭，持牽洶洶。姚怒，奪佩刀殺二健兒，縱女去。乃亡命，隸漢軍。康熙辛酉，平臺一役功獨多。夫人何氏亦絶有力，舉石臼如無物，姚奇之，娶焉。長子儀，雄偉與尚書埒。嘗驅駟馬駕奔車，自後掣之，馬爲之却。挽強弓百步外，可洞四札。人望見前鋒，曰：「此姚公子旗也。」以功授知縣，擢部郎，出知開封府。聖祖諭以京堂用，自請効力從戎，改總兵，終雲南鶴慶總兵官。國朝文臣自請改武自此始。

## 沈學仙以摺扇卻盜

康、雍間，有沈學仙者，生平慕項學仙之爲人，以學仙自號，兩人居相比，膂力又相亞。而沈獨文弱如書生，有犯之者，輒趨避恐後，故人莫知其技。一夕，舟泊洞庭，時際秋仲，月色水光，交相映射。上流忽來二巨艦，人語嘈雜，門窗深閉，離二丈許，亦繫纜。沈見之，戒舟子曰：「此盜艦也，毋酣睡，試觀其變。」三更，盜果麕至，沈起，以摺疊扇揮之，且曰：「行篋無長物，毋徒勞，不堪持贈也。」言未畢，盜盡仆，沈一一叱之去。盜或不能起，則擲之岸上。旋脫衣而卧，迨天明，盜艦已不知所往。

## 馬和尚屈鐵擔

年羹堯幕中有江寧嚴星標、常熟徐芝仙二叟，雍正癸卯，從年征青海，旋以年驕抗，恐爲所累，辭歸，年厚贈金送還。宿蒲州，有兩騎客來，狀彪猛，心悸之。又逢二僧，皆獷黠少年，二叟益懼，不敢按站行，十餘里即宿。僧來，揚其目而視之曰：「我疑若，書生也，乃亦盜耶？橐內赤金二千從何來？」嚴、徐駭曰：「財必爲盜而後得耶？朋友贈，何妨？」僧曰：「若然，二君必年大將軍客也。」曰：「然。」曰：「幾殺好人。」起，挾女尼走東廂。抵暮，兩騎客亦來，解鞍宿西舍。入夜，嚴、徐閉門卧，僧獨步簷外，嘖嘖曰：「好馬，好馬。」亡何，兩騎客去，僧闖然叩門。嚴窘，挺身出曰：「事至此，尚何言？行李頭顱，都可將去。」僧笑曰：「我不殺汝，先去之兩騎客，乃殺汝者也。」詰其故，曰：「凡緑林豪測客囊，皆視馬蹄塵。兩盜，雛耳，雖相伺而眼眯，誤赤金爲錢鎦，故不值一下手。然非我在此，二君殆矣。」問僧何來，曰：「余亦從年大將軍處來也。今將赴中州，行經此，苦無馬，逢兩盜騎善，故奪之。」因拉嚴、徐出，視廐，則已將盜所肩鐵擔屈而圓之，束二馬首於内矣。言畢，挾女尼牽馬拱手作别曰：「二君有戒心，可南去，毋憂也。」越三十餘年，嚴之孫用晦過河南登封縣，遇少林僧，論拳法，曰：「雍正中有異僧來，傳技尤精。後總督田文鏡嚴禁，僧轉授永泰寺環師，及環師之亡，其徒曰惠來者能傳其術。」用晦心知其大父所遇之僧即馬和尚，環師者即僧所匿之金環妓也。

## 段七與顛和尚混戰

雍正時，石門有段七者，以拳勇聞。妹名珠，從之學，年十六七時藝更過於七，顧韶麗秀媚，見者不知其能武也。七常以事往豫，日暮投僧寺止宿，一僧出迎曰：「師他出，不留客也。」七曰：「一宵何妨？段七非盜賊，何拒之甚也？」僧曰：「爾段七與？師恆言段七武勇，爾即是耶？爾既爲段七，今晚宿此，當與我輩一角。」七曰：「諾。」夜共僧飯。僧三十餘，七問貴師何名，僧曰：「顛和尚。」七夙聞顛名，思其技出己上，其徒必不弱，三十餘人，恐非一己所能勝，忽生一計，語僧曰：「混戰，可乎？」僧曰：「何謂混戰？」七曰：「混戰者，地鋪石灰，猝滅火，暗中互相撲鬬，或撕碎衣服，或顛仆在地，口號一聲，彼此即罷手，然後驗衣服之破碎、石灰之有無以爲勝負。」衆應曰：「甚妙。」飯後，引至一殿，衆鋪石灰如法。時值月晦，且陰雨，火滅後黑暗不見手掌，半晌鬬息，三十餘僧無不身沾石灰，衣服破碎，七則點灰不染，寸絲未裂。明日，七去，顛回，僧言七之勇，並述昨日鬬狀。顛入殿視之，笑曰：「爾輩受其愚矣。試看梁上之塵，何以有手指印也？」蓋七乘火滅，即躍上屋梁，俟鬬息始下。衆仰視，果然。顛曰：「此辱不可不報也。」閒二年，顛訪七於石門，七適不在家，妹在樓上應之。顛和尚曰：「往年爾兄訪我，適他出，爾兄與我徒滅燭混戰。今日我訪爾兄，爾兄亦他出，夜閒亦滅燭與爾混戰，豈不勝與乃兄鬬耶？」珠知詎己，大怒，自樓躍下，以鞋尖蹴顛之兩太陽穴，洞入寸餘，目珠突出而死。

## 僧大嵒膂力過人

雍正閒，蜀僧大嵒膂力過人，年四十，黥其身，自頂至腹爲一串肉菩提子。自置鐵香爐一，燭臺二，重百數十斤，一肩擔之。遇里閈不平事，輒挺身解圍，四方勇士投贈金帛無算。大將軍岳鍾琪深賞之，大嵒欲往江南，將軍給札十通，所過舟車行驢迎送不絕。

大嵒不識字，而供奉倉頡聖像，及去蜀，迎像於舟，鐵香爐、燭臺亦載之行。居天台山十年，移揚州天寧寺，愛天心墩繹經臺，遂卽其址爲倉聖殿。其旁有吳園，荒亭花樹，整而新之，復華嚴堂，建山門於姜家墩路西，門內層折石級上，二山門額曰「樂善菴」。然自來是菴漸富，技勇亦疎。里有武生三人，一曰魏五，善騎射，通馬語，狼山總兵閱兵過揚州營，時營馬齊鳴，魏謂人曰：「三月後總戎當死。」已而果然。一曰張飲源，善雙刀。一曰薛三，能挽五十石弓。人稱之爲魏馬、張刀、薛硬弓。時與大嵒談藝，常不及，而受其睚眦，由是怨之，逡巡二十年。一日，薛至菴，擎鐵鑪擲之，大嵒接以手，薛嘔血死。數日

後張來，又與之鬭，亦不能勝。魏五曰：「是非陰謀不能得也。」大嵒多癬疥，日必入浴池浴，魏俟其入，

乘不備，踣而毆之。大嵒膝斷，勇漸退，後死於菴。

## 秋紅使鐵丸

雍正間，浙江學使蔡仕舢尚氣節，總督李衛雅敬之，遇事必與商摧。時總河朱藻與李聲氣相持，各不肯下，李欲伺隙中傷之。會蔡任滿歸京，贈李一婢曰秋紅，能捷走，如猿猱，爲李探訪陰事。嘗勸李和輯上下，勿近名，李不聽，果敗。秋紅後爲山左豪家侍妾。主知有異術，令押銀馱至江南，路有犯者，即中標槍斃。手常使鐵丸抛擊如飛。人見其密藏一畫軸，有紅眼獸白毛茸茸然。或云白猿公，劍術之祖也，所祀毋乃是歟？

## 智海擲銅錢

環秀菴在無錫北關之蓉湖尖，司香火者爲僧智海，即年羹堯部下之材官也。材官非勇者不得與，而智海實爲其曹偶長。及年敗，散之四方，往往走江湖，爲商旅護行，作鏢客。惟智海爲僧，不與俱，以自別於儕輩。而儕輩護貲貨行，不殊水陸，舟若車，輒插幟以旌，既知智海爲僧是菴，載舟出其地，無敢不下幟以示敬者。一日，日將夕，有鏢者舟過此，其人非智海徒，不知下幟，智海登小樓見之，取銅錢一擲舟中燈，中之，熄其火。鏢者大驚，止舟登岸謝，智海笑曰：「老僧與子戲耳。」鏢者則言曰：「師戲，小

子心膽墮矣。」智海慰遣之去。

智海既應無錫鄒翁招居環秀菴，鄒氏子姓乃多請受業爲弟子。初，鄒氏子姓居蓉湖尖者世業售窰器，百廛鱗次，望衡接宇，皆窰器店也，故土稱其地曰缸尖。尖濱運河，每歲運漕艘出其地者以千計，爭購窰器販他方，歲贏利不下萬金，鄒氏業此致富者不可以計算。惟漕卒性蠻橫，往往有意滋事，鄒氏子姓得智海傳者既多，輒亦有以制之。嘗有漕卒登岸購貨，雙手擎五石缸置計櫃，缸巨，重數百斤，微得五六壯夫者不得舉，而卒取攜如桉盂然。詢夥曰：「此缸值幾何？」夥應曰幾何。卒怒曰：「此缸有疵，價乃昂如許，予不欲購矣。」憤，捨缸計櫃去，聲隆然，壓櫃幾碎。內一人出，擎缸如卒，呼曰：「客來客來，疵在何所？客示予。」卒猝無以應。其人乃曰：「客不能言疵所在，又惡值昂，予亦不售客矣。」擎缸躍櫃出，仍置原處，卒懾不敢肆。其人卒智海弟子也。

## 楚二技精力大

無錫環秀菴僧人智海之徒黨甚衆，而尤以楚二爲最著。楚技精而力大，其家在無錫北鄉之前洲。嘗偕友入城，適邑城隍廟演劇，其友欲往觀，恐衆擁擠，不入。楚曰：「無害，吾翼子往。」至，則推其友在前，張兩臂居後爲衛，觀者雜進擠楚，屹不動。終劇人散，友視楚足踐所履磚，陷入地深没脛矣。楚叢髯没頤，故人亦謂之楚二鬍子。後傳弟子顧三嬤嬤，再傳而爲鄒蕙塘。蕙塘，或謂即年羹堯女所出也。

## 甘鳳池拳勇

雍、乾時，武勇之士最著者爲江寧甘鳳池。鳳池具絕大神力，於拳法，通內外二家祕奥，以故莫與敵。偶出行，見二牛鬬於路，勢洶洶，不可近，乃以手徐推之，兩牛皆陷入田中數尺，展轉不能出。牛主固求鳳池爲之出，鳳池復提出之。夏日被酒，行至嶺上，倦憩於山石。忽腥風驟起，林木怒號，有白額虎自林間躍出，直撲鳳池。鳳池舉臂迎擊，僅一拳，虎已涔涔血出而斃。

汴有無賴子，多勇力，見富家圉人牽馬出，曰：「此馬甚高大，暫借吾乘之。」圉人曰：「此馬善踢人，勿輕近。」無賴曰：「如吾者，乃畏馬踢耶？」直牽之，果被馬踢而傷股。亟起，告其師胡某，胡至富家，索醫金。富人曰：「彼自乘吾馬，馬自怒踢之。」胡曰：「然則罪在馬，不給醫金，當踢汝之馬。」富人見其強悍，知不可理喻，曰：「此任汝。」胡踢馬股，馬果亦受傷，遂揚揚自得。適報鳳池至，富人喜，亟延入，因謂胡曰：「汝踢馬股，不爲勇，能踢甘老爺腎囊，吾始服汝矣。」具以前事語鳳池，鳳池曰：「吾與彼無仇，何必然？」胡亦曰：「吾與彼無仇，何必然！」富人激之曰：「甘老爺如許汝，汝敢踢之乎？」胡雖聞鳳池名，遂曰：「彼見允，吾焉有不敢？」富人固請，鳳池笑允之。於是奮衣當階立，胡果怒踢，鳳池毫不覺，而胡仰跌於地，大呼痛不止，須臾，股腫如斗矣。鳳池曰：「此乃汝自願，不得怨吾。但汝受傷已深，吾出藥與汝服，靜養兩月當愈。」由是胡某師弟不敢爲橫暴，而鳳池之名益著。

鳳池嘗寓太倉張氏，時梅花盛開，衆酌酒讌賞，求獻技，則曰：「諸君皆文士，奚用武爲？無已，作落梅之戲何如？」使人暗誌花朵，索棉花一團，摘少許，圓如鈕大，立百步外擲之，梅朵朵墜，無稍差。

鳳池嘗游濟寧，有李公子者，其地之豪族，且高手也。知其至，盛筵招飲，初見相揖，鳳池方折腰，李揖之還，於其低首時，以一足由其頭上閃過。鳳池若不覺者，周旋而退，李方笑其徒負虛名，而自詡也。鳳池旋遣人送一紙裹至，啓之，見寸許大青白綢二小塊，再四思索，忽悟己所衣夾袍亦此二色，急視之，襠穿一洞。蓋李舉足時，鳳池已手撮其襠矣。李遂款留之，請受業焉。

鳳池徧游全國，未遇其敵，或曰尚係第七手也，第一手爲日食人腦三枚之僧也。

## 僧運大鐵杖

雍、乾間，與甘鳳池同時善技擊者九人，第一手爲僧，第十手爲白太官。太官藝不及人，而能騰踔空中。九人者，以僧淫兇已極，鄉里備受荼毒，思除其害，約日共往。僧卽日食人腦三枚者也，亦不懼，持大鐵杖重三四百斤，運動如飛。衆悉力接戰，鬬方酣，不防太官自空中飛下，直劈其首，自頂至項，析爲半，猶苦鬬半時也。

## 白太官誤死其兒

白太官騰踔空中，一躍可數十丈，然性刻，忌勝己。出門數載歸，將及家，途見一稚兒年不盈十歲，堅握小拳，猛擊道旁人家石獅，火星爆射者數尺。太官心駭之，曰：「此兒幼小如此，長大不可制矣。」遂與之角。小兒不勝，創且死，大號曰：「吾父白太官何不歸，兒被人毆死矣。」太官大驚，然創重，無能救，泣負其尸而歸。其婦怒詬曰：「虎豹不食子，若乃過於虎耶？」

## 金飛以劍斫豆

雍、乾間，蜀有劍客金飛，學於甘隴，得不傳之祕。既歸蜀，開門授徒，至者千人，惟授鍊目鍊臂之法，日一審視，課其勤惰而已。三年，徒皆怨，紛紛且散，留者僅數十人，亦疑師之無技也，請試以示。飛令各握豆盈把，塗以朱墨，擲之，飛斫以劍，豆盡而身無痕，乃命拾豆視之，豆皆著劍痕，於是始服其術之工也。爭請益，飛曰：「此豈可躐進者？汝曹腕力未靈，目光未聚，雖教汝，不能爲也。」衆力請，乃授以蛺蝶雙飛勢。衆試之，疾，則人劍相糾而傷；徐，則人劍相妨而滯，知不可猝就也，乃去。飛歎曰：「千古奇術，豈絕於斯耶？吾得之，豈可輕棄。」乃衍劍術爲八母、九勢、七十二步、三百五十手，精思三月乃成書，藏之小閣。

飛之鄰有秀才鄭樹者，亦稍學武，慕飛術，納交焉，乃請學劍，飛仍以教諸弟子者教之。樹受教不懈，三年終不變，飛乃以劍術授之。月餘，飛自郊外來，遙見城闕有鬬者，勇捷特甚，馬上矚之，樹也。策騎自他道返，由是疎樹。樹偵知其故，度飛必不更授，亦不復至。數日後，飛他出，樹復來，不遇而去。是日飛歸，檢閣上書，亡矣，怒，往招樹，樹不知所往。蓋已挈飛書匿山中讀之矣，年餘盡究其技，遂去之京、津。

京、津旱道多伏莽，樹挾技遊其間，要挾婪索，無所不至，有不順者，劍戕之乃已。羣盜皆惡之，欲害樹，而樹蹻捷甚，往來如風，倉猝不可近。嘗宿妓家，伏盜自牀下出，砍以刀，不中，中妓，妓殪而樹已破屋騰去。明日，三盜方飲肆中，忽有刀自窗入，斷一人頭，則卽前宵牀下人也。

居京、津十數年而南歸，過濟南，見一婦人年近四十，攜幼女甫十三四，操南音。女立廣場中，把劍舞，作種種形式。婦號於衆曰：「妾不幸，夫死，隻身無所依，不得已，攜幼女走天涯，將以此技爲吾女求雀屏之選。諸君能垂青者，幸當場一試好男兒身手，何如？」樹視女美，而繞場觀者多人，皆莫敢前，乃橫劍入。往還數合，婦忽呼曰：「止，君技不凡，奈何不通姓名耶？」樹以告。婦曰：「鄭君耶，若爾，此地非角技所，東城後有隙地，明日盍往一較。」樹見其技非勁敵，且疑有意，卽應曰：「諾。」明日，結束卽往，女已先在，一縱劍，乃非昨比。樹悉技禦之，差得相當，良久，氣急汗如雨。女迫益緊，方著力，忽人叢中一叟呼曰：「妙哉劍乎！」叟者，金飛也。樹一聞其聲，略錯愕，女劍下，右腕解矣。旋見武士數十，各操刀奔而前，爭呼曰：「報仇報仇。」樹知不得免。叟前，向衆拱揖曰：「承諸君命，已折之矣，幸恕之。」樹見叟愧甚，叟更爲傅以藥，創愈，竟不死。尋始知樹去後，飛納妾生女，羣盜既久怨樹，訪得飛，招以制之。妾若女，亦皆具絶技也。樹所盜書，飛復搜以去。

## 逵某足踼拳打

六合逵某，雍、乾時人，以拳勇與甘鳳池齊名。會邑中來一拳師鬻藝於市，場中豎旗一，大書曰：

「足踢黃河兩岸，拳打南北二京。」達思敗之，而慮不勝，乃密計以綾爲襪而着靴，靴亦以綾爲之。既往，求較藝，其人拳法精甚，竟不得間。移時，達騰一足去，其人接之以手，達亟收足，則綾襪著於綾靴，足滑出，僅空靴在其人手中。還足一踢，而其人死矣，由是名益噪。

達嘗乘馬出山東道，遇一小兒輩少婦行其前，少婦叱兒曰：「達爺來矣，胡不趣讓？」兒隨手以車端起，移避路旁，達大驚異。比暮，宿茅店，其主人出，卽晝中所遇少婦也，各默會不言。翌晨，達取錢償店值，數錢桌上，以手按覆，錢皆嵌入桌中。少婦前，以手掌拍案，錢皆迸出，徐取而一一數入竹筒，則皆立釘於筒底矣，達大服而去。

達在山東爲捕十餘年，後以盲歸里。嘗自云奉命至某寨捕盜，寨之前峭壁雙峙，僅一谷可通，谷中守猘犬百頭，入者無幸。乃縱連環步，以掌擊殺九十餘頭，餘始散去。復前進，見石級百數十矗其前，最高處有人相招，達聳身上，則寨中人已設筵相待矣。席次進肴，皆以匕首，卽受之以口，而斷其刃。更進糕，糕裹鐵釘無數，則啣糕而噴之壁，釘皆著壁上。主席乃首肯，命廚下火夫隨去覆命。達無奈，從之。自後門出，後門以石爲之，重可千觔，所謂火夫者，以雙手取移，達乃得過。既覆命，遂自將兩目揉盲，不敢再執此役矣。顧威名猶震於鄉里。一日，偕其幼姪至城外茶肆品茗，聞道上有鈴鐸聲，命其姪出視，曰：「若但向驅騾人乞其鞭，可耳，他勿受也。」姪如言，驅騾人怒曰：「若何人？」曰：「吾達某姪也。」驚曰：「達某猶在乎？吾固願見。」姪乃導見達，談移時，語多不能解。別時，解背上草履一贈達。既去，解視之，則草履中瑟瑟者皆金葉，驅騾人蓋大盜也。

## 高宗習射

乾隆初，高宗每月朝孝聖后於暢春園者九，因於討源書室聽政。己巳秋，上習射苑門側，發二十矢，中者十九，侍班諸臣無不悦服。齊召南曾紀以詩，上賜和其韻，卽命鐫諸壁上，以示武焉。

## 漢文臣射鹿

每歲射布靶時，漢文臣有能射者亦許與及，特賜花翎以旌之。趙謙士侍郎每歲貫侯，屢爲文員冠，高宗甚嘉之。戴文端公衢亨任修撰時，隨從木蘭，射鹿以獻，高宗大悦，曾賦天章以紀焉。惟江畹香中丞蘭甫彎弓，其韘忽壞，弓矢盡落於地，上大笑，時謂之江三丢。

## 虎槍處將校遮頭槍

選各營將校精鋭者習虎槍，此定例也。上巡狩日任導引，大獵時，其部長率有技勇者十人，入深林密箐中覓虎蹤跡，列槍以伺。虎躍至猛，先以槍刺其胸，仆之，謂之遮頭槍，然後羣搶攢刺。其中頭槍者賞賚優渥。高宗朝，凡殺虎爲虎嚙斃及被創者，照軍營殉難受傷例賜卹。

## 善撲營兵角觝

選八旗精練勇士爲角觝之戲，名善撲營。凡大燕享，皆呈其伎。或與藩部之角觝者較優劣，勝者賜茶繒以旌之。高宗最喜其伎。著名者爲大五格海秀，其名皆上所呼。有自士卒拔至專閫者，以其勇鷙有素也。和珅當軸，令巡捕營將士亦選是伎，及文遠皋金吾寧蒞任，奏罷之。

## 河卒角觝

河督顧琮所部河上兵卒，皆文弱少年，教以兵法技藝。嘗與李敏達公衛遇，李素以知兵自負，其親隨率關西壯偉之士，笑謂顧曰：「若此，何以禦敵？」顧笑曰：「狄武襄以少俊爲西夏所輕，故製滲金面具，接戰輒多奇捷，安用外貌偉哉？」命與角觝，李兵應聲而倒，李慙而謝之。

## 汪瑚曳三十餘人從水中行

宜都汪瑚，幼時賣菜爲業，晨興，輒荷擔寄蕭寺，疾走還家，而後鬻菜於市。寺僧訊之，爲市餅餌啖母也。僧曰：「孝哉！孺子可教。」於是教以技擊、丁甲、壬遁諸祕術。及術成，嘗乘舟渡河，笠爲風落水，汪踏水而取之。

有舅氏宦成而歸，富甲鄉里，汪往省，見急裝客徘徊門外，汪曰：「此非孔道，客殆爲舅來耶？」舅恐，問計，汪難之。舅曰：「甥能識客，必能禦客，毋辭。」汪不得已，應之，曰：「此特偵者耳，後當大至。可備白金千，盛筵二，至時，烹茗待之。」後三夕，閉從者於室，舅從隙瞷汪。時夜將半，汪獨在中庭，忽一人自空而下，汪呼茗，茗自牖出，已而纍纍者十餘人相繼下，汪連呼茗，舉箯向牖，茗置於箯，累十餘椀不墜，因徧餉客。汪曰：「公等來，僕已喻指。顧主人非他，僕舅也，僕非他，某師弟子也。雖然，主人已治具餉客，且奉千金爲壽。」衆唯唯，飲食既，取金去。蓋素讋服某寺僧，而隱知有汪者也。由是舅大寵異之，爲納粟作令，數歲，解組歸，遂閉門謝客。

乾隆初，汪年踰六十矣。川督某眷屬道出宜都，被盜喪重貲，污其婦女，督聞之，大怒，檄縣令剋期捕盜，否則罪。令惶懼，計無所出，或謂汪可辦盜，乃急踵門求汪。汪始託辭他出，既而察令爲廉吏，卒許之，語令曰：「此去入蜀境，巫山中羣盜在焉。請具大舶在彼俟我。」汪乃乘小舟晝夜達，則巍峯峻嶺中，羣盜結砦自衛。汪上及半阪，遇邏者，大呼曰：「速告爾酋，汪瑚來也。」盜魁聞之，跪迓於砦口，請曰：「茲事重大，願公終貸此三十餘人。」汪曰：「攫不義金，本不足問，淫惡者不可宥也。」羣盜意汪隻身來，可攢斃之，方動念，手足已如縶，乃皆大驚異失色。魁曰：「止。」汪徐徐出袖中緶，悉綰之而去。還至水次，汪先登小舟，繫三十餘人於舟尾，曳之。從水中行，過大舶，始加桎梏，遂按治如律。

## 金陵樵者能神行

静安舒四，長好拳勇，閱數師矣，顧自謂不善，去之金陵，登甘鳳池之門而學焉，居數年，略盡其技。一日，甘率諸徒游於市，舒與焉。樵者負薪過，誤裂徒某衣，樵惶恐謝過，甘怒，摑其面。樵愠曰：「誤而謝焉，亦足矣，何遽摑我？」甘以己平素摑人無不仆者，樵乃不仆，且抗言，愈怒，遂拳之。手未及樵，反仆，其徒皆駭，相顧莫敢近。樵責讓數言，徐徐負薪去。

舒異而潛尾之，出城數里，有荒村，茅屋一區，樵者入焉。舒拜於門外，乞爲弟子。樵反顧，訝曰：「子何爲者？」舒曰：「公適所仆者，吾師也。知公神勇，故舍而從公，請爲弟子。」樵辭以無能，徑入不出。舒徘徊門外，詢其隣，隣曰：「是不久徙此，莫知姓名。有母焉，老矣。日給於樵，甚孝也。」舒遂歸，旦日復往，伺樵既出，登堂拜其母，出百金爲壽。母大詫，不肯納，舒具陳己意，欲母語樵，使卒爲弟子。母許之。樵歸，得母命，且感其誠意，謂舒曰：「苟有薄長，敢不以相授？然請兄我，毋師我。」舒從之。樵引至屋後，有石坡甚峻，軌轍如繩，下有鐙，重三四百斤，使舒掇之，僅能舉。樵以足蹴鐙轆而上，及於坡頂，復轆於下，又蹴之，如是者十數，無困色，曰：「筋力久弛，聊以當運甓耳。」飲舒以藥，使日習之，久而能焉。遂教以練形攝氣之法，周身如鐵，巨梃撲之，皆反躍。以腹貼牆壁及梁柱，能行而不墜。積數年，乃辭歸，賣槳豫章城，遇人謙謹，若無能者。或言舒若無敵矣，聞者多不信，羣不逞詣之，請與角。舒謝曰：「諸公皆壯士，予何能？」請不已，乃曰：「雖嘗學之，然甚劣，竊欲博觀諸公技勇，使習而進焉，幸甚。」衆許之，相與之野外，各呈其能。舒觀而哂曰：「甚善。」衆欲試舒，舒曰：「若欲試我者，則毆我。」一少年應聲毆之，甫引拳，忽反撲，少年羞怒，出鐵杵悉力擊之，舒挾持其杵，作色曰：「大惡作劇，是欲死我乎？」乃弛衣裸而立，曰：「來，來。共攻我，我不畏。」於是手足器械交至如雨，舒屹然受之，衆紛紛顛躓，黠者乘虛力擊其外腎，如擊石焉，衆始懼，羅拜，請長其曹，乞勿揚於人，以敗其譽。舒笑曰：「吾以自娛耳，豈欲與諸君競短長哉？幸毋慮此。」衆益服其量，由是舒名噪一時。嘗曰：「吾能氣行耳。樵乃能神行，不可及也。」樵蓋秦人，嘗爲盜，已乃改行，變姓名，遁居金陵，奉其母終身。

## 飛蝴蝶善走

飛蝴蝶，乾隆時大盜也。善走，往來飄倏，人莫測其蹤跡，故以飛蝴蝶名之，當時江湖大盜無出其右者。王老虎，捕役也，力能舉數千斤，精武藝，以善舞鐵鞭聞，飛懾之。時大內失玉環，牒捕甚急，偵者知爲飛所竊，然莫敢誰何，官吏令王追之。飛知事急，逃至瓊州島，傭於僧寺爲伙夫，人不知其爲飛也。有石生，讀書其中，偶散步郊外，見其以巨擔擔水，遠望之，擔齊於耳，非以肩承之者，至近，則仍著於肩，心惑之。初以爲目眩也，於是日往偵之，皆如是，知非目眩也。一日，先伏井旁伺之，見其來，伏手向井一捺，復桶傾之，水隨手出，注滿桶中，然後置肩上，即懸與耳齊。潛蹤之，至寺門，則又著於肩。生知爲異人，次日，乃具酒食邀之。食有間，徐謂之曰：「子何技之神耶？汲水不以繩，擔水不以肩，子盍以教我乎？」飛遽失色，曰：「子偵知之乎？」生曰：「然，非一日矣。」曰：「實告君，我飛蝴蝶也。君請無洩，否則死無地矣。」生力矢不洩，且堅請受教。飛曰：「吾老矣，不能授汝，且捕者將至，欲轉至他處。子，富貴中人也，學之何爲？」生力請不已，曰：「無已，吾之技盡傳吾女，子願壻我，當以女妻汝，可授汝以技也。」生諾之。於是出一卷書授生，曰：「讀此，則吾畢生之技胥於是可得。」生安之，日讀其書，暇則請益於飛。又月餘矣，一日，忽謂生曰：「王老虎不日將至此。」生詰之曰：「何以知之？」曰：「吾昨晚於廣州市上見之，吾欲行矣，尚當與老虎一試也，子可爲我備大錢數十枚。」生從之。飛乃以錢橫疊之，成二串。又三日，謂生曰：「今晚王當至，子可伏於暗處窺之。吾去後，當使吾女至也。」生諾。夜三更，月明如晝，飛促生起曰：「王至矣，汝潛窺之。」生起，飛乃闢寺門，一手執錢一串，貼身於寺門牆上。無何，見一老者偕一少年踏月而至，將及寺門，飛以兩手作翅形，向上一閃，於是騰起空中數丈。老者見之，以鞭向空擲去，鞭及跨下，以兩足鉗之，隨墮於地。少年向前欲執，老者止之，不聽，乃以兩手捺飛兩足趾。須臾，飛忽騰空而去，砉然一聲，少年手中尚捺住鞋底一兩，乃與老者太息而去。生住月餘，果有女郎來訪，偕住數日，遂同返廣州。生後舉孝廉，亦未嘗以技聞，生一子，能傳母業。

## 打人王被擲於甘鳳池

打人王，泰州黄橋農家子，膂力絶倫，能飛身踰重屋，履數丈官河若平地，屐不沾溼。好勇者與鬬多被創，遠近震其名，遂真以爲天下無與敵矣。然拳法無師傳，性又戇，不可以情理喻，識者不屑與之搏也。甘鳳池以拳勇聞江湖間，一日，過黄橋，行囊告乏，售技於市東，觀者雲集。王聞之大憤，黎明，奔甘寓，叱曰：「何物狂奴，目無餘子，獨不聞黄橋有打人王耶？」甘曰：「初經上國，實出不知，乞宥疏忽。」王不答，遽觸以首，甘退身避，且曰：「窮途行乞，非得已也，容竭誠負荆，可乎？」王摇首，復力觸之，甘猶退讓。既見觸不已，乃腹禦之，徐曰：「得罪得罪。」王踉蹌，踣敗牆側，牆壞，顛糞窖中，力掙，乃得出，抱首遁。晌午，見一四十許人鬢髮如蝟，持酒榼入門，問姓名，則王之兄也。甘大駭，疑必負絶技爲其弟報復者，聳身躍數十步外俟之。其兄笑曰：「勿爾，予非角力者。劣弟屢戒勿悛，今受創，始知天下尚有偉人，從此當不敢萌故智矣。今特以斗酒酬大德也。」甘始釋然，與爲禮。明日，詣其家謝罪，王慚弗見。

## 周振國膂力過人

思州千總周振國膂力過人，能負五百斤之物。脅有六骨。嘗遇虎，張口欲噬，周以兩手力開其頤領使不得合，乃令兵卒猛戳其臀孔而斃，背負以歸，且行且歌，略不喘息也。

## 戚某爲力所苦

戚某，乾隆時人，河間農家子也。幼尫弱，與羣兒戲，恆不勝，恨之，乃鋭意習武。河間故多劍客，得間，輒從之游，及壯，遂以拳勇聞。

一日，戚過遊方僧手鉢乞食，揚臂過之，觸鉢墜地，反罵僧無目犯行客，不知趨避，僧微笑不答。怒擊之，僧不動，自仆數步外，於是知技未足。詢知僧自少林來，乃走少林，學之數年，以爲成矣。

他日，戚遊塞外，見有徒手格熊者，皆應手斷頭折脅，訝之，試與角，乃被提擲澗中。歸復遊少林，問於師，師曰：「凡力，有人有天，吾教子鍊力至千數百斤，人術盡矣。若有過此者，如古稱拔山扛鼎，乃得天獨厚者，非人人所能也。」曰：「若然，則竟無術以處此乎？」曰：「此外有能講求服食鍊氣者，宜可更進，然非吾所知也。子欲求之，當遍遊名山大澤，或一遇異人耳。」戚於是決然去，先遊於襄、漢，下夔巫，歷衡湘九疑，又從羅浮，歷滇、黔，入巴蜀，皆無所得。乃出隴右至甘、涼，聞人言大青山某喇嘛者，曾在内廷，獨與侍衛數十人競技，任意提挈之如嬰兒，稱神力，遂往訪之，具述來意。喇嘛辭不出，謁數次不得見，乃卽寓寺中不去，喇嘛始召入見。喇嘛年耄矣，坐石臺上，髮鬖髿被其肩，皓如銀絲，容古樸，行步蹣跚，如欲仆者。弟子進飲食，挐手接之，狀至漫緩，類有羸疾，戚甚疑焉。喇嘛問來意，具以對。曰：「此細事耳，術至易，然得之，適以自病，不可爲也。吾方悔之，子求之何爲？」戚疑喇嘛故爲大言，乃曰：「弟子千里來此，願得一覩大師龍象之力，並求以相授。大師倘不吝教者，雖死無恨。」喇嘛曰：「汝意決耶，吾邇來枯槁岑寂，守此不動，卽懼以力貽禍之故。汝果獲此，他日雖欲解之，不可得也。」戚矢言不悔。喇嘛乃徐起，環室行數步，所踏磚石皆碎，又以指刺石壁，如以錐畫沙，深且數寸，戚大驚。喇嘛指山下綠草一叢曰：「拔之，服此三七日，雖蛟龍虎豹不足當一揮也。然須慎之，尤宜絶房事，不然，禍不救。」戚取草如法服之，覺通體火出，身手堅壯如鐵石，數日後漸和暢，步以歸。行及陝，偶背癢，引手隔衣搔之，衣頓碎裂如敗紙。乘壯騾行，股稍着力，騾腰斬如剪，不覺大駭。騾夫失騾，挽之索賠，一拂袖，立墜十丈外，衆不敢近，遂去。一日行七八百里，所踐木石輒破裂，食，輒碎器皿，折匕箸。比抵家，衣褲皆盡，心懊甚，知喇嘛言驗矣。叩家門，門牆俱頹，家人駭絶。戚自懲其力，自知爲力所苦，亦不敢與家人近，但遥立，語以故，家人亦惘然。戚夜獨寢一室，偶側身，炕爲之毁。比明，向父母妻子痛哭流涕，辭去，將更乞喇嘛解之，一去數載竟不歸。兒既長，頗知思父，乃求之於大青山中，見戚已披剃爲喇嘛，仍從大喇嘛居。蓋既不能解，又明知塵世不可近也。其子度父不能歸，乃自返。

## 才伯伯精技擊

乾隆時，有才伯伯者，姓馮，年六十餘，龍鍾傴僂，若不勝憊，而故精技擊，勇猛絶倫。里中來一配犯陳三，以腦門髮白，又呼爲白腦門，亦以勇武自詡，藐視馮，積不相能。偶以事口角，馮揮陳仆地，陳銜之愈深。一夕，跡馮出門未歸，伏橋畔伺之。二更後馮還，行抵伏所，陳欻起，提手中鐵尺猛擊之。馮知有人暗算，卽騰一足起，中陳腕，鐵尺脱手飛去數十丈，直墮於某質肆三層更樓瓦上。馮心知爲陳，遥語曰：「黔驢伎倆，欲與而翁角，須更精而藝。」陳聞之，殊憤恨，自歸，閉門習練，無間寒暑。三年，技大精，自謂足以勝馮矣。一日天雨，馮足屐手傘，復托麪一盤，偃蹇度茅橋。適與陳值，疾擊馮，馮擲盤空中，揮陳仆，仍從容接盤過橋去。陳自此不復反矣。

## 唐階元運氣

唐階元者，才伯伯徒也，乾隆時人。年五十許，短小精悍。巨室夜遇盜刦，洶洶數十人，明火執械，將破門入。唐聞之，疾起，一躍登屋，飛瓦擊盜，盜被創，如鳥獸散，因賴以全。唐能運氣，運氣處，有硬塊墳起，如桃核，刀石不能傷。或見其運功時，出利匕首用尖鋒指其喉，使壯健者力拍刀柄，鏗然有聲，旁觀者咸股慄，而唐之喉無恙。

## 張興德用雙刀

少林宗法，以洪家爲剛，孔家爲柔，介於其間者爲俞家，其法甚祕。乾隆初，潁、鳳之間，時有傳者，宿州張興德卽以俞法號專家，尤善雙刀，故有「雙刀張」之稱，亦俠士也。里嘗被火，有友人在火中不得出，張躍而入，直上危樓，挾其人自窗騰出，火燎其鬚髮皆盡，臥月餘始愈。天馬山多狼，數患行旅，張拂刀往伺之，三日獲其九。鄉里子弟豔其技，多從學者，張雖指授，然未嘗盡其技也。

張之徒有鄧某者，以事詣鄰邑，與一少年遘逆旅中，與之語，少年自稱湯姓，笑言甚洽。翼日，鄧歸，又與遇於途，兩人乘騾相先後，復共語，因及張，少年願習拳，於是鄧爲之介紹。少年就學甚勤，顧張則落寞待之，少年時以酒食饗張，並餽諸同學，張間一受之而已。鄧甚不平，嘗因事餂張所以疎之之故，張終不言。少年於學殊猛進，同儕皆不及，數請益，張頗難之，顧少年殊厚於鄧，鄧學技時有未至，少年時從而指點焉。張有健騾，一日走五百里。一夕，少年與鄧談技擊，少年曰：「聞俞派以羅漢拳爲精，然否？」鄧曰：「然，師最精此。」少年曰：「此技第八解第十一手作何形式，吾有疑焉，煩君問之。」鄧曰：「此易事耳。」少年曰：「不然，師善疑，無端問之，必疑而窮其究竟，將不吾答，宜俟其飲酒微酣時，舉以問之。且云外間人議論，謂此解失真已久，今無傳者，此語是否。師倘見告，必審聽之，毋多問以啓其疑。」鄧如言，張醉中侈口答之，鄧以告少年，少年稱謝再三。明日晨起，少年忽失所在，以告張，張頓足曰：「果然，吾所度不謬。」急使視廐中，騾亡矣。張召鄧責曰：「昨何故爲盜偵？」鄧謝實不知。張曰：

「我故疑之，欲徐觀其變，不意乃爲鼠輩先覺。此人必曾爲綿張家手法所困者。彼審知此技惟俞家能破之，而學之不全，故展轉竊取，其情尚可原。惟竊騾以往，有意相陷，則殊可恨。然吾亦度其必爲此也。」亟命鄧速詣州控追，諸弟子以騾行疾，慮不相及，張敦迫曰：「速往速往，不爾，將有禍。」鄧如言行。越日，無消息，張又倩人詣官，請爲追比，衆聞之，皆笑張以鏢師而遇盜，猶不自閟而張之也。

月餘，歸德以緝捕公文至，云有貴官南歸，爲盜戕於野，盡劫貴重物以去，惟遺其騾，騾身有烙印，有識之者，謂張某物也。州官以張控追狀移歸德，張遂得免。因以金取騾歸，聚鄰里爲別，奮曰：「吾走江湖二十年，未嘗失手，今乃敗於豎子，誓必得之，不然者，吾不返矣。」跨騾逕去。張故好交游，江湖豪傑多與往還，年餘，審知少年眞姓名爲畢五，嵩山大盜也。求其巢不得，問山中人，則曰：「舊固有之，春間自燬其巢而去。」張益憤，所過，輒變姓名雜屠沽中，雖所親，亦不覺也。

張有子，絕仁孝，張之出也，年方幼，哭求其父不得，欲往，則其母禁之。年十四，自塾逃，遺書於案，視之，則訣別辭也，言不得父誓不歸。母大驚，或慰之曰：「渠雖年幼，頗習父技，且道途間多與翁相識者，但言翁名，皆可得人提撕。」母心少安，父子杳無消息者復十年。

一日，忽有軍官數人直入村，以馬箠遍叩門户，問張家所在，出張子手書，則已任海州參將，遣人來迎其母也。蓋尋父數年，日以賣技餬口，久之，有識張者，云在南陽，蹤跡之，則又西去，遂展轉至寧夏。一日，方炫技於市，總兵適出，走辟道周，總兵馬上熟視之，遽呼以前。張子驚疑，不知所爲，總兵徐笑曰：「無慮，愛汝年少而有此奇技耳。雖然，猶有未至，吾爲汝指點之。」張子遂從以歸。越數日，求去，以情告。總兵笑曰：「是何難？汝但居此十日，吾令汝見父，且令汝父獲盜，如何？」張子乃留。又數日，總兵使標下守備某告張子，願妻以女，張子不可，曰：「未請命焉。」某笑曰：「若堂堂男子，何迂腐乃爾？實告君，總兵之意，尊翁即在此，但必君娶其女，然後令君得見尊翁耳。」張子乃許之。總兵女頗敦厚溫順，於武技亦稍知一二，云總兵所親教也。越日，總兵將大閱，漏盡，召張子，付以兜鍪鎧甲令著之，更予一錦囊使佩胸前，曰：「今日吾不能不出，然當有異人相刦，彼見爲汝，必驚去，汝急以囊書示之，勿忘勿誤，誤者，汝父不得見矣。」別召心腹四人，擁馬前後。張子身材與總兵相若，時方昧爽，策騎行道中，晨霧模糊，不辨人面。將及校場，忽風聲颯然，霧中一黑影若巨鵰，直撲馬上人，從者大驚，張子已墜騎，視捽己者立釋手，欲轉身去，急呼曰：「勿行勿行，吾爲總兵送信者。」其人取囊中書視之，方躊躇，從人忽呼曰：「張公子不識若父耶？」張子頓悟，急抱持痛哭，視總兵者已於從騎中趨出伏地請罪矣。張至此已無如何，則曳以起曰：「汝智真神矣，吾老匹夫，不意竟墜汝手，已矣何言！」於是父子並轡歸，總兵隆禮以待。尋署張子百夫長。戊寅，回部叛，即使張父子往討平之，總兵盡歸功張子，得海州參將。總兵以曩所學猶未至，亟叩張請益，張掀髯笑曰：「老夫十數年來再敗於君，君之智至矣。區區之勇，尚欲得之，以擅雙絶耶？老夫今固無靳此。」乃悉授之。

## 虬髯漢弄鐵扁拐

某公子，逸其姓名，素奔走某相門。從京師持三千金歸，道遇一僧，貌猙獰，所肩行李有鐵扁拐，光黑而甚重，伺公子信宿，公子初未介意也。會抵一旅舍，公子先驅入，止左廂，僧繼至，就右廂炕上卧。逆旅主人密呼公子告曰：「客從京師來，囊必有重金，否則若奚俱至？」公子始心動，倉皇失措。主人勸公子勿戀金，第飲酒。坐甫定，忽一虬髯漢身長七尺餘，腰大十圍，鬚盡赤，激張如蝟，即座上，擲弓刀，呼酒食甚急，叱咤作雷聲。公子益驚怖，股栗欲仆。髯微顧曰：「君神色俱殊，度有急，盍言之。」公子屏息若瘖，主人乃爲述持金遇僧狀。髯曰：「僧今安在？」則指右廂卧炕上者。髯顧公子毋動，直提刀排闥入，罵曰：「鈍賊，胡不拾糞道上，而行刼耶？」因弄其鐵扁拐屈之成環，擲炕上，曰：「若直此，聽若取客金，不直，則亟引領就刃。」僧偃卧不動，良久，始匍匐下地請死。顧視扁拐成環，泣下，請益哀。髯笑曰：「固料若不能直此，聊爲若直之去，毋污乃公刃。」公子、主人皆咋舌，從門外觀。已復趨前羅拜，請姓名，髯笑不答，令俱就寢。旦日，請護公子行，公子大喜。至揚州，謂公子曰：「今但去，無患，吾行矣。」公子叩頭謝曰：「某受客大恩，無以報，願進三百金爲壽。且自此抵某家計四日耳，盍俱渡江而南？」髯笑曰：「吾起家行陣，今隻身來，爲幕府標官，設貪金，豈止三百哉？吾憑限迫，不能從，或緣公事過江，則訪君，幸爲我具麵十五斤，生彘二口，酒一石。」公子不得已，與別。

居數月，髯果至，呼公子曰：「飢甚。」公子亟進麵、生彘、酒，如前約。髯立飲酒至盡，即所佩刀刺殺生彘，而手自揉麵作餅，且炙且啖，盡其半。公子曰：「參軍力可拔山，度可舉幾百鈞？」髯曰：「吾亦不自知舉幾百鈞，雖然，姑試之。」乃站庭石上，而令數十人撞之，屹立不少動，曰：「未盡也。」復豎二指，中開一寸，以繩繞一匝，數健兒併力曳兩端，倔強如鐵，不能動毫末。於是公子進曰：「今天下盜賊蠭起，外患内憂，訖無寧晷，朝廷方亟用兵，以參軍威武，殺賊中原，如拉朽耳。今首相某，吾師也。吾馳一紙書，旦夕且掛大將軍印，烏用隸人麾下爲？」髯瞠目而視，仰天大笑，徐謂公子曰：「君顧某相國門下士耶？吾行矣。」

## 羅臺山徒手禦捕

羅臺山，名有高，嘗學於贛鄧元昌，修儒者業，於書無所不窺，精思入微，遂喜佛法。自京師歸，忽登樓縱火自焚，救之得不死，狂走入山，衣沙門服，不薙髮，趺坐，與人言孝弟，而歌哭無時。下揚子，渡錢塘，過甬東，多託跡佛寺中。奉化快手怪其服，令儕輩篡臺山，臺山力大，徒手禦之，不可近。因詣縣，趺坐縣庭，爲禪語。主事邵洪時家居，識臺山，乃釋之。遂游普陀，寓西湖。已復走京師，及歸而卒。

## 羅臺山以石擊舟子

羅臺山好蓄奇石，有米南宮癖，獨行數千里外，無僕從。嘗慕蜀中瞿塘灔澦、峨眉劍閣山水之雄險，束裝獨游，比返，載石盈舟，壓舟欲沈。石皆置於囊，上者裹以縑帛，坐舟中，終日摩挲。舟子竊窺視以爲金也，夜相與謀，議殺之而分其有。舟子四，一老翁，其二爲翁子，一爲傭。二子及傭竊竊語，翁入問，初皆祕之，翁詰不已，始以所謀告。翁驚曰：「烏乎可？」二子曰：「厚利也，且易而無禍，何葸焉？」翁不能止，歎息去。時羅已寢，忽驚覺，潛起屬耳，察之審，還就枕。越數日，薄暮，舟泊荒江叢葦間，其儕請曰：「今者享神介福，願以餕餘爲客壽，客毋辭。」羅曰：「甚善。」舟子喜，以酒肴進。羅知其酒，鴆也，置不飲。舟子陰異之，然欺其獨，夜必無所辟匿，亦不之強。羅自出紹興酒一瓮，傾盃大嚼，瓮幾罄，佯醉據榻，滅燭寢。頃之，三人各秉炬持刀入，一人舉刀，就枕下悉力斫之，覺有異，驗之非人，蓋捲被爲之，如酣卧狀。相與大駭，搜索，聞羅在別艙呼曰：「余在此。」一人犇之，忽飛一石起，中腕，腕傷刀落，二人次至亦如之。遂突起，擊三人，俱仆，拽而疊之，拾刀，擬其項，笑曰：「余能前知，安能犯余？余無金，亦無點金術，爾曹何利焉？姑與爾暫戲，故不洩也。亦藉以殲厥敗類，聊逞余志。」三人哀呼乞命，翁亦來跪請。羅麾之起，曰：「翁無罪，毋恐。」翁泣曰：「三人者，罪固不宥，然老朽之嗣斬於是矣。幸仁人寬假之。」羅從容擲刀，曰：「爲翁故，貸爾曹死，亟革乃心，脱萌故態，必血吾刃矣。且孤蹤遠涉者，類能自保，如某，猶其季指耳。遇之，悉當善視，毋自取戾，搖尾態不足常恃也。」衆唯唯。

## 盧虎兒受教於叟

盧虎兒，臨淮無賴子也，以健鬬横於市。市之椎埋惡少以千數，莫不下之，虎兒自以爲一世之雄也。嘗夜飲，大醉而歸，踉蹌與一老叟相觸，遽握拳大罵。叟笑曰：「若醉矣，我不與若較。吾居此東五里之桃村，若仇我者，其明日來。」拂袖去。虎兒歸，酒醒，亦忘之矣。翼日過市，復與叟遇，肩排之，叟不動，虎兒乃倒卻尋丈外，慚且憤，復大罵。叟笑曰：「我豈又犯汝耶？」纖兒，欲索鬬，則鬬耳，洶洶者何爲？」虎兒度不能勝，然以在稠人廣衆中不甘退讓，則奮身前搏之。叟但舉手一揮，虎兒顛數步外，然不傷也。

益憤，出死力觝之，叟三揮，虎兒三仆，仍直進不止。叟徐步去，虎兒則追而毆之，叟蹙額曰：「豎子何冥頑乃爾？」適過一短栅，叟一揮，虎兒遽落栅内。栅内，豕圈也。虎兒墜其中，周身爲淤泥溲勃塗幾滿，亟起立躍出，視叟已不知所往。趨歸沐浴，易衣履，愈憤，憶叟前言，乃懷刃東出求之。虎兒行數里，不見有村，黄葉紛紛，積地逾寸，穿林而行，簌簌有聲。林盡處有茅菴，類有人居，意桃村當不遠，可問訊。自牆隙窺之，則菴中二人對弈，其一，十二三歲之小兒，其一，即叟也。幸其未見，急趨伏林間，夜静，度童叟皆眠矣，乃出。時室中孤燈熒熒，摇曳欲滅，虎兒疾入，揚刃，向東壁一榻悉力劈之，寂無一聲，揭衾視之，故無人也。方欲出，忽黑影若鵰鶚然，拂窗直入。虎兒方迎以刃，不覺身已自仆，刃亦遥擲數步外，蓋日間對弈之童至矣。叱曰：「若何人，乘吾師不在，欲何爲耶？」虎兒支吾，以迷途乞火對。童指破衾曰：「此何故，汝速自陳。不爾，便殺卻。」倉卒間，叟亦至，見虎兒，即令童釋手。虎兒度不能脱，伏地自陳請死。叟笑曰：「何至是？」援之起，令去。虎兒出行數步，思之甚奇，復還伏叟前，請爲徒，叟不許，再三請，叟曰：「吾術以退讓爲主者也。汝求學此，以欺人耳，得此術，亦何爲？」虎兒再三自陳，願悔改，叟始許之。自是城市中不見虎兒蹤跡，蓋已隨叟去矣。

## 蔡三受書於落木翁

椎埋之徒有蔡三者，其勇亞盧虎兒，虎兒既去，蔡三遂長其羣。居數年，蔡三北遊燕、趙，道遇一客，被服甚華侈，控駿騘四蹄，一騾車載箱篋從之，視其人，若曾相識者。夜同宿一驛，客呼逆旅主人治酒肴，理行榻，若有待者。蔡三怪之，佯早眠，偵客起溲，潛入其室，伏梁上。客至，若不覺者，據案獨酌，飲啖甚豪，夜分乃罷，猶秉燭觀書，不遽寐。已而有物泠然若流星，穿窗直入，客亦距躍而起，燭光下風聲颯颯，星影散亂。久之，有虬髯人自空而踣，客端坐如故，虬髯垂手立，若甚懼者。客指旁椅令坐，復仰首曰：「梁上君子倦乎？可以下矣。」蔡三大駭，亦躍而下，三人對坐。客曰：「故人不識我乎？其少思之。」蔡三聆客音，儼然虎兒也，察其貌，亦十得五六，默識之。客與虬髯人語刺刺不休，語皆不可曉。已而出一函，授虬髯人曰：「爲我送之雞足山某師處，限五日内得覆音，毋誤。」虬髯人唯唯，起辭出門，遂不見。客始謂蔡三曰：「吾，當日盧虎兒也。幸從師去，今稍稍有得耳。」蔡三深致欣羨，問師何人，曰：「落木翁也。」蔡欲從之學，虎兒曰：「吾師規律，門人不得擅收弟子，須禀命焉。三日後待我於黄河隈畔，必有以報。」天明，遂別去。至期，虎兒來曰：「吾師言子血勇非神勇，不能學也。今授子一卷書，當不失富貴。」視之，皆射御格鬭之術。習之三年，中武科，官副將。乾隆丁亥，有緬甸之難，從明瑞擊緬，没於陣。

## 黄標善泅水

福文襄王督粤時，簡練水師，募奇材異能之士。有守備黄標者，以善泅水著，能於海洋中出没月餘，視波中魚鼈歷歷可數。王奇其才，立擢參將，洊至總兵，捕海盜多偉績。

## 嘯馬善射

馬金，乾隆時人。身長八尺，雙目有稜，富膂力，性戇直，善書能文，由翰林擢御史，以敢言聞。時朝政多秕，權奸用事，卒以直言被黜。既放歸，習武藝，改名馬金，應武試，以侍衞洊至蘇松鎮總兵。然豪放逾平昔，人因呼之爲嘯馬也。尤善射，百步外能穿楊貫蝨。一日，有薙髮匠揮刀劈飛蚊，迎刃墜膝上，嘯馬拾視之，兩斷矣。乃笑謂匠曰：「技精矣，盍一觀吾技乎？」乃叱左右縛匠於轅門，發一矢，中匠之左耳，弦聲又響，則中右耳焉，然匠人膚肉均未傷。乃令解縛而笑謂之曰：「我技較若技何如？」

其在官時，署畜飛槍手五十人，飲食居處，悉與己等，號曰小岳軍。工飛劍襲擊，善矛槊，嘗率之出東郭，演技於大校場，而自乘肥馬，舞長矛，獨立高岡。小岳軍俱衣黑衣，披紅纓，左持盾，右手或槍或劍，呼嘯成羣。衆槊並進，或飛舞雲霧中，摩盤於上；或跳躍馬前後，銜擊於下。煙塵蔽天，不可辨識，軍笛一聲，截然各止，其整肅如此。

## 宣宗連中三矢

乾隆己酉，高宗秋獮木蘭，宣宗以諸皇孫隨扈，時聖齡方十歲。一日，至張家灣行宫，上親率諸王校射，宣宗侍側，俟諸王射畢，亦御小弓矢，連發中其二。上大喜，拊其頂曰：「兒能連中三矢，當以黄馬褂爲賚。」果三中之，卽置弓矢，跪上前，上問所欲，不對，亦不起。上大笑曰：「吾知之矣。」因命侍臣取黄褂衣之，倉卒間不得小者，即以成人之衣被之。及謝恩起，而裾長拂地，不能行，乃命侍衛抱以歸。高宗御製詩有「老我策驄尚武服，幼孫中鹿賜花翎」。是宜誌事成七律，所喜争先早一齡」之句。蓋高宗以十二歲時，從獮木蘭，初圍得熊，宣宗則初圍得鹿，年十齡也。

## 高雙鳳三射三中

乾隆末，吴妓高雙鳳寓揚州小秦淮畔。天長林道源方與人校射浄香園，高旁觀久，揎袖前，請射，三發而三中。

## 鏢師女以碎杯屑斃盜

乾、嘉之際，行北道者咸苦盜賊。有京官川人某，欲運銀數十萬旋蜀，往某鏢師行延鏢師，則均他往，惟一十齡丫角女在焉，行主令應召。届期，女跨黑衞來，不持寸鐵，官惴惴。抵潼關猶未暮也，女命停車，指道旁一大逆旅曰：「可止此。」及入店，則已有偉丈夫十數人，耽目視銀車。官大駭，女坦然若未覩，命將銀車入。女年稚，沿途皆獨宿一室。是夕，飯畢，命衆睡，自索茶壺及杯闔門而寢，官率衆執械，守女室外。漏三下，微聞屋瓦有聲，自庭隙窺之，盜已滿女室之頂，官再窺女，方秉燭觀書。少選，屋瓦移故址，盜注目下窺，女斟茶徐飲，飲盡，覆杯碎之，成細塊一堆，一手執書以閲，一手拈杯屑彈之。及杯屑盡，滅燭睡。黎明，女啓扉，命衆登屋收尸，驗之，則盜雙目中微有血點耳。其死也，蓋杯屑彈入目而貫腦耳。

## 逆旅老人發矢殪騎

周少谷曾官山東高密縣，世稱三閭大夫者是也。其行縣，挾一吏一僕，控三驢，驢鞍置板，可位置筆墨。吏抱牘前行，民之訟者即驢前伸理，命訟者招其所被訟之人至，爲定曲直，就鞍上了之，故有是稱，以閭與驢聲通也。子辛仲，十九領鄉薦，省之於高密，不挈僕，恆單車，逆旅中有人言盜殺人，行客因之相戒，辛仲亦悚然。時見同舍中有老人與少年同飯，少年眉宇英特，老人長眉而傴僂。辛仲請同行，老人似可，然未之答，少年則慨諾無拒。遲明，車同發，曉色初起，沙磧之上，有人影蠕蠕然聯綴而行，御者語辛仲曰："盜也。"辛仲馳告老人，老人夷然無動，而少年已起戒備。語未竟，塵土漲天，七騎同來，橫刀馬上作霜氣，少年立下，言曰："七騎敵一步，非勇。能下馬與我地鬭者，始男子。"騎中一髯丈夫曰："此奚不可！"遂下。少年出刀如柳葉，上下騰踔，髯丈夫已失其耳。六騎大呼，出刃剚少年，老人忽即車發矢，殪其一騎，一騎更上，復殪，乃皆奔逸。老人謂辛仲曰："吾此去殊險，郎君與我同行，且相累，不如别從廣隊行，盜或以郎君文士而免之。"辛仲大駭不能答，老人竟挾少年馳去。

## 定恭王猿臂善射

定恭王綿恩，定安親王次子。貌頎秀，猿臂善射，馳馬趫捷如飛。舉止安詳，趨蹌有節，高宗愛之。

弱冠即充火器營統領，凡五十餘年，年七十六，薨。仁宗震悼，親往奠醊。

## 卞鐵拳擊斷巨碑

濰縣城北有玉清宮，當乾、嘉之際，道侶繁盛。鐵工卞某見道侶演技，慕之。一日，遇方丈於山門，求授業。笑諾之，使以拳擊扉曰：「人之練技，當專於一，勿徒求多。爾可擊堅硬物百遍，以練腕力。腕力足，始授以其他。」數月後，又遇之，即於方丈前試其技，有小樹一，揮拳擊之，立折。方丈嘉其純，仍使練拳。年餘，以内家法授之，又年餘，技大進。忽有求謁方丈者，三十餘歲偉丈夫也。方丈懼，辭不見，來人固請之云：「夙聞大名，願一交手。」方丈不得已，招卞至，授以意。卞出見，曰：「壯士不遠千里而來，當有驚人技，求一賜教。」其人以非方丈，笑不答。卞曰：「如某者，第吾師之新徒耳，且無長技，願獻一得之愚於壯士前。倘壯士亦能如某之練習，則吾師必出而受教矣。」其人曰：「諾。」乃躊躇曰：「他亦無須，且試其易者，聊博一笑，可也。」於是擇一巨碑，作勢運氣，擊之，轟然一聲，碑已中斷，來者驚謝去。由是玉清宮拳術遠邇咸聞，而卞尤以鐵拳稱於時。

## 齊二寡婦用鐵鞭

齊二寡婦者，工技擊，恆用一鐵鞭，所向無敵。佚其夫之名，母家爲王，世稱齊王氏者是也。魏默深誤以爲教首王林妻，乃據當時奏報耳。齊既倡亂於嘉慶初年，蜀督勒保亟欲致之，桂涵、羅思舉方投効軍前，因以都司劄付二張、元寶二錠給之，限七日斬齊首級，遲則軍法從事。桂、羅易服往探，時齊擁衆屯大寺，夜卧紗帳，翹一足帳外，室燃巨燭，露刃侍室外者四十人。桂、羅登樹伺之，竟夕不得間。繼思逾限必死，欲以性命博之，乃各執巨斧跳下，護衛者懼而竄。齊聞變，自榻上飛出鐵鞭，幾爲所中。桂、羅倉猝中以斧斫其一足，疾上樹而遁，持足以獻。齊王氏既受傷，越日遂死，勒乃優賞桂、羅。

## 絳綃女較劍

隴右劍客金樹雲矯捷精悍，能日行五百里，佩雙劍，長不及三尺，其柔可卷爲帶，而能削堅石爲片。嘗獨行出嘉峪關，繞柴達木，走青海，窺河源。復出崑崙，下岷峨，自蜀歸。途中三遇猛獸皆殪之，無留刃，其劍術蓋得之崆峒道士也。

金負其勇，數犯險，好以氣上人。嘗至登封，前一日，有盜投書登封某富人索金十萬，逾三日不應者燬其家。富人懼，聞金來，奉厚幣以聘。金至，謂富人曰：「使盜不我知而來，將不免決鬭。盍榜我名於門，使彼見之，自不敢來，不亦善乎。」富人如言，逾限，盜不至。

居月餘，忽有扣門求謁者，金見之，傖也，手一函曰：「頃採樵山中，見女子，囑我致書。」金發之，約與較劍也，期於少室。如期往，遍覓不見，東峯最高，絕攀援，猿鳥不能上。聞其巔有笑聲，仰視，見三女子皆衣輕綃，一絳色，一淺碧色，一藕色，皆不施脂粉，而天然明冶。方仰視，女俯招曰：「君乃在此，胡不登眺耶？」金即出生平絶技，斜趁而上。女笑曰：「君洵可人。」金登山巔，乃平坦如鏡面，出劍請試。

女笑曰：「君倦矣，少息何如？」金固請，二女者推絳衣女子曰：「妹當之，足矣。」女遂出，手一劍，長可二尺許，然不先動，惟俯首視劍跗，若羞怯者。金亦不動。旁二女曰：「金君請先擧，無妨也。」金把劍，狙伏而入，絳綃者視其將近，徐擧劍一拂，白光出劍芒，若秋月蕩水，須臾，光四合，如流冰團雪，金駭絶，幾不能措手。須臾，女自收劍，金亦不敢再試。絳綃者笑曰：「君之技止此耶？向者本無意迕君，見君揭榜，度必有異，不圖君乃僅視流俗高一籌耳。」金心折，願受教，絳綃女不許。旁二女慫恿之曰：「妹收之，何妨？」絳綃者諾。山巓有草屋數楹，蔬數畦，諸女夜不宿於此，晝亦時不知所之，惟間數日或來一指點，或月夜坐峯前鼓琴一闋，琴聲既終，不知所往矣。金居少室二年，一日，諸女謂曰：「汝技即此已足，於人世可無敵，不必更求矣。」揮之下山。年餘，金忽念世有所謂劍仙者，此豈是耶？方更求之，草舍如昨，居三月餘，不一見，始惘然返。

## 紅娥舞雙劍

紅娥者，荆溪周濟妾也。濟字保緒，嘉慶朝人。善古文詞，與張臯文齊名。又嫺技擊，辟易百人。性任俠，好作不平鳴，往來齊、魯間，殺盜以百計，盜憾焉。一日，道出山東，遇劇盜二，陰躡其後，將甘心於濟，濟不知也。夜宿逆旅，月光斜射入室，明見纖屑。方滅燈欲寐，户騾闢，有二盜躍入室，猛撲濟榻，疾若風。濟驚起，覺二盜藝出己上，且倉卒無刃，勢不敵，皇遽間，一女子自窗外飛入，徑奔二盜。時盜刃將及濟，間不容髮，突覺有人襲其後，大驚，急還刃，返身迎鬭。女舞雙劍敵二盜，夭矯若長虹。

刀光閃倐中，一盜喪其元，立仆，其一知不敵，欲奪門遁，女揮劍擊之，亦斃。乃從容拭劍入鞘，顧謂濟曰：「倉卒不及豫告，致鼠輩驚君子矣。妾紅娥，逆旅主人女也。方君入室時，妾見二盜尾君後，徘徊門外，此故劇盜，夙諗之。察其意，似將不利於君，君儀表不凡，非横死盜手者，故來救也。」方女鬬時，濟錯愕，惟袖手觀。見女藝遠勝己，大驚異，至是，女與語，始恍然覺。月光中注視女，則窄袖蠻靴，儀態萬方，一十七八麗人也。因急揖，謝相援德。女又曰：「雖然，妾以一念不忍，夜入君室，非禮孰甚，人其謂我何？事已至此，不可別字，請從君。」濟謝曰：「卿言良是，顧僕有室矣，奈何？」女毅然曰：「無傷，妾我亦可。」濟大感，許之，女遂去。

翌日，見女母，解佩爲贄。及娶之，偕返，濟妻素悍妒，見夫挾美妾歸，大怒，旦夕詬誶，待女尤酷，日鞭撻之。然女性和順，未嘗有怨言。或諷以略顯技勇藉警妒婦，女正色曰：「惡是何言！庶之事嫡，禮固宜是。雖受譴責，顧皆有以自取，何與夫人事而仇之耶？」

## 草菴和尚用鐵杖

嘉慶己未和珅之敗，忽有僧至無錫，駐錫某鄉草菴中。菴故荒僻，四周皆叢塚，無僧尼居住者已數十年。

和尚初來時，僅鐵杖一，革囊一，既至，卽圬其墁，除其荆棘，闢菴後地數畝自種植之。時年五十餘，而精神奕奕，殆如二十許。平時不茹素，不唸經，亦不詣檀越求佈施，然香積廚中，未嘗匱乏。性又嗜酒，一引數十觥，酒酣耳熱，則解衣磅礴，舞鐵杖以爲戲，盤旋上下，觀者目爲之眩。

一夕，盗入室。和尚覓鐵杖不得，徒手奮鬭，盗盡仆。一盗持刃入，砍和尚首，鏗然有聲，刃躍出數丈外。盗大驚，羅拜而去。居久之，會朝廷捕和黨急，緹騎四出，和尚聞之，歎曰：「此間不可久居矣。」遂去，不知所終。

## 李有山用棗木棍

新會李有山習拳棒，少林派也。游都門，在豫邸數年。有某師者，禪杖重數十斤，有山持棗木棍，與較勝負，竟敗之，名噪甚。中歲歸里，隱居授徒。偶值鄉中賽神演劇，往觀，其徒旁侍，徒之徒又旁侍，列其旁者殆數百人。一日，有一人年約二十，衣服華美，神采焕發，從一翦髮奚童，年十三四，蓋外來人也。鄉人尊有山稱爲師傅，凡師傅過處，輒相避成路，而外來人未之知也，望望然，柴立其中央。其徒輩訝其不避，厲聲叱之，其人仰首應曰：「是官也耶？」則又叱之曰：「爾盲耶，不識李師傅耶？」其人逡巡欲避，翦髮奴曰：「是尚可忍，主人不動手，奴亦不能恕之矣。」有山門人皆少年喜事，蜂擁而前，主僕二人舉手提人，擲諸數十步外。有山不得已，親往交手，一迎拒間，其人喝曰：「止，爾少林派也。爾師爲誰？」有山告之，其人袒臂示有山，貼金刺字一行，則少林傳授世系也，蓋與有山之師同出一門焉。

## 眇僧用五毒功

嘉慶時，湖州練市鎮有拳師濮煥章，名甚著，嘗應聘四方，後年老倦游，乃家居。鄰有魚牙沈大，孔武有力，能以一手斷奔牛脊骨，亦粗通拳脚。性横，好鬭。所居近塘爲南北孔道，一日，有商載巨資泊舟河下，二少年保鏢，登岸市魚，偶與沈忤而相競，爲沈擊敗，天明解維去。

越歲餘，鎮忽來一眇僧，折臂跛足，若不勝衰邁者。日乞於市，經沈門，沈呵叱不去，不與，强索。或勸之行，僧曰：「余索錢，以時之久暫論數之多寡，此間居士當厚我償。久立，庸何傷？」沈聞，大怒，罵曰：「禿賊將詐我耶？」直前批其頰。僧閃過，駢二指捺沈臂，曳之。沈被曳，遽出檻外，復騰一足起，未及中僧，反顛仆數尺外。僧乃疾趨而去。濮時適倚門閒眺，覩狀大疑，追及僧，揖而問曰：「老和尚何來，與沈何仇？」僧笑謝無他。濮曰：「是必有故，願無深諱。」僧始自言從少林寺來。因轉詰姓氏，濮告之。僧拱手致敬曰：「慕盛名久矣，既承下問，焉敢固祕？頃代寄聲沈某，曩年遭擊之二鏢師，小徒也，彼如欲活，須於明日往龍翔寺方丈覓余，過午，則行矣。」濮駭問何功，曰：「此名五毒功，異人傳授，不在尋常武藝之中。學此術者，平日搜羅虺蝮等最毒之物和藥啖之，使毒氣深入肌裏，功行既足，凡以一指着人膚者，其人七晝夜後皮肉悉化膿血，無藥可治。然余有祕方，可愈也。」濮亟爲沈詳述之。沈初不信，既而漸覺僧所捺處微癢，搔之，覺甚適。而創痕漸闊，皮肉應指腐落，血流衣袖，作深黑色，始大怖。乘夜奔至龍翔寺，果得僧，即長跪乞命。僧誚讓良久，然後徐徐出藥一丸，如龍眼大，令調水服之，笑曰：「愈矣。」沈拜謝而返，臂創果愈，但癢處黑毛叢生，剪去復茁。

## 楊老光與盜獨身鬬

楊老光，湘人。嘉慶末，以技擊聞。時川、陜之寇，湖、廣之苗，雖先後平定，而綠林豪客糾合逋匿，因山澤林箐之形勢，探丸鳴鏑，阻截要隘者，所在多有。鴉片之市，亦於是時始盛。其中樞爲廣州，自廣而北，或取道大庾，出鈔關，下贛水，以入三吴；或泛舟湘、灘，道衡、永間，西通滇、黔、巴、蜀，歲幾數千萬。以盜故，率以重金雇勇士爲衛，猶時時被侵掠，獨楊所護貨，盜犯者輒創之，終不稍失。

晚年輟業爲技師於陳氏，陳氏子弟多從之遊。其左股有創瘢一，闊三寸許，深見骨，嘗舉以示弟子，謂此爲平生失敗之迹，當引爲鑒。蓋年三十餘歲時事也。當是時，湘、粵間有盜踞山而砦，商旅患之。楊亦知其醜類之繁也，率徒數十人以行。盜果至，楊揮衆鬬，山逕犖确，蓬蒿荆棘長冒人，彼此錯雜，相爲起伏。良久，盜大敗走，殪其三，楊之徒亦傷其一。夜宿蘭若，有投刺求見者，一壯士也。體修偉，髯叢其頰，見楊，遽按劍語曰：「晝間之戰，我徒冒犯，殞君手者三。我殊不服，今特來一角，請各屏羣從，以獨身鬬。君勝則我死，我勝則君死，不驚客人，不動財物。君如不願，即以衆鬬，亦可。但吾此來，率衆二百，君徒之衆尚不及其半也。」楊曰：「諾。」同趨出，即草地試手搏，楊蹈厲奮發，虎躍蛟騰，來者但左右避且應，若不勝支拄者。楊益喜，數擣其虚，俄而一躍丈餘，直蹴其首，其人遽俯首一避，即自足下斜趍而入。楊急迫，不及返顧，股被創，幾折，忍痛卻立，張拳以待。壯士笑曰：「君敗矣，然亦好漢。吾固不忍墮君名，戕君命，勝敗，君自知之。」按劍長嘯。頃刻，其衆自四山出，皆黑衣手刀，插標槍，甚嚴，月光下數之，可二百人，環來者分兩隊徐立。來者緩步去，二隊合爲一列，蜿蜒從之行。楊目送之，去且遠，乃歸，視創處，肉盡著衣如糜，白骨顯露。其徒皆驚，藥封之，越數日竟無恙，惟肉終不復生。

## 張立松善技擊

力士張立松，字孟如，太倉人。短而髯，善技擊，嘗從擊蔡牽。既平，聞南海盜張保、烏石二等未滅，投曾賓谷方伯。比至，困於逆旅，遇武進湯貞愍公貽汾，遂相過從。飲酒微醉後喜舞刀，又善畫松，貞愍嘗贈以詩云：「襆被天南壯士飢，樓船十萬見君奇。誰如猿臂黄熊掌，能敵顏弓朱亥椎。筆底蛟龍松十丈，胸中塊磊酒千卮。市樓歌哭無人問，一劍如飛去幾時。」

## 周保緒習易筋經卷簾術

荆谿周保緒教授濟，嘉慶乙丑進士，爲淮安府教授。少工詞章，與張翰風、李申耆善。又習易筋經、卷簾諸術，拳勇技擊一時無兩。初客寶山縣署，縣令鉅野田鈞敬禮之爲上客。田丁憂，以交代未清，羈蘇州，時李文成之亂連及山東，田念母柩未葬，慮燬於賊，北望號泣。周慨然，與武舉任子田往視，兩人單馬持矛出入賊藪，凡刺殺百數十人，葬田母畢，復並騎反，歷十八日以報田，田泣拜之。

官淮安日，與漕督周文忠公天爵、知府周聽松燾並以勇力聞，號淮有三洲，以洲之音同於周也。城守營參將某以勦川、陝教匪立功，自矜武力，周曰：「姑至敝署一較，何如？」翌日往，共賭躍大成殿，周十上十下，如飛鳥濯翼，超過簷際，某僅得其六，微側，遽墮，折其右足，醫數月，卒跛而行。

山陽有豪胥，士紳多折輩行與交，見周，唱喏而已。一日，周散步署前，胥適過，呼之來，以所吸煙筒銅斗偏擊其首，叱曰：「速去。」胥至家，首暴痛，腫幾如斗，呼暑求死。胥妻子知胥罪，泣跪階下求救，命舁至，又以銅斗微擊數周，痛立時止。

兩江總督孫寄圃制軍重其才，屬統江淮緝私之任，資以厚糈。乃招置奇材劍客，闢園亭於揚州，日夕訓練，先後捕獲梟匪數輩報孫，凡累致數萬金。當其盛時，妖姬曼舞，迭侍左右，醉則使矛如風，或縱筆爲巨幅山水，一時盡十數紙，下款署介存。久而厭之，散遣壯士，斥財立盡，一意閉關著書，遂成《晉略》。周文忠督鄂日，猶招其一往，未幾卒。

## 白和尚踏磚使平

拳勇之技，卽唐、宋所謂白打，其傳以三峯爲內家，少林爲外家，大旨以眼明手快爲要。松江白和尚有徒永嘉、石巖，均習手搏，以傷科爲業，能自贍。一日，白偏袒右肩，納涼殿中，或謂其年已八十，餘勇可賈，數十雛面少年非其敵也。好事者請小試其技，白辭，曰：「垂死之人，氣血衰耗，無以博諸公一粲。」請於客曰：「晷已將午，荒廚蔬筍，能共飯乎？」衆諾之。白供淨饌。時盛暑，多蠅，侍者揮扇。旁午，白令別取一盎，與客且談且飯，飯已，則盎中之蠅亦滿矣。衆大詫，白曰：「不過指頭活潑耳。」衆益賜之，曰：「此師妙法，更願一覩神勇。」白曰：「本無勇也，安所得神？惟舊曾學一小技。」乃引入一精舍，舍中新鋪方磚，膠以灰沙，殊堅緻，白方跣，着㯶鞋，自南至北，倚牆微步一周，則闔室之磚皆起矣。謂客曰：「此磚本未鋪勻，下多軒輊，不必呼匠而需一日工資也。」衆皆吐舌。

## 南禪寺僧蹴欖足陷土

破鉢者，閩縣人，忘其姓名，人恆稱之曰破鉢。一日，行經威南塘紀功坊下，道狹，左右夾池沼，有少年怒馬趨坊下，馬首抵鉢胸臆，鉢以手舉馬足，馬人立。少年善騎，幸不墜，然蹄鐵則力蹴破鉢之胸，鉢若無事者，少年卑詞哀之，始釋去。又明日，以柬至，言將延南中壯士置酒高會於南澗，請鉢較藝。鉢行江湖久，知江淮多異人流寓閩中，計衆集，必非己藝所任，則就南禪寺僧商所可。

僧年三十許，頗溫文，有詩名，亦未聞其能武者，不審鉢何由知之。力陳情於僧求助，僧自言入山久，不與人問事，必不得已者，寺門之限高二尺許，當卧其上，鉢能以拳中吾胸者，吾力助汝。僧起，鉢隨出山門，如僧言，累擊，乃不中。鉢益神僧之所爲，長跪力請。僧許諾，曰：「明日裹首爲傴人，鉢先與會，席半，吾至，易汝歸。勝負均吾事，無與汝矣。」至期，鉢至南澗，列長筵十數，首座爲老媪，白髮被額，神至堅定。酒數行，僧入言師家有人病急，趣歸。座客大譁，僧曰：「師家得劇患，吾留此獻技，乃不可耶？」閩人製長欖，恆斫巨杉可丈許，自顚及末，安八足，可列坐二十人。僧舉欖置廣場，力蹴其上，八足均深陷入土，盡沒。媪曰：「此猘兒，未易當也。」釋令去。

## 馮克善奪門以出

馮克善爲林清之黨，後亦被逮。初授徒獻縣，精技擊。嘗自入一室，使數徒守門，手利刃而向內刺之。馮忽大聲曰：「我出矣。」則已立徒之後，不知其何策以奪門而出也。

## 七額駙兩手抱成德

嘉慶時，成德行刺，伺仁宗駕幸圓明園時，猝發一袖箭。一侍衛見箭來，不及禦，輒以身覆御座，箭洞胸而死。時七額駙在旁，急以兩手抱成德，衆侍衛羣趨持之，乃就擒。相傳成德武藝，侍衛中無有敵者。或於地中釘短柱一行，成德騰一足掃去，柱皆拔起，時七額駙亦能之。然額駙僅能掃七柱，而成德可掃至十二柱焉。

## 七額駙擒熊

仁宗駕幸木蘭打圍，羣臣方馳逐，有一熊突至御前，連傷侍衛數人。七額駙直前，與熊持良久，爲熊所擒，坐身下不得脫。額駙急屈右足竭力跌熊，熊仆於山麓，糜爛而死，然其足自是跛矣。

## 謝福魁一手舉石

道光朝，王剛節公錫朋爲固原游擊，舉行冬防。一日，剛節出巡，有謝福魁者，方習技廣場，場故有巨石，無一能舉者，福魁揮衆人而前曰：「走，走。」一手舉之。剛節見而大喜，曰：「健兒也。」遂録爲親兵，後官把總。

## 某少年力持船篙

蘄春臺，杭人。道光乙酉春，有事袁江，道出徒陽運河。時漕艘擱淺，候潮乃行，民船皆爲所阻，遂偕一小舟同泊岸旁。而漕船水手横甚，一篙工持篙誤破其鄰船之窗扉，篙之入者尺許，拔不能出，聚數人拔之，亦然。呼其舵工下視之，則見小舟有一老僕坐船頭，懵騰欲睡，一少年在艙中，左手執書，右手以兩指持其篙，篙遂不出也。舵工大駭，力戒其水手弗生事，自登小舟，告之曰：「舟人無知，誤有觸犯，乞恕之，弗與較。」少年未及答，其舟人自後突出曰：「吾扉爲所破，須償也。」舵工與之青蚨千，少年乃一笑釋手。

## 公子夫婦用斧劍

有九江公子者，省其父於長沙太守任。及歸，夫婦時年俱二十餘，子尚襁褓，啓行日，服御鮮華，輿從赫奕。盜見而心動，駕小舟隨其後，中途將行刼。而公子頗老成，天明始解纜，未晚卽泊，必於人煙稠密之區。時距九江僅數日程，盜知前無可下手處，議欲回。一盜曰：「彼長途辛苦，歸必倦。伺其倦而刦之，是失之於途而取償於家也。數千里相隨，乃徒手反乎？」衆以爲然，復隨之。

公子既歸，一日，盜懷器械，踰垣進，歷屋數重，直抵卧室。見左屋內一燈熒然，俯聽之，則公子夫婦方弄其兒以爲樂。凡盜入人家，必先探主人之勇怯以爲進退。一盜乃振其手中叉作聲，以覘室中張皇與否，而公子聞之，卽滅其燈，寂無聲，似未嘗聞者然。盜疑，逡巡不敢下。少頃，忽見中室扉豁然開，公子與其妻先後出。公子黑布裹頭，身被一短襖，襖與褌相屬之際束以黑綾，左手執炬，右手操兩斧。其妻妝束畧同，惟裙則曳起兩前幅，拴腰際，以紅綾束之，左手執炬，右手持雙劍。既出，公子置其炬於左，分執兩斧，面東立，妻置其炬於右，分執雙劍，面西立，背與背相抵。立既定，公子乃以斧指屋上曰：「下。」盜大駭，一先下。妻聞其墮地聲，回顧公子曰：「雛耳，君一人足了之，無俟我爲矣。」卽收其手中劍，攜炬入。公子正立，俟羣盜次第下，乃哂曰：「汝輩伎倆如此，誠不足膏我斧。今且問，來此奚爲？」盜魁觳觫前對曰：「公子之能如此，更何奢望？惟念數千里從公子來，欲歸無資，倘賜以小資斧，俾不至流落他鄉，幸矣。」公子曰：「此細事，吾當給汝。然須靜俟庭中，無稍動，動，則吾不汝宥也。」乃亦收其雙斧，攜炬入。少間，手千金自室內遥擲庭中曰：「得此，可歸矣。雖然，宜小心，毋驚吾役人也。」言已，闔扉進。

初，羣盜空手來，故能踰垣，及手攜千金，勢不得不由扉出，迤邐而達最外一重門，突聞旁屋有人詰爲誰。盜念出此，卽天空任飛矣，復何懼？且聽其聲，年亦甚少，乃不之顧，而争前拔關。其人已手一梃，啓户出，見羣盜，卽持梃奮擊，須臾，連撲數盜於地，呻吟不絶，餘盜震懾，羅拜乞哀，兼述公子言。

其人笑曰：「此門，吾所司。既公子意若此，姑不留汝。雖然，爾翁連日缺杖頭資，手中物可留下，勿將去也。」盜唯唯從命。乃俟其啓門，扶起撲地者鼠竄去。

## 書院肄業生用劍

道光朝，杭州崇文書院有肄業生某者，貌清癯，若不勝衣，來時，無長物，一敝篋而已。每晨卽他去，不知所往，午夜，則聞其鼾聲雷動矣。與人殊落落。衆疑之，私啓其篋，無餘物，一劍僅尺餘，光芒照室成白，乃知劍仙，懼而覆蓋，安置如常。一日薄暮，數生散步柳陰，某忽至，衆訝其歸之早，敂之，某曰：「僕久溷羣公側，明日，當歸省老母，是以早歸，一點檢敝篋耳。」衆曰：「與君聚首，良復寡時。歸修温凊，奚敢尼君？篋中一劍，何畏人耶？」某笑謝曰：「僕固知某日某時公等曾發吾篋，然嚮所以不言者，恐致疑耳。僕少學劍術，惝明擊刺，愛此山水，暫息萍蹤，乃亦爲羣公所知。」衆曰：「君果仙矣。然人生蓬轉，交臂易失，幸託同舍，敢求一觀仙術，可乎？」某謝術淺，衆強之，乃出劍曰：「聊以楊枝爲戲，幸擇欲中者。」衆指第三樹，高殆十丈許，曰：「中其杪之某枝，可乎？」某曰：「諾。」卽見劍飛而上，斬某枝，枝未抵地，劍已入手。某卽別衆自歸臥舍，是夜不聞鼾聲，微明，視之，户闔如故，人篋俱杳。

## 老者舞鐵練

徒陽運河，每年漕艘歸次後，煞壩興挑，限期四十日而畢。當煞壩時，南北之路不通，行旅苦之，然爲運道計，勢不能已也。道光癸巳，會試之公車北上，壩猶未開，皆紆道越河閘，出江而前。有一巨舟亙閘口，挽不能出，問其人，本貫山左也。問其所載，豆也。衆恐誤試期，羣起催逐，閘官某亦恐滋事，自至其船，勸令出江。比至，則有一老者出，年約七十餘，鬚髮如銀，速閘官入而告之曰：「吾非故與衆爲難也。昨已起豆之半上岸，並集多人挽之，無如水淺船膠，人力難施。今官來，極善。但有法挽吾舟出口，需費若干，吾不靳也。」閘官無如何，乃出。

時有江快某者，平時集無賴數百人橫行於江。至此，見閘官出而其舟不動也，乃聚衆噪罵於其側，其意非爲衆計，蓋意老者必將出資賄已以滅其口耳。老者初若不聞，已而罵者益衆，語益穢，乃顧其舟中人曰：「若輩如是無禮，勢非用武不可矣。」即起，持一鐵練長丈餘，粗若小兒臂，從船頭一躍上岸。衆見其勢猛，各反奔，持械而往。而老者舞練如舞棍然，但聞空中有聲，如析竹，如裂帛，殆半時許，而衆人手中所持皆成哥舒翰半段槍矣。於是大駭而散，老者亦一笑歸舟，衆不復迫。次日，有人至舟，願從之學藝。老者笑曰：「吾束髮學此，今數十年矣，始得小試其技，諸君又安所用之？不如其已也。」

## 楚二翳子捋腰帶

楚二翳子，無錫北鄉人，習術於江南某鏢客。三年，術成，恆爲客商保衞輜重，往來齊、楚、燕、趙間。蓋保鏢輒懸旗爲標識，綠林客見之，縱垂涎，勿與校。楚自以爲能，攜旗而勿懸。一日，爲某商保二萬金，由京至蘇，道山左，宿逆旅，店主人以客滿辭，謂無已，有小廂，已容一客，如可聯牀，請攜行李來。楚領之，下車入，曲折達一室。室小於斗，置兩榻，一榻有老者趺坐，年七十許。寒暄中，知老人實販棗者。時已薄暮，店主人入室，餉客晚餐。餐畢，攜燭一，茶壺一，置榻前小桌，闔門逕去。楚與客談次甚懽，幾忘寢。天寒，楚已禦裘，忽覺温煖，以爲室小無風，且近燭，不之怪。三更許，室益煖，以手捫壁如沸，燭油倒瀉如注。楚大懼，目炯炯視老者，老者囅然曰：「君有何能，敢攜二萬金長驅來此？此乃著名黑店，來此，無或免。君亦知四壁皆鐵鑄，上有椽，木質者三，能從此出，則得生。余枕函中尚有黃金三千兩，籌已熟，君毋慮。雖然，君果何能？」楚曰：「實無所能，惟有湖縐束腰帶一條，捋之，堅逾棍。」老者曰：「可矣。」遂縱身騰起，及椽，椽斷，身已置屋頂。楚急捋帶授老者，老者挈之出，躍牆外，叩店門。店主人啓視之，固廂間客也，含笑延入，啓精舍三楹，安榻焉。黎明，楚與客分道去，客亦不言姓氏。楚歸，不復保鏢，以傷科懸壺自給。其子若孫，世守其業勿替。

## 石達開碎碑

道光中，石達開游衡陽，以拳術教授弟子數百人。其拳術，高曰弓箭裝，低曰懸獅裝，九面應敵。每決鬬，矗立敵前，駢五指蔽其眼，即反跳百步外，俟敵踵至，疾轉踢其腹臍下，如敵勁，則數轉環踢之，敵隨足飛起，跌出數丈外，甚有跌出數十丈外者，曰連環鴛鴦步，少林寺、武當山兩派所無也。教授於古寺中，前幢有豐碑，高二丈，厚三尺。一日，石將遠去，酒後，言：「吾門以陳邦森爲最能，應一較藝。吾身緊貼碑，任汝擊三拳，吾還擊汝，亦如之。」邦森拳石，石腹軟如綿，邦森拳如著碑，拳啓而腹平。石還擊邦森，邦森知不可敵，側身避，石拳下，碑裂爲數段。

## 羅家三展之拳

羅守仁湛古學，困於場屋，改習拳。年四十，因事如廣西，至梧州，宿古寺。遇一僧，年耄矣，尚矍鑠，與語甚洽，因及技擊，言時頗露矜色。僧請一試，羅遂起舞。僧斜睨，微笑曰：「美則美矣，然不能勝老僧也。」因起作勢，使羅扑之。羅旋舞而進，僧揮以手，羅退盈丈而顚。笑曰：「何如？」羅知技未進，請執弟子禮，凡三年，學成而歸，設館於羊城以授徒。

山東有某甲，富人子也。勇而好鬭，漫遊燕、趙、梁、楚間，所遇未嘗敗，自謂勇蓋一世。至廣州，聞羅名，往訪之。時羅生徒如市，而以技擊稱者亦多，與搏，皆敗。某必欲見羅，羅適外出，及歸，聞此事，乃穴壁置煙具，以巨石塞之。明日，某乘馬來，束武裝，羅有懼色，乃佯爲徒，招待之曰：「予師適他出。」言次，以一手插石，指没石中，如入淤泥。取石置他處，奉煙具以進，乘勢按其手，以試某力。力遜於己，知能敵，因曰：「予師尚未歸，弟子請得與長者先角可乎？」某慨然允之。遂交手，迴旋數次，某知不敵，遂拱手曰：「某閲技多矣，所遇未嘗敗。今乃值君，天下之大，固自有人哉。」上馬辭去。臨别，羅陰以手按馬脊，脊骨斷，馬蹶而死。

羅寢室覆厚石於地，石破碎如搗，蓋習技時所踐破也。榻高二丈，寢時聳身上，下亦如之。生徒有試其技者，夜糾七八人，各攜武器待諸途，羣械并進，羅一一按而奪之。或至夜横繫巨纜於巷，待其過，羅緩步行，若無物，纔斷若枯。及晚年，乃綜所學，擇尤者演爲七十二首，每首凡三變，名曰三展。而學者每苦其難，至三十六首輒止，未能概盡其妙。後其技仍見稱於人，號曰羅家三展。

## 某婦以針刺斃人

丹徒武舉文某善拳術，力舉數百斤，氣不喘，面不赬，道光時人也。一日，過廣陵，口渴，欲得杯水，苦無茶肆。逡巡入破寺，則見一老僧趺坐蒲團，文乞飲，不答，擊之，拳着其胸如棉，而手大痛，亟長跪求恕。僧始張目曰：「何鹵莽乃爾？吾，峨眉十八郎也。嘗事一師，吾與同學凡十八人，皆擅絕技，余次十八。一日，次十二、次十三者告於師，謂有夫婦二人南下，保鏢銀數百萬，南下欲刼之，慮勿勝。諸人爭欲助之，跪於師前，求下山，師許之，余亦與焉。余既行，止潼關外某山以俟之。旋知鏢抵關內一逆旅，衆議即夜刼之，漏初下，命余先往探。既至，躍登其卧室之屋頂，窺知其夫醉卧，婦方倚燈製履，銀車列榻後。余惴惴，方恨諸人不至。惟見婦時以針抹頭上油，或就窗上刺之，既而婦忽仰首曰：『十八郎可下。』余心知不可逃，揭瓦而下。婦啓窗，指庭中曰：『速移之返，否則余夫醒，汝亦危矣。』蓋庭中有十七人之尸也。余乃肩十七尸越關出，檢視各尸，僅眉心有一刺痕，蓋婦以針刺窗時，即十七人中針而殞矣。葬事畢，余披剃爲僧，今七十矣。子其猛省乎！」文汗流浹背，即辭歸。

## 陶先生以傘柄撥人

陶先生者，青浦諸生，課徒爲業。一日，途遇糧艘舟子執一賣餅兒撻之，詢之，則以選錢故。陶睨而笑曰：「如此鵝眼榆筴，乃以易如盤大餅，曲卽在汝。」舟子怒曰：「何與汝事，豎儒強判曲直，且試老拳。」方一舉手，而身已驀然倒，蹶起，大慙而去。薄暮，過橋，有十餘惡少環而罵之。時微雨，陶手蓋足屐，身着科袯，攜一油瓶，將買油以繼晷。乃笑曰：「雞肋不足以供尊拳，以油瓶寄店家，碎此，將妨我半宵課。」語未畢，則見一惡少已擲對岸。衆愈忿，如牆而進，陶以傘柄撥之，紛紛而倒，半擲灘外，半墜河中。糧艘旗丁聞而趨赴，呵曰：「若輩無目，奈何犯陶先生？」陶曰：「幸我早知君部，無傷也。傳吾語戒之，此後愼勿驚嚇兒曹。」一笑而去。時館僮二，一曰文榮，一曰永禄，問陶何以不舉手而人仆，陶笑曰：「汝等試擊吾。」文榮固孱，隨擊而仆。永禄負其壯，猛擊之，則身擲數步外矣。

## 陶先生以筆管制犬

陶先生在塾中，以敗筆管削其兩頭，置於袖，行村中，遇猘犬，向之一擲，無不張口狂奔而遁。蓋剡竹支其兩齶，不能合，不能吠也。

## 葉鴻駒精内家拳

吾國拳術，自達摩東來後而益精，達摩之後，間有名家，而以宋藝祖爲最。藝祖性猜刻，祕其術，不欲傳之人，故人罕知者。後值大宴，藝祖被酒，偶洩之，且云將繪圖附注，俾人傳其術，大臣在旁慫恿之。及旦，藝祖悔，然恐失信於大臣，乃立廟於少林，藏其拳術祕本，又故嚴其規，使人不易知，雖知，而難出廟以傳之人。此少林祕奧之所以難窺也。

葉鴻駒者，嘉定人。少孤，然多力異常兒。有游方僧見而奇之，度爲徒，攜之入少林。鴻駒入其中，十年，盡得其祕。而思歸，詢之同儕，僉云：「廟規本有藝成准出之條，然大門有大師嚴守，不得出，欲出者，須自廟後夾弄出，惟險甚。弄中有機百數，藝稍疏者，輒死於機，非一人矣。」鴻駒恃其藝，且歸家心切，不爲沮，迺破機出。歸後，館於某富室，出其藝以授人，受其教者，咸能十人敵，於是鴻駒之名大噪。一日，信步河濱，有牽舟者過其前，厲聲命讓道，不服，大聲曰：「我葉鴻駒也。」其人不聲，取肩上牽板擲地，悉陷入，即曰：「吾特訪汝而來，請一較。」許之。鬭良久，牽舟者負，隕入河。後三年，復來較，仍不敵，爲鴻駒所敗。其人去後，鴻駒告人，謂：「彼技已大進，特以疏故，爲我敗耳。再三年，我不能敵之矣。」後三年果復來，鴻駒避他出，設棺於堂，詭云已死，其人信之，迺行弔祭禮。奠畢，以指插入棺中，取石灰一握而去。鴻駒歸，視其插處，如利錐所鑿，歎曰：「彼已入武當內家宗矣。」乃遍訪諸內家之有名者而盡習其術，於是鴻駒以外客而精內家，而性亦彬彬如儒者矣。

鴻駒嘗言學拳須先練筋骨，初入少林，無術以學，惟命挑水於山腰之澗邊，肩水一擔，須步行梅花樁以達寺。挑水三月乃習燒火，火突有數十，須距躍乃可，練筋骨也。鴻駒子無名，早卒。其孫春伯，亦以拳勇著。

## 羅思舉走峻超阻

羅思舉幼嗜武藝，家窶甚，博弈善飲酒，益窘困，無以自贍，遂爲盜，或行乞，不之苦也。羅宅鄰某寺，古寺也，諸無賴時出沒其間。有綽號包子大王者，橫尤甚，設博於寺，羅所盜乞而得者，屢爲大王所攫，村人之以博負而喪其家者更多，恨之甚，羅尤恨之。值端陽，村人酌酒爲樂，羅得飽食，且多得金，則往寺。大王見羅，微哂之曰：「吾知今朝令節，人樂與子金。子以多得，復來此耶？」言畢，撫髯大笑。羅曰：「諾。」頃，金罄。大王曰：「盡是耶？」曰：「然。」大王曰：「無傷也，速行，多乞金來。」羅怒其侵己甚，欲毆之，畏其徒，則歸，盡出其數日所竊得之米烹爲粥，爛熟之，裹以荷葉，攜入寺。潛立大王後，舉粥傾於其首，直達踵，頭糜爛無完膚。羅乘隙遁，知弗容於村，遂之陝。

至陝，初爲傭，尋棄之，仍其前業。陝人相驚以蜀盜上之吏，控牘盈尺矣。吏以久不得羅，聞諸撫，撫大怒，飭捕羅，羅遁入華山。一日，逼羅，幾得矣，大恐，忽見幽巖一古寺，欲奔入，懼弗測；欲弗前，恐被逮，猶疑間，遽聞呼聲，駭絕，將遁矣，諦視之，則一小道也。曰：「師待君久矣，速來。不然，追者及，且見殺。」羅曰：「子毋我謊，吾戴吾頭來，束手以待君取。」小道嗤之以鼻，復曰：「速入。」促愈急，羅遂入，導入一幽室。一老道中室坐，鬚髮皓白，呼羅曰：「思舉，來何遲？吾令小道導子，復趦趄，何也？」羅聞呼己名，復大驚，伏地請釋。老道曰：「毋若此。子興，吾語汝。飯乎？」曰：「未。」命小道取飯來。食畢，老道曰："子來此，吾將有以教子也。寺側南山多荆棘，可束爲薪，自明日始，子其日與二三小道蕘採於是，毋怠也。"羅曰："謹奉教。"

南山者，華山絶峰也。無道，緣草行。老道陰囑小道，日授羅以躍巖超澗走峻越阻之術，羅習久，履險若飛，雖絶阻者視之如夷。若斯者四年餘，足重繭，膚胼裂，處之怡然也。

未幾，蜀大亂，邊烽日棘。老道謂羅曰："蜀今亂，正健兒用武之時，以子材藝邁軼羣倫，建績樹勳，若俯手拾草芥耳。吾欲命子歸蜀，子意云何？"羅請行。老道贈以旅錢數貫，並偕日與羅蕘採者餞之。既出而從戎，未幾，迭以功擢至提督。

## 吴小將軍奪梃擊盜

某自汴梁入京，僦居櫻桃斜街旅店，旁舍有客，徹夜咿唔，繼以歌嘯，翌晨覘之，方箕踞坑上，劈豚肩而食，連舉巨觥，旁若無人。時朔風怒號，彤雲釀雪，輿夫、賣菜傭且反披羊裘若漁蓑，猶聳肩縮脰，作觳觫狀。客衣單帢，脱帽露肘，額汗津津也。坑無衾褥，而書籍縱横，几榻皆滿。因入室與之接談，客笑曰："僕，飲食之人也。風塵勞悴，寂寞枯槁，無當世用。不祥姓字，何足爲足下告。"揣其年二十許，語音類吴下，因私詢逆旅主人，客何爲者。主人曰："客來匝月矣，至之日，時方夜半，叩門甚急，啓之，兩健兒負箱篋置之而去。問其姓氏里居，皆不答，視其行李蕭條，而書籍甚富，必非暴客，故任其居處而不疑。然一月來無交遊往還，日用飲食過侈，而白金纍纍。日者有鄉人自塞外歸云：『昨歲嚴冬，遇客於榆關道上，輕裘肥馬，行李甚都。其夜同居逆旅，有緑林豪客十餘輩，持白梃，彎弓彀矢，思刼其貲裝。客奪梃，縱横揮擊，中者，輒顛擲十數武外不能起，餘皆伏地乞命。客曰：「鼠輩不足污吴小將軍刃，急昇去，毋緩。」於是盜皆扶掖背負而散。其爲系出延陵，而驁勇趫健，將軍之稱，非誇語也。會某有保陽之役，返逾旬而客去，主人謂某曰：「吴小將軍於前夕款段出都門矣。」

## 某夫人擊周伯腦

周伯以武技神一州，林勿邨中丞曾從而師之。嘗與乳下兒同寢，妻起旋，兒啼，周以手微撫兒，令寢，兒無聲，視之，死矣。妻大罵恨，自是名益噪。其友人某恆造之問藝，伯時時語之以勢，及狙擊跳躍之能。然友歸語其妻，恆弗善，友遂白周伯，言吾妻不善先生技。伯大駭，乃請面夫人。夫人方治具款伯，但傳語：「請先生試藝於庭，吾居廚次，自别善否。」伯笑，略試之，夫人傳語曰：「未盡所長，請更試。」伯始駭，果悉其所長於庭中，屋柱爲之震震作聲，夫人曰：「可矣。但未足爲吾夫師也。」伯微愠，堅請面夫人，夫人出，則輕盈瘦弱，一良家姝也。禮竟，伯請較藝，夫人不可。固請，乃曰：「略具形勢，勿交以手。」伯佯諾，猱進，瞥然不見夫人，乃覺腦後奇痛，髮際之骨已微陷，眩且仆。夫人笑曰：「名聞一州者，藝乃如是？」出刀圭藥令服。伯自是見婦人輒中懾，不敢逞。

## 彭半人提石獅

蘇州西鄉荷花蕩有老叟，曰彭半人，半人本越產，以貧遁於外。一日，至報恩寺，假寐彌陀佛座下，忽有人促之云：「起，起。此間有大緣事可做。」醒而異之，視身上骨胁中俱生小節，節有神力。行至撫署前，有石獅，其重至千斤，半人乃指而告人曰：「吾能提此而擲之。」衆不之信。遂提石獅投之丈餘，衆大駭，後數十人不能動，遂以賂請，半人復提而致之故地。尋居覓渡橋，飢則采野果食之，雖毒草猛蛇，噉之無事。

某年四月，粵寇至蘇，鄉民謀自衛，厚幣延半人，半人慨然曰：「此其大緣事乎？」遂負囊至村中待寇來。李秀成聞而欲生致之，而半人持械相向，衆爲辟易，殺人數百，手提頭，纍纍若貫珠。秀成不得已，手書勸之，許官以總制。半人心動，夜半，易服逃，村人不知也。半人至秀成府，秀成下階勞問，請試技，遂負一石碾，置二丈方木於碾上，木上又安一床，床上坐歌妓四人，奏曲，半人仰瞰微笑，若不知有重物在身者。曲終而下，絶無痛苦。秀成甚寵眷，立補木二總制前軍先鋒。

## 以摸錢擲石習拳法

少林寺拳法著於世，學者先存貲若干，拜一僧爲師，衣食之費皆取給於貲之息。學成將行，從廟後夾弄出。門有土木偶，設機焉，觸之，即拳杖交下，能敵之而無恙，可安然行矣。行時，僧設餞於門，反其貲，不然，仍返而受業，有數年不成者，則越牆逸去，貲亦不可得矣。

一日，有瞽者來請業，僧視其瞳有膜障，以銅錢五百枚擲山上下，俾覓之，曰：「盡得，當傳技。」瞽乃日於兩餐外躑躅山上下，暗中摸索，漸有所得，年餘，積四百九十九枚，遂大索其一。一日，忽得之，狂喜，目亦頓明，乃受其技去。又有患痿症者，兩股不能動，亦持贄來學。僧以石子一筐，置其坐處，於山上一石，畫大小墨圈，命之擊，久輒中，乃命擊飛鳥，鳥應手下。後以石子小於芥者擲鳥目，目穿而墜，前後左右，無不如志。僧曰：「技成矣。」後輒以護水標爲業，每坐船首，身旁置石一器，劇盜不敢近。

## 老嫗用鐵拐

枝江盧生，有族兄官狄道州，往依之，而兄已於兩月前擢守鎮西，遂流寓沙尼驛，以幼習武事，權教拳棒爲活。驛前一棗樹，圍可合抱，時當杲熟，打棗者日以百計。盧笑曰：「裝鉤削梃，毋乃太紆？吾爲若輩計之。」乃袒衣趨左樹下，抱而撼焉，柔若蓬植，棗簌簌墮地，衆奇之。旁有一髯笑曰：「是何足奇？」亦袒衣而趨右樹下，以兩手對抱，則枝葉殊不少動，盧哂之。髯者曰：「汝所習者，外功也。僕習內功，此樹一著手，轉瞬憔悴死矣。」盧疑其妄。亡何，葉黃枝脫，紛紛帶棗而墮。盧大駭。髯者曰：「孺子亦可教。」詢其家世，並問婚未。盧曰：「予貧薄，未授室。」髯者曰：「僕有女，可納之否？」盧曰：「一身萍梗，得丈人行覆翼之，固所願也。」髯喜，挈之同歸，妝女出見，卽夕成嘉禮。明日謁其內黨，有老嫗跛而杖者爲女之祖母，巒衿禿袖頎而長者爲女之嫡母，短衣窄袴足巨如籮者爲女之生母，野花堆鬢而粉黛不施者則女之寡姊也。盧以女柔婉，頗安之。

盧居半載，見婿形蹤詭祕，乘其出游未反，謂女曰：「卿家行事，吾已諗知。但殺人奪貨，終至滅亡，一旦火焚玉石，卿將何以處我？」女曰：「行止隨君，妾何敢決。」盧曰：「爲今之計，惟與卿同歸鄉里，庶無貽後日之悔。」女曰：「君姑言之。」盧以己意白嫗，嫗沈吟久之，曰：「外舅未歸，宜靜俟。既有去志，明日卽當祖餞。」盧喜，述諸女，女蹙然曰：「吾家制度與君處不同。所謂祖餞者，自房而室而堂而門，各持器械以守，能處處奪門而出，方許脱身，否則刀劍下無骨肉情也。」盧大窘。女曰：「妾籌之已熟。姊短小精悍，然非妾敵手，嫡母近日病臂，亦可勉力支撑，生母力敵萬夫，而妾實爲其所出，不至逼人太甚。惟祖母一枝鐵拐，如泰山壓頂，稍一疏虞，頭顱糜爛矣。妾當盡心保護，但未卜天命何如耳。」晨起束裝，潛藏兵器而出，姊持斧直前曰：「妹丈行矣，請喫此銀刀膾去。」女曰：「姊休惡作劇，記姊丈去世，寒夜孤衾，替阿姊三年擁背。今日之事，幸爲妹稍留薄面。」姊叱曰：「癡婢背父而逃，尚強顏作説客耶？」取斧直砍其面。女出腰間鎚抵之，甫三交，姊汗淫氣喘，擲斧而遁。至外室，嫡母迎而笑曰：「嬌客遠行，無以奉贈，一枝竹節鞭，權當壓裝。」女跪請曰：「母向以姊氏喪夫，終年悲悼，兒雖異母，亦當爲兒籌之。」嫡母怒曰：「妖婢多言，先當及汝。」舉鞭一掣，而女手中鎚起矣。格鬭移時，嫡母棄鞭駡曰：「刻毒兒，欺娘病臂，只把沙家流星法咄咄逼人。」呵之去。遥望中堂，生母垂涕而俟，女亦含淚出見，曳盧偕跪。生母曰：「兒太忍心，竟欲拋娘去耶？」兩語後，哽不成聲。盧曳女欲行，女牽衣大泣，生母曰：「婦人從夫爲正，吾不汝留。然餞行舊例，不可廢也。」就架上取緑沈槍，槍上挑金錢數枚，明珠一掛，故刺入女懷。女隨手接取，砉然解脱，蓋銀樣蠟槍頭耳。佯呼曰：「兒郎太跋扈，竟逃出夫人城矣。」女會其意，曳盧急走。將及門，鐵拐一枝，當頭飛下。女極生平伎倆，取雙鎚急架，盧從拐下衝出，奪門而奔。女長跪請罪，傴擲拐歎曰：「女心外向，今信然矣。速隨去，勿作此假惺惺態也。」

女隨盧歸里，鬻其金珠，小作負販，頗能自給。後聟者事敗見執，一家盡斬於市，惟女之生母孑身遠遁，祝髮於藥草尼菴，年八十而終。有遺書寄女，女偕盧迹至尼菴，見床頭橫禪杖一枝，猶是昔年槍桿也。女與盧皆大哭，瘞其柩於東山之陽，廬墓三年，然後同反。

## 俞大年善運氣施明擅跳躑

樂平俞、施二姓聚族而居，相去不一里，互相婚姻，大年之父與明之父姻婭也。咸豐末造，粵寇起，時大年年二十餘，明尚總角也。二人父母相繼亡，輾轉兵間，大年爲僧，明爲道。大年精運氣術，力大如虎，豎二指，以繩縛之，數十人不能屈也；明身輕，二三丈之高且廣者能越之。洪秀全據金陵，大年欲投之，行至皖，道阻不得行，寓望江塔，嘗出技以謀食，一市鬨傳。時明亦寓某觀，顧二人皆不相知，以僧道名行，明不知僧卽大年，大年亦不知道卽明也。明欲訪大年，畏其多力，伺其出，投刺謁焉。一僮應門，明曰：「師既不在，請留刺於塔。」遂一躍登塔而留刺焉。大年歸，僮告之故，大年不語，亦伺其亡也而謁明。明所寓之觀頗巨，大年以一手抱柱，一手置刺於柱隙，諸道士皆咋舌。明歸，亦不敢再訪。

## 僧念亮用鐵鞭

念亮者，無錫嵩山寺僧也。粤寇黄和錦陷無錫，遣兵徇堠山，居民邀念亮往禦之。念亮持鐵鞭奮身獨出，適一驍酋握大旗馳馬揮衆來迎敵，念亮邁步竄入所乘馬腹下貼卧，馬驚而躍，倒撞其人下馬，揮鞭疾擊，碎其首而搴其旗，和錦兵奪氣，衆譟而前，大敗之。念亮，俗姓楊，四川人。或曰其人故大盜也，殆以捕急，避官中人眼目，削髮變貌爲僧耳。

## 德州尼用劍

海道未通前，中原行客往往自德州入燕。仁和丁某以事入都，所挾頗豐，惟從二綱紀，道上二騎客尾之。丁中懾，適道左有茅菴，乃徑叩其扉，尼也，拒勿納。丁曰：「暮景已逼，且雨，前途無逆旅。乞阿師便我，得大雄殿次，容一蒲團危坐達曉已足。願上十金，爲香火資。」尼曰：「衲尚有大師，容告之，取進止。」而大師諾。丁上其金弗受，除左廂，以脱粟款客。食已，忽傳大師語曰：「來客似挾重裝，夜中幸慎重，防有暴客。」丁固疑途次兩騎客矣，卽曰：「道中逢二騎士，容止頗異，師言得毋指是？」有頃，又傳大師語曰：「盜固皆騎，客所見，未必確，防之良是。」夜深而雨，忽聞簷際有聲曰：「幸未中。」又聞有聲曰：「已中吾耳。」已而寂然。明日侵晨，侍者已起，趣客行，且曰：「夜來大師出殿墀，已發遣二盜矣。大師讀内典十年，萬緣已空，不欲死賊，故一劍但逾其髮際，一中其耳，小創之。去此十五里有寺，中有駝背行者，汝將大師命，與之同行，逾山東界，卽無盜矣。」時丁必求見大師，入方丈，叢花盛開，湘簾下垂花際。師，三十許麗人也，不圖其藝如此。去城十五里，果得行者，述大師諭，行者卽引蹇驢從行。行不挾兵，但懸一囊於驢背，滿實小刃，自云發無不中，爲大師高足。叩以大師蹤跡，行者但笑不答，於是盡山東境，乃不遇一盜。

## 蔣志善槍術

無錫陶某精武術，號内家，善用槍，世有陶家槍之目。武官莅是土者，必先謁其廬，無敢慢。有蔣志善者，咸豐間，嘗官無錫守備者也，獨不禮焉。陶怒，盛氣往謁，見蔣長身皤腹，肌肉墳起，知必孔武有力，内怯，氣頗懾，不敢輕發怒，歸。蔣乃報謁，請曰：「聞陶家槍精妙無敵，某駑，不敢請槍法，願賜君槍觀之。」陶素以槍法自負，出槍眎，不覺擺舞作勢。蔣亟止之曰：「君槍法，自是猛無匹，惜槍幹劣，不任舞，稍用力折矣，奈何？」陶不信，曰：「此幹良材，乃不任舞耶？」蔣索槍，握其梢，力擺動，幹砉然斷，笑曰：「何如？某藏數槍，似不劣。」陶慚，必欲一視其槍，乞隨蔣返署，索視槍，實勝己所用者。蔣又請曰：「此槍可用，幸得一覘君伎。」陶唯，竭力飛舞，軀撥空中，氣呼呼有聲。蔣睨視久，曰：「止止，君用槍，乃不任刺人。」陶大駭曰：「薄伎至不足道，然天下乃有用槍之不任刺人者乎？」蔣拍其胸，曰：「不予信，君試刺我。」陶怒，斥曰：「君胡予戲，死君，且論抵。」蔣又激之曰：「君殊自多，予信君伎，必不任相死。」陶憤，曳槍回走十數步，遠舞作刺勢，逕前，洞蔣胸，蔣疾解巾，揮格之，巾纏槍尖，不得脱，嚮後倒掖之，陶失槍，不覺拜伏地曰：「願有以教之。」蔣呼取盂水與陶，曰：「視予急舞，卽持潑予體。」乃起持槍舞，閃閃成白光，大若徑四五丈車輪。瞥忽耀陶目，至不能張視，疾取盂潑之水，水點紛紛反潑，下若雨，淋漓滿己身，無一點着蔣體者。

嘗有鬻拳者，彊占崇安寺廢址，寺邑古刹也，邑人欲驅之而無術，走告蔣。蔣微服往覘，伎頗高，恐不可彊力制，歸取槍馳馬，繞所占地舞一匝，威之。明日，其人遁矣。相傳此卽固始李世忠也。

## 羅漢武力長鄉曲

有童子，痘瘢積於額頰，力能任百斤，奇童也。趙孔修言其師李某精武技，顧和藹，未嘗忤人。村有惡少十八人，號羅漢，以武力長鄉曲，顧不樂李有能名，則張筵，延李較藝。李至，命列榻十八於堂上，面所謂羅漢者曰：「余必令君輩同時列坐，果如羅漢坐者。」十八人者皆曰：「勿空言。」於是雜撲李，咄嗟間，此十八人者果皆爲李拳所中，咸據榻坐，獨一人側耳。十八人咸服李，延之首席，然猶思所以勝之。

十八人中，有三人同師一僧，因挾其侶謁僧，言李語僈阿師，將進此，與阿師角技。僧怒，以柬招李隨喜山門。李初不審僧之有隙也，徑至。僧結束，著雙鐵屐迎李，李大駭。食既，僧請試藝，疾起仰跳，以手攀棟上垂絙，懸雙屐空際，意李近其下，則屐鐵適陷李肩井，法立死。顧李捷疾，未及其下踐，則已仰握其脛，脛碎，僧立死。

## 陳國瑞獷悍多力

陳國瑞，故農人子，數歲喪父母，依叔父母居。十二三歲即獷悍多力，叔父母使牧牛，輒聚羣兒爲行列，跨牛奔馳，上下山坡如馬，羣兒不從命者執而鞭以柳條，羣兒畏其力，不敢抗。牛多瘠，叔父母怪之，知其事，乃不令牧。

國瑞性嗜殺，日以屠狗爲事，嘗以片肉置掌中，犬來餂，執而曳之，皆折頸死，村鄰日有責言。叔父問所志，曰：「好武。」使從技師於廬江，學手搏擊劍，三日，不能通一技。師責之，國瑞請與師互毆數拳以較，一揮而仆其師，拂衣徑去。時兵亂後，田野蕭條，有物如人而鋸牙虎爪，匿壽西山中，搏人爲食，刀不能傷，村人號爲夜叉。國瑞既横甚，衆欲使膏其吻，故激以言，國瑞果踴躍往。授以兵，皆嫌輕甚，河干有舟人所寄鐵錨重數百斤，握以往。搜林箐中，數日遇於巖下，物見人來搏，以鐵錨擊之，應手糜碎，荷死體歸。會僧格林沁徵兵勦捻，衆共資以往。僧初未之奇，見其有力，使爲旗手。大纛長數丈，幅亦二丈餘，國瑞舞之如風，臨陣不俟命，輒麾以入，左右横擊，捻人馬皆倒仆，盪決數里，軍以大勝。僧以其不守號令，先笞三十，次奬其勇，立授千總，於是積功至提督。

國瑞初不識字，後與幕賓討論，遂能文，然縱情聲色，勇力亦稍稍衰矣。至其與李世忠輩交鬨，及在京師鞭寺僧事，固世所習知者也。

## 大頭檢點與塔齊布徒搏

粵寇韋昌輝營檢點王欣頭顱甚大，較之常人殆逾數倍，故稱大頭檢點，或卽以王大頭呼之。大頭有殊力，勇悍善戰，每戰，必執長矛，騎而馳，至官軍陣後，相度一周始回。既陷湖南之江華縣，一日，乘馬出北門，門懸巨木，大頭自下騎，以兩手攀木，兩足力勾所乘之馬，人馬俱起，懸空際，片時始下。

大頭至長沙，聞官軍有都司曰塔齊布，以驍勇著。一日，與塔約，不乘馬，不用械，徒手奮鬭，彼此不得有人助，必互分勝負而後已。至期，兩人互搏擊，至日晡，塔漸不支。塔有一親兵疾趨而前，舉槍向大頭轟擊，遂中彈而斃。塔斫其頭權之，重十四斤有奇。

## 楊二姑爲飛刀神手

楊二姑，粵寇楊輔清之妹也，勇敢果決。夫江得勝，爲輔清部下都指揮，亦甚驍勇。每戰，二姑輒以黃巾裹首，繫大紅戰裙，與其夫並轡而出，衝鋒陷陣，人莫敢敵。能於馬上擲刀刺人，百發百中，中者無不立倒。刀長七寸，鋒厲無比，臨陣時，胸前垂一革囊，囊中纍纍者，皆利刃也。自稱爲飛刀神手。且粗知文墨。江不識字，簿書皆委之二姑，所撰安民告示今錄如下：「開造王勳右輔總裁頂天扶朝綱輔王威千歲楊殿下都指揮江，爲封刀安民，不可恐怕逃亡。天兵到者，一天二天洗城，殺盡妖魔，止除天父天兄，暫息雷霆之怒。今日天兵到者，到有兩天，妖魔殺盡。天父天兄不殺百姓，看顧小子。今日封刀安民，就此不許殺人，不聽我言，強搶硬買，殺百姓，打先鋒，斬首號令。不可恐怕逃亡，大家投降，信天父天兄聖教，大膽做生意，不許變妖，看看斬首號令，禱告天父，急急特示。」二姑自命通才，意謂不必有人相助也，凡被擄之能文者輒殺之。

劉三姑娘舞雙刀

張龍，宿州人，同治中捻首也。妻曰劉三姑娘，美而勇，嘗披紅錦袍，插雙雉尾，乘駿馬，舞雙刀，所向無敵。張有外寵，劉銜之次骨，欽差大臣勝保知之，使人誘劉爲義女。劉感勝，遂刺殺龍以衆降。勝又慮人之多言也，以劉儷部將某。

劉汶用二劍

李楳，嶺南人，所用名刺則題曰李某，勇力武技冠一時。其徒劉汶，稱曰先鋒，佩二劍，長四尺許，運轉如飛雪，數十人莫近。作横於番禺、香山諸縣，刦掠無虛日。估船聚石步，月明中，楳駕小舟，投名刺，訂時刻假金，隨其人之豐嗇索之，拒之，夜中輒亡其顱。

有武弁李姓，勇健少年也。策誅楳非易，法當先翦其翼，乃懷小槍以偵汶。一夕，遇汶於狹巷中，弁引手出頂上。引手出頂上者，官中人捕盜，令盜跧伏之隱語也。汶素輕弁，曰：「汝何敢？」立負劍，劍長巷偪，不能卽出，李槍已洞其胸，劉仆。楳聞耗，始震，然猶行剽於江上。前山劉姓族大，咸能武，地遁澳門，楳每行刼，輒隱澳門。前山之劉乃密布小舟海上，偵楳出没。一夕，阨之小渚間，楳輕身履水而行，如蜻蜓，劉姓子弟咸能槍，多命中，楳被三槍，始殊。起其尸，英氣勃勃，目作精光射人也。

## 少婦用匕首

常熟多拳師，同時有四庭柱、一正梁之目。正梁者，陶姓，最勇健。庭柱者，二文二武，均舉人，其一曰仲家德，且以制藝著稱於時。

常熟濱海，多沙地，非有力者不能得，往往以争奪而械鬭。仲受人聘，敵請其技，適地有巨石，一拳下，石陷地三尺，衆懼，不敢鬭。時有一異方少婦，肩一雨蓋，日游於市。而貌美體弱，足纖小，有無賴戲之者，一指著身卽仆，行蹤又極詭秘。庭柱之黨思困之，適婦過蕭寺，一人直前撲婦，婦足略舉，顛百步外，五人合力攻之，婦揮拳抵敵，操縱裕如，久不能勝。陶潛取手鏢傷其眉際，遂敗而遁。衆追之，疾如飛鳥，瞬息已杳。所遺之雨蓋，抽其柄，得匕首二，吹毛斷鐵，犀利無比，不知爲何許人也。

## 謝伯麟擲鏢

左文襄幕中有謝伯麟太史與吳觀禮齊名，每論事，意見輒相左。謝久客戎幄，習武技，能擲鏢，百發百中，無虚擲。嘗於牆上插香枝，密如星點，以鏢遥擲之，相距百步，中處香悉墜。

## 歐三用槍

閩人歐三業獵，善用槍，猛獸鷙鳥遇之無免。令人隔牆抛雞卵，以槍彈之，卵立碎。或忮之，約羣盜於夜刼之，歐三槍發，中盜脛，凡五槍，中五盜，皆在其脛，子小如豆，不足死人。盜大驚，皆扶攜以去。明日，歐以劍劈大樹，書曰：「余居山殪虎，於爾等何害，乃必欲死我？死我者，縱虎乎？特示爾薄懲，俾自悔過，試自驗其脛，彈所入處，不幾同穴耶？量之，能起分寸否？此足知吾槍術矣。幸告渠魁，勿復來。」

## 某女擲錢

江湖技擊，有書詳載其法。其言擲錢之法者，云有某生官知府，娶某提督女爲妻。將到省，舟過某處，見有數人坐一小船掠過其旁，女乃謂生曰：「今夜有盜，當治之。汝第匿艙内，無恐。」生素不知女能技擊，大駭，然無可如何，姑聽之。夜半，果聞有小船三五飛槳而至，生伏不敢動，但聞有人跳躍過船聲，數人落水聲，一人倒入艙中聲。俄聞桅上有人大呼縛盜，於是艙後篙工等始取火出，見一盜在艙中，因共縛之。俄見女自外入，指揮諸人令縛盜送官，且曰：「尚有一盜，惜被逸去。」生驚問曰：「卿操何技而能如是？」女曰：「吾少在吾父署中，刺繡之暇，每喜擲錢爲戲。父曰：『汝好擲錢，盍卽以此練技擊。』因令縛草爲人，置數丈外擊之。已而人漸小，相距亦漸遠，擊之能中。遂於草人身上記要害處擊之，乃曰：

『可矣。』頃數盜過船，吾先猱升桅上，手中取錢一擲擊之，一一中要害，故落水死。最後二盜未中要害，一逃去，一倒船中，今縛送官者是矣。」

其後，生官雲南某府。有一同城武員與生頗相得，言次，因曰：「吾向故爲盜，一日在某處，遇一官船，共謀刦之，不意先數人皆落水死。余過船時，覺有物相擊，急退回，幸得免。後改行爲官，得擢至今職。顧彼時覺船中寂無聲息，不知是何神術也。」生省即前所遇，乃謂曰：「神術人今在此，汝欲見否？」曰：「甚願。」生令請夫人出，武員大驚，伏拜稱神人。並問何術，女告以故，武員乃大服。

## 朱壽得以頸斷箸

朱壽得者，楚二豁子之徒也，人謂其多藝，然頗自祕，不欲暴其能。一日，赴魏姓宴，座客必欲觀其技，固卻不可，乃以竹箸七，束之可盈把，先以一端接几緣，而後以頸承之，箸中斷。自言少時可斷十四箸，於時壽得年六十外矣。

## 駕長起大殿柱

海寧有游方醫王某者，奔走江湖間，獲利漸豐，遂歸鄉，設肆貨藥。時有遊僧來市，托紫石鉢，重百斤，入肆，宣佛號，婪索不遂，輒以鉢置於櫃，張拱合掌拒門外，人無敢出入者。市人厭苦之，不得已，滿其願，則又過一家。次第至藥肆，索百錢，王僅與三枚。僧怒，將舉鉢壓其櫃，王接而擲之，石爲之碎。僧恧顏，拾破鉢而遁。逾歲，王將赴蘇購藥材，雇吳江小舟，舟子二，其一篙長也。篙長力猛，非櫓脫即篙折，夥怨罵之，恆忍受也。惟張帆時，則篙長右手執索，左手持柁，以足代篙，四體並用，無不當，夥得臥而觀之，故相安焉。

越三日，晚泊城外寒山寺起爨，王登岸閒玩，有僧立寺門外，審視王，呼曰：「客非海寧藥肆之王居士乎？」王曰：「唯，何以相識？」僧曰：「予前年托鉢貴鄉，領教已深。今幸至此，實有天緣。予師慕客久矣，請至方丈一敍。」王曰：「諾，姑俟我返舟飯畢，而後會尊師也。」僧喜，反奔入內。王歸舟，泣下。篙長見之，曰：「客何悲？」王語以故。篙長笑曰：「既能擲鉢，何懼乎禿？吾今請助客。」王曰：「我既犯僧，死由自取，子何爲哉？」篙長曰：「吾樂此，死亦無怨，恐僧不吾較耳。請假衣冠，以師弟稱。若角技時，必呼吾先，可無事。」王諾之，遂飽餐偕往。

二人入門，羣僧笑迎曰：「客，信人也。」報首座，接於庭，視其人，身高七尺有餘，臉横腰闊，氣概粗豪，已望而生畏。肅客入方丈坐，乃曰：「前者小徒蒙賜教，老僧夙夜在心，冀圖一遇。今既垂顧，請至藝圃，仰瞻絶技。」王唯唯。於是羣擁入後圃，有地一區，高垣圍繞，僅通一門，亦甚堅實，圃南包大殿之後簷爲閱武廳，甚雄偉，柱壯兩圍，礎高三尺，隔以石欄，有椅二，首座與王對坐，寮僧十餘皆短褐，持仗站圍矣，羣呼曰：「來，來，來。」王謂首座曰：「請徒與徒對，師與師對。我命弟子先戲，可乎？」首座目篙長，體貌清癯，漫應曰：「何不可？」篙長亦釋服，曰：「禿有賊形，恐竊吾衣，必謹藏之。」乃蹲身抱大殿之後柱，起尺餘，屋瓦震動，磚石齊鳴，以左足掃礎倒，置衣其下，以右足扶直之，仍安柱，轉身呼闞，聲若巨雷。於是首座及寮僧咸股慄膜拜曰：「我教中韋馱天尊，旋乾轉坤之力，亦僅如是。僧輩肉體凡胎，何敢相角？若尊客一揮肱，則皆成糜粉，情甘降服，不敢再言技勇矣。」王與駕長相顧大笑。羣僧屏氣肅候，延至方丈，侍茶畢，王告退，首座與寮僧盡易法衣，執旛幢以送。王返舟，謂駕長曰：「壯士之力，天下無敵，盍不入營爲伍，則顯職立至。請以資助，聊報大德。」駕長曰：「嘻，吾若不爲顯職，亦可小康，何至操賤業？客尚欲吾博顯職耶？」王叩其舊職及里居姓氏，駕長不答。王凜然，報以百金亦不受。

## 趙孔修掌有吸力

江右劍師趙孔修善運劍，且能斫竹片於地。以手去地三尺許，作勢引之，竹片立起，附趙掌，是殆所謂吸力耶。

## 陸葆德隨盜上屋

陸葆德，河南人。精拳勇，曾中武舉。入都與宗室某較技，某被毆死，論抵，遇赦免，乃爲標客。一日，護某客貨，道出某地，有來刦者，陸卻之。俄引健兒數輩來苦鬬，又獲勝。已而其酋至，尤猱捷，與陸持，亦未能勝，酋遂引之歸，請與其女較。女素得父傳，盡其技，且加精焉。是日，僅能相禦。酋大喜，遂以女妻陸。

陸本能文，改試文，中進士，得庶吉士，散館，爲令於蜀，然好色，妾媵至十四人，精力大衰減，然與朋僚燕集時，猶自炫其技。夏日，院有涼棚，甚高，陸立階前，拍手一呼，即騰立棚上，衆咸失色。一日，演劇爲母壽，偶至寢室，適見賊展袱括財物，遽前捉之。賊上屋，陸亦上屋，賊躍過屋數重，亦從之行。賊擲瓦擊之，以手接取。俄而胥役麕集，賊適誤踹壞牆，墜地被獲。陸嚴刑，欲訊其不法事，賊大言曰：「我輩十三人，由齊至此，中途相失，否則豈爲汝獲？斃我可耳，安肯說平日事。」遂斃之杖下。

## 清江女子富足力

德清俞桐園筮仕三吳，以解餉道出清江，將舍館，及門，瞥睹一少年張兩目直視，口涎流頤，左臂側垂，而獨伸右臂，反其掌下嚮，若有所取攜狀，駢其足植門外如僵，雖五六壯夫喧譁推挽，莫能動。旁有老人誶呵曰：「汝浮薄，強調人家女郎，非叩求此姑姑者，此子不得活矣。」桐園異之而就問焉，老人應曰：「頃有一行道男子，攜女郎，載獨輪軺車，女郎翹纖足車軾，足鋭小，結束若錐。諸人道見之，乃羣激少年，謂能一握此粲者纖鉤，當以酒食相壽。少年忻諾，意其必宿於此，乃隨諸人繞道先立門側。須臾，車止，男子負被裝先下入門，女郎方欠伸欲起，少年猝出手，握其足。諸人正注視，欲出聲譁笑，不意少年掌甫觸女郎纖趾，而忽睹其體若寒噤，揚手不得下。女郎了若無覺，盈盈下車，而少年兀植如故。諸人心知有異，視之，僵矣。女郎蓋富足力者。」語畢，顧諸人曰：「儻得官人好言相慰此姑姑，或貰此子生。」諸人聞言，羣乞桐園爲緩頰。桐園許之，偕諸人入，見女郎方盥面，羣呼曰：「是矣。」乃環嚮叩首曰：「適有一少年犯姑姑，猶僵立不動。今已知罪，乞恕之。」男子在側，驟睹狀，大驚，詢得故，咎女郎曰："吾儕異地人，道此，何事傷人？"桐園從旁代請，女郎哂曰："輕薄兒直須撲殺，官人爲好言，當釋之。"乃翩然出户外，輕捬少年右臂，少年忽出氣，作噓聲，活矣。後少年視己右掌，見掌心黑點大如黍，則所觸蹝履泥痕也。

## 某少女與盜角飛簷術

燕、趙多任俠之士，巾幗中亦有之。有劇盜，矯捷如猿，足善走，百里外頃刻可至，横行燕、趙間。某夜，入一巨宅，則見其中圖書刀劍，紛然雜列，一女子徘徊樓中，狀頗憊。俄頃，據案坐，秉燭觀書，目不旁瞬。乃破扉入，搜衣飾畢，將行，遽前，輕拍女肩曰："略分爾金，異日當歸償。"女挺身起，大聲曰："咄咄鼠輩，欲竊物，則竊物耳，敢溷乃娘耶？"大怒。盜惶恐，繼念余固横行燕、趙間者，此一弱女子何懼爲，因曰："予有絶技，請獻。"遂向壁躡足而上，如登梯然，及顛，翩然下。女嗤之曰："技止此乎？"盜曰："此飛簷術也。"女亦躡足而上，較盜尤捷。及顛，復返身貼壁，徐步而下。顧謂盜曰："較爾技如何？"盜大驚，屈膝求免，女擲諸窗外。厥後盜匿跡山林，而女亦不知所終。

## 墨爺夫婦精拳術

愛景，金匱人，佚其姓，饒於資。妻金氏，有拳術。愛景身黑如墨，鄉人呼之曰墨爺。旋委家政於金，而自結廬鴻山之巓居之。山東麓有梁鴻寺，中供梁伯鸞夫婦像。寺僧覺空，少林弟子也，精拳棒，與墨善。墨朝暮往來，凡五年，盡得其術。一夕，羣盜入其家，金踰垣出告墨，墨聞警，與金各執械伏户外之深林中，度盜夥之必經此路也。須臾，二盜肩物踉蹌至，既近，墨與金猛擊之，二盜俱仆地，遂戮之。後來考見二盜死，遂棄物竄去，窮追之，一盜回身橫刀相拒，格鬭不勝，被擒。夫婦二人曳之歸，數盜罪，盜叩頭哀求，誓不敢再犯。墨惻然，縱之去，命家人搬回盜刦物，檢點無失，自後，遂無敢有覬覦者，里中亦無盜患。又一日，墨至蘇，乘航船歸，夜半，突來盜十數人，舟客哭呼救。墨躍起，覓木棍，擊盜之先入者捽於河，餘盜知不敵，遁去。舟客得無恙，深感墨功，於是名大噪。

## 林植齋爲宴人所毆

林植齋培基，閩縣人，以武科第三人及第。挾其穉妾至山東，宿逆旅，林他出，有同舍宴人屢奪帷作平視，妾怒，訴之林。林徑登寓樓，尋宴人，宴人憃憃，無所陳辯。林拳毆之無數，宴人一無聲響。林既下，手足如病風痺，不能動。逆旅主人曰：「樓上人，老拳師也。哀之，尚可得生。」植齋頗以人示意，宴人曰：「必其姬氏哀我。」妾不得已，道歉衷。宴人下，爲撫摩，旋愈。且戒之曰：「勿飲酒，勿近婦人，疾當已。不爾，亦殆。當時不敢以一指加君，尚委頓至是。然國家尚武，固以弓馬之力爲武耶，則老夫所不能深解矣。」

## 德宗習槍

德宗知尚武，萬幾之暇，頗習槍法。所常御者爲十三響槍，宫人呼爲十三太保。

## 舞飛槍

有善舞飛槍者，穴壁，置一杯，口向外出，擲槍中杯，杯隨槍出，以手接之，百不一爽。武器以飛槍爲難，然見有能舞雙飛槍者，如二龍盤旋空際，羣以長戟刺之，皆不能中。

## 黎平民善馬槍

貴州黎平縣初爲苗疆，漢、夷雜處，地居黔之下游，風氣閉塞。士民多以打獵務農爲生，自幼練習馬槍，技之精者百發百中，且能走擊飛鳥，其槍約長五六尺也。

## 黄少春舞刀

黄芍岩軍門少春幼孤苦，爲粤寇所掠，後降官軍。驍勇善戰，弱冠即積功官總戎，其提督浙江時，年未三十。一日，置酒觴客，酒酣，笑謂客曰："予，武夫也，好武藝。今日興不淺，敢獻薄技？"僉曰："善，幸寓目。"黄顧左右，少選，材官以大刀進，小校挽駿馬待。黄起而引巨觥，目客曰："飲。"則一飲而盡，客亦各盡一觴舉以示。黄莞爾而笑，自易戎衣，提刀上馬，起舞庭前，下抑上揚，左盪右決，惟見光芒閃爍，不復辨其人馬所在。舞畢下馬，氣静神閒，笑顧客曰："何如？"客羣賀曰："公神武，真當代之英雄，絳、灌不足伍也。」

## 邱尊謙使大刀

邱尊謙，徐州沛縣人。能使大刀，重十許斤，人呼爲邱大刀。少淪於盜。同治中，廬江吳武壯公長慶從李文忠公鴻章征捻，道出徐州，聞其壯烈，招降之。嘗爲先鋒，馳驅齊魯，多功績，仕至副將。吳移軍江浦登州，皆從。善詰盜，所至，輒召諸少年箕踞而飲，蹴踘爲樂，少年有窘乏，輒周給之，以故捕盜無弗獲，所在一方無盜。其生平不治生產，得金，輒揮手盡。光緒辛巳，卒於里，年五十許。

## 石六郎刀法

廣州石翁產六子，皆英英壯人也。翁家富而患盜，則欲使六子皆武以備盜，延聘四方精於拳勇者主其家，分授六子藝。一日，有病叟造門，喘且急，言將以所學授公子。翁見狀，愕然，以禮延集廳事，問師所以教余六子者，何操而來。叟趣命斫荆棘爲地衣，命此六郎者赤足踐過之。以次漸過，至第六郎，六郎不可，曰：「吾軀幹，父母所授，胡必求藝以自殘？」叟笑曰：「可矣。六郎不殘其身，寧殘人哉？吾學可授矣。」居石翁家八月，六郎乃盡有其師所授。一日，與師試藝，力偪師於壁衣間，師斗起一脚，六郎立斃。師匆匆捲單行，至村橋，遇石翁於橋上，翁曰：「先生胡挈囊以行？」叟曰：「六郎與老夫較力，老夫斃之矣。」翁曰：「吾尚有五子，師更擇其一而授之。六郎，吾無惜也。」將叟復歸，見六郎有微息，則出刀圭藥納其口，六郎頓蘇，於是更六月留。叟曰：「吾學罄矣，六郎溫潤有養，必足以衞主翁之産，外侮不足慮矣。」

叟去近村三十里，復授徒，可三十人。然晨起，必有棗糕於案上，如是經月，始偵其人曰王新，村人稱之曰酸糕新。叟問何求，新曰：「夜來竊觀先生授藝，經月矣，顧不獲自進。意納糕爲脩脯，乞録於弟子門籍。」叟笑曰：「可。」新乃輕趫便利，不六月，藝出此三十人者上，履險騎危，如猿猱。遂謝叟去，爲盜，剽掠於近郊間，郡人咸以爲苦。尋偵得新爲叟之高弟也，則並叟而訟之於吏。叟既見録，知年老不足以制新，則行三十里造六郎家，延六郎捕盜自贖。六郎遜謝，叟曰：「汝勿悸，新所能者，老夫知之。新每登屋，必倒其刀鋒下嚮，追者踵上，則新刀必疾下，中追者肩井，立死。老夫今授汝趣登疾退之法，見新超而登瓦，汝則僞作聲勢，欲從之登者。新備汝，必疾以刀下，汝已狙伏。新不中，且更上，汝則鼓勇以刀鋒上翹，中其股，新墜矣。」六郎習刀法可十日，遂從叟捕新，果遇之村店，六郎如叟言，新中創墜，卒捕得之，伏誅。

## 某女郎用刀

中州俗強悍，睚眦必報，又多禁忌，入境必問俗，非是，必屢受辱。某自汴赴漢，一日午，息茅店，製麥麵作午餐。方食，有販麥客來，約三十人，高聲呼店主人備膳，嘈嘵呼叱，各以扁擔架兩麥袋間而坐其上，出竹根短煙管而吸。忽有三竹轎至，轎中一老嫗，一小女子，一童，女與童似姊也弟者，童年幼，約十二三歲，皆入室坐。有頃，車聲轔轔，至店而止，車蓋載三人行李者。童喜，奔出，有擔適當門而亙，童躍過之。客大怒，欲批其頰，車夫勸止，命童對擔叩首以禳之。蓋汴俗以扁擔被跨爲不祥也。童允，老嫗出謂曰：「彼年幼，自外省歸，不知禮，盍恕之。」繼又令童揖擔，童果揖，客仍躁，車夫怒，與客爭。客恃衆，羣捽車夫，復一擁入室欲執童。童依老嫗肘下，女郎獨含怒意，老嫗掖女手，似掣之，令勿動者。女怒不可遏，超進，捽當先者如提嬰兒，向衆客擲去。客狂退，女隨出，客悉取擔遥立，作擊勢。女取童跨過之擔擲空中，拔腰際佩刀，擔下墜，乘勢劈之，擔斷，向客飛去。女大呼曰：「敢犯吾弟者視此。」客惶恐，盡逃。女嘻笑入，飯畢，登轎去。

## 匕首殺人百步外

某處有土豪，耄而好色，姬妾環侍猶不足。鄰村有女美，百計求之，女不願，以金啗女叔，叔貧，心動。女無父母，僅一弟，他出未歸，叔逼女入豪家，豪大喜。女謂豪曰：「盍釋我歸。吾弟乃俠士，能飛匕首殺人百步外。」豪笑。女不言，但求十日限，豪不聽。女大哭，覓死，豪計窮，姑待之。先是，女家有老奴，至忠誠，見女叔逼女入豪門，怒甚，目眥盡裂。女乃告以其弟所在，奴諾，兼程去。十日之限既屆，日已落，女失望，欣然靚妝，藏翦衣袋中。豪喜，大宴賓客。酒數巡，豪醉，起就鏡，拂其鬚，自贊矍鑠。突有怪風一陣，見一匕首鏗然中己面，大驚而踣，以手摩面，不覺痛，詳察之，則霜刃長三寸許，插玻璃鏡上。入室，女不見矣。

## 末座少年用劍

紀人龍者，善技擊，慷慨任俠，嘗客游湖湘間。有潘某，家饒於財，亦以俠聞，四方技勇之士多遊其門。紀往訪，款接甚至，宴之，座客幾二十人。酒三巡，各述技擊師承，談論蜂起。末座有少年，敝衣露肘，短髮突鬢，默不一語。紀問主人此客來幾時矣，潘曰將半年。問何能，曰：「不聞所能，但隨堂粥飯已耳。」衆大笑，少年亦不語。後數日，復讌集，忽有鐵面漢款門通謁，裝束甚武，拱手向主人曰：「聞今日羣英雅集，敬來觀光。」乃遍睨座中人，至少年曰：「汝亦在是乎？」少年但俯首不語。潘乃延客上座，飲啖兼人。既而曰：「今日之會，良非偶然，諸君曷各奏爾能，余亦有薄技當呈教也。」潘大喜，移席射圃，盡出其所用器械，諸人皆臂弓腰劍。其人笑曰：「諸君可云技矣，而未神也。」乃於衣底出二劍，盤旋騰躍，初如雪滾花翻，以後但覺白光周身，旋轉如月。衆觀時，少年立最遠，既而衆亦漸漸遠避，方愕眙間，其人忽舉劍直擊少年。少年急走避，袖中砉然有聲，亦出二劍，疾如金蛇，左右騰擊，與白光相激觸，寒氣森森，衆皆卻立十餘步。久之，白光漸縮，漸斂至土牆邊，戛然長嘯一聲，向東南而逝。衆驚就視，惟見少年背手立牆陰而已。急羅拜問故，少年曰：「吾輩皆習劍術者，彼實與我同師，以我技出彼上，不相能，狹路較擊者七次矣。始我聞主人名，意門下必多奇能之士，倘彼來時，可以相助，豈謂皆碌碌不足數。子固皮相者，不足與言，吾亦從此逝矣。」一躍登屋，遂不見。

## 吳炅晉與垂髫女較劍

吳炅晉富而任俠，精劍術。嘗客楚，一日，有垂髫女從一叟造門，請較劍，吳問姓名，不告，惟約於郎官湖上。及期，吳往，女已文服捧劍立。吳令更劍妝，曰：「無庸也。」語次，白光已及吳頂，吳亟出劍敵之。一劍又起，颯颯有聲，女隱約白光中。吳益退，劍益迫，大懼，奮身躍八九步外，曰：「神技也。無過偪。」女乃止，微笑曰：「君能敵我，亦大不易，宜吾師之謂君爲高足弟子也。」吳大愕，詰之，則授女術者，固卽吳之師耳。

## 清霜襟劍

武陟之木欒店寨，河北大鎭也。寨有巨族宋氏，族紳某有女曰清霜，幼從女冠靜玄習武藝，傳其術，得襟劍真秘。襟劍者，襟袖一揮，能百步外取人首級也。女字庠生金某，光緒甲午七月某日爲婚期。女將上輿，忽有白髮翁褰裳入，舉袖拂燭，燭光慘綠，入內，不見。女戒衆勿喧。登樓跡之，出劍相較，但聞空中搏擊聲。衆拾級窺之，劍光閃閃，冷氣逼人，目不得視。久之，樓上裂帛一聲，衆大驚，女已冉冉下。衆詰之，女曰：「仇人欲壞我術，不久且復來，姑俟之。」俄而翁又來，鬭益厲，至夜，終無勝負。明日又鬭，正酣際，一白袷少年仗劍來助翁，女斂手曰：「賢喬梓劍法誠高，顧以二丈夫欺一弱女子，勝亦不武，不願鬭也。」翁乃叱去少年，挺劍再鬭，如是三日，不能嫁。衆患之，請於其地之游擊，以精兵圍翁。

陡見光芒萬丈，自窗隙出，手足俱震，尖刃盡絶。游擊大慚，率其伍而退。翌晨，鬭方猛，女忽收劍入匣，曰：「翁回劍露隙，一着之失，吾苟相怨見忍，翁無幸矣。且翁爲父輩行，宜見憐，何相逼至是。」翁掀髯曰：「老夫昏瞶，沾沾於勝敗之間。既降心以相從，吾復何求。但誤爾十日琴瑟，奈何奈何！」遂出，乃成禮。

## 劉珹挽弓擊劍

劉珹，字蜀生，湖南巴陵人。幼承母周氏教，周曾於長沙創辦私立周氏女學者。讀書之暇，復究心武事，能挽强弓，善擊劍，長歸林文釗。光緒甲申，文釗卒於應山縣典史任所，扶櫬返湘，行次漢口，適馬江有中、法戰事，乃改殯於漢陽十里鋪，題一聯曰：「五父而今原暫殯，百年以後願同歸。」殯事畢，挈三子赴南昌，依母族劉碧礽大令以居。湘省各校争聘女士爲教員，授天算、輿地，繼充奉天女師範監督。生徒體操之暇，又以挽弓擊劍之術教之，兼及柔術。居未久，辭職南歸。

## 馮氏女發袖箭

馮氏女，籍登州，流寓江浙間，嫁吴森祥。女美丰姿，工挾彈走馬，及秋千、蹴踘、高緪諸技，所至，人遮道觀，其家人即賴以餬口。一日，售技畢，將返舟，途遇羣少年方逐射，顧見一鷹盤旋樹上，一人出時計一，約曰：「有中此鷹者，以此物相贈。否則罰如直。」少年皆不中。女笑而前曰：「妾請爲君彈之。」

一發而鷹墜，乃取時計以去。

逾十年，女賣技黃巖。黃巖故多盜，某夕，盜衆二十人持械往刦某富室，森祥過其地，見之，大呼捕盜，爲盜之偵者所聞，手利刃，刺殺之。女聞變，帶刀出，大呼於市曰：「好男子，從我殺盜，護室家。」一時從者數十人。然苦無械，女又至竹行呼曰：「事急矣，人假一竿，直取諸我。」此數十人者直抵某富室，時盜猶在内搜括財物，女命衆圍若堵牆，已則往來其間。未幾，盜飽掠以出，女急發袖箭，一矢出，輒殪一盜，盜連斃者十有二人，餘盜氣懾，伏地乞哀。女令衆一一擒縛之，送之有司，置諸法。邑令嘉其功，賞二百金。女曰：「妾此舉爲地方除害，一也，爲夫復仇，二也。今妾志已遂，安用金爲？」乃悉散給諸從者。

女自森祥死後，卽棄業，不復獻技，遁跡尼菴，作女道士裝，焚香禮佛，喃喃誦經，見者不能狎也。嘗謂人曰：「妾所以流落江湖間者，以壻非此不活也。今壻死，奚必復操賤業以自取辱哉？」

## 劍傷後山林木

合肥李瀚章撫湖北時，一日，爲太夫人祝壽，賓樂甚盛。忽一人便衣至，年可四十許，言欲登堂祝壽。閽者拒之，其人洶洶欲入，爲李所聞，乃命延入。入，卽長揖曰：「君識我乎？」李記憶久之，不能省。其人乃曰：「君亦記君家有後園樹林被削之事乎？」李愕然，亟改容加禮，請入座與燕。賓衆咸莫測所以，爭前問故。李憮然曰：「斯真大異事。余童時與諸弟讀書塾中，一日散塾後，與諸弟嬉門前，見有一人若自他方至者，方蹲而大便。旁有小包袱，又一小紙裹，中似無物，而哷然若豬尿泡者。余等覺其怪，遽與諸弟取紙裹開視之，其人遽呼不可。已而見吾諸人已取紙裹，亟提褲前，欲奪回，則紙裹已開，瞥然有氣衝出。其人頓足曰：『殆矣，殆矣。』即跪縮地上，若甚畏悚困憊者。頃之，忽如有氣回入紙中，其人亟以手握紙，則已如前狀矣。余輩咸覺可怪，爭問其故，其人悚然曰：『汝等真大福人，余故能劍術，紙裹之中，乃劍也，向出，必殺人始返。汝等前程遠大，得無傷，已移於君家後山林木矣。』余輩咸怪其語不情。次日入塾，以語師，師曰：『是極可怪，殆異人耶？汝等何乃交臂失之。』亟偕諸童至後山，觀林木，則樹杪枝葉咸被削去，師及余等咸大驚異。其人微有鬚，若四十許人，今去爾時已二十餘年，而省視容貌，若不異前，豈非真有道之士耶？」

## 舟中人矢無虛發

舟中人，不知何許人，常駕小舟遊於三吳間。金陵少年之豪者操弧矢，賭飲於燕子磯，舟中人從而觀之。一少年引弓而射，矢破的，舟中人笑曰：「藝善矣，惜手平而骨未齊也。」又一少年進，曰：「骨齊矣，惜氣不固也。」更一少年進，曰：「氣固矣，惜神不完也。」諸少年譁曰：「爾善此乎？」曰：「幼習此藝，今老矣，恐爲諸君笑。」乃令立十竿爲的，於百步外引彀，呼曰：「中某節。」盡數十矢，無虛發，少年皆驚，邀上坐。請言姓名，曰：「吾舟中人耳，無姓名也。」取酒自酌，既酣，鼓枻而去。

旗人以習射爲娛

八旗以騎射爲本務，而士夫家居，亦以習射爲娛，家有射圃，良朋三五，約期爲會。其射之法不一，曰射鵠子，高懸栖皮，送以響箭，鵠之層亦不一名，最小者名羊眼，然工者仍不事此，或一箭諸圈，皆開而不落，如花籃式，此爲至難。曰射月子，滿語名艾杭，卽畫布爲正也。曰射綢，懸方寸之綢於空而射之，此亦難。又有於暮夜懸香火於空而射之，則更難。然皆巧也，非力也。聞之開國之初，其射也，弓用八力，箭長三尺，鏃長五寸，名透甲錐，所中必洞，或連貫二人而有餘力。

巴塘夷人柳林較射

巴塘清眞寺下有柳數百株，夷人於秋收後往往移居林内，終日較射賭酒以爲樂。每值八月既望，夷人輒支布爲鵠，於五十步外以木箭射之，連中三次者，羣具酒飲之。惜其箭過笨，不若内地所造巧也。然亦有連中三次者。

苗人善用弓弩

苗人生子，俟其長大，練鋼以爲刀，終身用之。試刀，必仰刃牛項下，以肩負之，一肩卽殊者，良刀也。弩名偏架，以一足蹶張，手背傳矢，鏃皆附毒，中人立斃，然非怨結者不輕發。槍名桿，長二丈餘，用以護弩。有事則一弩一槍，相將而前，執弩者，口銜刀而手射人，或冒刃迫之，槍無所施，乃釋弩，取口中刀奮擊以救。

苗所居無城郭，三十家或五十家據險而居。每一處，合募一勇士，號曰老虎，飲食供奉有加焉。與人鬬，則老虎當先，指揮調度。合諸苗計之，爲老虎者不知其幾千百也。

## 黄芳輈用鐵簡流星鎚

湖南黄芳輈工書畫，能文章，而勇武過人，五十以後，遇人輒恂恂。光緒初，自北京應廷試，報罷，歸途出山東，囊金三百餘，盜覘知之，以黄附大商幫行，未敢動也。及臨清，黄始别向東南行，盜三人尾之。黄坐車中，手一卷，意甚閒暇，乃放哨以驚之。黄不動，盜莫之測，袖手而已，然不能捨。已而過濟南，黄宿逆旅，出銀幣六，令僕曰：「門外有三人，方徙倚，汝往，以此犒之。第言主人云：『勞諸君相送，今當臨别，特以備一夕芻秣之資。』」僕如言去。三盜笑曰：「若主識我耶？既如此，當面談。」遂趨入，拱手曰：「黄君好眼力，僕等遠道相從，豈爲此區區者？君既相識，不得謂非一面之緣。今因此故，某等三人請君人犒六十金，當護君安抵湖南，不然，吾儕無因受此區區也。」黄佯謝，稱實無之。盜笑曰：「君何必諱？」指一箱曰：「銀在此中，計三百五十兩有奇。雖給吾輩，君日用尚有餘。生命爲重，區區者何必計較？且吾儕走江湖數十年，豈受人言詞欺飾者。」黄笑曰：「君果不能稍通融乎？」盜厲聲曰：「然。」黄曰：「君既獵食江湖，應有尺寸可恃，倘能出以見示，果不謬，當如命。」盜踴躍而前，舉手作勢，黄略與支拒，出懷中簡一擊，仆二人，其一逃去。黄命縶之，將以送官。頃之，逃者復來，將三四人，入門而趨，升堂而跪，具言弟兄輩無知冒昧，務祈容恕，許予赦原，當自加罰。黄不可。盗懇至再，念不欲結怨若輩，乃許之。盗負以去。黄遂歸，沿途數千里，無敢犯者。

後，復有廣東之役。自廣東附帆船北行，行數日，過南澳，舟人言更前有海盗窟，日過午未可行。黄必欲進，衆亦懼，力止黄，黄笑曰：「汝輩怯耶？乃翁在，盗何能爲？」舟人無如何，遂行。時後艙有客，敝衣槁項，若有阿芙蓉癖者，倚篷凝望，初無一言。久之，暮靄中忽有小舟傍左舷來，疾如箭，舟人驚曰：「海盗至矣。」黄生平絶技以鐵簡及流星鎚爲最，至是，已戒備，即迎敵艙面。盗來者四人，不數合，悉殪簡下，騰足蹴之，尸擲起數丈，隕於海，小舟早遁矣。黄泰然坐船頭。是夕，船方欲收口，前小舟者已載一老翁至，翁詰黄曰：「吾輩江湖日久，乃不知有君，誠誤犯。然君獨不能少少留情耶，胡恃强，盡殲之？吾殊不服，今特來爲弟子輩復仇。」黄不待言畢，即叱曰：「鼠輩敢爾？」一聳身，鐵簡即直壓而下。詎翁微引其手，簡已入翁手中。黄大驚，然勢不能止，即更擊翁，亦更奪之，黄發流星鎚，又爲所接。翁大笑曰：「豪傑豪傑，如是如是。」黄窘甚，將自投於海。忽有拽之者，後艙客也。客謂翁曰：「爲盗者死，古今通例，翁縱徒從爲盗，乃嗔人不當傷害耶？而翁尤恃强，何得咎人？今吾在此，翁能一角，當聽翁所爲，不然，宜善思之，毋後悔。」翁聞言，大怒，躍而前，客蹈瑕一蹴，直墜翁海中。還顧黄曰：「天下奇人甚多，勇未可恃也。君異日宜戒之。」黄再拜，求指授，客不答，舟抵煙臺，先登岸去。

# 張氏女用鐵棒

廣州張氏女，家貧，年二十許，傭城中某富家，操雜役。一日，自市購物歸，道經米市口，市數十户，皆米肆。舂米者多無賴少年，約三百餘人，中有某，尤佻，見女色美，戲之。女正色曰：「幸勿爾，復爾者，將不利於子。」某不聽。哼女持一傘，卽以傘尖挑其腹，甲果應手倒，於是舂米者羣哄至，謂女白晝殺人，欲甘心焉，各持短梃還攻。女略無懼色，但以一傘護其身，上下飛舞，衆皆辟易。女從容退，歸訴之主人。主人方驚歎，忽門外譁聲大震，閽者入報，知舂米者欲復仇，前後門皆有伏，言必得張氏女自出與鬬。主人調停之，不獲免，且謂再遲者將火爾居。主人無奈，商之女，女坦然曰：「吾視此輩如犬羊，烏足污吾刃。在勢可不遺一矢脫此厄也。」言已，攜一鐵棒出，顧謂衆曰：「欲何爲者，便何爲，何猖猖焉？」衆見其鐵棒略如酒杯大，而女乃絕不費力，運用如拾芥然，知非所敵，乃不鬬而走。

後女抵家，家有老母及妹，亦惡若輩之無狀，思有以報之。一夕，二更向盡，母女尚未寢，有盜數十人攻其家。女陰念距城僅十數里，是必若輩無疑，於是母女各持一鐵棒，啓其門。盜蜂擁遽入，女當先禦之，卽連踣其十數人，復斃其五六。盜方欲散去，女故厲聲止之曰：「勿爾，傷而能逃者，可卽去，死於是者，亦悉聽運歸，不汝難也。」盜逡巡，女自籬內次第擲出之。於是母欲暫徙城中以避盜，女曰：「世果治也，山居與城郭何異？」母不能強。女終不爲意，日往來市上不輟。一日，歸抵山麓，距家僅數百武，時夕陽西下，林樹蒼茫，徑少人跡，乍聞轟然一聲，則銃彈已中女股，第二彈繼至，復中其腹，遂倒地。母妹適採樵返，見之，急負歸，女急怒目視曰：「殺兒者仍米傭也。」言已始逝。

## 垂髫女舞短木棍

陳志三孝廉虬，樂清人，以會試在都。一日，宴於某所，席有一豪客，詢以漫游南北亦遇勁敵否。客搖首曰：「難言也。余自謂餘子碌碌，非我師，殆無出我右者。某年北上，以余師别十餘年，將便道往省。一日，驅車出驛，有兩童駕犢車迎面而來，余視之，一男一女，男甫勝衣，女亦垂髫耳。謂可戲也，阻其所之，女怒曰：『吾輩早行，干君甚事，阻之何意？』余笑謂之曰：『喜若輩可兒，能往者即往。』男捉女袖曰：『姊何絮絮是人，惡賊耳。』女謂余曰：『觀君亦是豪客，殆欲鬬耶？』余曰：『幸甚。』女曰：『徒手耶，械耶？』余思不如械，女即持一短木棍，男持其稍長者，往還數合，竟逸去。明日抵師家，師喜甚，命子女出拜，乃即此兩童也，一笑而入。余乃爲師賀。平生所遇惟此耳。」志三亦能拳，且夙知客精技擊也。

## 劉綎平舉筵桌

有秦某者，佚其名，無錫人也。好武略，兩手能舉八百斤，自以爲力過人，無與敵。皖有武狀元某，以力聞，秦慕皖中山水，裹糧往遊，順道訪某。談次，甚懽洽，夕設筵爲秦洗塵。有劉姓客適至，某爲秦紹介。坐既定，廳事陳柏木桌一，廣方倍於常，設筵其上。某起立曰：「山肴野蔌，不足以敬嘉客，惟嘉客辱臨，可各獻其技。」皆曰：「諾。」某又曰：「桌四足，舉其二，步行，物無動者勝。」秦技癢，不可耐，持兩足蹲地，竭平生力舉起，勉行，則杯盤狼藉，汗見於額。某繼之，行不數武，而竭蹶如秦。及劉，兩手平舉，繞室巡行者三，物無纖毫動者。某與秦皆歎服。入席，盡歡而散。劉爲誰？蓋草堂劉綎也。

## 卞雲西用鐵錢

平陸有巨盜劫富室，殺傷事主，踰月獲盜，解省審訊，供不諱，論斬，而梟首於平陸。平陸距太原千餘里，守備廖某押解盜首出省。廖負拳術，善超距，曾充毅軍材官，頗自負，途中恃無恐。行至平遥，遇鏢客五六人由京護餉回秦，中有二人，引廖爲同鄉，甚暱。其一姓卞，名雲西，年老而無鬚，鬖蒼白，辮聯假髮，粗盈握，盤於頂而裹以帕，大逾笠，鞋尖包鐵葉，手持煙桿，長二尺，巨如杯口，捫之，鐵也。廖以此乃鏢客常態，未之奇。將抵趙城，卞忽謂廖曰：「君知近日之危乎？」廖愕然曰：「不知也。」曰：「盜首爲洪洞人，其黨沿途伺伏，將劫首級以葬，徒以有我輩在，未敢造次。君不信，明晨盍於牆外驗之。」迨往驗，果有迹。廖年少，殊勇往，曰：「今夜當俟其至。」卞曰：「盜能且衆，君非其敵，來日，行至趙城、洪洞之交，必不能免。事已至此，請效臂指。」廖叩謝，曰：「雖然，長者爲客，寇至，余當前驅。」卞曰：「若是則事當敗。君但知戰陣之事，礮火相見，無奇可用，未知短刃相接，其機間不容髮，一轉瞬間，敵乘我之瑕而槍機發矣。君第安睡，毋掣我肘。」廖唯唯。

次日晚抵豐店，亂山中盜窟也，店主亦猙獰可畏。廖惴惴，匿盜首於密室。衆鏢客先寢，卞就地設席。門窗盡啓，剪燈吸阿芙蓉膏，鐵煙桿在其旁，腰間出大鐵錢二三十枚，其厚分許，置燈下，頻頻合眼，似倦極打盹狀。夜半，店主與人嚷，漸至格鬭，大聲呼救。衆鏢客齊起，置不理，屏息伏户内。卞息燈，横卧如前。時月弦初上，微見人影，廖伸首注視，突見卞奮臂飛一錢出，俄又連飛兩錢，牆外訇然，火光迸裂，聳身起，捷如飛鳥，二鏢客隨之。旋聞牆土簌簌下落，牆外有聲甚厲，久之寂然。卞入，復卧。東方微明，推廖急起，曰：「險哉，老夫幾遭不測。當店主呼救時，吾料賊徒必乘間而登，先登者，吾以錢傷其目，其次手短槍踵至，吾急以一錢傷其手，一錢傷其目，手槍落地而機震，發其三，吾以桿擊其腦而顛，不死，亦重傷矣。」遣同伴擕廖踰牆迹之，血點狼藉，草中熒熒然，拾視之，乃鐵錢也，血跡猶殷。卞乃曰：「店主人爲虎作倀，罪在不赦，今且殺卻此獠。」鏢客領命，大索店中，店主不知何往。乃赴洪洞縣報明，派差迎接。縣令張小霞出郭親迎，延廖及衆鏢客入署，飲以酒。酒半，強卞試技，卞命以生牛皮釘於木板，畫人形，眉目畢具，相距三丈有奇。取腰間鐵錢連環飛去，各中一目，近視之，鐵錢穿牛皮深入木，露其半，健夫不能拔。卞略揺動，應手而落。喟然曰：「老邁之年，兼犯嗜好，無能爲矣。」衆俱咋舌。飲畢，張奉二百金出，堅請勿卻，曰：「廖君涖敝邑，設有不幸，吾獲重咎，不則與廖君二人同受嚴譴，微君，豈有今日？此區區者，曷足言報？」廖亦力勸，卞始受。自此與廖跬步不離，直送至平陸，珍重而别。廖率勇役不敢過洪洞，迂道還太原。

## 石信擲碎石

石信，通州人，初姓李，名四郎。貌魁梧，孔武有力，能舉數百斤物。家赤貧，不能自立，乃鬻身於石氏爲奴，從其姓，改名信。鯁直而勤謹。某年，隨主人入都，中途忽有盜至，拔刃相向，信叱曰：「何物小醜，膽大乃爾，敢在太歲頭上動土耶？」語畢，拾道左碎石，望羣盜擲擊，百發百中，盜乃鳥獸散。未幾，主人爲權閹李蓮英所陷，將下獄，信請以身代，遂瘐死獄中。

## 村店小兒運鉤

文登縣鄧叟，年六十餘。一日，策蹇驢至海陽，小飲於道旁酒家，隔座一小兒，年可十三四，尫羸如病，叟憐之。兒言不食竟日矣，叟推食與之，兒健啖，盡餅三斤，腹始果，遂相將同行。可十餘里，地僻無人，忽塵起於前，兒曰：「止。」徐起當塵來處，出懷中紅線可五尺許，上着小鉤，作玉色，兒運鉤如舞空拳，然馬上人已着鉤，立墜其騎。兒出小劍，斷騎士首如斷韭薤，剖腹納其首，以刀挖穴瘞其尸，啓襆，得黄金三百。叟大駭，幾墜驢。兒曰：「此某令綱紀也。令坐贓，防掛白簡，以金啗巡撫。吾惡其貪黷而草菅人命，除僕，所以示警。今當與公分此金，不義之財，儘吾輩取之，無害也。」鄧遜謝不敢取，小兒囊金上馬，拱揖，風馳而逝。

## 拳有大架子小架子二派

光緒朝，馬永貞以大力著名於滬。一日，有賣藝力士約武伶十餘人與決鬭，皆辟易而退。馬少時曾爲松江正營教師，時副營中有竇教師，亦以拳法名家，惟軀短，年老，馬藐視之，屢欲與之較藝。一日，謂竇曰：「老教師拳力精能，小子願承教。」竇曰：「我輩均藉此餬口耳，何必較高低？」馬自恃力大，再三強之，竇始應曰：「如必欲較一日之短長，則請君先動手，否則無以對君之師。」馬於是短衣窄袖，運全力於腕而以拳擊之，竇不改常態，略聳身軀，而馬之拳已從竇之腕下穿過，擊空而仆，且帽已爲竇摘，而馬猶不知，蓋拳出腕下時所摘也。竇乃笑謂馬曰：「君幸遇僕耳，否則摘帽時，以兩指戳君頂，君即殆矣。尚其返而求之於師。」馬赧然退。有知其事者，謂馬之拳法爲大架子，竇之拳法爲小架子，家法不同，非馬力之果不及竇也。馬旋遁至滬，卒不改其性，爲馬販子所算。

## 霍元甲七世善拳

霍元甲，綽號黃面虎，直隸人，以拳鳴於時者七世矣。兄弟十人皆善拳，元甲爲巨擘，以是名震南北。光緒朝，美有大力士方僑滬，絕有力，能載重百斤，聞元甲名，請來滬較藝，元甲應之。及至，而某懼，不果較。旋有趙某者亦申此請，不允。趙以其怯也，作書登報誚之，元甲乃命其徒賽於味蒓園，勝之。不數日，趙又邀其友與元甲約賽，乃先令其徒角之，無勝負，然卒爲元甲所辱。元甲乃太息而言曰：「余來滬者，與異族較短長耳，不欲自殘同胞也。後此幸勿相擾。」

元甲旋創辦精武學堂，嘗曰：「欲使強國，非人人尚武不可。」久之，而爲日本之擅柔術者某所忌，思有以傾之，乃約十人至滬，欲與元甲角，然皆懼死，要以勿用拳，元甲拒之，卒以手決勝負。元甲又使其徒先與賽，日人敗者五，大恚，亟推一最有力者與賽，乘間出臂，欲中傷之，元甲徐格以手而臂折矣。

## 萬春蕖以氣不以力

南昌萬春蕖精技擊，移家安義之西山，所遇南北棒師劍客皆出己下。性厭城市，不欲與江湖武士競時名也。光緒時，德馨撫江西，幕客何某以標自負，並擅拳勇，徧識城中技師，舉不當意。聞春蕖名，羨且妬之，乃遣使訪之安邑，請入城論技。使者造其廬，白何意，請俱往，春蕖笑曰：「春蕖，山澤之癯也，不可入撫署，何君欲論技，來山中可乎？」使還，述春蕖語，何不悦，顧急欲一見試其勇，明日，呼使者與俱。既至，春蕖延之坐，從容叩所習，何以標示之，曰：「請於牆壁畫細圈數十，自上至下，此標不能盡中，某不敢復言技矣。」春蕖如其言畫訖，則次第悉中。已，乃揖春蕖而言曰：「君所善者何器耶？」春蕖示以十指，曰：「盡在是，無以器爲也。」少頃，何請試技，婉謝之，再請，觸則仆矣。何起，數數試之，或墜於近，或墜於遠，或前或後，或左或右，應手輒墜，不能自主。何再拜請曰：「某平生未嘗少挫於人，君技至此，神矣哉，願受教。」春蕖曰：「君以力，予以氣，力有盡而氣無窮也。」何曰：「吾師乎！吾師乎！」既而曰：「君能從某謁府主，不愈於山居乎？」春蕖曰：「君意良厚，予性躭山澗，不欲見貴人矣。」

## 丁潛生潛氣内運

丁潛生廉訪峻有神力，嘗於退食之暇，在密室中盤膝坐鐵椅，約半小時，舒兩臂徐徐挈椅起，離地高而歷時久，身不動摇，蓋潛氣内運也。

## 陳蓉酪能運氣

光緒時，有陳蓉酪孝廉者，幼嗜學，然多疾，讀書數過卽喘。友告以習《易筋經》疾可已，從之，百日，體頓肥，能運氣矣。一日，方在廳事與客談話，或叩其術，卽駢二指於中設之大圓几，力按之，隨意繞之行，則几亦旋轉自如。少選，令人於廳事之東西兩端各置一几，相距四五尺，置頭於東几，置足於西几，其中空如橋，招三友使立於其腹而撼之，蓉酪仍安臥不動也。

## 李麻子指劈空氣

光緒戊子、己丑間，魯人李麻子至常州售拳技，時於廣場獻藝，兔起鶻落，剽疾如風，其手指旋轉伸縮之際，劈劃空氣，嗤然作響。郡有豪家子十餘人，年少好事，聘李爲師，授拳術。李雖恂恂儒雅，而性至暴烈，偶觸其怒，則軒髯怒目，挟之無算，必哀懇求免乃已。然居常數年，雖日以拳術授弟子，而祕要之處不輕授也。其弟子某甲者，學技數年，以爲盡得其師之祕，請較技，李笑而應之。既交手，李若不經意，俟其拳至，輒轉側避之，甲以爲怯，屢攻其隙，且猱進搏之，欲捶其胸。李以二指輕點其腕，腕忽暴痛，手不能舉，亟向李請罪。李笑，以手握其腕，痛良已。李乃呵之曰：「孺子恃勇，乃欲仆老夫耶？老夫苟爲汝所仆者，三十年之名譽掃地盡矣。」李卒以夜飲醉歸，爲無賴所扼，醉甚，不能禦，被箠，幾斃，臥十日乃愈。往覓無賴之魁者，毆之，折其一股。無賴將質於官，李亡去，不知所之。

## 張童子以拳擊井

堠山有張童子者，農人子也。年十三，户外有井，童子幼無知，道井旁過，必虚擬拳下擊。久之，拳下，井水輒大聲澒洞若上騰。然井深及丈，童子短臂下拳必無能着水面之理，人皆異之。一日，有鬻拳者過，見而大驚曰：「此童拳着人體，必無救。」索童子父，謂之曰：「此匪若家子，宜與予，不且爲若鄉里菑。」父懼，許諾。後不知所終。

## 石勇左右肩承石

石勇，温州人。少失怙恃，雙眸炯炯，雖黑夜，能遠視數十里。力大於牛，食兼人食，家貧，不能得一飽。有戚奇其量，賚斗米佐以十肴使啖之，曰：「飽乎？」勇攢眉良久，曰：「否，否。」主人大窘，以索食廚已空也。

其舅某，墁工也。毘羅寺僧傭之造殿，乃邀勇往作役。役徒叢集，擔者負者不下數百人，舅誓於衆曰：「能運磚石一次重百斤者，每百斤，與錢二十，重倍，與亦倍之。卒役，受傭值仍如例。」衆皆踊躍，然他人率爲力所限，無能多負，而勇獨左右肩承，往往數倍於衆。顧必繞行避寺中菜畦，路迂遠，而心嫌之，竟破籬率衆横跨畦過，蹂躐菜蔬，菜傭譁阻。勇怒，舉肱一揮，仆者數人，餘或辟易走。赴寺，告主僧，主僧者，曾爲右職，亦勇有力者也。出視，見勇東西逐菜傭，衆譟和之，叱曰：「汝曹何敢爾？」勇嗔目訢曰：「禿，方外人，乃與汝爺事耶？」疾飛擔幹擊僧，僧笑避，伺勇益進，駢兩指，扣勇肩，勇痛而顛，衆竄避。勇伏地乞宥，僧曰：「豎子有幾斤力，便目無人耶？盍起，隨老僧來。」手扶勇臂，痛頓失。隨至寺，僧詢勇何便爲此，勇以貧而謀得一飽餐對。僧曰：「余寺廚雖寡藏，當足汝啗。」方顧左右欲有言，勇亟曰：「儻得賜食，幸甚。奈不慣蔬食何？」僧睨之，笑曰：「寺中例不許食肉，此戒勉爲汝破矣。老僧乃不意汝更饞肉。」遂命炊飯蒸肉，盛巨盂，佐以雞魚數品，可十人餐。勇狂喜，大啖，頃刻已盡，撫腹拱謝。僧命錮一室，三日無與食飲，至期瞰之，則神色自若，僧曰：「孺子可教，誠非碌碌者。」

時光緒甲午，中、日失和，某大帥備兵閩、浙。禦日需人才，僧，故大帥僚吏也，作書予勇。辭其舅，齎往見大帥，得官把總，引卒千人，隨副將張必勝守海口礮臺。一夕夜半，諸將吏枕戈卧方酣，忽礮聲轟然，副將遣人視，奔告石把總恇擾，擅發礮。副將怒，縛勇，欲斬之。申大帥，大帥知有異，傳勇詰責，勇曰：「某豈病狂！適因守視時，遠見數里外有敵船向臺駛，某恐其乘不備襲我，往復稟報，輾轉誤機事耳。」副將在旁斥曰：「汝欲誑言欺大帥耶？」正駁詰間，俄海諜報至，言敵船二，駛口外，爲礮臺擊沈其一，其一創而走。大帥知勇言信，喜，釋其縛，謂副將曰：「汝徒高官，乃鹵莽不明功罪若此，是汝才不足以蒞勇也。今奪汝官與勇，而以勇官畀汝者，汝心甘乎？」副將慚伏不敢言。

## 韋得道力冠儕輩

海昌陳俠君在嶺南經理武緣鹺務時，有役夫韋得道者，力冠儕輩。廉州鹽每簍重一百餘斤，東關鹽每包重一百五十六斤，鹽艘至時，自水次運至鹽倉，路若二里，例以二人舁之。然岸高途窄，舁夫必於中途暫停，以舒力，惟得道能獨挑廉鹽四簍，東鹽二包，縛以長籐，柔木巨梃荷之，徑至倉中，半途不息也。自館運錢下船，健者挑至二十千止矣，得道挑必四十千，尚言恨無好扁擔，否則五六十千易易也。

二牛鬭於狹路，四角相抵，不可解，人繞道行，得道手各執其一角，左右排之，中開四尺餘，牧人始分驅而去。陳之卧室窗前有石峯，高可過尋，大可三人抱，欲徙諸牆角以廣中庭，使石工視之，曰：「非用三十人力不能動也。更需麻皮作巨綆，繫而舁之，始有濟。」得道在傍笑曰：「此石易徙，但以酒飲小人，方可獨任。」陳喜甚，飲以汾酒，佐以豚肩。得道袒其衣，兩手撼石，岌岌震動，遂曲腰徐步，且推且移，約四丈許，至牆角，安頓之，石工摇首咋舌去。

得道身不逾中人，每飯僅四五椀，飲酒過斤許輒醉而酣寢。同儕伺其睡，戲以繩縶其手足，比醒而欠伸，則所縶皆斷。一日，方俛首劈柴，有戲披其頸者，舉三指輕彈其額，崩然有聲，其人額間忽腫起如雞卵，血涔涔流，自是人不敢犯。

得道性温和緘默，凡用力之事，輒以身先，同輩咸喜之，莫與忤者。陳嘉其勇而勤，給與工值獨倍。後病傷寒，不汗死。

## 盧幻山以力還人

盧幻山，宜興人。少習技擊，走江湖，術益精。嘗以事赴鄉，行經田隴，見緑陰中有桔槔，三五少年據其上，皆裸裎。幻山亦就陰小憩，謂少年曰：「氣候誠炎熱，然此間近孔道，往來者衆，曷以腰圍布，可蔽其私。」少年怒，羣唾之，謂：「汝但知飽食，不知盤飧粒粒辛苦，尚敢來此説風涼話耶？」幻山不答。少年怒不可遏，一時拳足交加，幻山蹲地勿拒，少年盡力毆之而罷。幻山知不可以理喻，遂拂衣去。少年以爲得計，相與戲謔。復上桔槔，則四肢無力，不能轉其軸，惶急萬狀，踉蹌歸，以告村人。有老者沈思良久曰：「此必盧幻山也。」急入城，踵門請罪，幻山笑曰：「事誠有之，彼各舉力以贈老夫，愧無以報，不圖力已盡。今既來索，可令彼自來，還之可矣。」老者拏舟載少年至，幻山謂少年曰：「必欲還爾力者，其速來毆。」乃蹲地以待。少年相顧失色，謂胡敢蹈覆轍，且力竭，幾不能握其拳。幻山促再四，少年跪而前，以掌摩挲其股。幻山曰：「勿怖，老夫寧肯作誑語？前日費幾許力，今日亦如之，而後力可復。」少年强應，然心殊愧懼，姑輕擊之，覺有氣自指甲透入，須臾，周全身筋骨舒展，精神亦奮。幻山躍起曰：「既吝此區區力，則前日之奮勇胡爲者？老夫言尚憶之否？」少年唯唯受命，泥首者三，幻山命之起。

## 劉勝能飯而多力

武當山某寺僧悟心，方丈也。少習拳於少林，年六十餘而精悍不減少壯，寺僧皆能拳，承其教也。

山下農家子劉勝，有力，善飯，無以爲生，叩寺門行乞，衆僧毆之，劉若不覺。駭而告悟心，悟心問劉曰：「爾何求？」曰：「欲飯耳。」「爾何能？」曰：「能造飯耳。」「爾力幾何？」曰：「不知。」「能食飯幾何？」曰：「亦不知。」悟心笑之，命食之以飯，將盡二斗米矣。飯後，引至隙地，有巨石二，重各八百斤，劉以手左右挾之而舞，殊從容也。乃授以拳法，而蠢甚，茫然莫解，因置之香積廚，衆藐視之。一日，來掛單僧，衣履極敝，而神氣奕奕，衆僧加以白眼，劉常私食之。悟心方教其徒以武藝，掛單僧視之，默不一語。或謂掛單僧曰：「爾能乎？」曰：「不能。」習罷，歸食堂，掛單僧獨立，衆莫之顧，劉招其食。掛單僧謂劉曰：「爾何不學拳？」劉曰：「不知也。」掛單僧曰：「我教爾。」於是教以手勢。夜半，掛單僧引劉對坐，久之，劉忽悟曰：「我知之矣。」乃盡教以奇正虛實之道，進退起伏之節，戒之曰：「爾由此熟練，無敵於天下。爾善用之，我去矣。」遂一躍而逝。自是，劉輒於夜靜私習之。

越二年，悟心集衆僧語之曰：「吾將往天台，有武藝超羣者，當授以方丈之位。」最後得一僧，名超凡，將以方丈授之，劉上前曰：「稍遲，我尚未試也。」衆譁笑之。劉曰：「爾輩之拳，不過外家之粗淺者耳。」因解衣跳躍。悟心驚曰：「爾何能此？此等拳法，我尚不如也。」劉乃自道掛單僧所傳授，遂爲某寺方丈，改名天禪，於是武當之拳法得與少林齊名。

## 跛僧取棍如拾芥

馮某性曠達，好作汗漫遊。某年夏，避暑杭州，遊某寺，見一僧跛一足，而行步仍自若，奇之，叩而問曰：「大僧足雖跛而精神矍鑠，何術以得此耶？」僧笑曰：「余，徽人也。祖業獵，入山求鹿兔以爲生。余生有武力，父兄愛余，授以拳棒，幼時遂通武術。憶十歲時，共諸兄戲，諸兄各持木梃擬余，余取柴一束，上下左右揮，諸兄十餘輩不能近也。及諸兄襲父業，而近山之獸盡矣，乃裹糗糧，挾弓彈，覓獸於百里之外。余以年弱留家中，數日，諸兄歸，所得獸倍於曩昔，皆甚喜，由此諸兄時獵於遠處，出則數日方歸。

某歲春，諸兄盡往獵，家中僅余一人。而五日後，諸兄皆不歸，心滋惑，往跡之。及中途，見一人臥地呻吟，視之，兄也。兄曰：『余等獵五日，大獲，方欲歸，遇羣虎，與鬭，而數日獵已疲極，不能復鬭，皆被害，我亦受傷。』余乃負之村，爲之調治，傷重不得愈，三日而死。余痛甚，念一家盡喪於虎，誓必盡殺之，遂葬兄而歸，悉售所有以爲資，挾械入山，尋兄骨，不可得矣，愈恨。窮搜山谷，得虎，輒斃之，更往他山，亦如之，數年，斃虎數十矣。旋入某山，遇一虎，負矢而奔，即持鐵棍擊之，斃焉。方欲負以去，見一少年挾隻弓，呵曰：『莽男子何得奪我虎？』余與之爭，不相讓，遂互鬭。余持棍左右揮，迄不得中，少年惟以弓拒之。逾時，余憊，少年伺余隙，以弓擊余腿，遂倒地。少年去，余足折矣，不能起。臥地一日，有一長老過，憐余，攜至此，削髮皈依。今年五十矣，幸尚強健，然不敢自誇武力。」室有棍一，馮等四五人持之不能舉，僧取之如拾芥，即當年斃虎之武器也。

## 小沙彌撮石桃

杭州虎跑之勝，同於理安寺，山路愈入愈幽，竹柏交光，小徑純緑，所謂紫李黄瓜者，雖不多見，然烏紗白袷，道衣固已涼也。祖塔院有二泉，範之以石，厥狀如井，水色清深，東坡七律尚鐫之壁間。西嚮，則宋僧濟顛師塔在焉，坊表尚存，然師塔窪下，塔上有積水，草木陰穢，似久弗治。院中列石桃五，重可五六斤，其最巨者殆二十餘斤。頂尖而滑，若常經撮取者，尖上尚帶汗漬。光緒時，閩人林紓之弟子陳某，恆自負多力，則力撮其小者，久撮莫起，寺僧微哂。林前請曰：「石桃滑如是，非日撮之者不得是形。大師設此，必精少林之學，幸試撮之，以廣眼福。」僧遜謝不可。林再三請，乃出一小沙彌，令撮其小者，則從容如掇饅頭，其力之大可想。沙彌指堅硬如鐵，意此二十餘斤之石桃，必此僧撮之，第對客不欲自炫其技耳。

## 載漪一手舉百斤

載漪粗鄙甚，本册立爲瑞親王，受命後，讀瑞爲端，孝欽后聞之，卽仍其誤，迺易瑞爲端。嗜拳藝，孔武有力，能一手舉百餘斤物，凡花拳繡腿一流人物，悉以重金延致，間有萑苻餘孽懼攖文網而出其門下以爲護身符者。有一僧，得少林派真傳，亡命江湖間十餘年矣，後亦依附之，頗蒙倚任。光緒庚子，拳匪之變死於火。

## 曹六舉千斤

曹大，常州人，鬻南貨爲業，家可中資。好拳勇，兩手能舉千斤。有游僧過，聞其名，詣曹購胡桃，以二指捏碎，皆云不佳。曹乃出胡桃斗餘，略拂以手，皆碎，僧頷之而去。

常城每九月，商人咸詣靈官廟報賽，演劇無虚日。曹往觀，立臺前，千人推挽，屹然不動，歲以爲常。一日，有矮人，長不過三尺，微鬚窄面，逕立曹前，以背貼曹腹，曹推之，不覺，又力推之，仍不動。其人回首顧曹曰：「何爲？」駢二指捺曹脅，從人叢中去。曹急以手按脅，面色如紙，口不能言。隣人見，立扶歸，嘔血數升而死。死後左肋青黑，按之，骨條條斷，而矮人不知所往。

## 章中臂負三百斤

章中，字受庸。幼負奇稟，體魁偉。初讀書，鄙舉子業，塾師強之，憤而走，因學將略。年十七，即善騎射，兩臂能負重三百斤，鄉人咸以章大力呼之。爲人精細果勁，結束支架，無不驍駿。年十九，補武生，越五載，舉於鄉。尤善控悍馬。嘗騎入市，忽奔逸，人仆，攬轡逸過，力稍猛，顛，旋從尻尾躍而登。時馬騁飆迅，卒坐是傷臂，屢延醫治療，創口不合，逾歲卒。

## 馬如飛鉤右手食指

馬如飛，北人，以力稱於時。某歲游上海，西人聞其勇，與較輒敗，英人乃請於馬，欲選香港捕房之最有力者至滬相角，以決勝負。馬允之，惟曰：「中西異術，防衛滋難，姑各以右手食指相鈎，被鈎直者爲負。」方鈎時，英人大號，遂止。越數年，馬爲衆圍夫圍擊而斃，蓋嘗爲所困以洩忿也。

## 楊某兩指攝鐵槓

楊某，善釣，精拳術，駢五指能切磚石。或詢所自學，曰：「吾父官都司，嘗過蘇州靈巖山，與化雲道人較藝，結爲異姓兄弟，從之學。期年，父以捕梟中彈死，予遂專心從道人。道人授徒有律，晨授解法，過午令汲水。庭列巨缸四十，同學者三，山無泉，井居山趺，上下無堦砌，初行，苦之，久亦不覺其憊。井有石蓋，重莫測，但記初學時，四人掀之不起，師助，始動。水既汲，又蓋之，缸受水幾十擔。師曰：『道人烹茗，甌水足矣，何須缸，悉潑之。』盡四人力，缸始側，水汩汩如瀑布，如是以爲常。五六年後，則自能掀蓋如摘帽，潑水如覆杯，上下如履坦。師又削園後鐵竹爲竿，令釣於山下溪。鐵竹色黑質堅，以供釣著名，遠近求者衆，每空林焉。釣三月，師鑽竹節，注入鐵沙，竿漸重，得魚不易，隆冬碎冰而釣，不以爲苦。五年餘，鐵屑滿竿，重莫埒，乃易鐵竿，亦縷節紋，以掩人目。二指挾竿端，上下如意，釣得，互衡以輕重爲殿最，或終日不得魚，則罰以杯酒。居山十五年，道人死，徒四散，乃始作漫遊。」

太湖劇盜大毛子以勇雄，訪楊於野，拳楊顱，楊猱避，手輕拍盜股，盜蹶，醫三月始愈，然猶蹩。某校鐵槓重百斤，楊以兩指攝一端，槓平，面色自若。

## 臂香

蘇俗賽神，輿神而遊於市。俗謂之出會。前導有臂香者，袒裼張兩臂，以銅絲穿臂肉，僅粲黍，懸銅錫香鑪，爇栴檀其中，或懸鉅銅鉦，皆重數十斤。數十人振臂而行，歷遠而弗墜。此蓋梁僧智泉鐵鉤挂體然千燈之遺法也。

## 某少年撼樹而斷

光緒朝，龔某自岳州東下，過洞庭，遇風，泊小港，時港中避風之舟以十數，岸上有茅屋數間，酒肆也，乃登岸沽飲。時肆中已有三客在，一年可三十許，一二十以來，一可十七八。主人鞠躬奉觴，屏息旁立，若侍貴客。最少者獨南面坐，二客東西坐，執禮殊下。龔顧而異之。見三客飲啖甚豪，酒兩甕，肉數斤，皆盡之，復索供饌，主人亦不敢辭，直出豕於牢，立宰以奉。時竈旁薪盡，主人揮斧伐門外巨柳，將析之，南面客忽起，顧二人曰：「主人勞甚，我爲彼了之，可乎？」皆曰：「善。」客即趨出，手握樹，左右撼之，砉然有聲，數圍之大樹中斷如劈。客更擘之踐之，應手碎裂，如鎚斧所擊，木屑紛紛遍地。主人徐拾以焚之。自晨至日昃，客不停箸，不歇杯，盡酒五甕豕全體乃罷。

客瀕行，召主人，絮絮語良久，手布包授主人，主人不受，客遽作色，受之乃去。龔初以船上客也，驚其大力，乃蹤之，立岸畔，窺各船皆無是人。乃歸問主人，時日暮，風不止，龔度舟不可行，即假宿主人家，以向客問。主人曰：「噫，此吾早歲一舊事也。今十年矣，不圖於此相遇，更不圖君窺見之也。」龔請其說，主人曰：「余二十歲時，亦一武士也，善用鐵槍。嘗獵獸山中，遇人熊三，挺槍力鬭，悉刺殺之，由是以武聞於時。東南武師有名者來角技，余數勝之，以是自滿，授徒幾千人，所過常恃武力，輒騷動鄉里，淩慢主客。久之，聞甘肅有某技師者，爲當世技擊大家，立意訪之。自漢口出襄、鄧，行數千里至偃師，宿逆旅。對房有客，一白皙少年，即今日之東向坐者是也。時余既挾鐵槍，少年則目余微哂。及晨，飱將發，少年又直據上坐不辭，余益忿之。早發，即策騎，尾以行。少年回顧問余：『君好武技否？』余曰：『然。』少年請一試。余出鐵槍，少年曰：『此無用物耳。』取槍糾之，開合提挈數次，團團如玉輪吐彩，須臾，嗶剝有聲，而槍折矣。余大驚服。少年出鐵胎彈弓曰：『吾習此，試之何如？』余力拽之，弓開不及半。時羣鳥噪而過，少年發五彈五中，鳥墜地，須臾復翔去，視地上五羽在焉，蓋不欲傷之也。余心悸，欲挽轡就歧路。少年忽挽余臂，問余來意，余不及答，少年則拽余墜馬，叱曰：『若非某某耶？平日作奸犯科，余知之已久，今日乃敢捋虎鬚，自尋死路？今姑赦汝歸去，其改之，如不然，他日決不相容也。』時余懷中有金百七十兩餘，少年盡取之，乃見釋。自是余不敢更西，乃歸隱於此。豈意少年忽見臨，飲畢，即以前金見還。余不敢受，彼力擲之始去。去時猶顧余曰：『汝能悔改，甚善甚善。不然，死矣。』余心爲慄然，目送其出門，瞬即失之，不知何往。」龔俯視主人所用析薪之斧，亦巨大非常，問之，云重四十斤。

## 丁仲芳以指彈鉢

長安丁氏，望族也。有子曰仲芳，甚慧，嗜技擊，日與江湖術士遊。後得異師，潛心從之學，不數年技成，能赤手搏人於鋒鏑之下。一日在某肆，有丐僧托石鉢來，鉢重可百斤，入門，以鉢置櫃，肆中人以一錢投之，僧微哂曰：「貧衲非爲一錢來，畀我二百，則當去，否則不足遣我。」肆中人雖怒而不敢言也。丁徐起，以指彈鉢，鉢墮地碎焉。僧揚目視丁曰：「公子解武事耶？其能與貧衲角？公子而勝，則埋首山林，終當不出。不然，則鉢爲貧衲傳世寶，萬金不可易，當請公之償之。」丁怒，與之較，僧三起三仆，人盡笑之，而僧殊不慚，合掌對丁曰：「勇哉公子，貧衲拜下風矣。」遂去。丁意頗自得。隔月餘，丁忽病肺，嗽甚，遷某寺養疴。寺僧年九十餘，而神采飄然，好清潔。丁偶與談，唾地，僧睨之良久，丁愧謝。僧曰：「非謂污我地也。視公子所唾，似有傷，公子得毋與人鬬勇乎？此內傷，將不救矣。」丁懼，具以告。僧曰：「公子千金之軀，何乃與丐僧鬬？敗則可憂，勝亦何喜？」遂裹藥投之，數劑而愈。自是丁絶口不言武事，從師讀書，卒成名儒。

## 王遂拳鐵塊陷土

山東王遂者，客京師，傭爲人僕，力能擎大栅欄關帝廟前石獅，躍垣，高丈許，土人相傳石獅重五六百斤，無不伏遂之神勇。

遂少時，爲盜燕、趙，繫鈴於矢，去其鏃，弢矢躍馬郊外，伺行道者車載貲過，嚮空發，作鏘鳴聲，意止車毋行也。道行者遇之，無不傾橐獻其貲。後以事與同輩齬，棄去不爲，投京師萬盛鏢局。其主人年六十餘矣，見遂，請藝，遂曰：「若何而可。」引視後院，有鐵塊一，縱橫廣三尺，高如之，主人曰：「拳之，拳之。」鐵下陷土者寸許，頗自矜負。主人乃頷首曰：「可。」意似不甚隆異也。遂心愠，還請主人試之，鐵没地，視遂三倍之又有奇，遂不覺氣折。主人語之曰：「若新來，無任大事，玆有某宦者裝貲八千金歸濟南，若其不嫌小試乎？」遂諾。主人乃酌酒餞别，與小旗，曰：「以此樹車上，行無虞也。」遂行，自思己亦曾爲響馬，響馬不必皆材武，大率虚聲相讋駭以威客，傾其貲耳，今當覘之以盡其技也。懷小旗，不樹，危坐車轅。中途，響馬十餘騎飈馳自後來，發響箭如例。遂佯爲不知，車依舊行，覘所爲。響馬莫測，不敢逼，抽矢傅鏃，彀弓射遂。遂聞矢來，鏘鳴有聲，以爲仍響箭也，無鏃，不之備，猝爲所中，創肩，痛莫任，急探懷出小旗揚之。響馬見，下騎曰：「誤矣。何不樹幟也？」乃爲傅藥裹創，護送至濟南，歸見主人。主人慰問創瘉未，乃大慚，不敢出聲。主人則語之曰：「吾輩走鏢無僨事，豈誠勇絶人人哉？所恃者平昔與若輩有交誼耳。惟遇頑梗無可與語交者，不可不一儆之以震其餘，是則匪材且武者莫任也。然若輩之材且武者，誠亦何限，何可徒恃其勇？若休矣。」卻去不復用。

## 孫貢玉碎錢篙

孫貢玉，以勇聞，習拳於少林寺，得内家法。藝既成，由寺後夾弄出。時日已暮，望前村有燈火光，一老者傴僂迓之曰：「汝非某僧高弟乎？此徑無足音久矣。」曰：「然。」老者曰：「盍休此，我與汝師厚，明日汝師當顧我。」旦，僧果自外來，相見色喜，老者令幼子與孫角藝，僧高坐作壁上觀。搏方酣，僧遽呼曰：「止，止。爲汝易帽。」孫自顧帽已失，乃語請留，復三載，精其技。

孫歸後，爲鏢師，商賈聘護囊篋。里有不逞子入北省爲魁，素驍勇，號大刀柳，然知孫善彈擊，戒其黨勿犯，以故，望幟即馳去。孫性和易，雖婦孺皆與狎，有固請觀技者，削箸作束，抵其項，以手擊箸，箸折而項不傷。又指按銅錢數十枚立碎。有巨盜伺孫久，夜登樓捫之，加利刃，孫捷於飛猱，已自後捘其腕，盜投地痛甚。子蹵，堅請習技，不許，曰：「生平見壯士多橫死，汝足病廢，天之愛汝者厚矣，我何忍以此技禍汝也？」晚年杜門韜晦，得以壽終。

## 呼延通斷鐵尺

海陵無賴子朱五能以頭擊人，當者皆披靡，人以其好抵觸而多力，以獨角獸稱之。獨角獸率其徒日橫行閭里間，人莫敢誰何也。已而新任州牧至，其人平時以酷吏稱，嘗辦省城巡防，得大盜巨猾，輒以巨棒抵其腹，一擊斃之，一年中，屠人以數百計。及抵任，第一日，即有人呈訴，朱五覘之，知爲己也，懼而逃，有友在山東，亦縣胥也，將往依之。冬大雪，襆被冒寒出門，伏鞍急馳，夜行百數十里，天明出境，約計去安豐鎮不遠。忽聞有呻吟聲，急察之，有少婦仆雪中，下騎扶持，婦言身爲鎮市某商妻，昨在舅家，聞夫病，乘驢急歸，雪深冰滑，驢仆人墜。婦孕已三四月，因腹痛，不能起，驢則逸去。朱哀之，因解裝中被令婦伏其上，裹而提之，疊騎急馳，須臾，至鎮。婦之夫，糧食雜貨鋪主人也。見朱，甚感，詢所來，朱以實告。其人留朱宿店中，月餘乃去。至山東，住數年，州牧解任始歸。

朱既歸，其舊日之徒黨復來會，乃恣横如故。一日，又鬨於市，市人見之，大懼，不敢問。有鈴醫，蓋新至者，年可五十餘，鬚髮蒼白矣。適入市，即力爲排解，朱怒叱曰：「老不死，乃不識我獨角獸耶？」醫笑曰：「不識。」朱躍而觸，醫且語且左右避，搏之，終不中，憤愈甚。俄而步稍蹈空，市有新屠之豬，懸架上，朱首直撞入豬中，一市大笑，鈴醫徐徐去。朱慚甚，使其徒偵之，鈴醫寄跡城隍廟。及夜，朱短衣懷鐵尺而往，鈴醫宿廟東廊，趺坐不動，朱捫鐵尺，欲擊之，心怯，不敢下。醫忽開目，曰：「獨角獸來耶？」朱度不可中止，即揮鐵尺一擊，醫接以手，折爲數段，擲足下，哂曰：「此芒草莖，不足搔癢，乃以戲老人耶？」朱驚，欲退，醫握其領，如挈匹雛，曰：「君既來，何必忽忽？」朱不能動，因聽之。醫曰：「君莫誤會，我此來，特訪君也。我女曩倒風雪中，非君，我女死矣。曩聞我女言，數年來感激不忘，何圖今日市中幸得相遇。然君勇力，講武不足，賈禍有餘，前此倖脱酷吏之手，何尚不知悔耶？」因拍其項曰：「此太强矣。」應手如冷水淋背，體爲之麻，醫出藥粉一瓶曰：「此良藥，費數年精力配合成者。君以此治瘍疽，但用尋常膏藥，彈此一黍許於上，其靈效無比。君得一生喫着不盡，無須更爲荒唐事矣。」朱謝而受之。天明，醫負行囊自去，問所之，則曰：「海角天涯，行蹤無定。」朱送出北門，醫步履如飛，頃刻已遠，乃惘然歸。朱自是患頸僵，一轉側輒痛，無復早年勇氣。安居於家，賣藥果有奇效，其折斷之鐵尺則留以爲紀念。人詢往事並良藥之由，皆歷歷不諱。醫姓呼延，名通，曹人也。

## 僧碎某氏女胸前鏡

某教師以拳勇馳譽衡、湘間，一女微有姿，盡以其技授之。女有約，必得技如己者而後嫁焉。父没，遂以前約榜於門，遠近至者不下數百人，皆非女敵。惟一少林僧技出衆上，女以其僧也，惡之。翌日復交手，飛脚點其胸，履頭故著鐵，僧幾斃。去而恚曰：「三年後當相報也。」後一江西武舉亦以技投，技不如僧，然武舉爲美少年，女心屬之，退避三舍，遂委禽焉。

居三年，女常戚戚，謂其夫曰：「曩以炫技之故，結怨一少林僧，彼云三年後當至。今其時矣，宜謹備之。」未幾而僧至，女命夫出見，而己爲僕婦裝，胸前懸一大鏡，重衣襲之，捧茶出。僧熟視之，默然無語。女退，以膀靠柱，柱離礎尺許，以手正之，復如故。僧起立曰：「技至此乎，吾不敢較矣。」隨以手抵其胸，女色變，少卻，曰：「三年所學，亦祇平平。」僧竦然退。女急解衣，鏡已碎矣，著指處如椎鑿然。

## 旗兵打滑撻

禁中冬月打滑撻，先汲水澆地使冰，遂成冰山，高三四丈，瑩滑無比。乃使勇健兵士著帶毛猪皮屧，其滑更甚，自其顛挺立而下，以到地不仆者爲勝。

## 汴魯兒童習走

汴、魯兒童類習飛簷走壁之技，童而習之，謂之上學，其時期，大抵爲七歲。習之之法，縛鉛於足，重者可三斤，乃掘地爲深寸許之坑，一躍而過，遞深至三尺。又習槍箭，則先畫圈於壁，以鍊眼光，期於百發百中而止。

## 盧滋以手足貼壁行

臨清州民俗强悍，多盜。光緒初，其魁盧滋就降於州牧，黨衆亦皆懾伏，盧遂爲魯撫福潤所知。一日傳見，令試技。撫署牆至峻，盧乃以手足貼壁，横行丈許，往還者數次。旋蹲牆隅，聳身登屋頂，倒一足，鉤於簷，逡巡沿壁下，福擊節稱善，厚賜遣歸。

## 江僮負石疾趨

少林拳法有鍊工術，運氣於筋肉，則脈絡突起，筋如堅索，肉如靭革，刀擊之不能傷也。黄用行爲淮上豪客，行俠鄉里，家蓄一僮，江姓，佚其名，碭人，年三十餘，膂力異常，負巨石疾趨數百武如飛。室有車，殊笨重，輓以二牛始能行。江袒腹默坐車側，徐徐呼吸，俄作欠伸狀，凡五六次，運其臂，格格有聲，鼓其腹，膨然隆起，歷半小時乃起立。取一利刃，長三尺，刃尖鋒鋭，光芒逼目，持其柄支車端，以腹部承刃尖，徐以身向前傾，背其手奮力推之。輪轉可七八周，始釋刃而罷，腹部尚凸起，無傷痕。

## 陳叟挾雙刀而走

京師有巨屋，在化石橋左，劉四嘗僦居之，蓄妻妾僕媪殊夥，赫然大家也。劉軀小面白，藹然如儒者，而性慷慨好周急，鄰人頌之。歲嘗以秋至京東催租，謂有田數十頃，返以翌年春，則巨車運物至矣，如是者兩年有奇。

劉時就門前餛飩擔購餛飩啖之，鬻者爲陳叟，久之與劉習。一日，笑而語之曰：「予薊州陳某也，有父且有祖，祖年九十四，予有三子、五孫、二孫女，此十餘口者，今悉在囹圄，皆以君耳。君果垂憫我全家者，盍從我行，以紓我難乎？」劉徐答曰：「子識我，無誤歟？」陳曰：「無誤。」劉曰：「無多言，可偕行耳。」乃陡自坡下躍上城，行如飛，陳自折其擔，出二刀挾於脅際，亦一躍從之，瞬息杳矣。

## 朱文英掩腸捷走

朱文英與俞菊笙同時爲京師武旦，交莫逆，藝亦相埒。俞以武旦不足出人頭地，改武生，朱實左右之。朱善走，嘗以一日而走二百餘里。俞既以武生噪一時，同業嫉之甚。一日，演劇慶樂園，將束裝，突有人自外入，向俞疾馳，朱亟攔而詰之，其人不及刺俞，則逕投刃而竄。刃入朱腹左，急拔之，腸隨出，然尚能捷走如平時也。遂左手掩腸，右手持刃，追及屋頂，掖之而下，始覺痛，延傷科治之，經月愈，復能舞躍如平時矣。

## 驛卒展足捷走

臺灣之驛卒曰麻達，走遞公文時，輒插雉尾於首，手背繫薩鼓，鼓以鐵爲之，狀如捲荷，長三寸許。展足捷走，足掌去地尺餘，撲及其臀，沙起風飛，手鐲與薩鼓相擊，其聲丁當，瞬息數十里。

## 苗人善履巉石荆棘

苗人椎髻跣足，男子生甫行，燒鐵石烙足，塗以桐膏，頻歲如是，足漸厚，成重繭。女亦如之。履巉石荆棘如履平地，故五寨司狗扒巖諸峯石壁嶒崚，仄徑爲人所罕至者，縱身上若飛，須臾，躡其巔。

## 浮水僧履水如履地

僧，山東人，不知其何時入閩。閩里社演劇，人集道亙，僧不得過，繞而向小湫，僧躡足履水如平地。鄉人有李諸者，目送之，則大駭，揭水而追。至一破寺前，僧回顧，駭問何來，李膜拜於地，曰：「弟子嗜拳技，久不得良師。適見師履水如履地，度非少林宗派不復有此。」僧歎曰：「吾言技耶。且卽荒菴，告居士以衲之身世。」因肅客入，瓶花茗椀，位置精潔。僧曰：「吾兄力能禦奔馬，飛行絕跡。衲其稺弟耳，藝皆受之吾兄。實不見諱，吾兄，劇盜耳。一日，憑山覘行客，見平原有少年驅馬三十匹，衲將下要之，兄曰：『此少年獨行無侶乃能驅馬三十四，非常人也，非汝所制。』兄瞀然如鶚，飛墜少年馬前，塵土飛處，衲見紅光一片，吾兄之軀中裂矣，遂瞑然若死，不敢下。少年去，始瘞尸於山次，削髮雲遊。今居士就吾叩所學，即藝儕吾兄，又胡爲者，矧乃不可即及。」諾廢然，謝僧歸。遲日，更叩其扃，虛無人矣。

## 鄭大腹水面作蜻蜓點

常熟西鄉有鄭姓者，失其名。殊健飯，食兼人猶不能果腹，每日撫其腹曰：「如此大腹何？」人因以大腹名之。多力，善技擊，得少林宗派，能於水面作蜻蜓點，一躍數十丈，視城垣如門閾。時江湖多盜，行旅皆以壯士爲衞。有漢口富商，以巨甕納白金萬餘兩載舟南下，鄭與偕行。行揚子江，日向夕，風利不泊，旋覺有異，泊焉，檢甕，則已失。遥望煙波中，隱約有人影奔竄，鄭躍水迅追。稍近，微辨其爲僧，手提兩甕，踏波如飛，鄭點水尾之，僧登岸，鄭亦登岸。

行里許，有蘭若，四周石壁頗峻，僧聳身入，鄭隨之。僧至佛殿，置甕廊下，顧鄭笑曰：「勞汝追隨，且止宿。」鄭頷之。乃設酒食，恣飲啖，既畢，以燈導入禪房。房小而潔，中横石榻，左右列几，榻有衾褥，無帷帳，仰瞻屋梁，鋪板作閣，板多隙，僧掛燈於壁，拱手請高枕，遂出户，反扃其門去。鄭疑，不敢卧，假寐几側。夜將半，聞板閣有聲，簌簌如密雨，從隙中落榻上，鄭懼，不敢一探首。逾時始寂。天明視之，則短矢蝟集，長三寸，聚刃盈榻下。鄭知僧所爲，乃蟠坐矢端，而矢不一折。及僧啓扃入，笑謂鄭曰：「夜問相戲，汝乃爾爾，不免大才小用。」鄭曰：「我坐蒲團耳。」僧點首，挽鄭出，盥櫛訖，進以麥餅。鄭請還甕，僧曰：「必一角勝負，勝則許，負則否。」鄭曰：「如何？」僧指石壁曰：「遞相袒腹，背倚此壁，各擊腹三拳，無傷者勝。」鄭問孰先，僧曰：「子，客也，主不先客，請子先擊。」言畢，慨然袒腹倚壁，曰：「來。」鄭自恃其力，奮拳擊僧腹，如擊巨石，寂不動。鄭駭極，拳再下，腹堅如前，僧但微笑，而鄭力疲矣。及三擊，僧鼓腹鄭前，示無傷意，然後請還擊。鄭頗窘，然不能辭，乃逡巡效僧所爲。僧從容進，左手揭衣袖，右手挺拳入，鄭急以背緣壁上躍，避僧拳，此名壁虎游，蓋少林祕傳也。僧出不意，收拳不及，入於壁，没腕。鄭驟落，力挫僧臂，臂砉如藕折。僧曰：「好，子可取甕去，異日再相見也。」鄭亟提兩甕返。

鄭自此隱姓名，徙居遠鄉，無子，惟一女，亦以力稱，得父傳。家甚貧，鄭每食不獲飽。女嫁武弁某，常饋米肉，頗不乏，勤於省父，旬日一歸寧，歸必致父於醉飽，常傭於人以療飢。一日，女歸省，突有人排門入，視之，僧也。鄭不及避，僧已至前，揖鄭而言曰：「訪君久矣，今始得晤，別來當無恙。」鄭知其意，乘未備，起右脚蹴僧臂，僧讓步，驟以左手接，變色責曰：「君殊孟浪，故人遠來，不敍寒暄，而遽用武，豈我臂未痊，不能擒君足耶？君斷我臂，我斷君足，不亦可乎？」鄭以足在僧手，窘甚。女從旁呼曰：「父親何不作雙飛蝶？」鄭頓悟，左足又起，僧傷頤而仆，鄭與女共殺之，瘞於後圃。所謂雙飛蝶者，乃兩足並起之名。凡少林派，雖一足爲人所執，一足猶能平地疾起，力蹴敵人之頤，此固鄭所素習，倉卒間忘之，微女之呼，幾喪僧手。由是愈不輕出。

## 茶商墮橋聳身起

福州南臺有大橋，往來者日數千人。一年，有操北音者至，坐橋頂，張字於旁曰：「過者納錢一文，有能與予角鬭者免，勝予者取錢以行。」期以一旬，凡數日，投錢數萬矣。間有角者，皆未能勝。茶商粵人某旅其地，翩翩儒雅，未嘗以技擊鳴。偶經是處，北人索錢，甲探囊適空，曰：「予忘攜錢，返取與子，何如？」北人曰：「至此，未可空去，請一角。不然，則納衣爲質，以錢來，乃取衣行。」某曰：「世焉有橫暴如此者？吾本無縛鷄力，雖然，既如此相迫，吾亦當一領教。」佇立待之。北人揮拳進，僅一交手，北人曰：「此少林正宗也。」鬭有頃，北人騰一足起，中某，某佯墮橋下。橋去水丈餘，某墮橋下，離水面尺許，聳身起，立橋上，面不改色。方某墮時，北人以爲勝，有矜色，至是，色頓變。某隨曰：「子技尚未也。世間異人多，速改爾業，不然，吾見子之必敗也。」北人乃棄錢遁。

## 王趡蹴杉人於尋丈外

福州有菜傭王趡者，年七十許矣。長日寡言笑，傴而長髯，負殊勇，精内家拳，然頗自斂，不欲以技自炫也。一日，行於道，有負巨杉者，躡趡後，以杉末抵趡，趡卻立，則又抵之。趡曰：「汝將何爲？」杉人曰：「我生平咸如是，汝如何者！」趡曰：「奴子敢爾？」杉人下其杉，撲趡，趡驟起一足，蹴杉人於尋丈之外。杉人起，跪謝曰：「十年步先生後，今日乃得此法，此少林的髓也。」拜已，負杉去，趡惘然如有失。

## 番人鬭走

臺灣番人自幼習走，輒以輕捷較勝負。練習既久，及長，一日能馳三百餘里，雖快馬不能及。臂帶釧，手持銅瓦，走則以瓦扣釧，聲如鳴鐘，一步一擊，不疾不徐，輒聲聞數里。

## 蒙人貫跤馳馬

新疆蒙人嘗於每歲四月祀鄂博，祀畢，年壯子弟相與貫跤馳馬，以角勝負。貫跤者，分東西列，二人躍出場，抗空拳相持搏，格手蹻足，牛觝虎踞，勝者扶負人起，以臂相撫掩。官長高座監鬭，連勝十人者爲上，以次至五等，其賞皆有差。馳馬者，羣年少子，各選善走名馬，集於預定之處，近則三四十里，遠或百餘里，待命鬭勝負。整櫛飾，齊月題，治鞍策。恐其蹶於蹶也，爲之刻其甲；防其愊於力也，爲之剔其毛；慮其篤於行也，爲之餓其腹。緩之驟之，控之縱之。聞角聲起，争叱馬鞭其後，疾馳趨鄂博。先至者謂之奪彩，其賞亦列五等，各得銀布有差。

勝者固有贈彩，惟必須將負者按捺於地，其負者不能掙持再起，乃分勝負。

蒙人不論男女老幼，未有不能騎馬者。其男女孩童自五六歲即能騎馬馳驅於野，故雖悍劣已極之馬，一經蒙人控馭，輒能馴良。遇有異聞，則駿馬四馳，傳佈曠野，亦至速也。

## 蒙人鬭牛駝

蒙人有鬭牛鬭駝之戲，然不以馳驅爲優劣，而以踢咬別勝負，勝者有贈彩。其鬭時，只以童牛兩頭相鬭，或雄駝兩者相鬭，非以多數混鬭也。

## 藏人跑人跑馬

西藏有跑馬跑人之舉，多在夏季。凌晨，御彌勒佛像以出巡，護法隨以旛旗，雜扮各色奇鬼者數十人，各官均在門樓俯閱。導一象至大昭樓前，朝賀，引鼻三舞，郭家哇赤身短中衣以吹獻布庫之戲，卽相撲也。有大石一塊，重可六七十斤，圓滑如卵，能舉起者賞哈達。跑馬，自磨盤山西縱轡飛馳，至工布塘止，約二十餘里。是日，獻技者著鮮衣，佩劍，肩拖叉子槍，駕快馬，由馬道飛馳，或馬上射箭，或馬上放槍。道左置的，射箭放槍之中的者，衆皆齊聲喝彩。或於飛馳時由馬上倒身拾地上物，有好事者往往雜置煙草、紙、銀元、銅元等於馬道之旁，藏民飛馳時，倒身俯拾，從無一墮馬者。跑至工布塘，按先後給以木籤，執回昭前受賞。達賴又遣官分賞綢緞、哈達，其跑第一者，馬卽送獻布達拉山上，達賴給銀五十兩，六七歲小兒或十餘歲能服此役，卽免其家一年差徭，亦尚武之俗也。跑人亦如跑馬，遠近大小不一，賞亦如之，捷足者先得也。

## 青海頭目跑馬

青海産良馬，頭人所乘，尤極上選。最良者之速率日可行千里，性質幹仗毛色筋力足程數者，無一不全，珍愛倍至，千金不易。富者鞍轡鞭鐙以赤金縷之，次則以銀。

會盟典禮，蒙、番原名跑馬大會，藉此習練馬足，儘馬力之所及兼程而至。事後又會集於海岸，擇曠野縱轡絶馳，以角勝負。惟不賭彩，勝者，衆以紅布覆馬首爲别。

## 萬軍四習落地生根法

有陳四者，其父叔皆精技擊，遂稍習拳勇，父死，叔常淩之。一日，語母曰：「兒以藝未精，爲叔所欺，願訪名師，學萬人敵。」母許之。四乃改姓名爲萬軍四，取百萬軍中之義也。遊學數月，至桂林，聞某鄉酒米店有蒸酒匠高某者，精拳藝，爲少林宗派，亟往述來意。高許之，日令軍四以單手五指執酒壜口傾出其中所盛者，復使立馬作勢，至一年，方授拳藝，三年學成。高曰：「可去矣。」高送至海旁，舉足踏舟幾覆，故令舟子羣撐以篙，舟不稍動。軍四復上岸，高問其故，軍四曰：「求畢授此技。」高曰：「此爲落地生根，雖百數十人不能動。」復留數月始去。

## 潘五先生精搏擊

同、光間，虞山有潘五先生者，於兄弟次居五，爲姁嫗長者，鄉里之人咸重之，尊之曰潘五先生而不名。精超距搏擊之術，祕不授人。

同里有丁元生者，武師也。自知伎不如潘能，必欲有以傾其祕焉。每於稠人廣座中遇潘，輒以言激之曰：「人皆謂五先生能，天下豈有能而不欲與人見者？此必先生無所能，故示人以不可測，自掩其技之拙耳。」衆或和之，潘惟唯唯不與辨。元生百計不能得潘怒，猝不能忍，乃起，高躍丈許自墮下拳擊其腦，於法，受者無不殆，意潘至是必疾避也。不意潘昂首引頸受元生拳，無纖毫楚容，笑曰：「天下惟中實者，勢重下，捷不可當。若五指不能迸力，雖握拳，指不靠掌心，故中虛不實。其着體也浮匪沈，雖猛，不足以楚予也。」元生慚伏，乞受教，曰：「若之何而實？」潘曰：「易耳。若置一缸於卧室，中盛水，水性柔而面凝，猛着拳，必格不使得下。若旦暮下拳擊之，引臂務直，必使水浸没腕，臂指及掌，靡絲毫不受水抵力，如此，治瘉久，臂力瘉勁，指一一擠靠掌心，拳自實，不虛矣。」元生謹受教，久之，覺駸駸乎若與曩者異矣。

一日，元生遇潘於市，潘謂之曰：「若今試拳予。」元生反走數步作勢，而乃直前拳潘胸，潘挺立自若，而元生外仆，逾所反走之路。潘笑而扶之起，曰：「若今拳中實，匪昔矣。然欲搏人，必先自虛其軀，若運周身之力聚拳，氣不覺上浮而步下虛，步虛，上重下輕，立必不穩。自立不能穩而猛力撲敵，敵勁，反藉力以蹈吾虛，其力瘉勁，反仆者瘉遠，此言搏術者之所以不可不審步法也。若心精力果，予不恤盡與子言，其識之。」

## 某令與皇族決鬬

某縣令爲餘姚邵中丞友濂妹壻，幼跅弛不羈，精技擊，力能敵數十人。年十七寓京師，偶涉足平康，與一皇族衝突，約日擇曠地決戰。屆期，皇族率臧獲十數至，某僅一人。以一足掃之，十數人者皆伏地，呻吟不能起。更捽皇族倒地，拳擊幾斃，因是繫刑部獄者數月。及釋，折節讀書，足不出户，未三年，聯捷入詞林。夏日嘗納涼庭中，强其婦使並肩坐，突以左手攬其臂，右手把椅，聳身一躍，直登屋脊，人椅曾不少欹，俄復挾與俱下。中年，知鄂省某縣，遇緝捕大盜必躬親其役，以故靡匆獲，長官皆稱之曰能。然好色殊甚，偶外出，見民家有美婦，輒默識其門户，夤夜踰垣，用强，因而被污者不少。一日，又悦一小家婦，卽夕就之，婦驚而大呼。隔院有石工十餘人，聞聲持械至，卒被獲，士紳控之省，遂鐫職。

## 老僧與黎某競鬬

南海黎某家鉅富，幼失怙恃，慕技勇，延教師於家，盡其術。比中年而家漸落，乃授徒爲生，旁近無賴輩咸樂與遊。一日，忽有少林宗派之某僧挈一徒至鄉，賣拳棒，黎與遇，欲窘之，命之去，僧乞饒，黎不許，僧逡巡避之。黎復率其徒覓僧，大喝曰：「爾詐欺取財，當以半爲吾儕酒資。」僧解囊獻百錢，黎擲還之，僧曰：「行囊僅此耳。」黎怒，欲搜其囊，僧亦大怒，謂當以競鬬決勝負。乃擇廣場以鬬，黎挺巨戟刺僧胸，僧舉左腕撥之，戟墮。黎拔劍亂麾，一時許，僧側身，疾出黎腋上，反掌搏其背，復以趾蹴之顛。復再鬬，僧以指削黎手，手若斷，劍飛數武外，仆地矣，僧從容去。

## 武良與盜徒搏

瓊州武良，父爲標客，以拳勇著。良幼時，父以藥鍊其筋骨，膚堅如鐵，兵革不能入。稍長，與羣兒遊，以泅爲戲，良藝獨精，步水面如平地，又能伏水中一晝夜。體小而敏捷，年十八，裁如童，膂力猶人，與人徒手搏輒勝。又善飛騰，能作旋風舞，城垣高數丈，躍而登，若履閾焉。

良母早卒，父每出必與俱。嘗隨父爲某商保標至太原，中途父病，道出濟南，突有盜數十輩要刦之，良父病不任戰，盜傷其目。良大怒，操刃一躍，距地七八丈，出盜不意，疾下，揮其顱，腦裂而斃，羣盜驚竄。父負傷劇，旋殞，良仍保商抵晉，始扶櫬返瓊。鑒於父之善騎而墮也，棄故業，藉小負販以謀生，深自晦矣。

良有表姑，適吳某，吳才而貧，良恆資助之。其女日售針黹以助家用，吳愛逾掌珍，年及笄，猶未字也。鄰居張紳嘗官侍御，以賄免職，家居，爲暴鄉里，有司不敢問。子曰縉，眇而無文，年及冠，不能辨之無，惟以狎妓爲樂，世家大族無與論婚。會有議吳女美者，縉羨之，歸告張，使委禽於吳。張不忍拂縉意，且意吳故寒士，怵於威權，當無不諧，遣人往説吳。吳鄙張，不許，張怒，乘吳出，刦女歸，幽之樓而要之。女固稱須待父命，張方邀吳，而吳已至，即迫令草婚書。吳益大駡，張忿甚，嗾家人杖斃之，女墮樓卒，而良之表姑亦雉經以死。良聞，詣宰訟冤，宰畏張，袒焉。良恚，語侵宰，宰不理，麾隸逐之。良怒，中夜，懷刃越張垣，張家七口悉手戕之。翌晨，宰往驗，疑必良所爲，飛牒捕良，不可得。更定後，宰已寢，覺有物墮胸際，時方酣夢，驚而視之，良也。大駭欲呼，良示以刃，叱曰：「勿爾，汝爲親民官，任勢豪怙威作惡，不懲而反庇之，本當殺卻。念汝惕於權勢，速解任，猶可免，脱再戀棧，須問汝頭顱有幾也。」宰大懼，急諾之，不三日，掛冠遁，而良亦他適。

良自是投身入行伍，隸某總鎮麾下。從征數有功，擢官至游擊。總鎮忌之，而無隙可乘也。會有巨匪寇境，守戎往剿失利，飛書告急，總鎮檄良馳援之。匪魁殊善戰，陣亡士卒二十餘人，擒副將一，良出與鬪，久之，匪與良戰益酣，俱棄械徒手搏，匪力漸懈，將就縛矣。旁有深塹，匪忽躍入其中，良方驚疑，突覺有物擊腦後，顛仆入塹，乘勢扼匪吭，因擒以獻，受上賞焉。途次，匪私語良曰：「君瀕死而獲功，因禍得福，是殆天授，非人力也。」良疑其言，固詰之，匪笑曰：「狡兔死，走狗烹，高鳥盡，良弓藏。君功益顯，君身益危矣。余不入塹，亦且爲君所擒，然入塹而復爲君擒，此余所不料也。總鎮未遇時，亦我黨人耳，有絶技，善飛彈，百發百中，當之，無不斃者。余鬪君時，遥望總鎮取彈拽弓，躍躍欲試，余心忐忑，力因以懈。方彈發時，余避入塹，甫躍下，覩彈中君腦，余始知總鎮之彈爲君發而非爲余發。余方幸君之死，而不虞猶爲君擒也。然君果何術，顧能當此一擊乎？」良始悟，以手探創痕，腫如鵝卵矣。奏凱而歸，宵遁入海，不知所終。後總鎮率水師勦海盜，發彈斃十餘人，忽舟覆，溺以死，或云良爲之也。

## 洪峻與三等羯鬭

粤西洪峻業醫，與田子安皆以勇聞，尤善鐵彈。一日，僧至野外試技，洪丸入木三寸，田三發，兩丸裂甲，一入寸許。旁有西爽僧睨之，笑而言曰：「指力猶弱，恐不能傷人。」田怒，擊僧，連發數丸，皆不中。洪請僧試其技，僧以左手大指抵丸，以右二指捺而出之，一發洞樹。洪大慚，請從學，僧悉授其術。臨別，贈以蛟虹劍，語之曰：「此劍須祕之，能於百步外取首級也。」

田至桂林，爲巨盜馬半漢所殺，洪得耗，亟至桂，詗知其窟，夜縱火焚之，則於火光中見一偉丈夫，知爲半漢，飛劍斬之，割其首，歸以祭田，自是名震兩粤。復游秦、蜀、三楚，無敵手。時有巨商貿販外國，苦海盜，聘洪護鑣。及出洋，卽見一小舟逆流而上，船唇立癯叟，蓋卽綽號伏獅佛及雲鼎叟者是也。飛劍擊之，不中。俄羣盜已及，各掣刃相向，叟喝曰：「此獠須生縛以見。」衆縛田去。至一島，有大廈，門外甲士數百人，夾刃列侍。洪進，伏堦下，叟略詰之，卽傳頭等羯十餘人進見。羯者，力士也。俄有二等羯二十餘人、三等羯數十人魚貫而入，西爽僧與焉。未數語，叟命斬僧，僧哀號乞命，衆請赦，乃免。旋擁洪至前，叟命隸僧部下，洪無事，輒與諸伴較力，僧悉心指示，業益精。

## 劉遠以耕地法敗游僧

樂平劉遠精拳藝，樂人習械鬭，遠常爲之魁。且家世習拳，遠祖某初學於少林，後更從業於浙之張松溪，合内外兩家而融化之，自成一派，至遠尤精。遠又尚俠，其助鬭也，必其事之大不平者，否則人雖有求，必卻之，甚且助求者之敵，故樂邑無賴，皆深恨之。會某寺來一僧，自言至自天台，衆不知其能武，僧亦未嘗自言也。一日，某某兩姓約百餘人私鬭，僧視之而笑，或曰：「能助乎？」僧曰：「惟有解之耳。」遂馳入衆中，以手左右麾之，衆皆避，不能前。無賴某見之，喜曰：「是可得之以敵遠也。」設計與遠善，故以激遠怒，遠應之，請結束上場，僧亦凝氣以待之。未交臂，僧曰：「衆鬭無謂，不知吾二人相角，以勝負定曲直也。」遠曰：「甚善。」遂各麾其衆以退。而僧左手虛映遠之面，乃分兩手，遽以左足加遠之下部，遠趁僧足勢，屈右足盤於地，以左足遽加僧之右足，俟僧左足方落，遠全身借右足並起，隨進一步，遂仆焉。明日僧去。遠乃語人曰：「此僧實健，使非用耕地法，撲其脚跟，吾必敗於其手矣。」

## 璞琢之夫人殺盜

光緒中，滿洲璞琢之觀察玉觀察荆州，家屬僑鄂垣。某夕，有劇盜夜登其寓屋，時夫人尚未寢，盜聞户中有人聲，静踞屋頂，以俟人静後竊發。一盜踞屋脊，吸潮煙，煙燼自屋簷下墜，夫人在室中瞭見火星落庭中，知有異，默取手槍移步入暗陬，向屋上斜放之。一盜應聲墜，落鄰家門外，餘盜亦自屋頂狂奔，瓴甓棱棱作聲。家人咸集，隣衆合力擒六盜，無一脱者。時張文襄督兩湖，命武昌府陳樹屏鞫諸盜，知係某巨案逸盜，因電璞云：「以尊閫之威，手斬劇盜，積案因之悉破，宜紀録一次。」

## 鄧劍娥擲俄將於地

光緒初，張家口有鏢師鄧魁者，能傳其始祖鳴謙之業，善劍術槍法。有女曰劍娥，年十四，魁以逐馬賊中伏槍死，乃代其業，有年矣，矢志不嫁，能立馬上擊空中鵰鶚，槍無虛發，皆貫其目，他無傷也。一日，忽告母曰：「火器盛行，武技漸絀矣。盜之器械皆視我爲精，今惟以情誼名譽羈之耳。父果以何而殞命乎？生活之資今已粗具，不如改業之爲愈也。」母諾。乃買田奉天西關外，閉門以居。

庚子，娥年二十餘矣，俄軍南下，奉母避田野。母旋卒，未及葬，一日，俄將入其家，見娥，將擁之以行。娥微笑曰：「能抱我起，當從汝。」俄將竭其力，迄不能撼。須臾，娥稍振其衣，俄將顛顛出十步外，大怒，叱之，從卒爭趨而前，娥植立如故，卒皆仆。俄將出小槍將發，娥亟奪之，握之於右手，而左手則挾俄將，力擲之於地，使跪，復蹈其背，俄將方哀免之。從卒已回營，告其伍，須臾，衆至，俄將伏地呼曰：「若曹今惟乞和耳，否則吾先不免。」俄將之妻方爲看護婦，亦在軍，因隨衆而至，爲之再三乞哀，娥令立誓，旋釋之。

## 滕亞珍善拳藝

寶山滕亞珍女士，名學琴，光、宣間，以拳藝著稱於江左，嘗有女子從之學。嬪於朱，夫曰阜山。

## 楊叟除假鬼

皖省某縣，山邑也。地瘠水寒，不宜穀，而産藥材，蒼朮、黄精之屬甚多，居民採至他邑賣之，得重值。自邑至西鄰某縣，約百里，道經狼山。狼山者，山徑崎嶇，老樹陰翳，數十里不見天日，相傳狼虎之外，更有鬼物出没，薄暮輒攫行人，遇者不免，或力奔而脱，亦必膽破魂落，終身不敢再往。然要道不可避也，居民患之。

楊叟者，鄰邑老農也，以膽大稱。邑人往求爲除鬼，叟慷慨應之。問何須，曰：「一斧。」問何報，曰：「蒼朮三百斤。」叟隻身至狼山，日方午，入叢林，陰黑慘黯，不類人境，淒風刺骨，松濤簌簌而鳴，隱約聞鬼啼，聲細欲杳，漸引而近。叟知鬼至，大聲而嘯，若洪鐘。俄而有怪聲學叟嘯，聲悽而尖，叢莽中跳一鬼出，躶其體，肌黑如漆，雙目炯炯有光，直撲叟，張口欲噬之，齒長寸許。叟揮斧擊之，不中，鬼亦拗樹枝格之。鬬良久，鬼不敵，嘯而奔，叟追之。約里許，至山麓，忽巨鬼在前，長數丈，叟力斫之，隨手而顛。此時黑鬼已逸，又一白鬼來迎鬬，鬬久之，雙手被叟執，擬以斧，鬼忽號曰：「我非鬼，人也，裝鬼刦人財耳。」叟曰：「人裝鬼，尤可殺。」斧其頭而斃。回視巨鬼，則縛草爲人形，披以衣也。一笑而還，以語邑人，邑人報以蒼朮三百斤，而狼山之鬼遂絶。後邑人入山搜得一茅屋，蓋當日鬼穴，石灰炭墨亂髮之屬，用以裝鬼者，猶存也。

## 王鐵頭撞頭陀

六安王某，駢指能削巨磚，匏落如腐，額能受巨棒而無損傷，鄉黨中皆以王鐵頭稱之。初亦無盛名。適某鄉來一頭陀，設場較拳勇，莫之能敵，王往與較。頭陀勇甚，王伺間撞之以頭，頭陀避，還足一踢，王仰跌，乃乘頭陀不備，疾起，出其脇下，爪去頭陀乳傍肉一片。頭陀大怒，飛錫杖擲王，王知其必將致命，已預爲備，不得中。頭陀負傷遁，王之名遂大噪。

## 馮允昌以頭撞人

嘉興新市鎮西廟前有馮允昌者，以賣腐爲業。勇力兼人，頭甚勁，與人鬭，以頭撞之，罔弗披靡。偶與西廟道士忤，馮於五更磨腐時，挾廟前石獅置廟門外。明日，道士見而異之，傭人舁置原所。不數日，馮又如之。如是者五六次，道士耗傭費不貲，心疑焉，夜濳臥廟門側覘其異。一日五更，聞馮店開門聲，見其挾獅而來，始悟由於前次開罪之故，遂啓户出，向馮謝罪懇求。馮大笑，復以獅安於原所而罷。其鄰有與暱者，謂之曰：「子頭誠有力，倘以石擊之，恐亦不能當也。」馮拾一石，大如椀，擲空中，以頭承之，硼然有聲，石迸去而頭不傷，至是，遂以鐵頭著。一日，馮潑水於衢，適陝西販皮客張姓者過，誤濺其衣，張微詈之，馮惡聲相應而出，揮之以拳，張不與較，馮自後趨至，以頭撞之，張不回顧，而略側其身，馮頭適入於肋間，爲所挾，竭力摇拔不可脫。張笑曰：「吾知汝爲馮鐵頭，然果是鐵否？吾當試之。」

於是駢兩指就肋間擦之，馮痛不可忍，失聲而號。張曰：「若然，則非鐵頭矣。且去，再加純鋼鑄鍊，吾當復來相較也。」遂釋之，緩步而去。馮之頭紅腫者旬餘，於是深自斂抑，不敢濫用其頭矣。

## 禿者敲頭

桐城張已振游京師，見一禿者，手承雙鐵鎚，大若鉢，自敲其頭，左右環下，起落如風雨，每下，輒隆然作響，頭不爲碎。其顱頂當鎚下處，瘉光亮若磨鏡矣，觀者或疑其鎚非鐵，索視，質重，莫任舉其一者。

## 何元龍摑少年頰

何元龍精拳勇，偶以事至湖州之南潯，夜宿舟次，遇民舍失火，披衣往救。見喧譁中，有一少年，手兩巨桶注水令滿，躍登屋瓦，從上灌之，往復奔騰如擲梭。何亦取桶之尤巨者，注水躍救，一如某狀。少年怒其不遜，乘何方下地立未穩，出不意，以雙手按何肩曰：「好，好。」何大駭，亦舉一掌力摑其頰曰：「好，好。」火熄各散。何歸舟解視，肩頭腫赤，藥之，始愈。少年則口中上下十餘齒皆搖搖欲脫矣。

## 康飛骹用足踢人

喬公子以豪勇名，有友康飛骹，以用足稱無敵。一日，有僧造焉，請角力，喬揣僧技實勝己，因假近游，約以數日歸後試較。僧復大言曰：「不問誰，能揮我一拳，蹴我一足，卽推爲牛耳。若縮朒者，非夫也。」因與康謀，乘僧閒坐，於隔牆飛骰擊之，僧壁同傾數十步外。僧起笑曰：「郎君何必壁後置人？今已矣，會有相見日耳。」後年餘，喬與康同游天台，於石梁旁遇僧，曰：「此間無人，正可一決雌雄也。當互毆三拳以判勝負。」喬方踟躕間，康目之，佯云：「君素習《易筋經》，今何怯也？請師先之。」喬乃袒衣立石壁下，僧數步取勢，鼓勇擊之，康立其旁，飛蹴喬肩，喬倏然橫倒，而僧之臂已擊於石壁上，成三折肱矣。

## 賣拳女擊少年肩

無錫之有崇安寺，猶蘇州之有玄妙觀。寺前有廣場，每屆新年，男女紛沓，江湖賣技者莫不利市三倍。嘗有賣拳者，挈家人婦子，擇隙地，圍布幔，中豎刀槍劍戟之屬，金革雜作，鏜然闐然，游人如蟻聚，如蜂屯，循幔一周幾無容足地。及演技，技果精，半日獲錢無算。

某少年性放誕，偶逐隊往觀，賣拳者有女，貌楚楚，而結束謹嚴，若顧盼自雄者。少年慕之，正凝想間，女手籐盤一，翩然來索錢。少年曰：「錢在囊中，可自取之。」女不以爲戲，如其言。既取出，少年以爲悅己，不覺舉手探胸際。女正色曰：「勿爾。」遂以手輕擊其肩，少年陡覺自肩背及踵，痛楚莫可名狀，遽坐於地，旁人扶之不能起，於是衆大譁。有識者，謂繫鈴解鈴，可延女來。賣拳者知之，笑謂少年曰：「小女無狀，開罪先生。然賣技賣身，亦自有別，小女亦胡可戲者。」語竟，强扶少年起，執其手，屈伸之，未幾，行動如常，急遁去。

## 趙仲妻踢其夫

楚人趙仲躭飲博，好技擊，妻幼卿美而艷，初流寓於杭，父没，嫁趙，每勸其勿與博徒游，遂時時反目矣。

有魯某者，拳師也，自言力能舉鼎，精拳術，門徒百餘人，趙與焉。一日，趙復以細故撻其妻，妻善走，捷於猿猱，俄越窗遁。趙追之急，妻側身自後推其背，趙仆地。妻入室闔户，趙自地躍起，始以石撾户，不得入。繼思己爲魯之高足弟子，拳技獨有心得，不意爲弱女子跌踣，且慚且怯，反身出外，走訴於師。魯問曰：「汝妻平日曾習拳藝乎？」趙曰：「否，否，操井臼而已，未從事也。」魯大笑曰：「然則汝自失足耳，何怯爲？」趙曰：「弟子亟返家，欲消此一踣之恥，敢乞師臨舍，脱有失敗，仗師援手，可乎？」魯曰：「可。」於是率徒十餘人造其室，門啓，其妻立於閾。趙盛氣欲擊之，恐弗敵，不敢舉手，逡巡復卻。其妻舉目見魯，怒曰：「若何預人家事，豈以拳教師嚇人乎？」魯聞言，忿然作色，駡曰：「婢子無狀，敢在太歲頭上動土耶？」奔之，合雙拳搏女面，女躡鋭屣踢其膝，魯跌丈餘，仰卧堦下，徒急舁而去。入其室，目左右顧，問無外人否，其徒曰：「無有。」大號曰：「痛甚痛甚。」速覓藥敷傷處。繼又痛，顧曰：「吾虞其手而不虞其足也，偶敗耳。」

## 小兒碎王魁睾丸

山陰指月菴有僧，善武藝，然能守清規。王魁師之，僧遂日與講武事，數年，王自爲盡羿之道。忌僧之愈己也，一日，問僧曰：「設睡時有人行刺，師能知而避之乎？」僧曰：「刀劍之來也有風，風離刀約尺餘，能者遇風卽覺，避之何難。」越數日，僧午睡板上，王持刀刺僧，僧忽轉身落下，刀穿睡板。僧騣踢王出門外，驅之曰：「吾誤授匪人，恨不殺汝以除患。今悔之晚矣。」又謂菴衆曰：「王心不正，將來必作邪事。作邪事必忌我，忌我必殺我，我不若去此以避害。」僧遂去。

王自是益横行不法，日肆淫掠，嘗欲姦一孀婦，婦有兒，年約十三四，知其事，銜之。時從村塾歸，早晚以手搦石子，如練彈狀，年餘，搦瓦礫成粉，私喜曰：「可矣。」乃於黑夜僞作乞丐，横卧狹路中，以伺王。王適往婦家，見卧者當道，乃於兒身跨而過，兒卽一手撮其睾丸，王斃。兒握雙丸投案，訴之官，官以其年幼有志，義而壯之，案寢不問。

## 金魁殪熊

湘人金魁軀偉有力，光緒丁丑，從左文襄公宗棠平伊犂。伊犂多熊，一日會餐，文襄語諸將曰：「取熊心爲羹，美甚，得其大者當更佳。」金曰：「某當往獵之。」遂率四十騎入山。薄暮，一大鹿馳馬前，發槍殪之。俄有一巨熊自遠至，乃分騎伏深林，自隱於石後以覘之。熊見鹿，人立而啖，金突持槍刃刺之，刃反卻，大驚，欲返奔，則左臂已爲熊所握，不得脫，懼甚。方伸右手取腰間手槍，熊適反顧，亟發一槍，中其喉，仆地，連擊之遂殪，衆爲全出其臂，舁熊以歸。

## 萬夫雄斃三虎

萬夫雄，涇川人。少負膂力，以拳勇稱，然初未嘗事田獵也。一日，與范某早行深山中，忽林莽中一虎躍出，搏范以去，范號曰：「萬君救我。」萬亦不知所措，遂撼大樹，拔之，怒持樹往，追里許，震天一呼，虎逡巡退者三，范得以脫。因挺擊虎，中其項，虎猙獰，欲迎鬭，以項痛，竟不能舉。乃乘勢再擊之，虎斃。母虎暨虎子相尋至，萬度不能止，且卻且前，又奮平生之勇，縱送格撲，而二虎相繼斃矣。

## 老翁捕虎

有紀中涵者，知旌德縣。時近城有虎，獵者不能捕，邑人請曰：「非聘徽州唐打獵，不能除此患也。」乃遣吏持幣往，歸報唐氏，選藝至精者二人，行且至，至則一老翁，鬚髮皓然，時咯咯作嗽，一童子，十六七歲耳。大失望，姑命具食。老翁察中涵意不滿，半跪啓曰：「聞此虎距城不五里，先往捕之，賜食未晚也。」遂命役導往。役至谷口不敢行，老翁哂曰：「我在，爾尚畏耶？」入谷將半，老翁顧童子曰：「此畜似尚睡，汝呼之醒。」童子作虎嘯聲，果自林中出，徑搏老翁。老翁手一短柄斧，縱八九寸，橫半之，奮臂屹立。虎撲至，側首讓之，虎自頂上躍過，已血流仆地，視之，自頷下至尾閭，皆觸斧裂矣。乃厚贈遣之。

老翁自言煉臂十年，煉目十年。其目，以毛帚掃之不瞬，其臂，使壯夫攀之，懸身下縋不能動。

## 王某搏虎

山西興縣之至太原爲程四百餘里，山路崎嶇，素多虎患。有王某者，膂力過人，嘗偕數人持鳥槍入山中，猝與虎遇，前數人遥見之，亟走旁徑而免。王不知也，貿貿然前，虎驟起撲之，兩撲俱不中，而左右衣襟皆爲所裂。最後以兩前足據其肩，張口欲噬，王以鳥槍盡力支其上齶，口不得交，并落其一齒，而王臂亦爲虎所傷。相持既久，俯見地有亂石，乃拾其最鉅者反手向上猛擊之，虎痛甚，舍之去。王歸，至家養旬餘，臂傷始愈。

## 郭子仁斃鵲狼

杭州郭子仁精拳術。一日，與其徒衆演技於城隍廟，時有陸某者，年方壯，自負勇力，欲試之，因出不意，突然起一足。郭曰：「勿惡作劇。」駢二指插入鞋縫中，足頓不能舉，視之，鞋圈脱矣，幸未傷足也。

既而技畢，郭負器將歸，見山門外戲臺之顛有三鵲，笑而語陸曰：「請爲君落此鵲。」即探囊，出一彈丸置食指上，下拇指撥之，鵲遂應手落。郭曾保標至山西，獨行荒嶺，遇狼，追之，疾如奔馬。行里許，至一大溪，深數丈，郭乃面溪而立，及狼至，郭以雙足蹬其背，狼遂跌入溪而死。郭身軀短小，不及中人，然所用劍鎚鐵椎皆五十斤也。

## 曾如飛殺蟒

曾如飛，粤人，善跳躍，高十丈，横十丈，騰踔如飛，人遂呼爲曾如飛。如飛少孤，遇異人挾之入山，授以鐵棍，重逾五百斤，昕夕練習。既純熟，則以獸炭燃紅，令徒手玩弄，夕必盡數十斤，指甲成灰，掌中膚幾糜爛，苦之，顧爐火輒蹙額。師略有所覺，謂如飛曰：「身不自有而技可精。膚受苦楚而不能忍，孺子殆不足與語矣。」如飛繇是益傾心，隱忍而已。師顧之，色喜，復教以飛躍，期年，聳身起，則一躍數丈，捷逾隼鶻，遇河，憑而過。師曰：「汝技精矣，善用之，衣食可無慮。」資遣之歸。

如飛既歸，略展其技，而名震里巷，子弟咸争師事之。一日，入山獵，躍馬行數十里，重巒疊嶂，崎嶇不能進，旁有澗，下馬就澗邊休息，忽見巨蟒長十餘丈，首昂如斗，渡澗來，嘘氣成霧。如飛知不能避，急躍澗過，出蟒後，拔刀斷其尾。蟒轉身奔如飛，如飛騰躍迎之，劈其首，蟒負痛蜿蜒跳擲，山谷震撼，歷數時死。如飛上馬歸，述其事於鄰人，鄰人驚喜，謂一歲中牛羊雞犬之死於蟒者不可以數計，如飛除之，比之周處斬蛟也。

## 鹿鹿斃蝦蟆及犬

閩有稗販人，名鹿鹿者，習内功，善按穴道，人畜遇之，往往爲其斃。嘗取蝦蟆仰其腹，以目視日影，用小竹點其腹，則蝦蟆立斃。鹿鹿所居之隣有犬，巨而猛若獅，好噬人，惡之。一日，投犬以肉，犬齧之，更以肉寘諸掌餌犬，使就其掌舐肉，鹿鹿以指點犬穴，犬狂嗥，力奔十餘步而死。

## 方世培殪牛

方世培，福清茶山人也。練拳技二十年，法曰縱鶴，運氣周其身，又聚周身之氣透雙拳而出，出時作吼聲，久久，則並聲而無之，但聞鼻息出入而已。手分金木火水土以禦人，惟水出時，被中者如中惡，而世培之身則已飛越尋丈外，幾不可見矣。

世培之徒徧閩中，其最知名者爲王陵。陵嘗以掌抵柱，柱皆爲之撼動，有所謂大身化小身法者，中人無不敗。陵恆以此法與拳師試，皆莫當。一日，求與世培較藝，世培陷其樊中，在法當仰跌，世培忽駢三指置陵胸，陵肝鬲間如沃沸湯，聲息皆渺，如死人，世培笑曰：「孺子初不自量。」卽出小丸藥合水使飲之，立蘇。茶山多落花生，居人恆種之，以爲產，徧畦隴常有牛來食之。世培出戶驅牛，牛弗行，鞭之，亦弗動，乃以拳抵牛，牛疾奔，至嶺上死。俄而究牛之所由來，則伯氏之牛也。剖牛腹，則肝長可二尺許，是殆肝臟爲拳所傷耳。自是，世培以死牛故，名乃益噪。

## 蒙人繫馬

蒙古人於馬之未施鞍轡者曰額爾賓，踶齧騰踔，不受銜勒，健者輒以竿索約繫其項，捉而騎之。行次招華，在張家口外三百里。敕就牧所賜大將軍馬數百，闌廢堵中印烙。有伍巴什者捉馬，馬怒立，什於馬上磬身，擒其雙耳，股離鞍，馬前後努突，項益下，終不得脱去。

## 拳術各技

拳術分内外二家，而世人所能者，外家爲多，然無論内外家，於沈托分閉起頓諸法，必使各盡其妙，而又調之以氣，會之以理，運之以神，以成一式，則五寸之矩不難盡天下之方。且練習時最重下部，下部爲百骸之基礎，下部不固，無論如何，終不足以應大敵，如秋葉之易落，非質有殊也，著於枝者不固也。拳術家所演各技之名稱其略如下，蓋宣統辛亥九月，有人聞之於拳師戴錦唐、李勤波、李春如三人也。

少林拳、太祖拳、通臂拳、大紅拳、小紅拳，二郎拳、路行拳、梅花拳、羅漢拳、地堂拳、關西拳，萬古手、黄英手、三十看對手，打掌、譚腿、頭進、六家勢、廿四勢、雙實練、十八滚、短打、燕青、飛架、三步架、醉劉唐、雙插子、雙戟、三套子，大刀、單刀、少林單刀、少林雙刀、春秋刀、梅花雙刀、小提刀、連環刀、連環雙刀、八卦刀、空手進刀，單刀花槍、單刀進槍、花槍大刀、花槍、一名六合槍。對槍、金槍、川少槍、羅漢槍、刺膝槍，赤劍、虎頭劍、八卦劍、八卦七星劍，少林棍、三節棍、棍進三節棍、空手進三節棍、雙拐進三節棍、行鉤、梅花虎頭鉤，輭鞭，峨眉針。